古典文獻研究

（第十四輯）

南京大學古典文獻研究所主辦

GuDian WenXian
YanJiu

南京大學"985工程三期"項目經費資助
2010年國家社科基金重大項目"中國古代文獻文化史"
（10&ZD130）階段性成果

鳳凰出版傳媒集團　鳳凰出版社

圖書在版編目（ＣＩＰ）數據

古典文獻研究. 第十四輯,《文選》學專輯 / 南京大學古典文獻研究所編. -- 南京：鳳凰出版社，2011.6
  ISBN 978-7-5506-0636-4

Ⅰ．①古… Ⅱ．①南… Ⅲ．①古文獻學－中國－叢刊②《文選》－古典文學研究－文集 Ⅳ．①G256.1-55 ②I206.2-53

中國版本圖書館CIP數據核字(2011)第122705號

書　　名	古典文獻研究(第十四輯)《文選》學專輯
編　　者	南京大學古典文獻研究所
責任編輯	林日波
出版發行	鳳凰出版傳媒集團 鳳凰出版社(原江蘇古籍出版社) 南京市中央路165號　郵編210009 發行部電話 025—83223462
集團網址	鳳凰出版傳媒網　http://www.ppm.cn
照　　排	南京凱建圖文有限公司
印　　刷	南京大衆新科技印刷有限公司 南京浦口大橋北路京新村546號　郵編：210031
開　　本	880×1230毫米　1/32
印　　張	14.125
字　　數	407千字
版　　次	2011年6月第1版　2011年6月第1次印刷
標準書號	ISBN 978-7-5506-0636-4
定　　價	40.00圓

（本書凡印裝錯誤可向承印廠調換，電話：025-58849828）

主　　　編　程章燦

編輯委員會　（按姓名音序排列）
　　　　　　曹　虹　　陳尚君　　陳正宏
　　　　　　程章燦　　叢文俊　　杜澤遜
　　　　　　郭英德　　姜小青　　劉玉才
　　　　　　劉躍進　　武秀成　　徐　俊
　　　　　　徐有富　　張湧泉　　趙生群

執 行 編 輯　趙　益

前　記

南京大學古典文獻研究所主辦的學術集刊《古典文獻研究》至今已出版到十四輯,從2002年開始,每年一輯,從未間斷。圍繞着中國古典文獻學研究這一核心主題,這十四輯集刊發表了四五百篇專題論文,涵蓋了中國古典文獻學尤其是文學文獻學的諸多領域,也引起了海内外學界同仁的廣泛關注。在這一過程中,我們也在不斷摸索,探討進一步擴大集刊學術影響的思路。每輯有一個相對集中的主題,就是這種探索的一部分。

本輯以《文選》研究爲中心,並命名爲"《文選》學專輯"。

《文選》學歷史悠久,内容豐富。近代以來,由於各種古鈔本的發現,圍繞《文選》的文學和文獻學研究方興未艾,其影響還波及國外。可以説,《文選》學不僅是中國傳統文學研究中的熱點領域之一,至今也仍然是中外學者所共同關注的重要學術課題。本輯收録《文選》學論文19篇,共分爲三部分。第一部分題爲"《文選》及其周邊",因爲中古文學中的很多問題,都能以《文選》爲中心展開;换一種角度也可以説,幾乎所有中古文學研究都離不開《文選》。此部分有4篇論文,其中兩篇篇幅甚大。新竹清華大學朱曉海教授是著名的中古文學研究專家,在《文選》學方面也功力精深。本輯隆重推出朱教授的《兩漢六朝詩文中的李陵現象》,其文旁徵博引,洋洋四萬餘言,頗能説明"《文選》及其周邊"之義。童嶺博士的《隋唐時代"中層學問世界"研究序説——以京都大學影印舊鈔本〈文選集注〉爲中心》,則根據日本所存舊鈔本《文選集注》,結合文獻學的方法與學術史的視角,對隋唐時代的學問世界進行了大膽推測。

《文選》一書很早就傳到國外,在日本、朝鮮、越南等東亞漢字文化圈內產生了廣遠的影響,對日本的影響尤其顯著。日本學者對《文選》學投入大量精力,湧現出一些以《文選》研究名家的學者,其中,岡村繁、清水凱夫等學者的不少論文或著作已被譯介到中國,而其他學者的優秀論文,則仍多遺珠之憾。本輯第二部分爲"日本學者《選》學論文選輯",選譯了日本學者《文選》學研究論文9篇,都是第一次譯爲中文。作者之中,既包括狩野直喜、斯波六郎、神田喜一郎等日本漢學名宿,也有一海知義、清水凱夫、長谷川滋成、大上正美等著名學者,還有富永一登、芳村弘道等目前仍活躍在漢學界第一綫的學者。這9位學者大體上代表了日本漢學研究隊伍的三個世代。即此一點,便可看出《文選》學在日本的影響力是綿延持續,直至今日的。

本輯第三部分爲"歐美學者《選》學論文選輯",共6篇,包括德國學者1篇、加拿大學者1篇、美國學者4篇。相對于日本漢學界而言,歐美漢學家對《文選》研究的論著要少一些,但他們的成果同樣值得中國學者的重視。執教於西雅圖華盛頓大學的康達維(David R. Knechtges)教授,在歐美漢學界德高望重,他不僅是賦學研究和中古文學研究的權威,而且在《文選》研究上功力深厚,成就卓然。除了諸多頗有影響的研究論文之外,康達維教授的成就還有兩點特別值得稱道:第一點是他的《文選》英譯,此譯本第一卷甫一問世,就受到學術界一致好評。本輯選譯了他的英譯本前言的一部分。第二點是他培養了一批致力於《文選》與中古文學研究的學者,很多目前已成爲美國漢學界的中堅或知名學者。實際上,本輯所翻譯的4篇美國學者的論文,都出自康達維教授及其弟子之手。

爲便於核對引錄,現將歐美日學者的19篇論文原始出處開列如下。"日本學者《選》學論文選輯"中各篇論文原始出處爲:

> 狩野直喜《唐鈔本文選殘篇跋》,載大阪靜安學社編《東洋學叢編》(刀江書院,1934)

神田喜一郎《〈文選〉絮語——吉備大臣入唐繪詞的關聯》,載神田喜一郎《東洋學文獻叢說》(二玄社,1969)

　　長谷川滋成《〈文選鈔〉的引書》,載《日本中國學會報》第三十二集(1980)

　　富永一登《〈文選〉李善注前史》,載《文選李善注研究》(研文出版,1999)

　　斯波六郎《李善〈文選〉注引文義例考》,載《日本中國學會報》第二集(1950)

　　芳村弘道《關於和刻本〈文選〉——從版本看江户、明治時期的〈文選〉接受》,載《學林》第三四號(2002)

　　一海知義《〈文選〉挽歌詩考》,載《中國文學報》第十二冊(1960)

　　大上正美《蕭統與蕭綱——支撐〈文選〉與〈玉臺新詠〉之編纂的文學認識》,載《中國文學論考》(汲古書院,1987)

　　清水凱夫《再論〈文選〉與〈文心雕龍〉之關係》,載《學林》第三二號(2000)

"歐美學者《選》學論文選輯"各篇原始出處爲:

　　[德]施米特《敦煌唐寫本〈文選〉解說》,Gerhard Schmitt, *Aufschlüsse über das Wenxuan in seiner frühesten Fassung durchein Manuskript der Tang-Zeit*, Mitteilungen des Instituts für Orientforschung der Deutschen Akademie der Wissenschaften zu Berlin) 14. 3 (1968)

　　[美]康達維《〈文選〉英譯本前言》(選譯),David R. Knechtges, *Wen xuan or Selections of Refined Literature*, Vol. 1, Princeton, Princeton University Press, 1982

　　[加]白潤德《評康達維英譯〈文選〉第一卷》,Daniel Bryant, Review, Harvard Journal of Asiatic Studies, Vol. 44, No. 1, (June. ,1984)

[美]雷久密《〈文選〉中的"歲暮"主題新探》,Chiu-mi Lai, *Reinvention of the "Late Season" Motif in the Wen xuan*

　　[美]高德耀《道别:中國中古前期的誄文轉變》,Robert Joe Cutter, *Saying Goodbye: The Transformation of the Dirge in Early Medieval China*

　　[美]柏士隱《〈文選〉的最後一篇:王僧達〈祭顔光禄文〉》,Alan J. Berkowitz, *The Last Piece in the* Wen xuan, *Wang Sengda's "Offering for Imperial Household Grandee Yan"*

　　以上三篇並見 Early Medieval China, Vol. 10-11(Essays in Honor of the Sixtieth Birthday of David R. Knechtges), Part 1, 2004

　　在翻譯這兩組論文的過程中,我們得到了各位原作者及譯者的大力支持。此外,曹虹教授、俞士玲教授、金程宇副教授以及童嶺博士等諸位先生,在日本學者《選》學論文篇目的選擇、譯者的組織以及版權的聯繫等方面,做了很多工作;康達維教授及其門下弟子、美國佛羅里達大學陳美麗(Cynthia Chennault)教授也對本輯中的英譯論文給予鼓勵與支持,謹此表示衷心感謝。

　　從本輯開始,《古典文獻研究》每輯將有一個相對集中的主題。下一輯的主題是"古典文獻與社會文化",其宗旨是從社會文化的視角觀照文獻,以文獻的歷史過程闡述社會文化,具體事宜詳見本輯卷末所附徵稿啓事。我們熱誠歡迎學界同仁踴躍投稿,大力支持,共襄盛舉。這也是我們所期待的。

程章燦
2011-6-9

目　錄

《文選》及其周邊

兩漢六朝詩文中的李陵現象 / 朱曉海　(1)
班昭《東征賦》中的情志 / 楊　穎　(61)
任昉與南朝目録學 / 楊　賽　(73)
隋唐時代"中層學問世界"研究序説
　　——以京都大學影印舊鈔本《文選集注》爲中心 / 童　嶺　(88)

日本學者《選》學論文選輯

唐鈔本文選殘篇跋（附録一種）/ ［日］狩野直喜　撰　童嶺整理　(145)
《文選》絮語
　　——吉備大臣入唐繪詞的關聯 / ［日］神田喜一郎　撰　童嶺譯　(152)
《文選鈔》的引書 / ［日］長谷川滋成　撰　章琦譯　(156)
《文選》李善注前史 / ［日］富永一登　撰　左江譯　(178)
李善《文選》注引文義例考 / ［日］斯波六郎　撰　權赫子　曹虹譯　(191)
關於和刻本《文選》
　　——從版本看江户、明治時期的《文選》接受 / ［日］芳村弘道　撰　金程宇　張淘譯　(214)

《文選》挽歌詩考 / [日]一海知義 撰　俞士玲 譯　(248)
蕭統與蕭綱
　　——支撐《文選》與《玉臺新詠》之編纂的文學認識 / [日]
　　大上正美 撰　吳正嵐 譯　(270)
再論《文選》與《文心雕龍》之關係 / [日]清水凱夫 撰　金程宇
　　張淘 譯　(281)

歐美學者《選》學論文選輯

敦煌唐寫本《文選》解說 / [德]施米特 撰　徐美德 譯　(305)
《文選》英譯本前言(選譯) / [美]康達維 撰　劉歡萍 譯　(312)
評康達維英譯《文選》第一卷 / [加]白潤德 撰　許淨瞳 譯　(337)

《文選》中的"歲暮"主題新探 / [美]雷久密 撰　章琦 譯　(344)
道別：中國中古前期的誄文轉變 / [美]高德耀 撰
　　何維剛 譯　(359)
《文選》的最後一篇：王僧達《祭顏光禄文》 / [美]柏士隱 撰
　　許浩然 譯　(396)

古典文獻考論

《周易》"噬膚,滅鼻"考論 / 周葦風　(414)
杜甫妻室問題辨正 / 譚　莊　(423)

精心修訂　求精求新
　　——簡評《韓非子校注》修訂本 / 薛正興　(433)
【附】追思與紀念 / 周勛初　(437)

"古典文獻與社會文化"專輯徵稿啓事　(440)
《古典文獻研究》稿件書寫格式　(442)

兩漢六朝詩文中的李陵現象

朱曉海

首都師範大學中國詩歌研究中心的董姣女士曾撰《李陵與李陵詩文研究史綜述》[1],乃截至目前對於此課題的研究論著較爲全面的回顧。以研究論著的性質而言,主要不外兩類:一、對於西漢李陵兵敗投降事件的評析;二、李陵及蘇武名下詩文真僞的考辨[2]。如果説前者的焦點在真李陵的功過是非,則後者的重心在揭發假李陵。假李陵的寫作很可能與對真李陵的評騭密切相關,但將二者結合的討論不多見。再者,古人對於李陵、李陵事件,像白居易那樣撰寫《漢將李陵論》[3]的實乃異數,但並不意謂他們對此没有看法,只不過表述看法時,採取的

---

[1] 趙敏俐、佐藤利行主編《中國中古文學研究》,學苑出版社,2005年,頁184—193。

[2] 本文所稱引李陵、蘇武名下的詩文俱見李善注《文選》卷二九《詩己·雜詩上》、卷四一《書上》,藝文印書館,1998年,頁420—422、584—587;章樵注《古文苑》卷八《詩》,鼎文書局,1973年,頁203—206。節省篇幅計,下文不復一一標舉出處、頁碼。又,凡出自王先謙《漢書補注》(以下簡稱《漢書》)卷五四《李廣傳附孫李陵傳》、《蘇建傳附子武傳》、卷六二《司馬遷傳》(藝文印書館,1972年,頁1145—1148、1148—1152、1246—1258)者,亦然。

[3] 朱金城《白居易集箋校》卷四六《書頌議論狀》,上海古籍出版社,1988年,頁2829—2830。

經常不是近現代觀念中的論述式語言,更多的時候,僅是在言行間無形透露其深衷感受的點滴。董女士在這一部分惜墨如金,釋讀也有可商兑之處。因此,本文以兩漢六朝詩文爲範圍,略從接受史、敘事史的角度,呈現那個時期的李陵剪影,並盡力嘗試説明所以然。所謂詩文實乃韻文、無韻文的代稱,但因韻文的部分主要在詩,是以仍如是名之。又因李陵案件波及最鉅者乃司馬遷;以私誼而言,與李陵關係最密切的乃蘇武,況且前者的《報任少卿書》是對李陵及其浚稽戰役最早的報導;後者是李陵名下的詩與書信主要的對象,是以於相關必要處,本文也將論及六朝詩文中的司馬遷、蘇武。

壹

《御覽》卷五八六《文部二·詩》所録顏延之《庭誥》首先論及當時流傳的李陵作品:

> 李陵衆作,總雜不類,元是假托,非盡陵製,至其善篇,有足悲者。

結合其他史料,可以得出幾點推論:一、顏延之卒於劉宋孝武帝孝建三年(456),年七十三。《庭誥》撰寫的背景是"吾年居秋方①,慮先草木","贍身之經,別在田家節政;奉終之紀,自著燕居畢義"②。換言之,這是篇傳家的訓誨文字。對照《禮記》卷一《曲禮上》"七十曰老"鄭《注》"傳

---

① 湯用彤校注《高僧傳》卷六《義解三·晉長安大寺釋僧䂮》:"雖年在秋方,而講説經律,勖衆無倦。"(中華書局,1996 年,頁 240)趙超《漢魏南北朝墓誌彙編·北魏·侍中尚書令太保使持節都督冀相殷三州諸軍事大將軍冀州刺史司空穆紹公墓誌銘》:"公以太夫人年在秋方,情存就養。"(天津古籍出版社,1992 年,頁 283)長孫無忌《隋書》卷五七《盧思道傳·勞生論》:"余年在秋方,已迫知命。"(藝文印書館,1972 年,頁 694)可知,"秋方"乃六朝成詞。按照五行間架的搭配,秋方即西方。年在秋方猶言年在桑榆、日薄崦嵫。

② 沈約《宋書》卷七三《顏延之傳》,藝文印書館,1977 年,頁 913、917。

家事,任子孫",則《庭誥》當撰於劉宋文帝元嘉三十年(453)前後。可見,至晚東晉末已有李陵的作品集行世。二、鍾嶸說:

> 陸機所擬十四首……可謂幾乎一字千金!此外《去者日以疏》四十五首雖多哀怨,頗爲總雜,舊疑是建安中曹、王所製。
> (江)文通詩體總雜,善於摹擬。①

是"總雜"可指藝術成就高下有別,也可指風格不一。《庭誥》既以"不類"説"總雜";後半又論及其中"善篇",可知:顔延之所説的"總雜"包含二者。在他之前,一般人都認爲這文集中的作品出自西漢武、宣年代那位李陵之手,因此顔延之才要從内容性質、藝術成就上鑑別,而其前提乃認定某些作品確實是李陵之作,只是"非盡"是,這才能從前者提煉出一個鑑別判準。三、一般人總喜歡稱引完成於齊、梁鼎革之際(501—502)的《文心雕龍》②卷二《明詩》的一段話:

> 至成帝品錄,三百餘篇,朝章國采,亦云周備,而辭人遺翰,莫見五言,所以李陵、班婕好見疑於後代也。

好似劉勰與"後代"同調,而全不顧及他緊接的"按"語:

> 《召南·行露》始肇半章,孺子《滄浪》亦有全曲;暇豫優歌遠見《春秋》,邪徑童謡近在成世。閲時取證,則五言久矣。

劉勰根本不同意西漢不可能出現李陵五言詩的説法③。再看揭示當時

---

① 曹旭《詩品集注》(以下簡稱《詩品》)上《古詩》、中《梁光祿江淹》,上海古籍出版社,1996年,頁75、306。
② 詳參拙作《〈文心雕龍〉撰成時代補證》,《新文學》第8輯,大象出版社,2007年,頁158—163。
③ 盧盛江《文鏡秘府論彙校彙考》南《論文意》:"《詩議》)或云……五言之作,《召南·行露》已有濫觴;漢武時,屢見全什,非本李少卿也。"(中華書局,2006年,頁1394)與劉勰從五言詩發展史着眼的論式相近。

各種主題、風格典範作品的江淹《雜體詩》開列"李都尉"一體；蕭子顯認爲："少卿雜辭，五言才骨，難與爭騖。"裴子野明白表示："五言爲家，蘇、李自出。"鍾嶸也説："逮漢李陵，始著五言之目。"蕭統更以"降將著河梁之篇"①，作爲五言詩史上的里程碑，充分可見：包括顏延之在内，六朝人都相信李陵有五言詩傳世。四、東漢末葉已降，流傳一批作者不詳的無題詩，魏、晉以來的人統稱之爲古詩。據完成於蕭梁武帝天監十三年至十七年之間的《詩品》②所説，當時至少還見存五十九首。那些古詩中曾有某些劃歸枚乘、傅毅③，但仍爲絶大多數人視爲作者不詳的古詩。相對於此，目前所知蘇、李名下的無題詩，不論全篇或殘章零句，被古書徵引時，除了"燭燭晨明月"那首曾於《初學記》卷三《歲時部·冬第四》被稱作"古詩"，餘者從未冠以"古詩"之名。由此可推斷：並非遠在曹魏，已經將當時流傳的一大批古詩中某些作品區隔出來，劃歸於李陵名下，而是從一開始寫這些詩的時候，就"假託"了李陵之名。

　　《隋書》卷三五《經籍志四·集·別集》著録《漢騎都尉李陵集》二卷，並未著録蘇武的別集。前賢推測：蘇武名下之作乃自早期李陵名下之作析出。④ 按：禮尚往來，贈詩之後，必有答詩。東晉安帝義熙十一年（415）夏，謝靈運贈詩從兄謝瞻，對方因事遷延，然而無論如何，該年

---

① 分見《文選》卷三一《詩庚·雜擬下》（頁452）、蕭統《〈文選〉序》（《文選》，頁1）、蕭子顯《南齊書》卷五二《文學列傳·史臣曰》（藝文印書館，1972年，頁420）、李昉《文苑英華》（以下簡稱《英華》）卷七四二《論四》所收裴子野《雕蟲論》（新文豐出版股份有限公司，1979年，頁3873）、《詩品》上《序》（頁8）。除了蕭子顯一條，劉躍進《有關〈文選〉"蘇李詩"若干問題的考察》（《古典文獻學叢稿》，學苑出版社，1999年，頁24—25）均已提及。

② 《詩品·前言》，頁2，6。

③ 范文瀾《文心雕龍注》卷二《明詩》："古詩佳麗，或稱枚叔；其《孤竹》一篇，則傅毅之詞。"（開明書店，1970年，頁1b）

④ 逯欽立《漢詩別録》（《漢魏六朝文學論集》，陝西人民出版社，1984年，頁6）、《先秦漢魏晉南北朝詩·漢詩》卷一二《李陵録別詩二十一首》自注（木鐸出版社，1988年，頁337）。

冬,還是回應了。① 今傳李陵名下的詩,爲數不少被視爲是贈蘇武之作,則按照當時的文化共識,在假設情境下的蘇武不可能没有答詩。而且從殘存的文字來看,李陵致信蘇武,蘇武也曾覆函,可爲佐證。此其一。按照古代的文化共識,既然認爲受贈一方應有答,則假托某人之名,爲之設辭時,往往會爲贈、答雙方並撰。《文選》卷二四《詩丙·贈答》收録陸機《爲顧彦先贈婦》二首。第二首開篇説:

東南有思婦,長歎充幽闥。

結尾説:

願保金石軀,慰妾常飢渴。

清楚顯示:下篇是妻子的答詩,然而標題都冠在夫贈妻的名義下,李善以爲題"誤",實乃一間未達。陸雲同樣有《爲顧彦先贈婦》,而且是兩首,均爲妻子的聲口。從善《注》所引《代彦先贈婦》:

何用結中款? 仰指北辰星。

可知,另有以丈夫聲口,向妻子表示絶未變心之作,但流傳至唐代的《陸雲集》將代顧婦所作部分一律劃歸在爲顧彦先的名下。此其二。傳統編撰書籍有個特點:將性質近似者一併抄謄,如《周書·王會》内容是"周室既寧,八方會同,各以其職來獻",編者將《商書·伊尹朝獻》"以事類來附"②;長沙馬王堆乙本《老子》卷前抄有四篇黄老學派的佚書③。

---

① 《文選》卷二五《詩丁·贈答三》所收謝瞻《於安城答靈運》,善《注》所引謝靈運《贈宣遠·序》,頁370。

② 黄懷信、張懋鎔、田旭東《逸周書彙校集注(修訂本)》卷一〇《周書序》、卷七《王會》,上海古籍出版社,2007年,頁1134、908。

③ 馬王堆漢墓帛書整理小組《馬王堆漢墓帛書》第四、五册,文物出版社,1975年。

文集不時也會將與作者某首詩有關的他人之作附錄於其間,如《謝宣城集》中將沈約等人同席所作的詠物詩也列入①;隋、唐時期的《江總集》就收錄了早先使隋時,對方接待者房彥詢的贈詩,而江總編自己的集子時,在"登宮城"所撰那首之後,還收錄了徐陵、姚察的和詩②。此其三。

綜上所述,按照當時的文化習慣,以李陵之名代寫贈蘇武詩的同時,極可能也會以蘇武之名代寫答詩。編撰《李陵集》時,會將兩首並收,只是按照當時署題的通例,兩首一律冠於李陵或李陵贈某某之下,並未將代對方答李陵的那首別立一題,此所以如:

> 雙鳧俱北飛,一鳧獨南翔,子當留斯館,我當歸故鄉。一別如秦胡,會見何詎央?愴恨切中懷,不覺淚沾裳,願子長努力,言笑不相忘。

從文義來看,毫無疑問乃將"別"之際,"當歸故鄉"的行者贈與"留"者之詞,《白氏六帖》竟題爲李陵詩③。然而這並非意謂蘇武名下之作乃是從原屬李陵名下之作分割出來,因爲於假托李陵之名設辭贈蘇武之初,答者的身份已經非常明確是蘇武。編撰《李陵集》時,有時會於假托李陵所寫的贈詩之末,將性質類似,但乃蘇武贈他人的詩附錄於後,如:

> 骨肉緣枝葉,結交亦相因,四海皆兄弟,誰爲行路人?況我連枝樹,與子同一身。昔爲鴛與鴦,今爲參與辰;昔者常相近,邈若胡

---

① 曹融南《謝宣城集校注》卷五《五言詩》,上海古籍出版社,2007年,頁391—402。

② 分見李延壽《北史》卷三九《房法壽傳附玄孫彥詢傳》(藝文印書館,1972年,頁627)、姚思廉《陳書》卷二七《姚察傳》(藝文印書館,1972年,頁170)。

③ 白居易《白氏六帖事類集》卷二九《鬼第三十九》(新興書局有限公司,1975年,頁1058)。李昉《太平御覽》卷四八九《人事部·別離》(以下簡稱《御覽》,臺灣商務印書館,1997年,頁2368)亦然,但那是在"李陵贈蘇武詩曰:'携手上河梁……'"之後,以"又曰"的形式出現。《御覽》引錄故籍時,經常妄刪書名、篇名,以"又曰"取代(詳參胡道靜《中國古代的類書》第六章第一節,中華書局,1982年,頁124—125),是以若援此爲證,有欠堅實。

與秦。惟念當離別,恩情日以新,鹿鳴思野草,可以喻嘉賓。我有一罇酒,欲以贈遠人,願子留斟酌,敘此平生親。

開篇已表明:詩人與對方乃"骨肉"關係,猶如同一樹上的兩條分枝,所以才會以無血緣,但親似兄弟的"結交"關係映襯同氣分形者離別之痛。這類作品確有可能因一時失察,被誤歸於李陵名下,像《初學記》即將此首題作李陵贈蘇武①,但這是"蘇冠李戴",而非"李冠蘇戴"。

根據《漢書》的記載,蘇武南歸時,李陵有感"異域之人壹別長訣",此後再無機會與之商兑生平痛事,乃"起舞,歌曰":

徑萬里兮度沙幕,爲君將兮奮匈奴,路窮絕兮矢刃摧。士衆滅兮名已隤,老母已死,雖欲報恩將安歸!

清楚可見:重心並非傷別,通過自傷、抒憤,以"令子卿知吾心"才是。或許因此,江淹鋪敍基於不同原因而哭泣的案例時,會根據《漢書》李陵歌後,"泣下數行"的記載,將之視爲"悼躬"的代表,與其他類型,好比因生命短促而泣的"齊景牛山"、有感榮枯無常而泣的"孟嘗聞琴"、因懷才落拓而泣的"荊軻燕市"、因鍾愛之子夭折而泣的"夷甫傷子"②等並列。

將蘇李名下的詩與《漢書》記錄下來的那首李陵歌對觀,立刻可發現幾點重要變化:

以主題而言,歌中原先志滅匈奴,英勇出征、鏖戰無助,遂陷途窮、意圖待機立功,以折前過、憤懑高堂遇害,從而對漢廷絕望等情節概述,與歌中原來流露的自傷、抒憤,以尋求諒解等心緒是互倚相生的。如今將前者悉數刊落,導致不僅原先尋求諒解的旨趣全然消失,連抒憤的氣氛也隨之杳然。《古文苑》所收:

---

① 徐堅《初學記》卷一八《人部中·離別七》,鼎文書局,1976年,頁448。
② 俞紹初、張亞新《江淹集校注》上編《賦·泣賦》,中州古籍出版社,1994年,頁196。

鍾子歌南音，仲尼歎歸與。戎馬悲邊鳴，遊子戀故廬。陽鳥歸飛雲，蛟龍樂潛居。人生一世間，貴與願同俱。身無四凶罪，何爲天一隅？與其苦筋力，必欲榮薄軀。不如及清時，策名於天衢。

至多不過顯示詩中主人翁是位流戍邊裔的逐臣，長期的委屈似乎使他有另投明君的偏激念頭。換言之，李陵歌原先的主題發展至李陵詩時，僅餘自傷一環。自傷的具體內容主要在思歸不得的痛苦、失群的孤寂、懷人的殷切。《古文苑》所收的另一首：

　　爍爍三星列，拳拳月初生。寒涼應節至，蟋蟀夜悲鳴。晨風動喬木，枝葉日夜零。遊子暮思歸，塞耳不能聽。遠望正蕭條，百里無人聲。豺狼鳴後園；虎豹步客庭。遠處天一隅，困苦獨零丁。親人隨風散，歷歷如流星。三苹[荆]離不結，思心獨屛營。願得萱草枝，以解飢渴情。

最能代表。這三種情緒實可縮合爲一股，因爲對方能返鄉，自己則否，使得原先唯一可相濡以沫者亦不復存，失群的孤寂愈加逼人，也就格外思念對方。然而像：

　　有鳥西南飛，熠熠似蒼鷹。朝發天北隅，暮宿日南陵。欲寄一言去，托之箋彩繒。因風附輕翼，以遺心蘊蒸。鳥辭路悠長，羽翼不能勝。意欲從鳥逝，駑馬不可乘。

僅透露了詩中主人翁心聲頗爲複雜沈重，無從傳遞，至於心聲的具體內容、何以會那般複雜沈重，則因迴避不道及而未明。更有甚者，從這些托名設辭之作中，完全看不到李陵將領身份的痕跡，以致若將題署掩去，初次接觸這些詩的讀者會以爲作者不過是某位佚名的一般士子。簡言之，在假托李陵的詩作中，李陵歌中原本蘊含的政治糾葛幾乎全部消失。

　　以作者而言，李陵當時的歌既然在通過自傷、抒憤，以"令子卿知吾心"，以二人交誼之深、於漢朝政壇的共同經歷，蘇武當然可以知其心，只是理解不意謂都認同,然而當此分離之際,以人情而言,不忍也不宜辯駁或責備。史書雖未明言蘇武何以並未酬答,但若推想,蓋基於此,當非盡誣。後世假託李陵之名撰寫不入樂的五言詩贈蘇武時,內容重心既然已經轉移,不涉及政治,設想情境中的蘇武打破緘默,即不再有為難之處,是以由原本的單純接受轉為或被動酬答,如前引《雙鳧俱北飛》那首;或主動贈別李陵,如:

> 黃鵠一遠別,千里顧徘徊。胡馬失其群,思心常依依。何況雙飛龍,羽翼臨當乖?幸有絃歌曲,可以喻中懷。請為遊子吟,泠泠一何悲!絲竹厲清聲,慷慨有餘哀。長歌正激烈,中心愴以摧。欲展清商曲,念子不能歸。俛仰內傷心,淚下不可揮。願為雙黃鵠,送子俱遠飛。

以分別的場景而言,除了沿用原先蘇武南歸之際,還構想出另外兩種分別場景。一是蘇武北使①之際,如:

> 携手上河梁,遊子暮何之?徘徊蹊路側,悢悢不得辭。行人難久留,各言長相思。安知非日月,弦望自有時。努力崇明德,皓首以為期。

另一則為蘇武南歸,已經"各在天一方"之後,如:

---

① 據《漢書》卷六《武帝紀》、卷五四《蘇建傳附子武傳》,頁 100、1148、1150,李陵降北事在武帝天漢二年(99B.C.);蘇武出使匈奴事在武帝天漢元年(100B.C.)。而且李陵勸蘇武不必顧戀南方時,曾說:"來時,大夫人已不幸,陵送葬至陽陵。"可見:以形式邏輯而言,蘇武出使時,李陵可以為蘇武餞別。翁方綱《復初齋文集》卷三三《跋錢舜舉李泣別圖》:"其曰'安知非日月,弦望自有時',此則謂離別之後,或尚可冀其會合耳,不思武既南歸,必無再北之理,而陵云'丈夫不能再辱',亦自知決無還漢之期,此則日月弦望為虛言矣。"(文海出版社,1969 年,頁 1302)這是因為他將此詩置於蘇武南歸的場景下解讀,所以認為不通。

> 陟彼南山隅，送子淇水陽①。爾行西南遊，我獨東北翔。轅馬顧悲鳴，五步一彷徨。雙鳧相背飛，相遠日已長。遠望雲中路，想見來圭璋。萬里遥相思，何益心獨傷？隨時愛景耀，願言莫相忘②。

以授、受兩造而言，由原本的李陵、蘇武演化出蘇武與其他人爲授、受兩造，除了前文所引《骨肉緣枝葉》那首是寫給他的骨肉至親，還有以李陵之外的"良友"爲對象者：

> 燭燭晨明月，馥馥我蘭芳。芬馨良夜發，隨風聞我堂。征夫懷遠路，遊子戀故鄉。寒冬十二月，晨起踐嚴霜。俯觀江漢流，仰視浮雲翔。良友遠離別，各在天一方。山海隔中州，相去悠且長。嘉會難兩遇，歡樂殊未央。願君崇令德，隨時愛景光。

較此猶劇烈的演化則是：擺脱掉授、受雙方原本都是男性這一紐帶，出現了接受一方爲女性之作。《文選》卷二九《詩己·雜詩上》所收蘇武名下的第三首：

> 結髮爲夫妻，恩愛兩不疑。歡娱在今夕，嬿婉及良時。征夫懷往路，起視夜何其。參辰皆已没，去去從此辭。行役在戰場，相見

---

① 孔穎達《毛詩注疏》卷一之四《召南·草蟲》："陟彼南山，言采其薇，未見君子，我心傷悲。"（藝文印書館，1977年，頁52）卷三之三《衛·氓》："送子涉淇，至于頓丘。"（頁134）乃此詩首聯措辭出處，不過是表達登山臨水兮送將歸，豈能泥於字面，以既有的史書記載，質疑蘇、李二人未嘗至伊、洛一帶，更從未有自該處"西南遊"之舉？

② 既説"相遠日已長"，又説"萬里遥相思"，可見：寫此詩時，不論從時間或空間而言，授、受雙方分别已久、距離甚遠，此所以會期盼對方遣人來致意。古代遣使必以玉帛爲禮，賈公彦《周禮注疏》卷三七《秋官·小行人》："圭以馬，璋以皮，璧以帛，琮以錦，琥以繡，璜以黼，以和諸侯之好故。"（藝文印書館，1977年，頁568）所以詩説"想見來圭璋"。章樵注就説："圭璋所以通好。"

未有期。握手一長歎,淚爲生別滋。努力愛春華,莫忘歡樂時。生當復來歸,死當長相思。

即其明證。江淹《雜體詩·李都尉從軍》:

> 樽酒送征人,踟蹰在親宴。日暮浮雲滋,渥手淚如霰。悠悠清川水,嘉魴得所薦。而我在萬里,結髮不相見。袖中有短書,願寄雙飛燕。①

雖以"從軍"標注,但描述的並非軍旅實際生活、心境,如《鮑參軍·戎行》,更不是抒發戰敗後的落拓慷慨,如《劉太尉·傷亂》,內容乃李陵"在萬里"之外的異鄉,回憶當初送別;目前期盼向妻子表達繾綣之情。這首與蘇武名下"結髮爲夫妻"那首的差異僅在:後者爲將告別之時;前者爲已分別之後。江淹所擬各體都是以該作者最具代表性的特點爲範式,可見在此之前,蘇、李名下之詩當不止一兩篇已經以此爲內容。

經由以上的解讀、分析,《李陵集》中收錄的詩確實"總雜不類","非盡陵製"。

以往學者在論證蘇、李名下的詩非蘇、李所作時,總會強調這些詩的某些內容與根據《漢書》記載所得的認知不合。從文獻鑑別的角度來說,這自然值得注意,但也就衍生一個問題:何以絕大多數的六朝人認爲那些作品出自蘇、李,縱使針對這批"總雜不類"鑑別的顏延之也仍然認爲某些是"陵製"?最簡單的解釋莫過於歸因六朝人文獻鑑別的見識、工夫不足。按:自東漢初、中葉之交,已逐漸意識到文學寫作乃一專業,並非任何具有中上文化素養者均能舞文弄墨,代筆現象於焉普及。② 後世編撰別集、選集,知道代筆者姓名的,有時會標明"某甲爲某乙";《文

---

① 《文選》卷三一《詩庚·雜擬下》所收江淹《雜體詩》之二,頁452。
② 詳參拙作《魏晉時期文學自覺說的省思》,《古代文學理論研究》第22輯(2004年12月),頁64—68。

館詞林》則常採取一起具名的著録方式①,這當然是由於作品内容全然不符代筆人的身份。然而因爲代筆之作唯一講求的乃能否如所代對象"腹中之所欲言也"②,該文字成品形同所代者的心聲筆録;對方回覆時,也是以所代者爲對象,代筆者的好惡、觀念被視同無物,則將代筆之作歸於所代對象的名下,情理兼通,未聞斷斷於某人著作被剽竊。後世托名設辭的代筆在兩方面有別於這種代筆:(1) 代筆前,未經名義上的作者授權;(2) 代筆的内容與措辭未經名義上的作者認可。然而不妨换一個角度來思考,有無授權所以會構成問題,在於是否矯旨,如果當其旨,不過是上探其微意而爲之。其次,當面交付代筆任務時,似樂廣"標位二百許語"③,乃罕例,往往不過提供一個要旨,其餘多賴代筆人自行揣摩,關鍵在代筆人的資質(好比想象力)高下、對所代筆者熟悉到什麽程度,否則,縱使面授詳盡,代筆之作照樣"不可意"④。再者,代筆不同於擬作。既因寫作專業考量,倩人代筆,就反映當事人不會、也無能力如此措辭,如何措辭本來就在代筆人的權限内,經托付者過目,着眼點仍在文稿中的意思是否當其心。簡言之,受同時人委托代筆與後世托名代筆固然不同,但在要求契合所代者心意這總綱上則一致。對於受到玄學影響的六朝人而言,代筆人主觀條件及其表現的優劣或許遠勝於客觀授權、認可形式的有無。高明的托名設辭既然不啻自該古人之口出,那又何妨視爲該古人所作?⑤

　　其次,蘇、李名下的詩都非當事人所做,但這僅開啓了問題的端倪,

---

① 詳參羅國威《日藏弘仁本文館詞林校證·目次》,中華書局,2001年,頁14—18、22—28、33。

② 王先謙《後漢書集解》(以下簡稱《後漢書》)卷八〇下《文苑列傳·禰衡傳》,藝文印書館,1972年,頁946。

③ 楊勇《世説新語校箋(修訂本)》上卷《文學》第70條,正文書局有限公司,2000年,頁235。

④ 盧弼《三國志集解》卷二八《鍾會傳》裴《注》所引《(魏晉)世語》,藝文印書館,1972年,頁673。

⑤ 可參王瑶《中古文學史論》之《中古文人生活·擬古與作僞》,長安出版社,1982年,頁127—183。

還應追問:六朝早期某些無名作者何以傾向選取蘇、李作爲代言的對象？鍾嶸在追溯後世各家五言詩作的精神遠祖的時候,以《國風》、《小雅》、《楚辭》爲三系,其中發軔於《楚辭》一系的人數最多,而這系百世不祧的開山者乃李陵。鍾嶸稱李陵乃"怨者之流",故"文多淒愴"。① 從創作方面來說,淒愴本來是激發文學寫作的強大驅力之一,鍾嶸曾鋪敘這點:

> 至於楚臣去境,漢妾辭宮,或骨橫朔野,或魂逐飛蓬,或負戈外戍,殺氣雄邊,塞客衣單,孀閨淚盡。又士有解佩出朝,一去忘返;女有揚娥入寵,再盼傾國。凡斯種種,感蕩心靈,非陳詩何以展其義,非長歌何以騁其情？②

在這段鋪敘中,"凡斯種種"的際遇都是作者親身的經歷、感受,然而縱使未嘗親身經歷,由於人與生具有設身處地、同情共感的潛能,對於某些心靈纖細、聯想翩翩且具創作能力者而言,淒愴的人物及其故事情節不僅會讓他們低徊不已,所謂"尤動文人感激之懷"③,同樣會興發"陳詩""騁其情"的驅力:或者站在第三者的立場詠懷;或者將自己代入,以該人物的身份抒情。衆所周知,《楚辭·九懷》以降的部分都是以屈原的身份,體貼屈原的心境,訴說屈原的感知。④ 所以會出現這種現象,其中一項主要因素即是屈原的人格與際遇予人多重的強烈衝擊——仰慕有之,同情有之,惋惜有之,共鳴有之。鍾嶸認爲:先秦已可見不少雜有五言的歌謠,在諸多"五言之濫觴"⑤中,獨以《楚辭》爲李陵詩源,或

---

① 《詩品》上《漢都尉李陵》,頁88。
② 《詩品》上《序》,頁47。
③ 《復初齋文集》卷三三《跋錢舜舉蘇李泣別圖》,頁1303。
④ 在兩漢人觀念中,《楚辭》與屈原乃一體兩面,必須是屈原所撰,或代屈原設辭者,方能謂之《楚辭》,並非採取所謂的騷體句撰寫的作品都可被以此名。詳參拙作《"靈均餘影"覆議》,《漢賦史略新證》(陝西人民出版社,2004),頁103—108。
⑤ 《詩品》上《序》,頁5。

許正是看到這點。若進一步從文學社會學的角度來看,自古欣賞的音樂均以悲爲尚,閱讀文學作品時亦然。顏延之論"李陵衆作"的"善"與"不善"時,即以"足悲"與否爲標準。讀者的這種期盼自然會影響到作者取材的對象。李陵即是凄愴的符碼,他的生平際遇易於感蕩人的心靈,是以縱使只爲了迎合閱讀市場的需求,考慮假托對象時,李陵也會是作者優先選擇的對象之一。

南朝永明以來,文士雅集,逐漸發展出一種探籌決定詩題,然後寫作的風尚,所謂"賦得"。① 從《藝文類聚》卷九《水部下·井》所錄范雲《詠井》,《初學記》卷七《地部下·井第六》引作《賦得詠井》;《玉臺新詠》卷八所收庾肩吾《詠有所思》,《藝文類聚》卷四一《樂部一·論樂》引作《賦得有所思》,以及《玉臺新詠》卷八所收劉孝綽《賦詠得照棋燭刻五分成》,《初學記》卷二五《器物部·燭第十四》引作《賦得照棋燭》;《藝文類聚》卷四四《樂部四·琴》所錄江總《賦詠待[得]琴》,《初學記》卷一六《樂部下·琴第一》引作《賦得詠琴》,可知賦得某某即詠某某,兩者的差異主要在:文士雅集的一般詠物雖會劃定所詠之物的範圍,各人對於究竟詠此或詠彼,多少有自主權;"賦得"的題目因屬探籌所得,純屬天定。以所詠的題目而言,賦得這種詠物方式最突出的一類無乃取故籍中既有的詞句②,尤其是詩句,作爲待抽取者。以見存現象來看,那些詩句有的出自渡江後的作品,如諸葛潁賦得的《微雨東來》、孔範賦得的《白雲抱幽石》、張正見賦得的《日中市朝滿》、徐湛賦得

---

① 詳參劉漢初《蕭統兄帝的文學集團》附錄一《論"賦得"》,臺灣大學中國文學研究所碩士論文,1975年6月,頁142—146。

② 如《初學記》卷二四《居處部·門第十》所錄何胥賦得的《待詔金馬門》(頁583)出自《漢書》卷五八《公孫弘列傳》(頁1215),歐陽詢《藝文類聚》(以下簡稱《類聚》)卷八九《木部下·竹》所錄賀徹賦得的《夾池修竹》(文光出版社,1977年,頁1552)出自《古文苑》卷三《漢臣賦十二首》所收枚乘《梁王菟園賦》(頁63)、卷九一《鳥部中·鴨》所錄江總賦得的《汎汎水中鳧》(頁1582)出自洪興祖《楚辭補注》卷六《卜居》(臺灣中華書局,1978年,頁2b)。

的《班去趙姬升》、蔡凝賦得的《處處春雲生》①分別是陶淵明、謝靈運、鮑照、謝朓的詩句②。大半出自渡江前,如蕭繹賦得的《蘭澤多芳草》、賀循賦得的《庭中有奇樹》、李巨仁賦得的《方塘含白水》、劉斌賦得的《好鳥鳴高枝》、江總賦得的《起坐彈鳴琴》、蕭詮賦得的《婀娜當軒織》、張正見賦得的《落落窮巷士》、王由禮賦得的《巖穴無結搆》、沈炯賦得的《邊馬有歸心》③分別是東漢末無名氏、劉楨、曹植、阮籍、陸機、左思、王贊的詩句④。籤或紙上書寫哪些詩句或對象作爲可抽取的題目範圍,並非任意爲之。從不同時代的蕭繹、祖孫登、孔德紹均曾賦得《涉江採芙蓉》⑤;周弘直、陽縉均賦得《荆軻》⑥;於不同場合下,褚雲、張正見、王

---

① 分見《初學記》卷二《天部下·雨第一》(頁 27)、卷一《天部上·雲第五》(頁 16—17);《類聚》卷六五《產業部上·市》(頁 1170)、卷三二《人部十六·閨情》(頁 569)。

② 分見《文選》卷二六《詩丁·行旅上》所收謝靈運《過始寧墅》(頁 386)、卷二八《詩戊·樂府下》所收鮑照《結客少年場》、《白頭吟》(頁 411—412)、卷三〇《詩己·雜詩下》所收陶淵明《讀山海經》(頁 433)、《謝宣城集校注》卷四《和劉西曹望海臺》(頁 336)。

③ 分見《初學記》卷二七《寶器部花草附·蘭第十一》(頁 664)、卷六《地部中·總載水第一》(頁 114),《類聚》卷八八《木部上·木》(頁 1508)、卷六五《產業部上·織》(頁 1168)、卷三六《人部二十·隱逸上》(頁 644)、卷九三《獸部上·馬》(頁 1621);馮惟訥《古詩紀》卷一三六《隋第七》(影印《文淵閣四庫全書》第 1380 冊,臺灣商務印書館,1983 年,頁 485)。

④ 分見《文選》卷二〇《詩甲·公讌》所收曹植《公讌》(頁 288)、卷二一《詩乙·詠史》所收左思《詠史》之八(頁 304)、卷二三《詩丙·詠懷》所收阮籍《詠懷》之一(頁 329)、卷二九《詩己·雜詩上》所收《古詩十九首》之六(頁 418)及劉楨《雜詩》(頁 423)和王贊《雜詩》(頁 427)、卷三〇《詩庚·雜擬上》所收陸機《擬青青河畔草》(頁 443)。

⑤ 分見《類聚》卷八二《草部下·芙蕖》(頁 1402)、《文苑英華》卷三二二《花木二·芙蓉》(頁 1666)。

⑥ 俱見《類聚》卷五五《雜文部一·史傳》(頁 992)。

由禮賦得的題目都關乎蟬①；蕭綱、劉刪、孔德紹賦得的題目中都以鶴爲焦點②，可推得：他們常偏向某些類別，此所以會萌生開發新題的需求，如張正見《賦新題得蘭生野徑》、《賦得新題寒樹晚蟬疏》③，以便按照這種方式寫的詩於内容、情調大體近似之外，仍可以有些小小的新變。"蘇武"以及蘇、李名下的"黄鵠一遠别"、"攜手上河梁"均嘗爲賦得之題，而以此爲題寫的詩必然不脱孤寒、傷懷等情調。如果至南朝中葉，蘇、李此一剪影叢結因爲合乎以悲爲尚的文學美感，繼續會被文士垂青，作爲賦得詩題的選項之一，則在早先還没有那麽多凄愴的符碼時，它自然更容易中選。

隨着主觀認知、客觀環境的不同，南朝文士筆端在涉及蘇、李此一剪影叢結時，有少數變化可資注意。

以授、受兩造而言，《李陵集》面世多年，蘇、李名下有哪些詩，盡人皆知，掩去自己姓名，假托蘇、李二人寫詩的空間已經消失。此時若仍想在這舊有的框架中寫作，勢必得另尋他途。以往那些代言詩設定的場景不論是蘇武北使、南歸之際，或南歸之後，設定的授、受對象起先主要是蘇、李這兩位男性，但當時已經出現了蘇、李這兩位男性各自與其妻子敘别之作，在蕭齊已降艷情詩盛行的推波助瀾之下，巧思者乃進而發展出由妻子一方寫詩傷别，如蕭衍的《代蘇屬國婦》：

> 良人與我期，不謂過當時。秋風忽送節，白露凝前基。愴愴獨涼枕，搖搖孤月帷。或聽西北雁，似從寒海湄。果銜萬里書，中有

---

① 出處分見《類聚》卷九七《蟲豸部·蟬》所録褚雲《賦得蟬》、王由禮《賦得高柳鳴蟬》（頁1678）；《英華》卷三三〇《詩一八十·禽獸三·蟬》所録張正見《賦得秋蟬喝[咽]柳應衡陽王教》（頁1716）。

② 出處分見《初學記》卷三〇《鳥部·鶴第二》所録蕭綱《賦得舞鶴》、孔德紹《賦得華亭鶴》（頁728），《類聚》卷九〇《鳥部上·玄鵠》所録劉那[刪]《賦得獨鶴凌雲去》（頁1567）。

③ 分見《初學記》卷二七《寶器部花草附·蘭第十一》（頁665）、《文苑英華》卷三三〇《詩一八十·禽獸三》（頁1716），《古詩紀》卷一一三《陳第六》後一首的"得"在"題"之後（頁319）。

生離辭。惟言長別矣,不復道相思。胡羊久剽奪,漢節故支持。帛上看未終,臉下淚如絲。空懷之死誓,遠勞同穴詩。①

後來編撰《玉臺新詠》時,更大肆貫徹蕭綱的艷情詩學主張,將李陵名下衆作一概割棄,僅選取了蘇武名下的《結髮爲夫妻》,改題爲《留別妻》,再就是蕭衍這首。② 這種發展不但喧賓(蘇武)奪主(李陵),授受關係的主軸也由同性間調整轉向異性間了。

以内容而言,江淹在鋪敘"自古皆有死,莫不飲恨而吞聲"時,曾以李陵作爲類型之一:

> 李君降北,名辱身冤。拔劍擊柱,弔影慚魂。情往上郡,心留雁門。裂書繫帛,誓還漢恩。朝露溘至,握手何言。③

雖未涵蓋李陵心境的全部光譜,至少在心繫漢朝之外,還涉及他的内咎、羞憤、遺憾、無奈,以及"欲得當以報漢也"的深衷。蕭齊明帝建武、永泰之際(497—498),周興嗣至少已將屆而立之年④,始因謝朓"大相稱薦,本州舉秀才,除桂陽郡丞"⑤。未幾,蕭衍篡齊,興嗣"奏《休平

---

① 吳兆宜《玉臺新詠箋》卷七,臺灣中華書局,1969年,頁 2b—3a。

② 紀容舒《玉臺新詠考異》卷九《沈約古詩題六首》:"此書之例,非詞關閨闥者不收。"(《百部叢書集成・畿輔叢書》,藝文印書館,1966年,頁 23a)

③ 《文選》卷一六《賦辛・哀傷》所收江淹《恨賦》,頁 241。

④ 從姚思廉《梁書》卷四九《文學列傳上・周興嗣傳》:"年十三,遊學京師,積十餘載。"(藝文印書館,1972年,頁 341)此事敘於蕭齊鬱林王隆昌元年(484)前,可推知。

⑤ 《梁書》卷四九《文學列傳上・周興嗣傳》認爲謝朓稱薦興嗣乃"(朓)罷郡還"(頁 342)後之事。按:據卷一五《謝朓傳》,朓於蕭齊明帝建武四年(497)已罷郡,但一直"不應召"(頁 128—129)回京,以"卿祿"閑居當地,重返建康已經是天監二年(503)六月的事。周興嗣若此後方起家,則與後文"高祖革命"時序踏駁。當從李延壽《南史》卷七二《文學列傳・周興嗣傳》刪去"還"字(藝文印書館,1972年,頁 823)。

賦》,高祖嘉之,拜安成王國侍郎,直華林省";天監四年(505)三月,河南獻能拜善舞的赤龍駒①,又以應詔之賦工,"擢爲員外散騎侍郎,進直文德、壽光省"②。吳興摯友吳均當時可能尚未釋褐③,寄詩給這位當初高蹈方外的同契,辭氣中不無譏諷、感慨。周興嗣於第一首答詩末追述自己當年出仕前,你如"王丹贈不拜",足見彼此是"相知"者;於第二首答詩説:

驚鳧起北海,儀鳳飛上林。騫低不同翼,歡楚亦殊音。瞳瞳夕雲起,落落曉星沈。李陵報蘇武,但令知我心。④

向對方解釋:自己這邊緣人(北海的驚鳧)與那些趁着齊、梁鼎革而趨炎附勢者(來儀的鳳凰)懷抱並不同,就像李陵降北有着極大的無奈與苦楚。江淹《恨賦》也提到李陵渴望漢朝知其本心,但以文類而言,在詩這領域,這首可謂整個南朝唯一逼近李陵歌原本重心以尋求諒解者。阮卓《賦得黃鵠一遠別》:

霜風秋月映樓明,寡鶴偏棲中夜驚。月下徘徊顧別影,風前凄斷送離聲。離聲一去斷還續,別響時來疏復促。聊看遠客贈綾紋,彌怨閑宵雅琴曲。恒思昔日稻粱恩,理翮整翰上君軒。獨舞輕飛向吳市,孤鳴清唳出雷門。王子吹笙忽相值,自覺飄飄雲裏馳。一

---

① 《梁書》卷三三《張率傳》,頁233—234。
② 《梁書》卷四九《文學列傳上·周興嗣傳》,頁341—342。
③ 《梁書》卷四九《文學列傳上·吳均傳》:"天監初,柳惲爲吳興,召補主簿。"(頁342)據卷二一《柳惲傳》:"二年出爲吳興太守,六年徵爲散騎常侍。"(頁165)吳均任其主簿未必在柳惲臨郡之初。
④ 《英華》卷二四〇《詩九十·酬和一》所收周興嗣《答吳均》(頁1207)。據《梁書》卷四九《文學列傳上·吳均傳》:"普通元年(520)卒,時年五十二。"(頁342)是天監元年時,已三十四歲,與周興嗣年紀相當。二人都可說是蕭齊的遺民,所以周興嗣才會以守節與改仕二姓的蘇、李譬喻彼此。

舉千里未能歸,惟有田饒解深意。①

張正見選取兩漢鼓吹曲舊題《戰城南》所作的:

> 薊北馳胡騎,城南接短兵。雲屯兩陣合,劍聚七星明。騎交無復影,角憤有餘聲。戰罷披軍策,還嗟李少卿。②

筆鋒都觸及漢武帝,前者將漢武帝不知愛惜人才包裝在對故主的幽怨思念中;後者則側面烘托出漢朝遇下不公、功多者反而賞薄的身影。

以主題而言,從庾信略敘過往的文學發展時所說:

> 昔者屈原、宋玉始於哀怨之深,蘇武、李陵生於別離之世。③

是直到六朝末期,以別離哀怨作為蘇、李的主要剪影猶在。雖然以蘇、李作為授、受關係寫的那些詩都以分離為主題,設定的場景主要是蘇武南歸。著名的《攜手上河梁》以蘇武出使之際為詩中的場景,實居邊緣地位。因為那些代言之作若以追求淒愴為目的,只有前者才會構成生離猶死別的痛苦,不似後者還能以皓首為期,安慰彼此:"安知非日月,弦望自有時。"南朝文士一方面延續以蘇武南歸為永訣的傳統,如蕭梁末年流寓長安的沈烱得幸南歸時,就依舊如此使用。他按照前來送行者不同的政治背景,將他們的表現分別比擬為:

> 受繞朝之贈策,報李陵之別篇。

後者顯然指的是與他同被擄至關中、繼續被羈留的蕭梁士人。沈烱可

---

① 《類聚》卷九〇《鳥部上·玄鵠》,頁1567。
② 《英華》卷一九六《詩四六·樂府五》,頁969。
③ 倪璠《庾子山集注》(以下簡稱《庾集》)卷一一《序·趙國公集序》,臺灣中華書局,1968年,頁4b。

想見:此番一別,猶如蘇、李訣離,不知何年重晤,是以"淚未悲而自墮;語未咽而無宣"①。蘇、李在漠北訣別這幅剪影的影響力可由另一藝術領域看出。古代圖畫以人物爲大宗。李充《翰林論》説:"容象圖而贊立。"②從《漢書》卷六九《趙充國傳》:

> 初,充國以功德與霍光等列,畫未央宫。成帝時,西羌嘗有警,上思將帥之臣,追美充國,乃召黄門郎揚雄即充國圖畫而頌之。

顏師古注:"即,就也,於畫側而書頌。"可知:至晚於西漢末葉,已經有畫讚的案例。是後此風不墜,如東漢趙岐"自爲壽藏,圖季札、子産、晏嬰、叔向四像,居賓位,又自畫其像,居主位,皆爲讚頌"③。曹魏鄴都温室"歷像賢聖,圖以百瑞,綷以藻詠",張載注:"有畫像讚。"孫吳顧承妻温氏不甘官配再醮而自盡,"鄉人圖畫,爲之讚頌"④。西晉王粹令人"圖莊周於室","使(嵇)含爲之讚";陸雲"友人有圖(榮啓期)其象者,命爲之讚"⑤。東晉顧愷之爲王衍作畫讚;李暠於議政的靖恭之堂"圖讚自古聖帝、明王、忠臣、孝子、烈士、貞女"⑥。南北朝末期猶然。高齊後主即曾"因畫屏風,敕通直郎蘭陵蕭放及晉陵王孝式録古名賢、烈士及近代輕艷諸詩以充圖畫"⑦。宇文周也有以自古君王名賢爲主題的系列圖畫。其中一幅爲蘇武,但選取的畫面並非於北海持節牧羊,而是與李

---

① 《類聚》卷七九《靈異部下·魂魄》所録沈炯《歸魂賦》,頁1360。
② 《御覽》卷五八八《文部四·讚》所録,頁2779。
③ 《後漢書》卷六四《趙岐傳》,頁758。
④ 分見《文選》卷六《賦丙·京都下》所收左思《魏都賦》(頁102)、《三國志集解》卷五七《張温傳》裴《注》所引《文士傳》(頁1093)。
⑤ 分見吳士鑑、劉承幹《晉書斠注》(以下簡稱《晉書》)卷八九《忠義列傳·嵇紹傳附從子含傳》(藝文印書館,1972年,頁1511)、黄葵點校《陸雲集》卷六《頌讚嘲·榮啓期讚》(中華書局,1988年,頁120)。
⑥ 分見《世説新語校箋(修訂本)》中卷《賞譽》條37劉《注》(頁392)、《晉書》卷八七《涼武昭王李玄盛傳》(頁1487)。
⑦ 李百藥《北齊書》卷四五《文苑列傳·序論》,藝文印書館,1972年,頁281。

陵分别。庾信題的畫讚可證：

> 李陵北去，蘇武南旋。歸驂欲動，別馬將前。河橋兩岸，臨路淒然。故人此別，知應幾年？①

然而從庾信這首畫讚，可以發現：在蘇武南歸、與李陵訣別的傳統綿延下來的同時，蘇武北使的場景出現趨同現象，《携手上河梁》那首的河梁之別轉爲相見無期的喻象。江淹鋪陳離別時，當中一種狀況是：

> 至如一赴絶國，詎相見期。視喬木兮故里，決北梁兮永辭。左右兮魂動，親賓兮淚滋。可班荆兮贈恨，唯罇酒兮敘悲。值秋雁兮飛日，當白露兮下時。怨復怨兮遠山曲，去復去兮長河湄。②

雖然並未明言這段敘述指的是蘇武，或蘇武北使可視爲"一赴絶國，詎相見期"這種狀況的一個例證，但江總的《賦得携手上河梁應詔》：

> 早秋天氣涼，分手關山長。雲愁數處黑，木落幾枝黃。鳥歸猶識路，流去不知鄉。秦川心斷絶，何悟是河梁。③

則將"河梁"視爲欲歸無路的起點，所以說完全沒料到當初"秦川""分

---

① 《庾集》卷一〇《讚·李陵蘇武別讚》，頁7a。今本庾信集中共有二十七首畫讚。唐高祖武德七年（624）九月編撰完成的《類聚》收錄十七首。編撰《類聚》時，已得見、採用江南遺存的庾信某些舊稿。然而若以這些畫讚爲庾信蕭梁時期之作，庾信手編的二十卷本文集將缺整整一卷，是以本文將之定爲於宇文周時所作。有關庾信集在隋至宋的流傳概況，詳參拙作《論庾信〈擬詠懷〉二十七首》，《臺灣學術新視野——中國文學之部（一）》，五南圖書出版股份有限公司，2007年，頁143—147。

② 《文選》卷一六《賦辛·哀傷》所收江淹《別賦》，頁243。

③ 《類聚》卷二九《人部十三·別》，頁527。

手"再也見不到故鄉。其實,不止韻文,無韻文中也可見到這種趨同現象。蕭梁武帝太清二年(548),派徐陵等出使東魏,被"拘留不遣",後因江陵覆滅,取代東魏的高齊欲在建康也卵翼一傀儡政權,與宇文周扶持的蕭詧抗衡,於是送蕭梁武帝的侄子貞陽侯蕭淵明南歸爲梁嗣,這才"遣徐陵隨還"①,使節團餘人並無此幸。尹義尚蓋隨行人員之一,所以他追憶過往時,會説:

　　　　日者謬承後車,陪遊上國。曾觀禮樂,見季子之知音;經奉侍言,嗟鄭僑之博物。

羈北多年後,去信徐陵,希望對方能向朝廷請願,施以援手。於來信中表示:

　　　　昔楊朱歧路,悲始未[末]進[之]常離;蘇武河梁,歎平生之永别。雖復音塵可嗣,終隔風雲;夢想時通,無因覿止。依依望楚,寸陰有待,百年將半,輕生若是。②

以"永别"作爲河梁之別的本質。陳宣帝太建十年(578)③,下令未登錄於官方名簿上的僧尼"損兹淨戒,就此黎民;去彼伽藍,歸其里閈"。真觀上書篤信佛教的徐陵,請求爲那些僧尼緩頰時,描繪他們的心境:

---

　　① 《陳書》卷二六《徐陵傳》,頁157—160。
　　② 吴兆宜《徐孝穆集箋》卷三《報尹義尚書》所附尹義尚《書》,世界書局,1984年,頁33a—b。
　　③ 道宣《續高僧傳》卷三一《雜科聲德篇·隋杭州靈隱山天竺寺釋真觀傳》:"於斯時也,征周失律,朝議括僧無名者休道。"(《續修四庫全書》第1282冊,上海古籍出版社,1995年,頁370)"征周失律"指太建十年二月吴明徹於吕梁敗績。詳參《陳書》卷五《宣帝紀》(頁47)、志磐《佛祖統紀》卷九《諸祖旁出世家第五之一·智者旁出世家·天竺真觀禪師》(《續修四庫全書》,第1287冊,頁159)自注。

莫不仰高殿而酸傷,辭舊房而悽楚。依依法座,重反何期?戀戀禪門,再還無日。乃非歧路,而有分袂之悲;雖異河梁,遂結言離之痛。①

僧侶還俗雖"異"於蘇武出使,但從真觀的角度來看,以"再還無日"這點而言,兩者一致。這並非某些人解讀《攜手上河梁》這首詩的時候,是以蘇武南歸的場景爲前提,因爲上文所引真觀的上書中,固然以河梁爲永別的喻象,但他在仿江淹《別賦》撰寫的《愁賦》中,將"蘇武河梁"與"荊軻易水"、"靈均去國、阮叔辭鄉"②並列,可見:蘇武河梁指的本是將"去國""辭鄉",出使異邦,並非從大漠啓程南歸。劉刪的《賦得蘇武》:

奉使窮沙漠,扶淚上河梁。食雪天山近,思歸海路長。繫書秋待雁,握節暮看羊。因思李都尉,還漢不相忘。③

也清楚可見:"上河梁"是在"奉使"踏上征途之前。當時固然未逆料此去經年;如今牧羊窮漠,對於"還漢"仍懷抱一絲希望,所以能體會李陵"思歸"不得之苦,暗自承諾有朝一日要讓李陵也得歸。是以與其說河梁之別的場景異動,倒不如說是河梁之別這分別本身的意涵變化了。④

---

① 道宣《廣弘明集》卷二四《僧行篇》所收真觀《與徐僕射領軍述役僧言》,新文豐出版股份有限公司,1986年,頁355。按:據《陳書》卷二六《徐陵傳》,陳宣帝太建七年陵(575)以公事免尚書左僕射之後,除領軍將軍;"十年(578),重爲領軍將軍,尋遷安右將軍、丹陽尹"(頁161),並無既任僕射,又爲領軍之事。真觀信首稱徐陵爲"領軍壇越",是;《續高僧傳》說"致書僕射徐陵",非;《廣弘明集》題作"僕射、領軍",乃循後世以僕射爲徐陵最高官職所致。

② 《續高僧傳》卷三一《雜科聲德篇·隋杭州靈隱山天竺寺釋真觀傳》,頁372。

③ 《類聚》卷五五《雜文部一·史傳》,頁994。

④ 周生春《吳越春秋輯校彙考·句踐伐吳外傳第十》記載:句踐稱霸之後,秦不聽命,"句踐乃選吳、越將士,西渡河以攻秦,軍士苦之。會秦怖懼,遂自引咎,越乃還軍。軍人悅樂,遂作河梁之詩"(上海古籍出版社,1997年,頁177)。是河梁本意味歸鄉,乃可喜的,但在蘇、李名下的詩中,最初即整個逆轉爲令人傷懷的送別之所,至此又增添永訣的意象,變化之巨超乎想象。

猶有進者。當年李陵、蘇武羈留異域，故國之思始終縈繞於懷，但所謂的故國（漢朝）依舊屹立，只是當事人不能復返。然而對於因爲梁末巨變而長期淪落北方的文士而言，無論河梁或漠北之別，也不分去國者是李陵或蘇武，當這些剪影出現在他們那些文士的詩中時，表面上，似乎仍是不能南歸這基調，如蕭撝的《勞歌》：

> 百年能幾許，公事罷平生。寄言任意正[立政]，誰憐李少卿？①

或者依舊在表述形同死別的生離，如庾信的《擬詠懷》之十：

> 悲歌渡遼水，弭節出陽關。李陵從此去，荊卿不復還。故人形影別，音書兩俱絕。遥看塞北雲，懸想關山雪。遊子河梁上，應將蘇武別。②

實際上，由於繫絆詩人深衷的那個故國乃已亡之國，蘇、李詩中原本的有國歸不得至此已轉變成無國可歸。縱使能南歸，歸猶未歸，因爲以往認知、熟稔的那個世界已經消逝。江總的《特進光祿大夫徐陵墓誌銘》：

> 奉使巡采，絕域遐深。市朝遷貿，陵谷相侵。……疇曩行役，共上河梁。余因病免，君事遠將。痛心期之徂謝，憫時代之銷亡。③

將這點表現得很清楚，他將金陵瓦解前夕的出使與一個特定時代的消

---

① 《英華》卷二〇三《詩五三・樂府十一》，頁1005。
② 《庾集》卷三《詩・擬詠懷》，頁20b。
③ 《類聚》卷四七《職官部三・特進》所錄，頁848。《陳書》卷二七《江總傳》："及魏國通好，敕以總及徐陵攝官報聘，總以疾不行。"（頁165）據魏收《魏書》卷九八《島夷蕭衍傳》、卷一〇四《自序》（藝文印書館，1972年，頁1082、1146），乃以謝玠代之。唯前者"玠"誤作"班"。

逝綰合在一起。"蘇武"、"河梁"這組喻象叢結在歸期未有期這後出的意涵之外,所增添的欲歸無國的痛苦,在"常有鄉關之思"①的庾信作品中尤著。他窮愁憶往時,說:

> 大盜移國,長離永滅。摧直轡於三危,碎平途於九折。荊軻有寒水之悲,蘇武有秋風之別。

送故人南歸時,也說:

> 別席慘無言,離悲兩相顧。君登蘇武橋,我見楊朱路。關山負雪行,河水乘冰渡。願子著朱鳶,知余在玄菟。

內心獨白時,仍在低吟:

> 蕭條亭鄣遠,淒愴風塵多。關門臨白狄,城影入黃河。秋風別蘇武,寒水送荊軻。誰言氣蓋世,晨起帳中歌。②

"李陵之雙鳧永去,蘇武之一雁空飛"③成了他後半生始終抹不去的心靈影像。相較之下,陳亡後在長安任散官的江總《別袁昌州》之一:

---

① 令狐德棻《周書》卷四一《庾信傳》,藝文印書館,1972年,頁302。
② 以上引文分見《庾集》卷一《賦·小園賦》、卷四《詩·別張洗馬樞》、卷三《詩·擬詠懷》之二六,頁11b、16b—17a、25b。
③ 《庾集》卷二《賦·哀江南賦》,頁29a。學人多據此,認爲《雙鳧俱北飛》乃李陵之作,進而推斷鍾嶸所例舉"五言之警策"中的"子卿雙鳧","子"當校改作"少"。詳參《詩品》下,頁346—347。按:此蓋未解文義。如果語譯,這兩句乃說:蕭梁那些被俘的武將如同李陵,自己則如出使而被羈留的蘇武,雙方同樣遠赴異族統治的關隴,就像蘇武詩中所說"雙鳧俱北去"一樣,並無詩中所云"一鳧獨南翔"的幸運,因爲所有請求南朝將他們索回的去信全部落"空",導致"北去"成爲"永去"。換言之,這兩句乃互文足義。

　　　　河梁望隴頭,分手路悠悠。徂年驚若電,別日欲成秋。黄鵠飛
　　　飛遠,青山去去愁。不言雲雨散,更似東西流。①

激越的色彩看似淡得多,但細玩詩意,若非國亡令作者有若"途窮""客
子"②,主體的"去愁"何至於會讓客體"成秋";此度"分手"又何至於會
讓作者覺得不似"雲雨"有散有聚,却如"東西流"永無交會之期呢?

貳

《史通》卷一八《外篇·雜説下》曾言:

　　《李陵集》有與蘇武書,詞采壯麗,音句流靡。觀其文體,不類
　西漢人,殆後來所爲,假稱陵作也。

浦起龍指出:江淹於獄中上書,向府主劉景素申訴時,已經用了《文選》所
收的那封《答蘇武書》,是以才會説"此少卿所以仰天槌心,泣盡而繼之以
血也"③,而此事在劉宋明帝泰始三年(467)④。《史記》卷一一〇《匈奴
列傳》記載:"秋馬肥,大會蹛林。"《索隱》注解時,曾稱引晉灼的説法:

---

① 《類聚》卷二九《人部十三·別上》所録,頁527。《陳書》卷二四《袁憲傳》:
"京城陷,入於隋,隋授使持節、昌州諸軍事、開府儀同三司、昌州刺史。"(頁151)卷
二七《江總傳》:"京城陷,入隋,爲上開府。"(頁166)對參《南史》卷一〇《陳本紀
下·後主紀·禎明三年》:"三月己巳,後主與王公百司同發自建鄴,之長安……司
空司馬消難、尚書令江總、僕射袁憲……自尚書郎以上二百餘人,文帝使納言宣詔
勞之。"(頁145)可知:這首詩是二人亡國後,仍留長安的江總於袁憲外放時所作。
② 《類聚》卷二九《人部十三·別上》所録江總《别袁昌州》之二,頁527。
③ 《文選》卷三九《上書》所收江淹《詣建平王上書》,頁564。
④ 《江淹集校注》附録《江淹年表》,頁439。

李陵《與蘇武書》云:"相競趨蹄林。"

據顏師古的報導,撰寫《漢書集注》的晉灼乃"典午中朝"的"尚書郎"①,可見:假托陵製的書信至晚於三國已見世,並非如蘇軾所言:"正齊、梁間小兒所擬作。"②書與詩一律,有往即有來。劉沼不盡認同劉峻的《辨命論》,曾致書論難,值劉峻"有天倫之戚,竟未之致也,尋而此君長逝",他居然仍"更酬其音"③。何況這種托名設辭者?勢必不可能僅撰寫李陵或蘇武單方面的來信,缺漏對方的覆函。根據《御覽》卷四八九《人事部一三十‧別離》所錄,可知:《文選》所收《答蘇武書》被編織在《李陵別傳》中。《別傳》撰者縱使不照錄蘇武來信,必須撮述其意,以充脈絡,反映在此之前已經有了蘇武名下的書信。按照《御覽》編排的體例,《李陵別傳》既然厠於西晉虞溥《江表傳》、張騭《文士傳》之間,可見:它也是中朝之作,則假托武製的書信也不會晚於三國,方能爲《別傳》撰者汲引。編撰某人文集時,在詩這部分,會將他人與之贈、答、奉和之作附錄,在文這部分亦然。《三國志》卷一一《邴原傳》裴《注》所引荀綽《冀州記》曾說:

　　　鉅鹿張貔……父邈,字叔遼,遼東太守。著名《自然好學論》,在《嵇康集》。

那是因爲嵇康撰有《難自然好學論》④;《陸雲集》收錄他的《答車茂安書》之餘,將車永請教陸雲的信以及陸雲回覆之後再致陸雲的信都附入⑤。而且因爲書信的格式,必定會於信首、信末標舉寫信、收信者雙方的名字,所以《李陵集》中如果附錄了蘇武名下的書信,這些書信更不

---

① 顏師古《前漢書敘例》,《漢書》,頁13、15。
② 蘇軾《蘇東坡全集‧後集》卷一四《書‧答劉沔都曹書》,世界書局,1964年,頁622。
③ 《文選》卷四三《書下》所收劉峻《重答劉秣陵書》及善《注》,頁622—623。
④ 戴明揚《嵇康集校注》卷七,河洛圖書出版社,1978年,頁259。
⑤ 《陸雲集》卷一○《書集》,頁174—176。

會是後人從李陵書信中析出。

今日所見假托蘇、李寫的書信僅有《文選》所收那封首尾俱足。從書中所云：

> 昔者不遺，遠辱還答，慰誨勤勤，有踰骨肉。
> 前書倉卒，未盡所懷，故復略而言之。
> 足下又云：漢與功臣不薄。
> 漢厚誅陵以不死；薄賞子以守節，欲使遠聽之臣望風馳命，此實難矣……誰復能屈身稽顙，還向北闕，使刀筆之吏弄其文墨邪？願足下勿復望陵……幸謝故人，勉事聖君。
> 時因北風，復惠德音。

可推知：必有假托蘇武寫的一封信，大概以接受李陵"故人"霍光、上官桀等委托爲背景，勸誘李陵歸漢爲主旨，而在蘇武那封"還答"的信之前，李陵已經有封"前書"。入《選》這封信中曾提及：

> 陵不死，有所爲也，故欲如前書之言，報恩於國主耳。

李善節引"李陵前與蘇子卿書"：

> 所以然者，冀其驅醜虜，翻然南馳，故且屈以求伸。若將不死，功成事立，則將上報厚恩、下顯祖考之明也。

爲注，當即這封"前書"的部分內容。然而不論《文選》所收者，或善《注》所引的這封"前書"，都已是蘇武南歸後，雙方"相去萬里，人絕路殊"的場景。如果蘇、李贈別詩的場景不限於蘇武南歸，發展出蘇武北使，則假托蘇、李名義往返的書信也不會繼續局限於蘇武已歸之後。從《類聚》卷三〇《人部十四·別下》所錄李陵《與蘇武書》末尾說：

> 行矣子卿，恩爲一體，分爲二朝，悠悠永絕，何可爲思？人殊俗

異，死生斷絕，何由復答？

以及蘇武《報李陵書》的結語：

> 所貺重遺，義當順承。本爲一體，今爲異俗。余歸漢室，子留彼國。臣無境外之交，故不當受。乖離邈矣，相見未期，國別俗殊，死生隔絕，岱馬越鳥，能不依依？謹奉答報，並還所贈。

可知：確實發展出以蘇武南歸之際爲場景的書信往返。

蘇、李名下的這些書信與那些詩都是以《漢書》爲土壤，孕育而出①，却形成鮮明對照。詩流露的李陵心緒主要在自傷，而且自傷的實際內容不外思歸不得的痛苦、失群的孤寂、懷人的殷切三個面向，至於究竟是什麽政治或其他的因素導致自己落入這般境地，作者採取絶對緘默的態度。這些書信因爲許多內容是將《漢書》中有關李陵的言詞、描述重組重述②，是以不僅會很自然地觸及李陵許多複雜的心緒，如羞辱、憤慨、委屈、內咎等，更要緊的是導致政治、軍事問題被全盤捲入。由於書信有來有往，而雙方的觀念、立場迥別，所以是以爭辯型態行文。

根據既有的佚文，書信爭辯的項目可能細而多。例如：一、"李陵"

---

① 《漢書》卷五四《李廣傳附孫陵傳》："詔强弩都尉路博德將兵半道迎陵軍。博德，故伏波將軍，亦羞爲陵後距，奏言：'方秋匈奴馬肥，未可與戰，臣願留陵至春，俱將酒泉、張掖騎各五千人，並擊東西浚稽，可必禽也。'書奏，上怒，疑陵悔不欲出而教博德上書……詔陵：'因騎置以聞：所與博德言者云何？具以書對。'"（頁1145—1146）《文選》卷四一《書上》所收李陵《答蘇武書》，善《注》引《〈李陵〉集・表》："臣以天漢二年到塞外，尋被詔書，責臣不進，臣輒引師，前到浚稽山，五將失道。"（頁585）內容明顯是應詔所對。如果此表確係李陵當年之作，則在目前所見蘇、李名下無韻文中，它是唯一非後人依據《漢書》綫索進而設辭者。

② 楊明照《抱朴子外篇校箋》卷三〇《鈞世》認爲：包括經典在內的故籍不過是"學者之山淵，使屬筆者得採伐漁獵其中"（中華書局，1997年，頁73）。蕭統接受這種看法，所以不收《漢書・李陵傳》，却拔取根據它及相關記載而變本加厲、踵事增華的《答蘇武書》，因爲前者僅是"質"樸的原料，非"文華"的成品。

責怪漢朝"亡救",使他陷入孤立無緣的境地,這才途窮"而敗"。"蘇武"大概以李陵輕躁,過於深入敵境,爲漢朝辯解:

  當子銳氣深入之時,朝發夕息,數千萬里。雖乘雲附景,不足以譬速;晨鳧失群,不足以喻疾。豈可因歸雁以運糧,托景風以餉軍哉?①

二、"蘇武"可能責怪"李陵"不念舊時君臣情義而改仕不歸。"李陵"表示正因猶存念父母之邦,所以才沒有在兩國對抗中插手,否則:

  陵當爲單于畜士養兵,循先將軍之令,將飲馬河、洛,收珠南海,不難矣!②

在蘇、李往來的書信中,《文選》所以單收"勤宣令德"云云這封,除了文學手法高下的考量之外,應該更着眼它能涵蓋這些書信的核心論題。除了第一段重在"傷己""自悲",與李陵名下的詩主要情調一致,而且格外刻畫失群的孤寂這一面:

  自從初降,以至今日,身之窮困,獨坐愁苦,終日無覩,但見異類:韋鞲毳幙以禦風雨,羶肉酪漿以充飢渴,舉目言笑,誰與爲歡……夜不能寐,側耳遠聽,胡笳互動,牧馬悲鳴,吟嘯成群,邊聲四起。晨坐聽之,不覺淚下……與子別後,益復無聊……左右之人見陵如此,以爲不入耳之歡,來相勸勉。異方之樂祇令人悲,增忉

---

  ① 虞世南《北堂書鈔》卷一一七《武功部五·兵勢十》(宏業書局,1974年,頁517)、《御覽》卷九一九《羽族部六·鳧》(頁4211)所録蘇武《答李陵書》。
  ② 《文選》卷四三《書下》所收孫楚《爲石仲容與孫皓書》,善《注》所引李陵《與蘇武書》(頁617)。"不難矣"三字乃據《唐鈔文選集注彙存》卷八五所收此書善《注》補(上海古籍出版社,2000年,頁540)。

怛耳。

主體重在重新開庭，審理此案。作者這位辯護律師從頭到尾採取的都是對比論式——

首先是兵敗的控訴，因為這是後續投降的前提。作者先以：

出天漢之外，入強胡之域，
以五千之眾，對十萬之軍，
策疲乏之兵，當新羈之馬。

顯示"客、主之形既不相如，步、馬之勢又甚懸絕"，戰果尚且那般輝煌，"天地為陵震怒，戰士為陵飲血"，漢廷上下說三道四的究竟是什麼樣的存有？因為按照當時的宇宙論，動、植物都會受到感應。與敵方軍力對比完畢之後，再從事同屬漢朝一方的對比——李陵的浚稽之役與劉邦的平城之圍。雙方面對同樣的敵國，難道他對抗的比劉邦"易為力哉"？後者"以三十萬眾"，"僅乃得免"，那麼有誰夠資格責怪僅有五千步卒的他"不免"？

其次是不死的控訴。兵敗之後有兩條路：一種是自盡，除了成就個人道德，別無實效，是所謂"虛死"；一種是暫時妥協，以待機貢獻漢朝，所謂"報德"。李陵選擇了後者。相較於：

范蠡不殉會稽之恥，復句踐之讎；
曹沫不死三敗之辱，報魯國之羞。

他却不能達成計劃，還落得"老母臨年被戮，妻子無辜，並為鯨鯢"，難道不是彼此所處政壇，尤其所事奉的君主差異所致？

申辯完畢之後，作者可以設想得到：或人會諉稱漢朝對李陵案件的處置是偶然的失誤，大體上，"漢與功臣不薄"，所以第三度使用對比論式，從歷史談到當前、從外人談到親友，結構謹嚴地舉出無從抵賴的事實：

一、先朝"佐命立功之士",如高祖時的蕭何、韓信、文帝時的賈誼、景帝時的鼂錯、周亞夫,"並受禍敗之辱"。

二、武帝時,他的祖父李廣"攻略蓋天地,義勇冠三軍",却"到身絕域之表"。

三、當今,以蘇武本身爲例,"古今所未有"的表現却"無尺土之封"。

只是一、二部分的對比要顯示的是雙方的差異,這次要顯示的則是雙方的一致性:他們的賞罰與功過都出現倒錯現象。賞、罰失當乃不公正的具體表現。這既然是漢朝一貫的表現,也就間接佐證了李陵案件處斷得不公正。

雖然假托李陵所寫的書信着力於當事人想法的剖白,以鄙陋所及,此後六朝無韻文中,僅庾信的《思舊銘·序》:

> 項羽之晨起帳中,李陵之徘徊歧路……無假窮秋,於時悲矣!①

曾略涉及李陵英雄末路時的內心掙扎。其他的無韻文既不措意李陵內心可能有的情緒,也不熱中研覈這場歷史官司的具體項目,僅僅因爲其他的寫作目的,偶爾涉及李陵及有關事件。不過,由於任何記述都是選擇性的剪裁、建構,受到記述者某些自覺或不自覺的記憶、價值觀、既有認知結構的影響,所以這些零星的記述仍可粗略披露部分人士對李陵及其遭遇的某些看法。

鮮卑拓跋氏進入長城的前夕,投靠他們的衛操大概爲了在他們與漢族西晉政權間建立一可撮合的象徵符號,曾在稱頌後世追尊爲桓帝的猗㐌功德碑中,將鮮卑編排爲"軒轅之後"②,不過,從這個碑早就湮沒無聞,到獻文帝皇興初才被掘得③,可推知:拓跋氏並未接受這番籠

---

① 《庾集》卷一二《銘》,頁6a。

② 《魏書》卷二三《衛操傳》有關這句話的上下文(頁300),宜參錢大昕《廿二史考異》卷三九《北史二》,中文出版社,1980年,頁723。

③ 《魏書》卷二三《衛操傳》,頁301。

絡。不過，等他們以少數異族入主中原之後，爲了顯示自己統治的應然性①，以便多少減低漢族的抗拒程度，也就承認了，宣稱其祖先乃黃帝次子昌意的少子，"受封北土"，甚至發展出"黃帝以土德王，北俗謂土爲托，謂后爲跋，故以爲氏"②的比附之辭。《宋書》卷九五《索虜傳》却說：

> 索頭虜姓托跋氏，其先漢將李陵後也。陵降匈奴，有數百千種，各立名號，索頭亦其一也。

拓跋魏孝文帝太和二一年（497）南伐，曾寫過一封充滿威脅口吻的信給蕭齊戍邊將領曹虎。曹虎自然不能示弱，在覆信末還以顔色：

> 若遂迷復，知進亡退，當金鉦戒路，雲旗北掃，長驅燕代，併羈名王，使少卿忽諸，頭曼不祀。③

顯然也將鮮卑拓跋氏視爲李陵與匈奴混血的後裔。這種認知上的錯誤固然有部分可能出於不明狀況所致，但更可能是想貶抑對方，如同某些華人將日本人說成是嬴秦方士徐市所携童男童女之後。一旦擇誤固執，就會發展更多的謬論以期圓解。《南齊書》卷五七《魏虜傳》即言：

> 是歲，（孝文帝宇文）宏徙都洛陽，改姓元氏。初，匈奴女名托跋，妻李陵。胡俗以母名爲姓，故虜爲李陵之後。虜甚諱之，有言其是陵後者，輒見殺。至是乃改姓焉。

---

① 古人相信：黃帝"德澤深後世，故其子孫皆復立爲天子，是天之報有德也"，不但殷、周遠祖之"父皆黃帝子"，連蜀王也是"黃帝後世也"。詳參瀧川龜太郎《史記會注考證》（以下簡稱《史記》）卷一三《三代世表》（褚少孫補），藝文印書館，1972年，頁224。鮮卑拓跋氏若爲黃帝之後，則其爲天子乃運命所歸。
② 《魏書》卷一《序紀》、卷一〇八之一《禮志一》，頁23、1310。
③ 《南齊書》卷三〇《曹虎傳》，頁272。

鮮卑拓跋氏若真是李陵之後,才談得上是否意圖隱瞞,該前提根本就不成立,何諱之有?是以鮮卑人若的確對南朝人此説頗介懷,針對的也應該是此説中藴含的貶抑之意。李賢的種姓究竟是鮮卑,還是漢族,不得而詳,但他祖上定居塞外不知多少代了,是跟隨拓跋氏南遷,才進入中土的,所以縱使原本是漢族,也早已鮮卑化了。《北史》卷五九《李賢傳》記載:

> 自云隴西成紀人,漢騎都尉陵之後也。陵没匈奴,子孫因居北狄,後隨魏南遷,復歸汧、隴。①

不但未見任何避諱之意,唯見攀附之舉。《魏故咸陽太守劉府君墓誌銘》尤其顯著。墓主劉玉雖號稱是"弘農胡城人",但這是墓主祖父任官"雍境,遂以土荒,即今[令]鎮押"寄籍所在。從其曾祖名出萬頭、祖名可洛侯,他若非道地的異族人,即是早在魏、晉年間已鮮卑化的漢人,是以説:"大魏開建,托定恒、代。"作者説其"遠祖司空寬之苗",固不足信,但這是碑文或墓誌冒認名流以裝點門楣的慣例。令人驚怖的是他果真再要上溯,大可以先秦、西漢劉氏名人爲詞,孰料竟論及:

> 值漢中饑,凶奴之患,李陵出討,軍事不利,遂没虜廷。先人祖宗,便習其俗,婚姻冠帶,與之雜錯。②

反映死者家屬、作者都不以李陵途窮而"没虜廷"爲恥,所以才會如此建構關係。其實,若考慮到政治立場影響下的視角,李陵改仕匈奴,猶島夷將領歸順北朝,是該鼓勵的義舉,則種姓或實質意義上的的鮮卑人對

---

① 李穆乃賢弟,《隋書》卷三七《李穆傳》也作此説(頁545)。《周書》卷二五《李賢傳》自"漢騎都尉李陵"以下雖皆刊去,徑云"其先隴西成紀人"(頁171),看似平實,實則蒙混的情況更嚴重。

② 以上引文俱見《漢魏南北朝墓誌彙編·北魏·魏故咸陽太守劉府君墓誌銘》,頁212。

此自然不會介懷。至於原先即在中土的漢人，據《十六國春秋·西涼錄》，李暠自稱"漢前將軍廣十六世孫、廣子侍中敢之後世"①。李廣長子"當戶早死"，李陵乃其"遺腹子"，言下之意，陵別無兄弟，而李陵降北之後，"族陵母、妻、子"②，中土無復後嗣，是以不稱系出長房當戶，乃不得而稱，非以李陵爲羞也。由此可見：東晉年間，當初"隴西士大夫以李氏爲愧"③的情況在北方已經過去。

高齊孝昭帝"讀《漢書》，至《李陵傳》，恒壯其所爲焉"。李陵欲等待時機，與漢朝軍隊裏外相應，止於動機、構想，並未發展爲行動；入匈奴之後，在沙場上並無任何表現；"痛其家以李緒而誅，使人刺殺緒"，也不是他個人的壯舉。藉由這種排除法，可推知：孝昭帝佩服、欣賞的應該是李陵以寡擊衆、奮戰不懈的部分，《漢書》關於這部分的描述已足以在他心版上勾勒出一副英雄形象。孝昭帝從事大、小戰役的經歷應該甚少④，但顯然在他的體認中，勝負本兵家常事，不當以成敗論英雄。以《魏故咸陽太守劉府君墓誌銘》作者的話來說，李陵之"沒"只是"軍事不利"所致，而軍事不利乃雙方力量懸殊的必然結果。盧祖詢稱頌高齊文宣帝破蠕蠕的戰果時，採取比較模式：

　　昔十萬橫行，樊將軍請而受屈；五千深入，李都尉降而不歸。⑤

薛道衡要推崇隋文帝的功績，也是以漢朝的狀況對照：

---

① 《御覽》卷一二四《偏霸部八·西涼李暠》所錄，頁730。
② 《史記》卷一〇九《李將軍列傳》，頁1152—1153。
③ 《漢書》卷五四《李廣傳附孫陵傳》，頁1147。
④ 據《北齊書》卷六《孝昭紀》，皇建二年(561)十一月孝昭帝崩，年二七，是其二哥高洋篡魏，改元天保(550)時，他年方十六。此後多總攬政務，"善斷割，長於文理"，以致他長兄高澄曾說："但令汝在，我何爲不縱樂？"(頁43、45)
⑤ 李延壽《北史》卷三〇《盧觀傳附從子文偉傳》，藝文印書館，1972年，頁483。

> 獯狁孔熾，其來自久。橫行十萬，樊噲於是失辭；提步五千，李陵所以陷没。周、齊兩盛，競結旄頭。娉狄后於漠北，未足息其侵擾；傾珍藏於山東，不能止其貪暴。①

顯然必須先肯定李陵乃善戰的英雄，方能在"連他都失敗"的襯托下，凸顯被稱頌者的偉大。而没有人責備樊噲向現實"屈"服，則所擁有的戰力不及其十分之一②的李陵"陷没"或者説投"降"，更屬事有必然。庾信甚至認爲：

> 蓋聞三世用兵，既非貽厥；陰謀累葉，必以凶終。是以李都尉之風霜，上蘭山而箭盡；陸平原之意氣，登河橋而路窮。③

陸機乃西潰劉備、北敗曹休的陸遜之子；李陵是"才氣天下無雙"的"漢飛將軍"④李廣之孫。前者南討洛陽當政者的時候，擁兵二十餘萬，"鼓聲聞數百里，漢、魏以來出師之盛，未嘗有此也"⑤；後者出征時，僅有步卒五千，可是俱以"凶終"，從而反映：這種令人扼腕的結局與個人能耐、軍事條件無關，乃承負所致。

上述北朝人的看法也見諸南朝。蕭齊明帝建武年間，孔稚圭勸朝廷與北朝和親時，曾説：

---

① 《隋書》卷五七《薛道衡傳·高祖文皇帝頌》，頁698。盧祖詢那聯四六對，史稱"時重其工"。薛道衡顯然在襲用。
② 高齊送蕭淵明南歸，王僧辯曾以護送兵衆過多爲疑慮，對方表示："五千步卒既謝李陵，三千羸兵亦等無忌。"可見：五千兵力確實薄弱。詳參《徐孝穆集箋》卷二《又爲貞陽侯答王太尉書》，頁16a。
③ 《庾集》卷九《連珠·擬連珠》之十五，頁5a—b。
④ 《史記》卷一〇九《李將軍列傳》，頁1148、1150。
⑤ 《晉書》卷五四《陸機傳》，頁1007。《御覽》卷七六七《雜物部二·瓦》所錄《晉起居注》作"三十七萬衆"（頁3534），以致"鼓譟"之聲令"京師屋瓦皆裂"；《陸雲集》卷一《賦箋·南征賦·序》則説是"四方之會，衆以百萬，軍旅之盛，威靈之著，自古已來未之有也"（頁17），蓋皆誇飾之詞。

> 唯漢武藉五世之資，承六合之富，驕心奢志，大事匈奴，遂連兵積歲，轉戰千里……衛、霍出關，千隊不反；貳師入漢［漠］，百旅頓降，李廣敗於前鋒；李陵没於後陣，其餘奔北，不可勝數。①

六朝人作文，措辭"忌同"②，"不反"、"降"、"敗"、"没"所要指涉的實爲一，無須斤斤於字面，否則，就成了李陵戰死沙場了。今將李陵浚稽之役編織在衛青、霍去病等一路以來戰事不利的行列中，然後説"其餘奔北，不可勝數"，則不但李陵戰敗一事不足算，他被人詬病的投降一節也被模糊掉了。陳後主至德元年（583）。蕭梁武帝"天監三年（504），魏圍司州，時城中衆不滿五千人；食裁支半歲，魏軍攻之，晝夜不息"。州刺史蔡道恭守城力抗，五月卒；八月，城陷③。任昉以漂亮的四六對仗：

> 方之居延，陵降而恭守；比之疏勒，耿生而蔡亡。

表彰他，同樣不能泥於字面，否則，不免狐疑李陵有何城塢壁壘可死守，任昉只是要藉由三人都以寡敵衆，唯有蔡道恭能符合"將軍死綏，咫步無却"④的標準，以顯示蔡道恭出乎其上。這也無形間顯示李陵、耿恭的差别僅在於：前者孤立無援；後者則因有部隊接應，所以雖然邊戰邊退，還能帶着十三人生還洛陽⑤。尤其，對參追贈蔡道恭的詔書，對於司州城中將士"窮而後屈"⑥，一無怪罪的口氣，李陵矢盡而降乃事有必至者的態度就更清楚了。陳後主至德元年（583）追封元勛上將吴明徹，表示他當初兵敗被宇文周俘獲，就像：

---

① 《南齊書》卷四八《孔稚珪傳》，頁 390。
② 《文心雕龍注》卷八《練字》，頁 15b。
③ 《梁書》卷一〇《蔡道恭傳》，頁 97。
④ 《文選》卷四〇《彈事》所收任昉《奏彈曹景宗》，頁 568—569。
⑤ 《後漢書》卷一九《耿弇傳附侄恭傳》，頁 271。
⑥ 《梁書》卷一〇《蔡道恭傳》，頁 97。

> 李陵矢竭,不免請降;于禁水漲,猶且生獲。固知用兵上術,世罕其人。

將他們的戰敗歸於"矢竭"、"水漲"這類客觀環境下無可奈何的結果,至於當時客觀環境何以會如此,蓋命運使然,所謂"數亦終奇"。雖然認爲他就執不死且接受宇文周"持節、大將軍、懷德郡開國公"①的官銜是種"罪戾",但也同意從大體來看,那屬於不掩瑜的"瑕"疵。更重要的是陳朝官方認爲他與李陵一樣:

> 不就結纓之功,無辭入褚之屈。望封崤之爲易,冀平翟之非難。雖志在屈伸,而奄中霜露,埋恨絕域,甚可嗟傷。②

吳明徹再熱血、再有夢想,大概也不會天真到以爲將來有機會與陳朝裏應外和,這乃是陳朝官方要讓自己追封的作爲更合理化,然而也等於無形宣示接受了歷史上那位李陵的剖白,所以才會將此案的論斷應用在當今的李陵——吳明徹身上。

六朝長期南、北對抗,軍事大小衝突之頻繁,非今人所能想象。除非戰勝一方將敵軍悉數殲滅,或者戰敗一方能將未戰死者都撤回,否則,就必然會有俘虜現象。那些俘虜若不淪爲奴隸,假以時日,鮮能不改仕或成爲敵方新民。這種局勢迫使南、北任何一方的當政者都得在實際層面接受勝負乃兵家常事,而且不復奢夢己方被俘將士自殺殉國。爾朱榮之亂後,南、北雙方進入新的緊張關係。高歡大概爲了避免西、南兩面作戰,決定與蕭梁休兵③,命尚書令元世俊"移梁執事",藉由所釋放的"南冠"携回。這位被俘不死的南朝低級軍官是"假節、開遠將軍

---

① 《庾集》卷一五《誌銘·周大將軍懷德公吳明徹墓誌銘》,頁17a。
② 《陳書》卷九《吳明徹傳》,頁81。
③ 《魏書》卷九八《島夷蕭衍傳》:"(東魏孝靜帝天平)四年(537)……先是,益州刺史傅和以城降(蕭)衍,衍資送和,令申意於齊獻武王,求通交好。"(頁1079)這是站在北朝立場的措辭。

李稜"。北朝將他的被俘比擬爲飛禽"垂翅,遂掛天網"①;南朝也認爲這不過是"以失律,暫摧鱗羽",無礙於他將來的表現,所謂:

> 同孟明之返秦,似荀罃之歸晉。②

最能顯示當時對兵敗被俘者的共識。

司馬遷曾明白表示:"太史公遭李陵之禍,幽於縲絏。"司馬遷受宮刑既然是因爲他替李陵投降辯解,則後人對太史公遭受宮刑的看法可作爲瞭解後人對李陵事件看法的一個重要側面管道。

王充認爲行爲本身的性質是善是惡,與行爲者際遇或禍或福無必然關係,更非位格意義的上天施以賞罰所致。對於司馬遷批評蒙恬未強諫秦皇,因而遇誅,他反詰:

> 夫當諫不諫,故致死亡之戮;身任李陵,坐下蠶室……則已下蠶室有非者矣?已無非,則其非蒙恬,非也。③

可見他認爲:司馬遷爲李陵說話"無非"。這不僅意味着他"下蠶室"是與此正當之舉不相稱的禍患,也顯示李陵的是非功過確實如司馬遷所說:"李陵身雖陷敗,然其所摧敗亦足以暴於天下。"班固感慨:

> 烏呼!以遷之博物洽聞,而不能以知自全……夫唯大雅既明

---

① 《英華》卷六五〇《移文》所收元世俊《爲東魏與梁請和移文》(頁3346)。據《陳書》卷二九《司馬申傳》"梁元帝承制,起爲開遠將軍"(頁183)、卷二〇《華皎傳》"文帝即位,除開遠將軍"(頁131),《隋書》卷二六《百官志上》(頁396、400),可知:梁、陳兩代都有開遠將軍之號。

② 《英華》卷六五〇《移文》所收任孝恭《答魏初和移文》,頁3346。彭叔夏等校訂者已指出:緊接在此文之前的何敬容《梁報東魏移文》與之"大同小異"。竊疑其中一份應屬稿本。又,《類聚》卷五八《雜文部四·移》所錄任孝恭《答魏初和移文》,"稜"因形近而訛爲"陵"(頁1051)。

③ 黃暉《論衡校釋》卷六《禍虛》,臺灣商務印書館,1983年,頁269。

且哲,能保其身,難矣哉!①

既然僅認爲司馬遷爲李陵辯解之舉是不智,非不對,也就意謂李陵事件本身確實是凶險宦海的結果。《三國志》卷一三《王朗傳附子肅傳》記載:

> (明)帝又問:"司馬遷以受刑之故,内懷隱切,著《史記》非貶孝武,令人切齒。"對曰:"司馬遷記事,不虛美,不隱惡。劉向、揚雄服其善敘事,有良史之才,謂之實錄。漢武帝聞其述《史記》,取孝景及己本紀覽之,於是大怒,削而投之。於今此兩紀有錄無書。後遭李陵事,遂下遷蠶室。此爲隱切在孝武,而不在於史遷也。"

對照《後漢書》卷六〇下《蔡邕傳》以及《文選》卷四八《符命》所收班固《典引·序》:

> 詔因曰:"司馬遷著書,成一家之言,揚名後世。至以身陷刑之故,反微文刺譏,貶損當世,非誼士也。"②

可知:謗書説由來已久。表面上,魏明帝與王肅之間的異同止於《史記》究竟是謗書,還是實錄。實際上,魏明帝與漢明帝一樣,爲了支持自己的論點,將《史記·今上本紀》的撰寫置於受刑之後;王肅則置於受刑之前。不但如此,按照王肅的敘事,司馬遷下蠶室乃漢武帝遷怒的結果,指控他爲李陵辯解,不過是藉口,所以才會説:真要追究由於"内懷隱切",待尋得機會報復時,從而顛倒是非的"在孝武,而不在於史遷也"。既然王肅同意前賢對司馬遷"敘事"的看法——"不虛美,不隱惡",顯然不止於《史記》部分,《報任少卿書》有關朝中對李陵事件態度的"敘事"也應是"實錄",則無形間接表達了:司馬遷爲李陵辯解並非偏黨。杜弢

---

① 《漢書》卷六二《司馬遷傳·贊》,頁1258。
② 《後漢書》卷六〇下《蔡邕傳》章懷《注》引此作班固《集》(頁712),容易讓人誤以爲此說出於班固,實際上,這是東漢明帝的意見,所以《晉書》卷六九《劉隗傳》説:"漢明追討史遷。"(頁1224)

就認爲此乃烈士的義行：

> 昔虞卿不榮大國之相，與魏齊同其安危；司馬遷明言於李陵，雖刑殘而無慨。

因爲具有是非之心者豈能令他人"抱枉於時，不證於大府邪"①？袁宏應該也持這種見解，所以反對肉刑時，會舉"若夫卞和、史遷之冤，淫刑之所及也"②爲例。換言之，司馬遷之"冤"與李陵之"枉"乃一體兩面。

沒有哪位天子喜歡被貶損，所以漢、魏兩代的明帝從自身利害着眼，對司馬遷刺譏漢武切齒，毫不足異。以目前所知的史料而言，士人對於司馬遷因李陵事件下獄一事，採取自貽其咎此一負面看法的僅兩見：一爲《西京雜記》。此書撰者明知謗書說難以成立，否則，專好"飾主闕"③的班固撰寫武帝以前的西漢歷史時，豈會照錄《史記》舊文？但由於《西京雜記》的撰者仍想爲武帝文過飾非，所以一方面說：

> 作《景帝本紀》，極言其短及武帝之過。

好似"短"、"過"被誇張了；另一方面延續王充"任李陵"說之不當，且變本加厲④：

---

① 《晉書》卷一〇〇《杜弢傳》，頁1716。
② 《三國志集解》卷一三《鍾繇傳》裴《注》所引，頁394。
③ 浦起龍《史通通釋》卷八《內篇·書事》所錄傅玄語（世界書局，1970年，頁110），又見馬總《意林》卷五（世界書局，1967年，頁79）。
④ 《漢書》卷五〇《汲黯傳》："段宏始事蓋侯（王）信，信任宏。"（頁1101）《集解》引蘇林曰："任，保舉。"卷六九《趙充國傳》："丞相魏相曰：'……後將軍數畫軍冊，其言常是，臣任其計可必用也。'"（頁1341）師古曰："任，保也。"在《論衡》的脈絡中，尚可勉強解釋爲司馬遷替李陵投降匈奴一事擔保"彼之不死，宜欲得當以報漢也"。至《西京雜記》，則成了李陵入仕或那次出征乃司馬遷的舉薦，完全不顧司馬遷與李陵"素非相善也，趣捨異路，未嘗銜杯酒、接殷勤之歡"；李陵率步兵五千，"自當一隊"，是李陵"叩頭自請"。

> 後坐舉李陵,陵降匈奴,下遷蠶室。①

好似司馬遷受刑與他爲李陵辯解無關,純屬法制使然②,抹去漢武帝任情護短之嫌。另一認爲司馬遷不應爲李陵辯解的乃樊遜。高齊文宣帝策問他"禍福報應"時,他舉出兩組古人對照:

> 仲尼厄於陳、蔡,孟軻困於齊、梁,自是不遇其時,寧關報應之理?
> 子胥無首[君];馬遷腐[附]下,受誅取辱,何可尤人?③

既説司馬遷爲李陵辯解是"附下",反映李陵陷没匈奴是該受誅責的。④
至於華核所説:

> 昔李陵爲漢將,軍敗不還而降匈奴,司馬遷不加疾惡,爲陵遊説。

則純粹是爲了營救韋昭。"漢武帝以遷有良史之才,欲使畢成所撰,忍不加誅,書卒成立,垂之無窮。"今將韋昭比擬爲"漢之史遷"⑤,期望孫

---

① 向新陽、劉克任《西京雜記校注》卷六《書太史公事》,上海古籍出版社,1991年,頁270。
② 從《漢書》卷一七《景武昭宣元成功臣表·山陽侯張當居》:"元朔五年(124B.C.),坐爲太常擇博士弟子故不以實,完爲城旦。"(頁266)卷一九下《百官公卿表·竟寧元年》:"張譚爲御史大夫,三年,坐選舉不實,免。"(頁333)卷七〇《陳湯傳》:"(張)勃舉湯……司隸奏湯無循行,勃選舉故不以實,坐削二百户。"(頁1347)可知:舉主要對被保舉者的表現負相當責任。
③ 《北齊書》卷四五《文苑列傳·樊遜傳》,頁286。
④ 《漢書》卷六《武帝紀·元朔元年》:"詔曰:……附下罔上者死;附上罔下者刑。"(頁87—88)對照趙善詒《説苑校證》卷二《臣道》第23條稱引時,冠於《泰誓》篇名下(華東師範大學出版社,1985年,頁57),可知:此説蓋出自先秦。
⑤ 《三國志集解》卷六五《韋曜傳》,頁1172。

皓也能寬宥對方,讓他完成《吳書》。而陽固《演賾賦》:

> 以患蹇爲福兮,痛比干之殘軀;以佞諛爲獲安兮,哂宰嚭之見屠。以舉士而受賞兮,悼史遷之腐刑;以進賢爲無益兮,見鄂秋之專城。①

雖然看似也認爲李陵是司馬遷所舉薦,實則不然。陽固是將司馬遷於滿朝媒孽李陵之短時,褒舉他奮戰的功績,視同鄂秋反駁群臣,令蕭何大勳因而得明。同屬"進賢"之舉,司馬遷非但未"受賞",反而受腐刑,所以被挑選出來,當作行爲善惡與際遇禍福未必相應的例證之一。

叁

以上兩節大致展示了兩漢六朝詩文中的李陵現象,但可能還需要放在較大的脈絡中,方能更適當地掌握這些現象及其所以然。

前賢已經指出②:西漢開國時期劉邦陣營的軍人可粗分爲淮泗從龍之士與其他群雄的部衆。以戰鬥力而言,後者固然優於前者,但若放眼當時的天下,二者均不及關隴地區的軍人。這種情形於戰國時期已見。《荀子》卷一〇《議兵》就指出:

> 齊人隆技擊,其技也,得一首者則賜贖錙金,無本賞矣,是事小敵毳,則偷可用也;事大敵堅,則渙焉離耳……是亡國之兵也,兵莫弱是矣。

---

① 《魏書》卷七二《陽尼傳附從孫固傳》,頁802。
② 傅樂成《西漢的幾個政治集團》,《臺灣大學傅故校長斯年先生紀念論文集》,臺灣大學,1952年,頁65、76—80。後收於氏著《漢唐史論集》,聯經出版事業公司,1980年,頁3—4、20—26。

> 魏氏之武卒，以度取之……中試，則復其户，利其田宅，是數年而衰，而未可奪也；改造，則不易周也……是危國之兵也。
>
> 秦人其生民也陿陃，其使民也酷烈，劫之以勢，隱之以陃，忸之以慶賞，䲡之以刑罰，使天下之民所以要利於上者，非鬭無由也……功賞相長也，五甲首而隸五家，是最爲衆强長久……四世有勝，非幸也，數也。
>
> 故齊之技擊不可以遇魏之武卒，魏之武卒不可以遇秦之鋭士。

所以"漢興"，氣焰高漲的固然是淮泗軍人，中央禁衛精鋭選用的則多是"隴西、天水、安定、北地、上郡、西河"六郡良家子，這批人"以材力爲官，名將多出焉"①。無怪乎班固會説："秦、漢已來，山東出相，山西出將。"②然而從政治面來説，關隴軍人是勝國餘裔，軍事衝突時，驅策他們效力；權位分配時，則始終有個無形的瓶頸。這是歷史大環境不利隴西李氏家族之處。以當時政壇的具體形勢而言，漢武帝不僅"內多欲"③，而且是位執意貫徹個人欲望的統治者，所以他任用的行政首長有一共同特色：若非庸庸碌碌，就是阿順取容。以文官領袖丞相來説，"齪齪廉謹"，"備員而已"④。以武官統帥來説，衛青、霍去病、李廣利，全屬微賤出身的外戚，既無戰技，也不諳戰略、戰術。他們能驟登龍門，端賴漢武帝的提拔，所以專會"以和柔自媚於上"⑤，包括迎合漢武帝心理，發些豪情壯語。相對於此，才氣縱橫、甚得士大夫心的李家是難以見容於自我膨脹至極的漢武帝的。衛青將李廣調離前鋒，是"陰受上指"，導致李廣不堪被誘過而自盡；霍去病暗箭射死李敢，"上爲諱云鹿觸殺之"，兩代仇怨都因漢武帝偏袒自己在軍方的代理人。此所以司馬遷"盛言"李陵"雖古名將不過也"，聽在漢武帝耳中，就成了"沮貳師"，

---

① 《漢書》卷二八下二《地理志》及《集解》，頁854。
② 《漢書》卷六九《趙充國辛慶忌傳·贊》，頁1344。
③ 《史記》卷一二〇《汲鄭列傳》，頁1248。
④ 《漢書》卷四二《申屠嘉傳》，頁1024。
⑤ 《漢書》卷五五《霍去病傳》，頁1160。

而"沮貳師"也就等於變相地指責漢武帝用人失當。李陵這場官司的本質就是政治案件,爲此舉行的廷議表面上是如何審斷李陵是非,其實不過是如何讓漢武帝擺脫最大嫌疑犯的被告身份。

班固非常清楚這種狀況,採取相當委婉的筆法呈現。他於《漢書》卷六二《司馬遷傳》錄其《報任少卿書》,且保留信中賦予李陵的剪影:

> 觀其爲人,自奇士:事親孝,與士信,臨財廉,取予義,分別有讓,恭儉下人,常思奮不顧身,以徇國家之急。其素所畜積也,僕以爲有國士之風。

不畏複沓之譏,於《李陵傳》後文,也擷取了"陵事親孝,與士信,常奮不顧身,以殉國家之急,其素所畜積也,有國士之風",並藉由"群臣皆罪陵,上以問太史令"的背景敘述,指明這是爲李陵事件舉行廷議時,司馬遷公開的言論,由此可見班固相當强調:司馬遷對李陵的這番品目並非日後意圖支持自己當年爲李陵的辯解,而是"不虛美,不隱惡"的"敘事"。既然李陵"事親孝",就不可能不顧老母,讓她被自己連累嬰戮;"臨財廉,取予義",就不可能貪圖匈奴給予的富貴;"常思奮不顧身,以徇國家之急",就不可能不思待機立功以報漢。

按照當時的首虜律,亡失將士多者當斬;亡失將士與斬獲敵人相當者,功過相抵,無賞無罰,此所以元光六年(129B.C.)李廣那次"亡失多,爲虜所生得,當斬";元朔六年(123B.C.)那次雖然"軍幾沒",但因"軍功自當,無賞"①。李廣利"將三萬","得首虜萬餘級","漢兵物故什六七";李陵步卒五千,"殺傷萬餘人"②,矢盡時,"士尚三千餘人",最後漢軍"脫至塞者"猶有"四百餘人"。洵如司馬遷所説:李陵所摧敗早已

---

① 《漢書》卷五四《李廣傳》,頁1142、1143。
② 《漢書》卷九四上《匈奴列傳》,頁1606。從"陵未没時,使者來報"、"後數日,陵敗,書聞"可推知:班固大概有流傳下來的軍報檔案爲據,因而得以詳細記載了李陵與匈奴數度鏖戰的過程,及其戰果:"擊殺數千人"、"斬首三千餘級"、"復殺數千人"、"復殺傷虜二千餘人"。相加的結果與"萬餘人"相符。

超過折損了。該受責罰的是李廣利，群臣却迎合"上甚怒"的風色，因而"皆罪陵"，根本缺乏律令依據。何況就像李陵所説："以亡救而敗，何負於漢？"所以没有救援，表面上是將領間意氣之爭，路博德"羞爲陵後距"，實際上是漢武帝調度失誤，《漢書》記載下漢武帝自己承認：

  陵當發出塞，乃詔彊弩都尉，令迎軍。坐預詔之，得令老將生奸詐。

只是癥結不在律令或道理。爲了表明這點，班固特別在廷議之前勾勒了兩幅圖景。一幅在邊境外，李陵麾下有些軍吏安慰他縱使被俘，也無妨，因爲按照浞野侯趙破奴的往例：

  爲虜所得，後亡歸，天子客遇之。

另一幅在漢朝内廷，當時這支部隊殘存者將覆没的軍報已由"邊塞"呈上：

  上欲陵死戰，召陵母及婦，使相者視之，無死喪色。後聞陵降，上怒甚。

不但顯示代表一般人的那些軍吏想法天真，更點出早在廷議之前，對李陵的審理已結案，因爲漢武帝就是要他死！既然如此，舉朝"全軀保妻子之臣隨而媒蘖其短"。簡言之，在這場官司中，不是司馬遷"誣罔"，而是以漢武帝爲首的官方"誣罔"。

  班固雖然非常清楚曲在漢武，但因其好"飾主闕"的立場，一方面將李氏"遂亡其宗"諉諸三世爲將，殺戮過多，天道報應所致；另方面又將李氏"奕世滅姓"歸咎於"陵不引決"①，並引《論語》卷一五《衛靈公》"志士仁人無求生以害仁，有殺身以成仁"的話，認爲"蘇武有之矣"，好似李陵的玷污在不死。然而試觀蘇武固然曾因不願"屈節辱命"，"引佩刀自

---

① 《漢書》卷一〇〇《敘傳》，頁1777。

刺",被救活之後,真要自盡,十九年之間何嘗没有機會?非但未再引決,照樣飲食男女。從李陵自述:

> 陵始降時,忽忽如狂,自痛負漢……子卿不欲降,何以過陵?

對於蘇武"必欲降武",即"效死於前"的喟歎:

> 嗟乎!義士。陵與衛律之罪上通於天。

以及後來面對漢使歸故鄉的邀請,所躊躇者在"恐再辱",可知:按照當時的名教觀念,投降並改仕敵方,所謂失節才是被批判的"罪"、"辱"所在,也才構成蘇、李二人評價分歧的關鍵。《答蘇武書》説:"漢厚誅陵以不死,薄賞子以守節。"根據前文"苟怨陵以不死",以"不死"爲李陵罪狀本是假設之詞,真正落口實的在未能"守節"。

從宣帝"思股肱之美",於麒麟閣圖畫十一人,將蘇武列於末①,他在名教系統中的正面形象就確立了。這並非盡屬官方的褒舉。陳武的養父欲易其名,他表示:

> 往在鄉里,久聞故老之説,稱漢使蘇武執忠守志,不服於單于,流放漠北,擁節牧羊,寄秋雁以訴心,因行雲而托誠,高山仰止,意竊慕之。②

一個休屠胡族的牧羊兒③及其鄉里故老也對這位漢人表示佩服,可見蘇武也"揚聲於朔裔"民間④。而且對蘇武的推許與學術家派無關,尊奉孔、孟的揚雄稱許他:

---

① 《漢書》卷五四《蘇建傳附子武傳》,頁1152。
② 《御覽》卷三六三《人事部四·字》所録《陳武別傳》,頁1800。
③ 《類聚》卷一九《人部三·吟》所録《陳武別傳》,頁352。
④ 《類聚》卷五七《雜文部三·連珠》所録魏文帝《連珠》,頁1036。

執節没身,不屈王命,雖古之膚使其猶劣諸?①

自稱"老子、莊周,吾之師也"的嵇康也説:

> 若夫申胥之長吟、夷齊之全潔、展季之執信、蘇武之守節,可謂固矣! 故以無心守之,安而體之,若自然也,乃是守志之盛者也!②

是以南北朝時期,要推崇某人的守節不屈時,常以蘇武爲標竿,如:

> 故西夷校尉梓潼太守周虓執心忠烈,厲節寇庭,遂膺禍荒裔,痛寘泉壤,臣每悲其志,以爲蘇武之賢不復過也。
> 什門奉使和龍,值狂豎肆虐,勇志壯厲,不爲屈節,雖昔蘇武何以加之?③

在蘇武的對照之下,李陵改仕異族,其形象無法不蒙上陰影。

誠然,任何時代、任何社會都不止於單一的倫理觀。先王典籍早已明言:"聖達節;次守節。"④"魏文慕通達,而天下賤守節"⑤,雖未免誇張,但也有部分屬實,尤其玄風大扇之後,確實提供了某些想規避道德挑戰者不少藉口。可是在並行的倫理觀中,總有居主流地位者,而由通俗化的儒學衍生的名教又正是以大多數人爲預設對象的,所以在華化

---

① 汪榮寶《法言義疏》卷一七《淵騫》,藝文印書館,1968 年,頁 709。其他被一般視爲儒家作品而持類似看法的,如趙善詒《新序疏證》卷七《節士》第 29 章:"武留十餘歲,竟不降下,可謂守節臣矣。《詩》曰'我心匪石,不可轉也;我心匪席,不可卷也',蘇武之謂也。"(華東師範大學出版社,1989 年,頁 219)荀悦《申鑒・雜言上第四》:"人臣若金日磾以子私譖而殺之、丙吉之不伐、蘇武之執節,可謂難矣。"(世界書局,1962 年,頁 22)

② 分見《嵇康集校注》卷二《與山巨源絶交書》、卷一〇《家誡》,頁 114、316。

③ 分見《晉書》卷五八《周訪傳附玄孫虓傳》(頁 1073)、《魏書》卷八七《節義列傳・于什門傳》(頁 939)。

④ 孔穎達《左傳注疏》卷二七《成公十五年》,藝文印書館,1977 年,頁 466。

⑤ 《晉書》卷四七《傅玄傳》,頁 905。

較晚、受名教沾溉較淺的北朝社群中①,縱使撇開政治立場影響下的視角,也較容易接受李陵投北一事,僅看重他的英雄表現,甚至還與他攀附關係。然而在玄、禮雙修②的南朝中上層社會中,既然方内仍以禮爲宗,名教長期浸染、高度内化的影響力就會在那些社會成員身上持續③。在知識上,《漢書》傳達的李陵委屈,他們都能充分掌握,也能按照一般的推理,接受李陵的剖白,如《追封吴明徹詔》所示;漢武帝當時的態度偏頗,絕大多數人不以爲然,這從他們認爲司馬遷因爲替李陵申辯而受刑乃冤獄一事上間接透露。在情感上,他們也能想象、瞭解李陵等複雜的心緒,如江淹《恨賦》中的描述;經歷南朝末葉的動蕩而流寓北方者更能深切體會到李陵的無奈與悲哀,如在庾信作品中不時出現的李陵身影。可是在理念上,仍然很難擺脱名教的牽絆,儘管他們的實際政治履歷使得没有幾人能將謹守臣節、不仕二姓高唱入雲,更不必談殉節。④ 最明顯的表現莫過於顔之推,"一生而三化",後二化都是在北方異族政權下討生活,自認"實有愧於胡顔"⑤,却仍批評"李陵降辱夷

---

① 拓跋魏孝文帝太和十七年(493),正式全力推動華化,沾溉深淺與地位高低成正比。李賢曾祖於拓跋魏太武帝時,始任低階軍官子都督,歿於戰場;祖襲領父兵;父早卒,可知:他出身寒微。讀書也僅"略觀大旨"。詳參《周書》卷二五《李賢傳》,頁171。劉玉"春秋七十八,以孝昌三年(527)歲次丙午十一月廿四日卒於家",是生於太武帝太平真君十一年(450)。其中歲始逢拓跋魏的華化運動。而且從墓誌所述,幾乎可以確定没有讀過儒家經典。詳參《漢魏南北朝墓誌彙編·北魏·魏故咸陽太守劉府君墓誌銘》,頁212。高歡從其六世祖以來,先在鮮卑慕容氏、後在鮮卑拓跋氏境内任職,不論觀念、生活,"遂同鮮卑"。他雖然命漢族士人教授諸子,但教養有限,此所以侯景會稱高澄爲"鮮卑小兒"。詳參《北齊書》卷二《神武帝紀下》,頁8、19。

② 唐長孺《讀〈抱朴子〉推論南北學風的異同》,載《魏晉南北朝論史論叢》,河北教育出版社,2002年,頁367。

③ 黄侃、張繼校注《原鈔本日知録》卷一七《清議》(明倫出版社,1970年,頁383)、趙翼《廿二史劄記》卷八《晉書·九品中正》(華世出版社,1977年,頁162—163)。

④ 趙翼《陔餘叢考》卷一七《六朝忠臣無殉節者》,中文出版社,1979年,頁322—324。

⑤ 《北齊書》卷四五《文苑列傳·顔之推傳》中所録《觀我生賦》,頁292、291。

虜"①。從邏輯、倫理學的角度來説,應然(是非標準爲何)與實然(能否符合該標準)是兩回事,不能因爲達不到標準,而降低標準,甚至以非爲是,以便讓個人的錯誤正當化。顏之推的態度看似並無不當,他的盲點乃未曾反省:那個標準本身是否真能放諸四海皆準、質諸古今無疑,或者僅是某一特定時、空、文化中的習慣認定。

　　那些習慣認定之一即名教。它的一項重大特質就在:雖然任何社會、個人生命狀況、倫理課題都相當複雜,而且往往諸般衝突的成分並存,名教却總是將倫理課題化約成一些相當粗糙、僵硬的教條;將人類型化,按照那些教條打上評價的烙印,形成易於辨識的刻板印象。受到名教理念牽絆的南朝士人固然不會將李陵納入負面樣版中,但也頗不易賦予他一個適當的正面剪影。若説他是驍勇戰將的符碼,南朝士人對他戰敗一事可以不介意,却很難無視接着的投降改仕。若將他歸於懷才不遇者的行列,相關記載並未勾勒出這種形象,至少遠不似馮唐及他祖父李廣等顯豁,縱使將《報蘇武書》中"其餘佐命立功之士、賈誼、亞夫之徒皆……懷才受謗,能不得展彼二子之遐舉"②,解讀爲實際在指涉自己,但這需要以不計較投降改仕爲前提。若認爲他代表忍辱負重以就功業者,雖然是漢朝處置不當使得計劃尚未萌芽即消逝,但他在這方面畢竟是交了白卷。既不忍因李陵投降改仕而將其污名化,却又受到名教理念的牽絆,導致整個南朝詩文中,以"李陵"作爲正面形象代表的僅兩處:

　　　　不謀巧宦,而位至九卿;德慚李陵,而忝居門下。堯、舜無窮,
　　臣亦通矣。

---

①　王利器《顏氏家訓集解(增補本)》卷四《文章》,中華書局,1993年,頁237。
②　《日本足利學校藏宋刊明州本六臣注文選》,人民文學出版社,2008年,頁627。吕向以"彼二子"指"周、賈二子",大謬,全然未顧及主詞問題,"懷才受謗"因而無從施展抱負的非止於周、賈,他們僅是"其餘"衆多"抱將相之具"者當中被揭舉姓名的二人。善《注》"二子謂范蠡、曹沫也",是,但將"能"如字讀,訓解爲能夠之"能",則非。按:"能"當改讀爲"而",二字通假例證,詳參高亨、董治安《古字通假會典・蒸部第二・能字聲系》(齊魯書社,1997年,頁34)。

才愧李陵,未能先誅女子;將非孫武,遂欲驅戰婦人。①

而且恐怕只能視爲單純隸事。他們筆下的"李陵"主要不外敗軍之將或與蘇武別離兩種身影,而這兩種身影當中的銜接關鍵——因改仕匈奴,難以歸漢——經常被有意或無意地避開了。

名教牽絆影響書寫,非止於此。江淹採擇實例,說明縱使知名人物也有無盡遺憾時,將末路英雄李陵與蕪絕美人王昭君編爲一組,洵爲有識。二人在四方面一致:(1)自從進入異邦後,終生未返;(2)按照古代名教的觀念,大節都有虧②;(3)大節有虧都與缺乏漢朝支援有關③;(4)或多或少都有作品托名其下。正因亂倫婚難以見容於魏、晉以降的漢族名教觀,《琴操》才會增添"昭君乃吞藥自殺"④此一情節。一方面,史實俱在;另方面,昭君的無奈、悲哀、衝擊、羞辱與被背棄的感受,常人都能想象,以致在六朝詩文中,王昭君絕大多數都是以哀艷造型面世,強調的是傷別與征途辛苦,好似鮮花始終未移植於穢壤⑤;縱使有少數的場景設定在已定居於胡地,也僅是單純思鄉,一律規避這倫理玷污,以免尷尬⑥。

如果賦予李陵一正面剪影都那般不易,遑言扣緊事件始末,檢討曲直?班固並不覺得蘇武功多而賞薄,南朝士人則耿耿於懷,不惜筆墨,動輒連類而及,爲之辯屈,如范曄說:

---

① 分見《南齊書》卷三四《虞玩之傳》(頁 291—292)、《南史》卷一五《徐羨之傳附六世侄孫君蒨傳》(頁 207)。

② 《漢書》卷九四下《匈奴列傳》:"呼韓邪死,(其子)雕陶莫皋立,爲復株絫若鞮單于……復妻王昭君,生二女。"(頁 1616)

③ 《後漢書》卷八九《南匈奴列傳》:"昭君上書求歸,成帝敕令從胡俗,遂復爲後單于閼氏焉。"(頁 1057—1058)

④ 蔡邕《琴操》卷下《怨曠思惟歌》,《百部叢書集成初編·平津館叢書》,藝文印書館,1966 年,頁 14b。

⑤ 《文選》卷二七《詩戊·樂府上》所收石崇《王明君詞》:"昔爲匣中玉,今爲糞上英。"(頁 401)

⑥ 詳參從遊蘇佳文《六朝詩文中的班婕妤、王昭君現象》第四章,暨南國際大學中國語文系,2007 年 7 月,頁 62—71。

> 余初讀《蘇武傳》，感其茹毛窮海，不爲大漢羞；後覽耿恭疏勒之事，喟然不覺涕之無從。嗟哉！義重於生，以至是乎？昔曹子抗質於柯盟，相如申威於河表，蓋以決一旦之負，異乎百死之地也。以爲二漢當疏高爵，宥十世，而蘇君恩不及嗣，恭亦終填牢户，追誦龍蛇之章，以爲歎息。①

如蕭繹説：

> 漢世銜命匈奴，困而不辱者，二人而已。子卿手持漢節，臥伏冰霜；仲師固無下拜，隔絕水火……直以爲臣之道，義不爲生；事君之節，生爲義盡……及還望塞亭；來依候火，傍觀上郡；側眺雲中，雖在己之願自隆，而於時之報未盡。②

相較於整個六朝唯獨裴松之曾寥寥數語批評漢武帝處置李陵案不當：

> 漢武用虛罔之言，滅李陵之家；劉主拒憲司所執，宥黃權之室，二主得失縣邈遠矣。③

兩下構成一鮮明對比。

----

① 《後漢書》卷一九《耿弇傳附任恭傳》，頁272。
② 《類聚》卷五三《治政部下·奉使》所錄蕭繹《鄭衆論》，頁965。
③ 《三國志集解》卷四三《黃權傳》裴《注》（頁876）。侯景叛離東魏之後，高澄曾致書對方招撫。書中有云："當時不逞之人曲爲異端之説，遂懷狐鼠之疑，乃至投杼之感。此來舉止，事已可見。人相疑誤，想自覺知。合門大小並在司寇，意謂李氏未滅，猶言少卿可反。"對照《文選》卷四三《書下》所載丘遲《與陳伯之書》云"尋君去就之際，非有他故，直以不能内審諸己，外受流言"，"主上屈法申恩，吞舟是漏。將軍松柏不翦，親戚安居，高臺未傾，愛妾尚在，悠悠爾心，亦何可言"（頁619—670），可知：這是招誘叛將的慣有伎倆。而且從侯景覆信時説："來書云僕妻子悉拘司寇，以之見要。"與其將這段文字解讀作高澄以自身與漢武帝比較，不似後者因政壇雜音而被疑誤，也未草率戮處已有異志的將領家族，導致情勢徹底決裂，不如視爲單純用典，是以姚思廉載錄時，即刪去"李氏"云云。詳參《北齊書》卷三《文襄紀》（頁23—24）、《梁書》卷五六《侯景傳》（頁404）。

在這樣的脈絡下,再來看李陵名下的那些撰寫的書信,或許較能體會其意義。"《春秋》以道名分","以道義"①,是名教觀最重要的依托。《春秋》既然強調是非褒貶不能流於浮面,應"原心定罪"②,所謂:

> 必本其事而原其志。志邪者不待成,首惡者罪特重,本直者其論輕。
> 志善而違於法者,免;志惡而合於法者,誅。③

假托李陵者就以傳統名教代表的蘇武爲對象,扣緊"人之相知,貴相知心",第一部分申訴李陵"功大罪小";第二部分申訴"不蒙明察,孤負陵心區區之意"。而且因爲重在知心,所以於終結辯論時,訴諸對方的自由心證:

> 子卿視陵,豈偷生之士而惜死之人哉?寧有背君親、捐妻子而反爲利者乎?

既然已經顯示對李陵案件的賞罰失當,如前文所述,作者即順着這脈絡,從三方面舉證漢朝一貫賞罰失當。其目的除了作爲處置李陵案件失當的佐證,更要緊的是:作者極具巧思,在替李陵申辯結束後,反過來將漢朝推上被告席。作者雖然將漢朝對臣下不公正歸咎於"小人"、"貴臣"、"妨功害能之臣"、"親戚貪佞之類"作祟,但不容忽略這一大段是針對對方律師"足下又云:漢與功臣不薄"的辯解而發。按照古代君、國一

---

① 郭慶藩《校正莊子集釋》卷一〇下《天下》(世界書局,1971年,頁1067)、《史記》卷一三〇《太史公自序》(頁1337)。

② 《漢書》卷八三《薛宣傳》、卷八六《王嘉傳》(頁1475、1510),徐彥《公羊傳注疏》卷一《隱公元年·解詁》(藝文印書館,1977年,頁11)。

③ 分見蘇輿《春秋繁露義證》卷三《精華》(河洛圖書出版社,1975年,頁64b—65a)、《鹽鐵論·刑德第五十五》(頁57)。

體的認定①，"漢"指的就是漢帝。是以"國家於我已矣"，即是對漢朝天子絶望②；最終定讞："陵雖孤恩，漢亦負德"其實是"陵雖孤恩，先帝亦負德"的另類表述。古人雖然會批判最高統治者，但對象幾乎都是與己無關的前朝天子，對於本朝或曾北面的最高統治者，除非是被廢、弑或亡國者，鮮有嚴厲的指責，因爲這種言行在當時被視爲有違名教的。顔之推就延續班固的看法，指責：

> 屈原露才揚己，顯暴君過。③

時代較晚的佚名文士曾記載一事：

> （盧）思道爲《周齊興亡論》，周則武皇、宣帝悉有惡聲；齊高祖、太上咸無善譽。思道嘗謁東宫（楊勇），東宫謂之曰："《周齊興亡論》是卿作不？"思道曰："是。"東宫曰："爲卿君者不亦難乎？"思道不能對。④

《答蘇武書》的作者若不掩去自己的姓名，直接爲李陵申辯、抨擊漢武，其正視問題、仗義執言的態度固然比鍾嶸：

> 名家子，有殊才，生命不諧，聲頹身喪。⑤

恰當得多，因爲照鍾嶸此説，好似李陵與漢武帝雙方都没錯，只是相值的時機錯了，但如此一來，這封書信予人的衝擊力將鋭減。如今刻意以

---

① 《公羊傳注疏》卷六《莊公四年》，頁77。
② 《漢書》卷六〇《杜周傳附孫欽傳》："衆人皆言國家假（翟）方進權太甚。"（頁1235）卷七〇《陳湯傳》："國家與公卿議，大策非凡所見，事必不從。"（頁1348）卷八二《王商傳》："丞相以德輔翼國家，典領百寮，協和萬國爲職。"（頁1468）"國家"均指天子，此與以"縣官"爲天子代稱同類。
③ 《顔氏家訓集解（增補本）》卷四《文章》，頁237。
④ 曹林娣、李泉輯注《啓顔録·嘲誚》，上海古籍出版社，1990年，頁72。
⑤ 《詩品》上《漢都尉李陵》，頁88。

李陵的身份上場,用李陵的聲口,指陳漢朝自高祖以降至當今天子對臣下的猜忌、背棄、刻薄、不公,已經足以令古人咋舌,進而表示:所以對於自己至終捨棄漢室、留在匈奴的決定"每顧而不悔",更如同振聾啓聵的霹靂,因爲他等於恢復了先秦儒門君、臣以義合的主張,這在思想史上也具有一定的意義。

編撰《文選》的一個重要目的是令"後進英髦咸資準的"①。以現代的話來說,就是替當代、後世不同身份、目的的士子,在不同場合、面對不同對象、處理不同課題,需要撰文時,提供範本。南、北朝對立,招降納叛是必要的策略之一,所以像阮瑀《爲曹公作書與孫權》、陳琳《檄吳將校部曲文》、鍾會《檄蜀文》、孫楚《爲石仲容與孫皓書》、丘遲《與陳伯之書》這類作品入《選》,乃當然之舉。李陵《答蘇武書》剛好相反,乃投身異邦的將領拒絕招安,無論於情於理,殊難想象皇家出面編撰的這本選集是在爲南朝叛將預留範本。面對這種非常可怪的現象,固然可以嘗試解釋:或者將此書當作是爲對方的降將拒絕北朝當局招安預備的;或者認爲編撰者非常看重治國之道②,這篇固然依篇題收於《書》類,實乃《論》,當與所收的漢武帝《求賢詔》並觀,作爲統治者的龜鑑,但究竟該如何理解,恐怕尚有待進一步鑽研。倒是選錄李陵名下的詩,可相當有把握地推斷乃基於文學發展史的角度。

盡人皆知:春秋已降,《詩》就被當作扶持政、教之作。楚太子的養成教育項目之一是《詩》,因爲它能"爲之導廣顯德,以耀明其志"③;孔子認爲學《詩》的主要目的在"邇之事父;遠之事君","事君"包括"使於四方",能夠擷取《詩》中文雅的章句"專對"④;於國內,作爲對上司的

---

① 李善《上〈文選〉注表》,《文選》,頁2。
② 詳參拙作《〈文選〉所收三篇經學傳注序探微》,《淡江中文學報》第22期(2010年6月),頁22—23。
③ 韋昭解《國語》卷一七《楚語上》,藝文印書館,1974年,頁380。
④ 邢昺《論語注疏》卷一七《陽貨》、卷一三《子路》,藝文印書館,1977年,頁156、116。

"諫書"①。所謂諫書本來指以歷史上的政治成敗案例爲鑑鏡,而這些政治成敗被認爲反映於三百篇中,形成"古者有采詩之官,王者所以觀風俗、知得失、自考正"②的説法。以蕭統的話撮述,即:

  《關雎》、《麟趾》,正始之道著;桑間、濮上,亡國之音表。

這種詩學觀被標舉爲《詩》三百以外其他詩歌寫作的指南。蕭統接着就指出:"自炎漢中葉,厥途漸異。"③所舉的例子一個是"退傅有在鄒之作"。韋孟這首詩分爲四段:第一段追念天子之恩,"矜我齒髮",允許他致仕"懸車"。第二段敘述遷居鄒魯,教授生徒。不論以往擔任楚王傅,或如今私門設帳,都是執教者這點,藉着這共通點,流露對舊君、以往職責的思戀,進入精彩的第三段:

  我既遷逝,心存我舊,夢我濆上,立於王朝,其夢如何?夢爭王室。其爭如何?夢王我弼。寤其外邦,歎其喟然。念我祖考,泣涕其漣。

若真按照户籍來説,楚才是"外邦",但由於情感的投入、長期的生活經歷,楚已經轉爲心靈意義的家鄉,成爲所"懷"之"土"。然而這個家鄉"既遷絕"④,僅能藉由夢境重返,他也只好調整心態,接受、欣賞鄒魯作爲現實中的歸宿,於是進入最後一段,使得全詩形成過去⟵⟶現在兩度往返的結構。將此首與他早先針對楚王戊"荒淫不道"所寫的那首"諫詩"相對照,後者正如劉勰所云"匡諫之義繼軌周人"⑤,在鄒之作則完

---

① 《漢書》卷八八《儒林列傳·王式傳》,頁1551。
② 《漢書》卷三〇《藝文志·六藝略·詩·敘論》,頁878。
③ 以上引文俱見蕭統《〈文選〉序》,《文選》,頁1。
④ 以上引文俱見《漢書》卷七三《韋賢傳》,頁1378。
⑤ 《文心雕龍注》卷二《明詩》,頁1b。實際入《選》的却是這篇諷諫詩,除了從文學角度考量,在鄒之作未必合乎"清英"的標準,與出面編撰此選集者乃皇家密切相關。詳參羅志仲《〈文選〉詩收錄尺度探微》第五章第一節,清華大學中文系博士論文,2008年9月,頁191—205。

全没有政教規勸之意，與蕭統所舉的另一例子，即"降將"之"河梁之篇"①一致。如上文所述，李陵事件是一道地的政治事件，李陵名下的詩却完全不涉及政治，甚至連他將領的身份都不見痕跡，詩作內容既不見諷諭之意，更非服務於政、教目的，純屬個人情懷的表述。此後固然繼續有人以諷諭某人或某群人，或以批判政治、社會爲主旨寫詩，但這兩位自西京政壇抽身者，所謂"退傅"、"降將"的"在鄒之作"、"河梁之篇"確實代表着"與《詩》畫境"，"區以別矣"②的樞紐。

結　語

考訂了蘇、李名下的詩文是否是西漢武、宣時期的蘇武、李陵所作，不過是開啓了問題的端倪。若就此擱筆，徒然顯示問題重心錯置的大蔽。以文學研究而言，某作品非出自相傳的某人，與它的優劣、美感特質是兩回事。若考訂的結果是肯定的，那就更待追究：已經有了如此成熟的五言詩面世，可是"從李都尉迄班婕妤，將百年間，有婦人焉，一人而已，詩人之風頓已缺喪"③，當時人究竟是什麼樣的美感品味，導致寫作界會出現那般的偏敧現象？或者蘇、李這些作品是否與西漢士人觀念中的詩大有間，所以不會在這方面吮毫弄墨？以史學研究而言，對於某一人物、事件的最早敘述固然並非全部實際狀況纖毫無遺的複印，而是基於某種好尚、觀點、目的的剪裁，還會受到周邊環境的影響，後代閱讀、吸收、運用這些敘述時亦然。歷史發展中形成的某人剪影，其真實性較諸最早敘述中的那個剪影毫不遜色，對後世的影響力有時尚遠過之。觀察前者，往往可略窺某階段的某一文化向面，或階段與階段間某一文化向面的變遷。

---

①　"河梁之篇"僅是例舉，至少包括入《選》的那三篇。
②　分見《文心雕龍注》卷二《詮賦》（頁 46b）、《〈文選〉序》（頁 1）。
③　《詩品》上《序》，頁 11。

相較於續《太史公書》者的簡略"鄙俗"①,《漢書》不僅明顯專注於詳細敘述李陵事件的首尾,而且有別識心裁。以見知史料而言,此後百來年間,未見這個李陵剪影引生任何漣漪,然而終於有些人感激而起,假托李陵的名義,或以詩,或以文響應。若以《漢書》的敘述爲基準,李陵名下的書信充分掌握當事人尋求知己的核心,以內在的痛苦、孤寂爲起點,結構緊湊地爲自己申辯,申辯的筆端時時流露各種強烈的情緒波動。李陵名下的詩則將李陵歌自傷此原本的工具轉化爲目的本身,不但將政治意涵悉數刊落,而且將許多複雜、大可發揮的心緒略去,僅保留失群、離別、思歸這極有限的部分,而且強化離別這點,發展出不同場景下、對象間的離別。無怪乎《古文苑》所錄李陵名下之作都冠以"別詩"。儘管作者寫詩之際,刻意迴避政治方面的糾葛,但讀者對於李陵際遇的記憶不可能也就隨之消失,在閱讀這些李陵名下,尤其是場景設定在漠北的詩的時候,那些記憶及隨之而起的感受必然涉入,所以那些詩表述的失群、分別、思歸雖然經常也見於其他作者的詩中,却仍具有不同的意義及感染力。這從江淹《雜體詩》"李都尉"與"古離別"毗鄰分列,可窺一斑。假托李陵撰寫的詩文出現如此分道揚鑣的情況,固然是不同作者有不同的立場、着眼點,但也可能是基於對不同文類特質的認知所致:詩只應緣情以綺靡,"書、論宜理"②。無論如何,它們的重要性均已清晰在目。那些書信將天子推上被告席,重啓君、臣關係的省思;那些詩,至少對於蕭統而言,標志着詩作發展史上一個重要的新起點。

時光推移,在長期群雄角逐的政局下,識利害順逆以去就、招降納叛以御群才的案例層出不窮;經年大小軍事衝突更讓政界人士充分體會:勝負乃兵家常事,戰敗時,要求己方將士若不能狠狠撤退,就得戰死沙場,堅拒被俘,乃全然不切實際的想法,因此,除了李廣,即以李陵知名於世的隴西李氏此一郡望在北方很早已聲譽復振。以南北朝時期的

---

① 《後漢書》卷四〇上《班彪傳》,頁477。《史記》卷一〇九《李將軍列傳》自"李陵既壯"(頁1152)以下蓋續補者文字,詳參梁玉繩《史記志疑》卷三三,《百部叢書集成·史學叢書》,藝文印書館,1964年,頁21b。

② 《文選》卷五二《論二》所收曹丕《典論·論文》,頁734。

李陵剪影而言,雖然在文的方面非常貧弱,但仍可大致看出多數認爲:他在那樣的兵力下戰敗,乃是必然的;少數則從他居然能以那樣的兵力取得那樣的戰果,雖然失敗,却無損於他的英雄形象。對於他兵敗之後,投降改仕,北方鮮卑人不以爲意,絶大部分南朝士人則保持緘默,但緘默本身就意味着一種態度:既不忍責備,但受到内化的名教牽絆,又不便爲之申辯。這從《史記》乃謗書説徹底消失而仍標榜蘇武守節間接反映出。鍾嶸雖然曾經簡略論及導致他後半生痛苦的原委,但由於他將之歸因於不可知的命運,政治問題的尖鋭性喪失盡淨。南朝士人到蕭梁太清之亂後,有的可能還要晚至南朝覆滅,才因切身經歷,多少真正感受到李陵的無奈、悲哀。章學誠曾推測:

> 李陵《答蘇武書》……當是南北朝時有南人羈北,而事類李陵,不忍明言者,擬此書以見志耳。①

時代考定固然不當,但同病相憐之説則仍有可取之處。以見存史料而言,至少在北方異族政權中深感窮途末路的劉琨就曾自認與李陵"事類":

> 惟昔李騫期,寄在匈奴庭。忠信反獲罪,漢武不見明。我欲竟此曲,此曲悲且長。弃置勿重陳,重陳令心傷。②

這也就可以進入南朝以詩爲主的韻文這部分。至晚在東晉末葉,李陵作爲一凄愴符碼已經完全確立,鑑賞者固然以"足悲"與否爲品目;以遊戲態度寫作者,蘇、李别離也成爲以悲爲尚這類題目的選項之一,影響所及,繪畫選取的也是二人訣别這畫面。個别作者的心態以及作品的

---

① 章學誠《文史通義·内篇四·言公下》自注,漢聲出版社,1973年,頁114。
② 《文選》卷二八《詩戊·雜歌》所收劉琨《扶風歌》,頁416。"騫期"並非指未按照出征前規定的時間到達,而是指時運不濟。

差異姑置不論,整體而言,南朝詩觸及的李陵心緒光譜較李陵名下那些詩爲廣,但那可能主要得歸因於想象本來就是文學的本質要件,加以"若無新變,不能代雄"①,作者總會試圖在既有的公分母之上滋生一點不同的觸角。其中頗堪玩味的一點,莫過於江淹居然將原先蘇武繫書雁足的訛傳移用到李陵身上,強調他"誓還漢恩"之心;阮卓以寡鶴喻象,巧妙刻畫李陵猶繾綣於故君,爲之捨命的心志,所謂"恒思昔日稻粱恩","獨舞輕飛向吳市",名教影響之廣泛於焉可見。那些詩觸及的李陵心緒光譜固然較廣,爲文而造情的成分畢竟居多,但在梁、陳已降經歷興亡,尤其曾經或始終羈北作家的作品中,李陵、蘇武的喻象許多就已經代入他們以及際遇相反者的情境了。這點表現在蘇武北使之際的河梁之別轉成有去無歸的喻象。正因這時代環境的變異因素,蘇、李名下那些詩原先無從返回故國新添了無故國可返的意涵。河梁自然是一普通名詞,它作爲一個離別管道可溯源於西漢王褒的《九懷·陶壅》:

> 覽杳杳兮世惟,余惆悵兮何歸?傷時俗兮溷亂,將奮翼兮高飛……越炎火兮萬里,過萬首兮巍巍。濟江海兮蟬蛻,絕北梁兮永辭。②

江淹《別賦》在運用時,已經將原本前往他界調整爲一赴絕國之意,雖然遙遠陌生,畢竟仍在經驗界中。如今對於那些故國已亡的士人而言,絕國與他界再度重合,只是這時的他界變成一令人心靈痛苦而非獲得安息之所了。

(作者單位:新竹清華大學中國文學系)

---

① 《南齊書》卷五二《文學列傳·史臣曰》,頁420。
② 《楚辭補注》卷一五,頁10b。

班昭《東征賦》中的情志

楊 穎

  漢代的女性作家數目不多,蕭統《文選》僅收班昭和班婕妤二人之作,徐陵《玉臺新詠》也只有班婕妤和蔡文姬的作品。因此,女性的創作實例,在漢代文學史中顯得彌足珍貴,而班昭無疑是其中極爲突出的一位。這位有"大家"之號的女子,續《漢書》,撰《女誡》,作賦頌,留下了不少文字。單就辭賦一體而論,她的傳世作品便有《東征賦》、《大雀賦》、《蟬賦》、《針縷賦》四篇,是漢代女性賦作的重點研究對象。就生平而言,班昭在漢代女性群體中,也顯得格外順遂。她出身大名鼎鼎的班氏家族,生活在政局相對平穩的和帝、安帝時代,學高識深,被詔入宫,續寫《漢書》,教授后妃。博學如馬融,伏其閣下;尊顯如鄧后,視爲腹心。在某種程度上可以説,班昭以一介弱質女流的身份,實現了當時乃至後世男性文人士大夫的事功理想。

  由於續寫《漢書》和撰作《女誡》的關係,班昭給後人留下的印象是雍和甚至肅穆的。但在其他作品中,班昭則有着不同的面貌。《東征賦》一篇,既非應製之作,又無詠物之題的局限,作爲典型的紀行述懷之作,滲透着强烈的個人情志,是我們真切感受班昭個性和生活態度的極好憑據。東漢紀行賦的作品完整保留下來的只有班彪《北征》、班昭《東征》以及蔡邕《述征》三篇,《文選》這一重要選本的收録,無疑又使《東征》成爲漢代紀行賦的代表作品之一,並因此受到後人的格外注目。清

人汪師韓的《談書録》中有"《東征》《西征》二賦"一篇,其稱頌班昭《東征賦》云:

> 曹大家子穀爲陳留長,大家隨至官,作《東征賦》,曰:"入匡郭而追遠兮,念夫子之厄勤。彼衰亂之無道兮,乃困畏乎聖人。"其後曰:"知性命之在天,由力行而近仁。勉仰高而蹈景兮,盡忠恕而與人。好正直而不回兮,精誠通於明神。"無不藹然儒者之言。此豈潘岳可並論也?即以文論,《西征》之冗雜,亦豈得如《東征》之雅潔哉?女中曹大家,真是第一流人物,立德、立言,兼之矣。①

汪師韓評價《東征賦》文辭"雅潔","藹然"有"儒者"之風,主要是就其賦後半段懷古述志的内容而發,是比較傳統的對《東征賦》情感表現的認識。清人何焯也曾稱贊此賦"知性命之在天","精誠通於明神"諸句是"儒者之言,不愧母師女士矣";又稱贊其"敬慎無怠"以下諸句,認爲"以此書紳,亦庶乎寡過矣"②。顯然,汪、何二家都對班昭有相當高的評價。他們都注意到了《東征賦》的儒學内涵,並以此爲理由,使班昭順利進入了男性創作的話語體系而毫不失色。

除了文本層面的評價之外,古人也特别重視班昭的母親身份,並常將班昭隨子東征作爲典故加以運用。清人郭尚先在《葉母曾太宜人六十壽序》論及歷代賢婦,就特别提到班昭説:"班與子之官,作《東征賦》,甚美。顧班邃學能文,故能以學所得訓其子。"③在郭尚先看來,班昭得以躋身古代賢婦行列的突出表現就是她"與子之官","能以學所得訓其子"。的確,隨子之官而作《東征賦》被視爲班昭教子的代表情節,千古傳唱。在有關賢母的傳記和詩歌中,這一典故頻繁出現。紀昀《旌表張母黄太孺人節孝序》、杜甫《送王十五判官扶侍還黔中(得開字)》和岑參

---

① [清]汪師韓《談書録·〈東征〉〈西征〉二賦》,清乾隆年間刻《上湖遺集》本。
② [清]何焯《義門讀書記·賦·曹大家〈東征賦〉》,中華書局,1987年,頁871。
③ [清]郭尚先《郭大理遺稿》卷三"文一",清道光二十五年刻本。

《餞李郎尉武康》皆是其例。

贊揚《東征賦》中的儒學理念，或是肯定班昭隨子東征並加以教導的賢母形象，是認識《東征賦》的兩個主流角度。但當我們深入閱讀這篇作品，仔細體會班昭在行路途中所表露的情緒時，會意外感受到一種低沉、哀婉甚至愴然的情調。尤其是此文開篇的一部分：

> 惟永初之有七兮，余隨子乎東征。時孟春之吉日兮，撰良辰而將行。乃舉趾而升輿兮，夕予宿乎偃師。遂去故而就新兮，志愴恨而懷悲！明發曙而不寐兮，心遲遲而有違。酌樽酒以弛念兮，喟抑情而自非。諒不登樔而椓蠡兮，得不陳力而相追。且從衆而就列兮，聽天命之所歸。遵通衢之大道兮，求捷徑欲從誰？乃遂往而徂逝兮，聊遊目而遨魂！①

開頭作者自述，永初（元）七年②，隨子東征。時屬孟春，吉日良辰，一切都很順利，但是當作者踏上旅途時，種種傷感的情緒却涌上心頭。去故就新，"志愴恨而懷悲"；徹夜不眠，"心遲遲而有違"；借酒散懷，"喟抑情而自非"，未知前路所在，只有勉力前行，順應天命。從這些外露的情緒中，我們似乎感覺不到多少醇厚儒者的淡定，或是賢母施教於子的熱忱。爲什麽班昭的這次東征會有這樣的情緒？順遂的人生爲何會有如此的感喟？我們還是要深入《東征賦》的文本去尋找答案。

關於《東征賦》的細緻研究，有兩篇比較深入的文章。一篇是康達維先生在 1998 年第四屆國際辭賦學學術研討會上提交的論文《班昭〈東征賦〉考》。③ 該文根據阮元校訂，考證《東征賦》寫作年代爲和帝永元七年（95），而在賦作內容方面，康達維主要從勸子之賦的角度，解析

---

① ［梁］蕭統編，［唐］李善注《文選》，中華書局，1977 年，頁 144—146，下引《東征賦》均同此，不再標出。

② 《文選》作"永初七年"，但與史不合。學界結合班昭生平，多以"永元七年"爲是，詳見下文。

③ 此文收錄在《辭賦文學論集》中，江蘇教育出版社，1999 年，頁 186—195。

了文章中紀行顯志的部分（從"到長垣之境界"至文末）。這一論述主題與表彰賢母的傳統思路頗爲契合。另一篇文章是朱維錚先生2006年發表在《中華文史論叢》上的一篇長文《班昭考》。① 該文以綿密的史學論證，勾勒出了班昭的生平經歷，考證了上至帝、后，下至兄、子的各色人物與班昭有關的事跡，分析了班昭對中世紀文化史的影響。在這篇文章中，朱先生也用相當的篇幅考證了《東征賦》的寫作年代。他結合班昭的生平、其子曹成的仕宦經歷以及與班氏家族有關的朝政背景，有力地證明了班昭《東征賦》的寫作年代是和帝永元七年。原文"永初"爲"永元"之誤，而李善在《文選》注中稱曹成赴任"陳留長"之行②，正是《後漢書》班昭本傳注引《三輔決録》注所言的"司徒掾察孝廉，爲長垣長"③之事。④ 日本享保二年神雛書林梅村玉池堂刻元代盧以緯的《重訂冠解助語辭》一書中引此句，於"初"字處缺字，不知是否可以作爲旁證。

寫作年代的考定，對於我們理解《東征賦》的感情無疑是非常重要的。《後漢書》本傳對班昭在朝廷的活動有如下記載：

> 兄固著《漢書》，其八表以《天文志》未竟而卒，和帝詔昭就東觀藏書閣踵而成之。帝數召入宮，令皇后諸貴人師事焉，號爲大家。每有貢獻異物，輒召大家作賦頌。及鄧太后臨朝，與聞政事。以出入之勤，特封子成關內侯，官至齊相。⑤

班昭兄長班固之卒，蓋因牽連竇憲之事，時在永元四年（91）。班昭受詔

---

① 朱維錚《班昭考》，《中華文史論叢》，2006年第2期，頁7—42。
② ［梁］蕭統編，［唐］李善注《文選》，中華書局，1977年，頁144。
③ ［南朝宋］范曄撰，［唐］李賢注《後漢書》卷七四《列女傳》，中華書局，1965年，頁2787。下引《後漢書》版本同此，不再另出。
④ 具體參見朱維錚《班昭考》，頁22—24。
⑤ 《後漢書》卷七四《列女傳》，頁2784—2785。

入東觀續書,當在此後不久。① 除了續書,班昭還屢受和帝之召,入宮教授后妃,得獲"大家"之號,且"每有貢獻異物,輒召大家作賦頌"。班昭儼然已具備了宮廷文學侍從的功能,其在宮中出入之頻繁可以想象,受尊敬的程度也可見一斑。這裏,有必要探討一下班昭受寵於宮廷的具體時間。從原文字句來看,"和帝數召入宮,令皇后諸貴人師事焉",時間應較和帝立后爲遲。考《後漢書·皇后紀》,和帝第一位皇后是陰氏,"永元四年,選入掖庭,以先后近屬,故得爲貴人。有殊寵。八年,遂立爲皇后"②。而第二位皇后便是赫赫有名的和熹鄧后——鄧綏,永元七年入宮,次年冬立爲貴人,永元十四年(102)陰后廢,鄧后立。若從此論,班昭入教後宮應該在永元八年(96)之後,具體時間未可確定。但《鄧后紀》中又記載:"太后自入宮掖,從曹大家受經書,兼天文、算數。"③這句話又表明鄧綏一入宮就受教於班昭,則班昭入宮教授的時間距鄧后入宮時間應是相當近的。《和帝紀》載:"(永元)八年春二月己丑,立貴人陰氏爲皇后。"④班昭正式入教後宮至遲也就在永元八年初,甚至有可能在永元七年就已從長垣被召回。時間距立陰氏爲皇后不遠,此後近十年間,班昭也一直承擔着教導后妃的職責,史家泛言"令皇后諸貴人事焉"也在情理之中。據《東征賦》,班昭隨子出洛是在孟春正月⑤,也就是說,班昭隨子赴任不到一年的時間便被召回洛陽,回洛後

---

① 朱維錚也提到,和帝誅竇氏前曾研讀班固已經獻入宮廷的《漢書·外戚傳》,剷除竇氏後也未牽連班氏其他成員,可見對班氏和《漢書》是有肯定的,因此得知班固卒後不久就下詔命班昭入東觀續書是順理成章。參見《班昭考》,頁15。
② 《後漢書》卷一〇上《皇后紀》上,頁417。
③ 同上,頁424。
④ 《後漢書》卷四《和帝紀》,頁181。
⑤ 需要指出的是,朱維錚先生在分析曹成任官時,結合《和帝紀》記載永元六年三月和帝鼓勵薦舉人才之詔,認爲曹成即在此後被司徒掾選補郎吏,這一點很可以説得通。但朱先生隨之又使用了緊接着的永元七年選郎官出補長、相的材料,認爲曹成便是在這次郎官選拔中順理成章任爲長垣長,這一點恐怕不能成立。因爲和帝紀中這次選郎官任典城者時間是"夏四月",而《東征賦》中明言曹成母子出發日期爲同年"孟春之吉日"。

便入教後宫。

爲什麽和帝以及他的後宫對班昭的需求如此迫切？爲什麽召回班昭的時間恰恰在鄧綏甫入宫不久？陰、鄧二妃的明爭暗鬥可能是一個重要的背景。"少聰慧，善書藝"①的陰氏永元四年(92)入宫，以光烈陰皇后後裔的身份很快受到重視，得封貴人，獲殊寵。但僅僅三年之後，隨着"長七尺二寸，姿顔姝麗，絕異於衆，左右皆驚"②的高挑美人鄧綏的出現，陰氏的地位受到了極大的挑戰。雖然她在永元八年被封爲皇后，但同年冬鄧綏也被册封爲貴人，對陰氏來説，更有威脅的現實是"自和熹鄧后入宫，愛寵稍衰，數有恚恨"③。舊愛新歡之間，難免有矛盾，這種矛盾，在范氏揚鄧抑陰的敘述中雖然略去了很多細節，但仍然可以窺見其尖鋭程度。比如描寫鄧綏剛入宫忍讓謙恭的表現："恭肅小心，動有法度。承事陰后，夙夜戰兢。"④"夙夜戰兢"四個字，足夠讓人想象陰后的嫉妒乃至憤怒。而鄧綏在和帝病重時做出"欲飲藥"的動作，並留下"不令陰氏有人豕之譏"⑤之語。能夠説出這樣極具殺傷力的"遺言"，也頗可見鄧綏之心機。在范書中，着力表現和帝對鄧綏寵愛有加，而後者一直謙抑以對。但和帝後期大病危甚時，陰后還能説出"我得意，不令鄧氏復有遺類"⑥的狠話；直到和帝去世前一年，才因巫蠱事廢陰立鄧的情形也説明陰后在和帝心中、朝堂之上長期擁有一定的地位。陰、鄧兩位出身名門，都曾在第一時間吸引和帝的目光，並各有值得寵愛的理由，可以想見，當和帝最初面對陰、鄧二人的矛盾時，是想努力加以調和的。永元八年立陰氏爲后，同年封鄧氏爲貴人，就是這種努力的明顯表現，而把出身儒學世家的班昭調回洛陽，入宫宣教，恐怕就是這種努力的一個重要措施。衆所周知，班昭的《女誡》是女教的經典之作，

---

① 《後漢書》卷一〇上《皇后紀》上，頁417。
② 同上，頁419。
③ 同上，頁417。
④ 同上，頁419。
⑤ 同上，頁420。
⑥ 同上，頁420。

雖然未必在入教後宮之前著成，但對永元八年大約四十七歲的班昭來說，這方面的思想應該已經有所表現，這恰恰是永元八年前後的和帝後宮所需要的。

　　和帝後宮的現實需要是班昭入宮的背景之一，若從個人的角度着眼，班昭和鄧后之間的微妙情感，可能也影響到了班昭入教後宮的過程和結果。鄧綏甫一進宮，便師從班昭"受經書，兼天文、筭數"。鄧氏家世崇儒，鄧綏幼時又以好典籍著名，"受經書"可謂順理成章，但對天文、筭數這樣艱深的學問也孜孜以求，顯見是一個相當好學的學生，甚至可能是以求學爲名，行私教之實？朱維錚先生曾經指出："從陰、鄧二氏爭寵後宫的攻守對策來看，鄧貴人堪稱班昭的高徒，而陰皇后則與《女誡》教誨的七章無不相悖。"① 從這個意義上來說，這場後宮鬥爭的結果，是班昭理論和鄧綏行動的雙重勝利。以此猜疑班昭有心參與宫廷鬥爭，或有誅心之嫌，但班昭和鄧綏之間的惺惺相惜，是完全可以想象並且理解的。班氏和鄧氏家族均稱得上儒學名門，班昭受乃父乃兄薰染，早有博學高才之名；鄧綏受乃祖乃父嚴教，少承研經之風。就生活區域而言，班昭主要在洛陽、扶風二地。而鄧綏，據其本傳載，幼時居都城洛陽②，稍長，也有隨其父歷邊郡的可能，而其中鄧綏父鄧訓任期較長的武威、張掖等地正與帝國西北的扶風靠近。在那個時代，班昭和鄧綏都是遠出儕輩，頗有個性的女性，地域的接近和家學、性格、心態的相似，很可能使年少的鄧綏以享有盛名的班昭爲榜樣。而反過來，年長的班昭也會對這位注定入登宫闈的名門少女充滿期待。如果再進一步推測的話，二人甚至可能早在鄧綏入宫之前，彼此便有現實的認知甚至具體的交往。

　　這一推測的基礎便是二人父兄與竇氏家族的關係。班昭同産兄班超，因竇固賞識，開始了異域建功的歷程；其長兄班固，在永元初竇憲出

---

①　朱維錚《班昭考》，《中華文史論叢》，2006年第2期，頁18。
②　本傳云："后年五歲，太傅夫人愛之，自爲剪髮。"故其幼年應與祖父鄧禹一家同居洛陽。

征匈奴時,"爲中護軍,與參議"①,成爲大將軍的親密幕僚,最終還因這層關係牽連而殞命。這一方面論者已衆,不需多説。值得一提的是鄧氏。鄧綏父鄧訓長期守禦邊地,頗有美譽。其傳中有這樣一句記載:"永元二年,大將軍竇憲將兵鎮武威,憲以訓曉羌胡方略,上求俱行。訓初厚於馬氏,不爲諸竇所親,及憲誅,故不離其禍。"②以武威、張掖爲代表的西北羌胡之地,是鄧訓守禦邊地名聲最著之所,《後漢書·鄧訓傳》中的事跡,太半係於此地。竇憲鎮武威,求之俱行,應屬常理。而范曄特地解釋鄧訓與竇氏並不親密,又刻意拉上馬氏一族來説明鄧訓厚馬而薄竇,這似乎恰恰説明,鄧訓隨竇憲鎮武威,可能會引起當時人對二者之間關係的猜測。鄧訓不罹竇氏之禍,原因可能很多,與班固相比,他的父親是德高望重的開國功臣鄧禹,兩登公府,封侯拜傅,而不是沉淪下僚的學者班彪;鄧訓自身,歷守邊地,獨當一面,功勳卓著,非一介文士班固可比;鄧訓爲人,"寬中容衆,而於閨門甚嚴,兄弟莫不敬憚,諸子進見,未嘗賜席接以温色"③,没有班固那些個不教之子,無禮之奴。所以説,自鄧訓不罹竇氏之禍一事,未必就能推導出其不親竇氏的結論。再看鄧訓長子鄧騭的傳記,開首第一句便是:"騭字昭伯,少辟大將軍竇憲府。"④長子進入仕途,由竇憲的大將軍府開始,鄧訓與竇憲,即便比不上班、竇之間的親密關係,至少也算得上是相處愉快吧。

范曄雖然説鄧訓不罹竇氏之禍,但考察鄧訓生平,却意外發現他和班固一樣,卒於竇氏集團傾覆的永元四年,史載"病卒官"⑤。其時,鄧訓五十三歲,比班固小八歲。回過頭來看,在永元初的幾年裏,班固和同輩的鄧訓、晚輩的鄧騭都曾經是同事,因爲竇憲的關係,可能交往還不少,在這樣的情況下,兩個家族中最傑出的女性對對方有所耳聞,甚至通過父兄的介紹而有所交流(很有可能是班昭對鄧綏加以教導),也

---

① 《後漢書》卷四〇下《班固傳》,頁 1385。
② 《後漢書》卷一六《鄧訓傳》,頁 610。
③ 同上,頁 611。
④ 《後漢書》卷一六《鄧騭傳》,頁 612。
⑤ 《後漢書》卷一六《鄧訓傳》,頁 611。

是很有可能的事。及至鄧綏入宮,班昭有所期冀,鄧綏嚮往良師,則更是順理成章的事情了。從更現實的角度來看,班昭其實和鄧后一樣,是對事功有所追求之人,這從鄧綏執政之後班昭出入殷勤儼然腹心的表現中可窺見一二。那麼,班超對鄧綏所期許的,可能不僅僅是一個優秀的后妃,而且還是能夠實現自己理念的同道。

在這一構想的基礎上,班昭隨子東征所表露的情緒,頗可加以解釋。不妨再回過頭來看《東征賦》的原文。在本賦開頭的一段抒情意味頗濃的文字中,有一段很明顯的對事功的感慨:"諒不登樔而椓蠡兮,得不陳力而相追。且從衆而就列兮,聽天命之所歸。遵通衢之大道兮,求捷徑欲從誰?乃遂往而徂逝兮,聊遊目而遨魂!"這一段,乍看之下不甚明瞭。一會兒說吾輩不是巢居蟲食之野人,應該要"陳力而相追",表現出積極努力的心態;一會兒又説自己只能按部就班,"從衆就列","聽天命之所歸",流露出消極的意味。宣告自己"遵通衢之大道",本來可以是正人君子辭氣高揚的表態;但下句"求捷徑欲從誰"又似乎並不排斥借捷徑實現自己的方式,只不過捷徑未在眼前而已。因此雖然有"通衢之大道"可行,却又以"乃遂往而徂逝兮,聊遊目而遨魂"這樣的無奈之語作結。這一段語句中的矛盾,放到前面所分析的背景下,便容易理解得多了。班昭之子曹成赴任陳垣長,算是按部就班地在仕途中邁步。但陳垣長畢竟只是俸禄三五百石的地方小官,僅僅"從衆就列",很難有大的發展,再怎麼"陳力而相追",也難免有"聽天命之所歸"的無奈。就班昭自己而言,雖然曾得和帝欽點入東觀續《漢書》,但也更多是完成乃兄的事業,自己的才學還未充分表現,就以永元七年隨子赴任而告一段落。若是班昭對鄧綏能夠有所期許,那這一期許的結果不是"捷徑"又是什麼呢?事實上,從班昭入教後宮,"號爲大家"開始,到鄧太后臨朝,班昭"與聞政事。以出入之勤,特封子成關內侯,官至齊相"[1],我們足以看到"捷徑"的威力。浸淫經史多年的班昭對這一點無疑是非常清楚的,所以她才在通衢大道上含蓄地表露出未得捷徑的遺憾。雖然暫時

---

[1] 《後漢書》卷七四《列女傳》,頁2785。

不得不放棄這種對事功的急切追求,"遂往而徂逝",但"聊遊目而遨魂"一句,似乎還是能流露出一些對象徵權利中心的京師故地的繾綣不捨。

在時間背景之外,《東征賦》中的空間背景也是我們理解班昭東征中情緒變化不可缺少的一部分。班昭此行,從京都洛陽到陳留郡的長垣縣,經過鞏縣、成皋、滎陽、卷縣、原武、陽武、封丘、平丘等八縣。這裏需要說明一下,原文中在紀行開始時有"歷七邑而觀覽兮"一句,這裏的"七邑"並不實指班昭途中所經歷的縣邑,而是用典。李善注中已經給出了解釋:"《史記》曰:'秦莊襄王滅東西周。'徐廣曰:'周比亡之時,凡七縣:河南、洛陽、穀城、平陸、偃師、鞏、緱氏。'"① 也就是説,"七邑"指的是偉大的周王朝行將滅亡時所僅存的七個縣邑。班昭在此處用這一典故,一方面是因爲她所行經的縣邑與周末七邑的範圍有所重疊,另一方面,她離開並且漸行漸遠的地域,恰恰是上古以來中原的核心區域和周王朝最後的堅守之地。這一段疏離政治文化中心的路途,無疑是離開東觀走向縣邑的班昭在心理上正在經歷的別離的翻版。筆者前面分析過,班昭是一個有强烈事功精神的人,對她來説,隨子東征長垣承載了母子之間的責任,却未必是她理想之所在。我們將會看到,"七邑"這個有着特殊涵義的典故,幾乎引領了整個紀行部分的思想核心。先來重温一下《東征賦》中紀行的這段文字:

歷七邑而觀覽兮,遭鞏縣之多艱。望河洛之交流兮,看成皋之旋門。既免脱於峻嶮兮,歷滎陽而過卷。食原武之息足,宿陽武之桑間。涉封丘而踐路兮,慕京師而竊歎! 小人性之懷土兮,自書傳而有焉。遂進道而少前兮,得平丘之北邊。入匡郭而追遠兮,念夫子之厄勤。彼衰亂之無道兮,乃困畏乎聖人。悵容與而久駐兮,忘日夕而將昏。到長垣之境界,察農野之居民。覩蒲城之丘墟兮,生荆棘之榛榛。惕覺寤而顧問兮,想子路之威神。衛人嘉其勇義兮,訖於今而稱云。蘧氏在城之東南兮,民亦尚其丘墳。唯令德爲不

---

① 《文選》,頁145。

朽兮,身既没而名存。

　　自"歷七邑而觀覽兮"到"宿陽武之桑間",班昭簡短地交待了行旅所經河南尹境内之地。自封丘開始,班昭進入陳留郡,從此時開始,班昭的情感似乎一下子打開了缺口,鬱極勃發:"涉封丘而踐路兮,慕京師而竊歎!"班昭幼居洛陽,十四歲出嫁扶風,不惑之年應帝徵回到洛陽,僅居三年,便隨子東赴陳留。"慕京師而竊歎"的深重感喟從何而來?一方面是對京師之地自少及長的熟悉,另一方面也灌注了濃重的象徵意味。"京師"謂何?洛陽是也。這是當時所有志於事功的儒者都不能忘懷的光榮之所。自河南陽武入陳留封丘,要過黃河支流陰溝水,故賦曰"涉封丘而踐路"。由"涉"水之虛到"踐"土之實,確乎讓班昭意識到遠離洛陽的現狀,於是慨然"慕京師而竊歎"!此句入陳留而回歎洛陽的描寫,情景畢現,隱約已有後世王仲宣"南登霸陵岸,回首望長安"之悽婉風華。文氣既張,下文的紀行也就比河南部分更顯揮灑。入框郭,念夫子之厄勤;至蒲城,想子路之威神;經蘧鄉,憶伯玉之賢名,以行跡爲筋骨,以懷古爲血肉,充分凸顯了班昭的博學和儒者之氣。這一點,歷代學者述之甚多。需要指出的是,上述三處均用了春秋之典,以孔子爲代表的東周聖賢又一次把我們的目光拉回到了鬱鬱乎文哉的周代,令德不朽,身没名存,強調了那個軸心時代的文化及道德魅力。作者雖然身在陳留荒邑,却仍能通過精神的"容與"親近周代歷史文化,這可以說是"七邑"在精神層面的又一次回蕩。

　　在對聖賢事跡的追憶中,班昭認識到"唯令德爲不朽兮,身既没而名存"的道理。"七邑"之地雖不可求,"七邑"之精神却可追摹,所以,在紀行結束後,班昭恢復了平靜的心態,對人生的追求進行了深入的思考:"惟經典之所美兮,貴道德與仁賢。吳札稱多君子兮,其言信而有徵。後衰微而遭患兮,遂陵遲而不興。知性命之在天,由力行而近仁。勉仰高而蹈景兮,盡忠恕而與人。好正直而不回兮,精誠通於明神。庶靈祇之鑒照兮,祐貞良而輔信。"班昭及其子曹成所面對的是"衰微"、"遭患",長久以來"陵遲而不興"的長垣,無法與政教核心、人文薈萃的京師洛陽相比。但它也是聖賢留跡的故地,先賢存名於此,充分說明令德可以不朽,精誠可致偉大。那麽,無論是班昭還是其子,都應該而且可以"仰高而蹈景",以先賢爲目標,堅持正直之道,"力行而近仁"。這一部分,洋溢著儒家強調修身爲先,積極進取的精神,雖然到了"好正直而不回兮,精誠通於明神。庶靈祇之鑒照兮,祐貞良而輔信"兩句,班昭仍然表露了對天命或者說就是對最高統治者的期待。班昭希望自己"盡忠恕",能夠"通於明神"。下句的"靈祇",相對"明神"可能更多了一些實在的意味,嚮往"靈祇""鑒照"之後"祐貞良而輔信"的未來,本質上就是對統治者眷顧的期待。情緒雖然轉變,但追求事功的精神還是未變。

最後的亂辭也延續了這種理性的態度。首先,班昭表達了自己運思成文,抒寫情志的創作態度,強調自己作此文是對古人和先君的效法。在下面的文字中,班昭又一次表達了自己的人生態度:"正身履道"、"敬慎無怠",以修己爲本,但亦"思嗛約"、"以俟時",有所期待,至於能有什麼樣的結果,不可強求,只能以"清静少欲,師公綽兮"自勉了。

縱觀班昭《東征賦》,如其自己所說,是遵循"君子之思,必成文兮"的傳統。賦中的班昭,經歷了出行時的低沉、念及事功時的矛盾糾結、走出"七邑"之地時的悵惋、懷古時的揮灑以及懷古過後的平靜深思數個階段,高低起伏、錯落有致的情感脈絡,使得此賦真切而動人。筆者以爲,班昭的《東征賦》,絶不僅僅是教子之作,其中既有對人生理想的抒發也有對當下期待的表達。結合歷史背景體會文中所表達的情志,不僅有助於我們理解此行的過程,而且能使我們對班昭的學養、文采乃至其個性、追求有更多的體認。有《東征》相繼,班昭不愧乃父矣!

(作者單位:南京大學文學院)

任昉與南朝目録學

楊 賽

南朝數代聚書,到蕭梁時期,四境之内,已是家有文史。① 封演説:"魏氏采掇亡書藏三閣,秘書郎鄭默始製《中經簿》。秘書荀勖分經、史、子、集爲四部,甲乙丙丁之目,大凡九千九百四十五卷。惠、懷之末,靡有孑遺。西晉著作郎李充以勖舊部校之,存者但有三千一十四卷。其後中朝遺書,稍流江左。宋文帝八年,秘書監謝靈運造《四部目》,凡四千五百八十二卷。元徽初,秘書丞王儉又造《目録》萬五千七十四卷,儉又別撰《七志》,有《經典志》、《諸子志》、《文翰志》、《軍書志》、《陰陽志》、《術藝志》、《圖譜志》。齊永明中,秘書丞王亮又造《書目》萬八千一十卷。齊末,兵火延燒秘閣。梁初,命秘書監任昉于文德殿内集藏衆書二萬三千一百六卷。普通中,阮孝緒更爲《七録》。有《典録》、《記傳録》、《子録》、《文集録》、《伎録》、《佛録》、《道録》。元帝克平侯景,收文德殿書及公私經籍歸于江陵,大凡七萬餘卷。"② 這樣大規模的聚書,與目録學的發達是離不開的。

---

　① 楊賽《任昉與南朝聚書之風》,徐中玉、郭豫適主編《中國文論的方與圓——中國古代文學理論研究》第 31 輯,華東師範大學出版社,2010 年,頁 265—275。

　② [唐]封演《封氏聞見記》卷二,影印《文淵閣四庫全書》本。

任昉在天監五年擔任蕭梁朝秘書監，主持了蕭梁朝聚書的盛大工程。梁武帝初命"秘書監任昉躬加部集"①，"自齊永元以來，秘閣四部，篇卷紛雜，昉手自讎校，由是篇目定焉"②。《舊唐書·經籍志序》說："而荀勖、李充、王儉、任昉、祖暅，皆達學多聞，歷世整比，群分類聚，遞相祖述。或爲七錄，或爲四部，言其部類，多有所遺。"③

　　任昉《贈王僧孺》詩寫到他們一同研習歷代書目的情形："劉略、班藝，虞志、荀錄。伊昔有懷，交相欣勗。"④劉歆《七略》、班固《藝文志》、摯虞《文章志》、荀勖《四部目錄》，都在他們的研習之例。我們以此詩爲綫索，進一步考察任昉及南朝文士研習和編寫目錄的情形，以揭示南朝目錄學的整體情況。

一　任昉與七錄體目錄

　　七錄體例肇自劉歆，班固、傅毅繼之。阮孝緒《七錄序》："命光禄大夫劉向及子俊、歆等讎校篇籍。每一篇已，輒錄而奏之。會向亡喪，帝使歆嗣其前業，乃徙溫室中，書於天禄閣上。歆遂總括群篇，奏其七略。及後漢蘭台，猶爲書部。又於東觀及仁壽闥（閣）撰集新記。校書郎班固、傅毅並典秘籍。固乃因七略之辭，爲《漢書·藝文志》。"又說："子歆撮其指要，著爲《七略》，其一篇即六篇之總最，故以《輯略》爲名，次《六藝略》，次《諸子略》，次《詩賦略》，次《兵書略》，次《數術略》，次《方伎略》。"其後有袁山松《七錄》。《七錄序》："固乃因七略之辭，爲《漢書·藝文志》。其後有著述者，袁山松亦錄在其書。"⑤《舊唐書·經籍志》著

---

① ［唐］魏徵《隋書》，中華書局，1973年，頁907。
② ［唐］姚思廉《梁書》，中華書局，1973年，頁254。
③ ［後晉］劉昫《舊唐書》，中華書局，1975年，頁1961。
④ 逯欽立《先秦漢魏晉南北朝詩》，中華書局，1983年，頁1595。
⑤ ［梁］阮孝緒撰，［清］臧庸輯考《七錄》，《續修四庫全書》影印清鈔本。

録袁山松《後漢書》一百二卷。①

然而,任昉研習的,遠不止前朝的七錄體目錄。齊梁以降王儉《七志》、賀縱《今書七志》、阮孝緒《七錄》,都與任昉有直接關係。

王儉《七志》四十卷。《南齊書·王儉傳》:"上表求校墳籍,依《七略》撰《七志》四十卷,上表獻之,表辭甚典。"②王儉《答陸澄書》説:"《七略》、《藝文》,並陳之六藝。"③《七錄序》:"儉又依《別錄》之體,撰爲《七志》。"④《北史·牛弘傳》:"宋秘書丞王儉依劉氏《七略》,撰爲《七志》。"⑤劉歆七略,輯略除外,實際上只有六略。王儉爲滿七數,立圖譜志以代輯略,以充七數,又列佛、道之書於外,名爲七志,實是九志。《七錄序》:"王儉《七志》,改六藝爲經典,次諸子,次詩賦爲文翰,次兵書爲軍書,次數術爲陰陽,次方伎爲術藝。以向、歆雖云《七略》,實有六條,故別立《圖譜》一志,以全七限。其外又條七略及二漢《藝文》立圖志、《中經簿》所闕之書,並方外之經,佛經、道經各爲一錄。雖繼《七志》之後,而不在其數。"⑥《隋書·經籍志序》:"儉又別撰《七志》:一曰《經典志》,紀六藝、小學、史記、雜傳;二曰《諸子志》,紀今古諸子;三曰《文翰志》,紀詩賦;四曰《軍書志》,紀兵書;五曰《陰陽志》,紀陰陽圖緯;六曰《術藝志》,紀方技;七曰《圖譜志》,紀地域及圖書。其道、佛附見,合九條。然亦不述作者之意,但於書名之下,每立一傳,而又作九篇條例,編乎首卷之中。"⑦王儉作《七志》,歷時較久。《舊唐書·經籍志序》:"劉歆作《七略》,王儉作《七志》,踰二紀而方就。"⑧按《宋書·後廢帝紀》:元徽元年,"秘書丞王儉表上所撰《七志》三十卷"⑨。王儉薨於永明七

---

① 《舊唐書》,頁 1989。
② [梁]蕭子顯《南齊書》,中華書局,1972 年,頁 433。
③ [唐]李延壽《南史》,中華書局,1975 年,頁 1188。
④ 《七錄》。
⑤ [唐]李延壽《北史》,中華書局,1974 年,頁 2493。
⑥ 《七錄》。
⑦ 《隋書》,頁 906—907。
⑧ 《舊唐書》,頁 1964。
⑨ [梁]沈約《宋書》,中華書局,1974 年,頁 180。

年,年三十八,元徽元年儉年二十二。可見"踰二紀方就"爲文飾之辭,只是表明王儉對目録之學頗爲用心罷了。任昉《王文憲集序》説:"於是采公曾之《中經》,刊弘度之《四部》,依劉歆《七略》,更撰《七志》。"①永明二年,王儉讓任昉出任丹陽尹主簿。任昉與王儉一生神交②,王儉所編的書目,也應該在任昉所研習之列。任昉没有評價王儉的目録,這是一種曲筆。《隋書·經籍志序》的評論是:"文義淺近,未爲典則。"③可見寫得並不怎麽樣。

賀縱《今書七志》三十卷。《隋書·經籍志》著録:"《宋元徽元年四部書目録》四卷,王儉撰。"又:"《今書七志》七十卷,王儉撰。"④《隋志》著録没有"賀縱補"三字,是爲疏略。《新唐書·藝文志》著録:"《今書七志》七十卷,賀縱補注。"⑤没有"王儉撰"三字,亦爲疏略。王儉所著《七志》,《王文憲集序》、《南齊書》、《七録》、《南史》都作四十卷,新舊《唐志》都作七十卷,多出來的三十卷是賀縱增補。這些增補的部分,有些即出自任昉的舊藏。《梁書·任昉傳》:"昉卒後,高祖使學士賀縱共沈約勘其書目,官所無者,就昉家取之。"⑥

阮孝緒《七録》,録書三萬多卷。《北史·牛弘傳》:"梁人阮孝緒亦爲《七録》。總其書數,三萬餘卷。"⑦阮孝緒是一個處士,終身不應徵辟,《七録》中的書並不是秘閣的簿籍。《南史·阮孝緒傳》:"天監初,御史中丞任昉尋其兄履之,欲造而不敢,望而歎曰:'其室雖邇,其人甚遠。'其爲名流所欽尚如此。自是欽慕風響者,莫不懷刺斂衽,望塵而息。殷芸欲贈以詩,昉曰:'趣舍既異,何必相干?'芸乃止。"⑧可見兩人

---

① 〔梁〕蕭統《文選》,上海古籍出版社,1986年,頁1797。
② 楊賽《任昉與王儉的神交》,《文史知識》2009年第11期。
③ 《隋書》,頁907。
④ 《隋書》,頁991。
⑤ 《舊唐書》,頁2011。
⑥ 《梁書》,頁254。
⑦ 《北史》,頁2493。
⑧ 《南史》,頁1893—1894。

有很深的隔閡。

但七錄體也還略有後嗣,唐有馬懷素、元行沖、韋述等人編有《續七志》。《舊唐書·馬懷素傳》記馬懷素上書曰:"南齊已前墳籍,舊編王儉《七志》。已後著述,其數盈多,《隋志》所書,亦未詳悉。或古書近出,前志闕而未編;或近人相傳,浮詞鄙而猶記。若無編錄,難辯淄、澠。望括檢近書篇目,并前志所遺者,續王儉《七志》,藏之秘府。"①《舊唐書·元行沖傳》:"先是,秘書監馬懷素集學者續王儉《今書七志》,左散騎常侍褚无量於麗正殿校寫四部書,事未就而懷素、无量卒,詔行沖總代其職。於是行沖表請通撰古今書目,名爲《群書四錄》,命學士鄠縣尉毋煚、櫟陽尉韋述、曹州司法參軍殷踐猷、太學助教余欽等分部修檢,歲餘書成,奏上之。"②《新唐書·韋述傳》:"秘書監馬懷素奏述與諸儒即秘書續《七志》,五年而成。"③許善心有《七林》。《北史·許善心傳》:"善心效阮孝緒《七錄》,更製《七林》,各爲總敘,冠於篇首。又於部錄之下明作者之意,區分類例焉。"④宋代福建莆田鄭寅有《七錄》:曰經,曰史,曰子,曰藝,曰方伎,曰文,曰類。⑤

二　任昉與四部體目錄

七志體例儘管有衆多好處⑥,但由於其分類標準不確定,後人一般不大使用。晁公武説:"今公武所録書,史集居其半,若依《七略》,則多

---

① 《舊唐書》,頁3164。
② 《舊唐書》,頁3178。
③ [宋]歐陽修、宋祁《新唐書》,中華書局,1975年,頁4530。
④ 《北史》,頁2802。
⑤ [明]胡應麟《少室山房筆叢》,光緒二十二年廣雅書局刻本。
⑥ 程千帆、徐有富《校讎廣義·目錄篇》,《程千帆全集》第3卷,河北教育出版社,2000年,頁83。

寡不均,故亦分爲四部焉。"①章學誠説:

> 《七略》之流而爲四部,如篆隸之流而爲行楷,皆勢之所不容已者也。史部日繁,不能悉隸以《春秋》家學,四部之不能返《七略》者一。名、墨諸家,後世不復有其支別,四部之不能返《七略》者二。文集熾盛,不能定百家九流之名目,四部之不能返《七略》者三。鈔輯之體,既非叢書,又非類書,四部之不能返《七略》者四。評點詩文,亦有似別集而實非別集,似總集而又非總集者,四部之不能返《七略》者五。②

史部、集部的大量增加,並不是從趙宋才開始的。齊、梁之際,就增加很多。特別是地理和佛道、方技諸類。王儉在六志之後,專列圖譜志,將地理、圖籍一類書籍編入其中,陸澄、任昉收宋齊梁地理書凡二百五十二卷,足見其繁富。佛道、方技之書,劉歆、班固略載之甚少,至南朝,卷帙繁浩,梁武于文德殿録書,別出二門,使祖暅等人專門採録。所以自魏晉以還,秘閣之書都是四部,很少有採用七録著録的。王儉在《七志》之外,還要採用《宋元徽元年四部書目録》的體制,就是這個道理。

四部録書,始創於荀勖。《明史·藝文志序》:"四部之目,昉自荀勖,晉、宋以來因之。"③《晉書·荀勖傳》:"及得汲郡冢中古文竹書,詔勖撰次之,以爲《中經》,列在秘書。"④《七録序》:"魏、晉之世,文籍逾廣,皆藏在秘書中、外三閣。魏秘書郎鄭默刪定舊文,時之論者謂爲朱紫有別。晉領秘書監荀勖因魏《中經》,更著《新簿》。雖分爲十有餘卷,而總以四部別之。惠、懷之亂,其書略盡。江左草創,十不一存。後雖鳩集,淆亂已甚。及著作佐郎李充,始加刪正,因荀勖舊簿四部之法而

---

① [宋]晁公武《郡齋讀書志》卷一,上海古籍出版社,1990年。
② [清]章學誠《校讎通義》卷一,商務印書館,1946年。
③ [清]張廷玉《明史》,中華書局,1974年,頁2344。
④ [唐]房玄齡《晉書》,中華書局,1974年,頁1154。

換其乙丙之書，没略衆篇之名，總以甲乙爲次。自時厥後，世相祖述。"①阮孝緒《古今書最》："《晉中經簿》四部書一千八百八十五部，二萬九百三十五卷。其中十六卷佛經書簿少二卷，不詳所載多少。一千一百一十九部亡，七百六十六部存。"②《隋書·經籍志序》："魏氏代漢，采掇遺亡，藏在秘書中、外三閣。魏秘書郎鄭默，始製《中經》，秘書監荀勖又因《中經》，更著《新簿》，分爲四部，總括群書。一曰甲部，紀六藝及小學等書；二曰乙部，有古諸子家、近世子家、兵書、兵家、術數；三曰丙部，有史記、舊事、皇覽簿、雜事；四曰丁部，有詩賦、圖讚、汲冢書。大凡四部合二萬九千九百四十五卷。但錄題及言，盛以縹囊，書用緗素。至於作者之意，無所論辯。"③《隋書·牛弘傳》："魏文代漢，更集經典，皆藏在秘書、內外三閣，遣秘書郎鄭默刪定舊文。時之論者，美其朱紫有別。晉氏承之，文籍尤廣。晉秘書監荀勖定魏《內經》，更著《新簿》。雖古文舊簡，猶云有缺，新章後錄，鳩集已多，足得恢弘正道，訓範當世。"④《郡齋讀書志》亦云："至荀勖更著《新簿》，分爲四部：一曰甲部，紀六藝及小學等書；二曰乙部，有古、今諸子家及兵書、術數；三曰丙部，有史記及故事；四曰丁部，有詩賦、圖讚。勖之《簿》蓋合《兵書》、《術數》、《方技》於諸子，自春秋類摘出史記，別而爲一，《六藝》、《諸子》、《詩賦》，皆仍歆舊。其後歷代所編書目，如王儉、阮孝緒之徒，咸從歆例；謝靈運、任昉之徒，咸從勖例。"⑤

東晉、宋、齊四部書目共有7部：李充《晉元帝書目四部》、丘深之《義熙四年秘閣四部目錄》、殷淳《四部書大目》、謝靈運《元嘉八年秘閣四部目錄》、王儉《宋元徽元年秘閣四部書目錄》、殷淳《大四部目》、齊王亮、謝朓《永明元年秘閣四部目錄》。這些編者中，王儉、王亮、謝朓與任昉都有交往。

---

① 《七錄》。
② [清]嚴可均輯《全上古三代秦漢三國六朝文》卷六六，中華書局，1958年。
③ 《隋書》，頁906。
④ 《隋書》，頁1298。
⑤ 《郡齋讀書志》卷一。

李充《晉元帝四部書目》三百零五帙，三千零十四卷。《晉書·李充傳》："於時典籍混亂，充刪除煩重，以類相從，分作四部，甚有條貫，秘閣以爲永制。"①秘閣之書爲四部，至李充才成爲定制。《古今書最》有《晉元帝書目四部》，三百五帙，三千一十四卷②，應該是李充所作，書名當作《晉元帝四部書目》。魏晉以還，文籍多藏之秘閣。《七録序》："魏、晉之世，文籍逾廣，皆藏在秘書中、外三閣。"③這是秘閣聚書的開始。東晉以來，書籍儘管亡佚很多，宋、齊秘閣所藏仍有萬餘卷，謝靈運、王儉、王亮、謝朏、殷淳先後編有目録。

丘深之《晉義熙四年秘閣四部》三卷。《古今書最》有《晉義熙四年秘閣四部》④，不著作者與卷數。《隋書·經籍志》有《晉義熙已來新集目録》三卷⑤，不著作者。《舊唐書·經籍志》有《義熙已來雜集目録》三卷，丘深之撰。⑥"雜"字當爲"新"字之誤。《新唐書·藝文志》有丘深之《晉義熙以來新集目録》三卷，可證。丘氏事跡見《南史·顧琛傳》："先是宋世江東貴達者，會稽孔季恭子靈符、吳興丘深之及琛，吳音不變。深之字思玄，吳興烏程人，位侍中、都官尚書，卒於太常。"⑦

謝靈運《宋元嘉八年四部目録》，録書六萬四千五百八十二卷。《隋書·經籍志序》："其後中朝遺書，稍流江左。宋元嘉八年，秘書監謝靈運造《四部目録》，大凡六萬四千五百八十二卷。"⑧此部書目《隋志》以下都沒有著録。

殷淳《秘閣四部書目》四十卷。《宋書·殷淳傳》："在秘書閣撰四部

---

① 《晉書》，頁 2391。
② 《廣弘明集》卷三。
③ 《七録》。
④ 《廣弘明集》卷三。
⑤ 《隋書》，頁 991。
⑥ 《舊唐書》，頁 2011。
⑦ 《南史》，頁 920。
⑧ 《隋書》，頁 906。

書目凡四十卷,行於世。元嘉十一年卒,時年三十二,朝廷痛惜之。"①《七録序》:"宋秘書殷淳,大四部目"。②

王儉《宋元徽元年秘閣四部書目録》,録書一萬五千零七十四或一萬五千零四卷。《南齊書·王儉傳》稱爲"《元徽四部書目》"③。《七録》説:"《宋元徽元年秘閣四部書目録》,二千二十帙,一萬五千七十四卷。"④《隋書·經籍志序》:"元徽元年,秘書丞王儉又造《目録》,大凡一萬五千七百四卷。"⑤《隋書·經籍志》著録:"《宋元徽元年四部書目録》四卷,王儉撰。"⑥《七録》所記,多"秘閣"二字,較《隋志》更爲允當。《南史·王儉傳》:"宋明帝泰始六年,置總明觀以集學士,或謂之東觀,置東觀祭酒一人,總明訪舉郎二人;儒、玄、文、史四科,科置學士十人,其餘令史以下各有差。是歲,以國學既立,省總明觀,於儉宅開學士館,以總明四部書充之。又詔儉以家爲府。四年,以本官領吏部。"⑦王儉四部書目當出總明觀。

王亮、謝朏《永明元年秘閣四部目録》録書一千八百一十卷。《七録序》:"宋秘書監謝靈運、丞王儉,齊秘書丞王亮、監謝朏等,並有新進,更撰目録。"⑧《隋書·經籍志序》:"齊永明中,秘書丞王亮、監謝朏,又造《四部書目》,大凡一萬八千一十卷。"⑨《梁書·王亮傳》:"亮以名家子,宋末選尚公主,拜駙馬都尉、秘書郎,累遷桂陽王文學,南郡王友,秘書丞。"⑩《南史·謝靈運傳》:"文帝誅徐羨之等,徵爲秘書監,再召不起。使光禄大夫范泰與書敦獎,乃出。使整秘閣書遺闕,又令撰晉書,粗立

---

① 《宋書》,頁1597。
② 《七録》。
③ 《南齊書》,頁433。
④ 《七録》。
⑤ 《隋書》,頁906。
⑥ 《隋書》,頁991。
⑦ 《南史》,頁595。
⑧ 《七録》。
⑨ 《隋書》,頁907。
⑩ 《梁書》,頁267。

條流,書竟不就。"①謝靈運宋初受詔領職,元嘉五年即以遊宴免官,後來再也沒有出任秘書監。《隋書·經籍志序》:"宋元嘉八年,秘書監謝靈運造《四部目錄》,大凡六萬四千五百八十二卷。"②元嘉八年任秘書監,顯然是錯誤的,"六萬四千五百八十二卷"也是錯誤的。曹道衡、沈玉成《中古文學史料叢考》"謝靈運《四部目錄》及《晉書》"條以"書署秘書監,蓋爲昉始時官職。成書後例有表進呈,唐初史臣或據此而書'八年'也"③。然《隋志》又誤謝《錄》五萬卷,當作何説?此理未通。

三　任昉與蕭梁目錄學

天監初,任昉受梁武帝之命寫《集墳籍令》:

> 近災起柏梁,遂延渠閣。青編素簡,一同煨燼。緗囊綎帙,蕩然無餘。故以痛深秦末,悲甚漢季。求之天道,昭然有徵,豈不以昏嗣作孽,禮樂崩壞?及聖人有作,更俟茲辰。今雖百度草創,日不暇給,而下車所務,非此誰先?便宜選陳農之才,採河間之闕,懷鉛握素,汗簡殺青。依秘閣舊錄,速加繕寫,便施行。④

"青編素簡,一同煨燼。緗囊綎帙,蕩然無餘",是過實之詞。《七錄序》説:"齊末兵火,延及秘閣,有梁之初,缺亡甚衆。"⑤稍微切實一些。《梁書·任昉傳》:"自齊永元以來,秘閣四部,篇卷紛雜。"⑥將三者聯繫起來,才比較全面地反映了梁初書籍的情況。"缺亡甚衆",是由戰禍導致

---

① 《南史》,頁539。
② 《隋書》,頁906。
③ 曹道衡、沈玉成《中古文學史料叢考》,中華書局,2003年,頁267。
④ 《全上古三代秦漢三國六朝文》,頁3192。
⑤ 《七錄》。
⑥ 《梁書》,頁254。

的;"篇卷紛雜",却是由人造成的。永元(499—500)爲齊東昏侯年號。《南齊書·東昏侯紀》:"帝在東宮便好弄,不喜書學。"①東昏侯向來不愛好書籍,從永元到天監,三年荒廢,致使篇卷雜亂。任昉曾經與劉渢共同掌管這批搜集起來的書籍。《南史·何憲傳》:"任昉、劉渢共執秘閣四部書。"②蕭梁朝的秘閣四部書目,是在三朝四部的舊目的基礎上總其大成的。

任昉《梁天監五年秘閣四部書目錄》,録書二万三千一百零六卷。《七録序》:"齊末兵火,延及秘閣。有梁之初,缺亡甚衆。爰命秘書監任昉躬加部集,又於文德殿内別藏衆書,使學士劉孝標等重加校進,乃分術數之文,更爲一部,使奉朝請祖暅撰其名録。其尚書内閣別藏經史雜書,華林園又集釋氏經綸,自江左篇章之盛,未有踰於當今者也。"③《隋書·經籍志序》:"齊末兵火,延燒秘閣,經籍遺散。梁初,秘書監任昉,躬加部集,又於文德殿内列藏衆書,華林園中總集釋典,大凡二萬三千一百六卷,而釋氏不豫焉。梁有秘書監任昉、殷鈞《四部目録》,又《文德殿目録》。其術數之書,更爲一部,使奉朝請祖暅撰其名。故梁有《五部目録》。"④姚名達曾提到任昉校書的功績:"古人藏書,能自讀者,莫不善於校讎,所謂校讎,即取衆本比堪字句篇卷之異同也。如梁之任昉,唐之韋述,宋之李淑、宋祁、王欽臣,其藏本之善,每勝於秘閣。蓋秘閣之書全由官校,每多敷衍了事。而此諸家則本是專門學者,其博聞精識足以校定訛誤也。"⑤

其實,梁並不止有 5 部目録。《隋書經籍志考證·史部·簿録類》"梁文德殿四部書目録"條辨之,尚有餘義,今略統計,共有 7 部:任昉《梁天監五年秘閣四部書目録》,殷鈞《梁天監六年秘閣四部書目録》,劉孝標《梁文德殿四部目録》,祖暅《術數書目録》、《華林園釋典書目録》,

---

① 《南齊書》,頁 102。
② 《南史》,頁 1214。
③ 《七録》。
④ 《隋書》,頁 907。
⑤ 姚名達《中國目録學史》,上海古籍出版社,2002 年。

劉遵《梁東宮四部目録》，劉杳《古今四部書目》。

　　殷鈞《梁天監六年秘閣四部書目録》四卷。《梁書·殷鈞傳》："天監初，拜駙馬都尉，起家秘書郎，太子舍人，司徒主簿，秘書丞。鈞在職，啓校定秘閣四部書，更爲目録。"①《隋書·經籍志》著録："《梁天監六年四部書目録》四卷，殷鈞撰。"②

　　劉孝標《梁文德殿四部目録》四卷。《梁書·劉峻傳》："天監初，召入西省，與學士賀蹤典校秘書。"③《梁書·到沆傳》："時文德殿置學士省，召高才碩學者待詔其中，使校定墳史，詔沆通籍焉。"④這裏說到的文德殿學士省與秘閣西省，是兩處不同的地方。李石《續博物志》："梁任昉文德殿所藏二萬三千一百六卷。"⑤這個説法有誤。《北史·牛弘傳》："及侯景度江，破滅梁室，秘省經籍，雖從兵火，其文德殿內書史，宛然猶存。蕭繹據有江陵，遣將破平侯景，收文德之書及公私典籍重本七萬餘卷，悉送荆州。"⑥《南史·殷鈞傳》："鈞九歲以孝聞，及長，恬靜簡交游，好學有思理，善隸書，爲當時楷法。南鄉范雲、樂安任昉並稱美之。梁武帝與叡少故舊，以女永興公主妻鈞，拜駙馬都尉。歷秘書丞，在職啓校定秘閣四部書，更爲目録。又受詔料檢西省法書古跡，列爲品目。累遷侍中，東宮學士。"⑦自天監初，梁武帝下令於秘閣搜集墳典，又在文德殿別抄衆本另作收藏。《隋書經籍志補正》說明了任昉與劉峻所作爲兩部目録，但並沒有說明這個理由。梁代集墳典，至天監五年，基本完成了。由任昉速繕之，所以有《天監五年秘閣四部書目録》。從此以後，搜羅更加廣泛，殷鈞在任昉的基礎上增益一些內容，形成了《天監六年四部書目録》。文德殿抄校副本完成後，劉孝標作了《梁文德殿

---

① 《梁書》，頁407—408。
② 《隋書》，頁991。
③ 《梁書》，頁702。
④ 《梁書》，頁686。
⑤ [宋]李石《續博物志》卷四，影印《文淵閣四庫全書》本。
⑥ 《北史》，頁2494。
⑦ 《南史》，頁1488—1489。

四部目録》,但並非全録。《隋書·經籍志》著録:"《梁文德殿四部目録》四卷,劉孝標撰。"①可證。

《梁書·劉杳傳》有《古今四部書目》五卷。② 曹道衡、沈玉成《中古文學史料叢考》"《梁書·劉杳傳》奪字及劉杳著志疑"條:"疑《古今四部書目》即劉杳所抄集之未定稿而舉以贈孝緒者,實則並未行世也。"③按:此説證據不足。劉杳的四部,不叫秘閣,也不注年份,而標以"古今",是集四部目録之大全,並不是有梁一代之書,也不是秘閣實有之書。《七録序》曰:"通人平原劉杳從余遊,因説其事,杳有志積久,未獲操筆,聞余已先著鞭,欣然會意,凡所抄集,盡以相與,廣其聞見,實有力焉。斯亦康成之於傳釋,盡歸子慎之書也。"④故在秘閣之外,梁又有劉杳、阮孝緒之七録、四部,可見當時目録學的興盛。

劉遵《梁東宫四部目録》四卷。除秘閣、文德殿之外,太子蕭繹聚書很多,他自己説有八萬餘卷,儲存在東宫。《隋書·經籍志》著録:"《梁東宫四部目録》四卷,劉遵撰。"⑤

四　任昉與文章志

任昉與南朝文章志的問題,很少有人注意到。從東漢到南朝,士人聚書多,寫書也多,别集、總集自然多,導致南朝文章學十分發達。

首先出現的是記叙文學家生平的文章志,也叫文章記或文學傳。如荀勖《雜撰文章家集叙》、摯虞《文章流别志》、傅亮《續文章志》、宋明帝《晉江左文章志》(《江左以來文章志》)、沈約《宋世文章志》、張防《四代文章記》、范曄《後漢書·文苑列傳》、蕭子顯《南齊書·文學傳》、丘靈

---

① 《隋書》,頁991。
② 《梁書》,頁717。
③ 《中古文學史料叢考》,頁552。
④ 《七録》。
⑤ 《隋書》,頁991。

鞠《江左文章録序》①、丘淵之《文章録》等等。任昉一輩最重視的是摯虞的《文章志》。《晉書·摯虞傳》:"虞撰《文章志》四卷,注解《三輔決録》,又撰古文章,類聚區分爲三十卷,名曰《流別集》,各爲之論,辭理愜當,爲世所重。"②《隋書·經籍志》著録:"《文章志》四卷,摯虞撰。"③姚振宗《隋書經籍志補正》:"案:本志史部簿録類有摯虞《文章志》四卷,與本傳所載同,似即此《七録》所有之《志》二卷也。本《志》又別著録《流別志論》二卷,似即《七録》之志二卷,《論》二卷,合併爲帙。"④

其次是分類討論文體的性質與起源著述,如摯虞《文章流別論》、李充《翰林論》、任昉《文章始》(《文章緣起》)、姚察《續文章始》。任昉爲六朝文原論的大宗⑤,其《文章緣起》標示了 84 種文體的起緣,包括:三言詩、四言詩、五言詩、六言詩、七言詩、九言詩、賦、歌、離騷、詔、策文、表、讓表、上書、書、對賢良策、上疏、啓、奏記、箋、謝恩、令、奏、駁、論、議、反騷、彈文、薦、教、封事、白事、移書、銘、箴、封禪書、贊、頌、序、引、志録、記、碑、碣、誥、誓、露布、檄、明文、樂府、對問、傳、上章、解嘲、訓、辭、旨、勸進、喻難、誡、弔文、告、傳贊、謁文、祈文、祝文、行狀、哀策、哀頌、墓誌、誄、碑文、祭文、哀詞、挽詞、七發、離合詩、連珠、篇、歌詩、遺、圖、勢、約。編纂這一類著作的目的,是爲了編寫整個南朝的文章總集。任昉《文章緣起》與其説是一部文原論的著作,不如説是一部文體總集的提綱。第三類從文體視角來品評文章高下。第四類是綜合的文章學。關於這個問題,筆者做過一些探討⑥,兹不赘述。

---

① 《南齊書》,頁 908。
② 《晉書》,頁 1427。
③ 《隋書》,頁 991。
④ 姚振宗《隋書經籍志考證》,《二十五史補編》本,開明書店,頁 5873。
⑤ 鄧國光《魏晉南北朝的文原論》,香港中文大學中國語言文學系主編《魏晉南北朝文學論集》,文史哲出版社,1994 年,頁 485—494。
⑥ 楊賽《〈文章緣起〉與南朝文章學》,《吉林師範大學學報》(人文社會科學版),2009 年第 5 期。

結　語

　　任昉少時家貧不顯，藏書不富，從年輕時開始聚書，直到死於新安任上，歷時 30 餘年，搜得書籍一萬多冊，對於齊、梁秘閣中的書籍十分熟悉，爲豐富當時的官私藏書發揮了重要作用。任昉與王僧儒等人一起刻苦研習劉向、班固、摯虞、荀勖諸人之書目，又與王儉、王亮、謝朓等目錄學家交往密切，對於七錄體、四部體目錄都很熟悉。永元年間，任昉出任中書監，在霸府初開之時，秘閣篇卷淆亂之際，他奉梁武帝之命令，廣徵天下墳典，親加校理，用四部體編訂了《天監六年秘閣四部書目》。其後，殷鈞《梁天監六年秘閣四部書目錄》，劉孝標《梁文德殿四部目錄》，祖暅《術數書目錄》、《華林園釋典書目錄》，劉遵《梁東宮四部目錄》，劉杳《古今四部書目》都是在任昉工作的基礎上完成的。任昉又從摯虞的《文章志》中受到啓發，編寫了一部《文章緣起》，可看作一部南朝文章總集的編寫提綱。由此，我們可見任昉在南朝目錄學領域的重要地位。

（作者單位：復旦大學中文系　上海音樂學院）

隋唐時代"中層學問世界"研究序説

——以京都大學影印舊鈔本《文選集注》爲中心*

童 嶺

一 預設與史料

（一）預設：隋唐時代的"中層學問世界"

古來國勢有盛衰，學問亦有盛衰。國運有分合，學問亦有分合。至於説漢文典籍，盛衰分合之後往往或存或佚。其中佚而復得者，成爲"新材料"，可藉此考證當時之學術文化與典章制度，不啻爲稽古之淵藪。

隋文帝開皇九年滅陳，結束了秦漢之後的大分裂時代。並以胡漢融合的集權支配政治爲基礎，開始試圖將中國重新整合。此後勃興的約有三百年國脈的唐王朝，在國家性格、文化策略等多方面直接承接了隋王朝，因此學者們多以"隋唐"並稱。與其他王朝相比，隋唐王朝在文

---

* 本文係2010年度國家社會科學基金青年項目"域外漢籍與六朝隋唐文學綜合研究"（10CZW037）成果之一。初稿得到平田昌司、張伯偉、程章燦、胡曉明、張寅彭、曹虹、徐興無、張學鋒、趙益等諸位教授的誨正，謹致謝忱。

化上更具有世界性,故而有"世界帝國"之名①。隋唐時代東亞文明圈內有一個迥異於漢魏六朝的特徵,即是學術文學的人口基數急速增多。據平岡武夫研究,有姓氏可考的唐代詩人有 2955 位,散文作家有 3516 位。② 在這樣一個龐大的學習群體之外,尚還有大量的外國留學生和留學僧,譬如 645 年前後,留在中土的高句麗、吐蕃留學生多達 8000 人③。士子和留學生們大都聚集在長安、揚州、廣州等地,而這些都市不僅是唐朝的學術文化中心,更是當時世界學術文化核心的重要組成。隋唐帝國時代的學術活動還有另一個重要特徵——學術文化書籍傳播的世界性,陳寅恪先生曾經這樣評價隋唐文化:"北踰大漠,南暨交趾,東至日本,西極中亞。"④目前敦煌石室的典籍以及流傳日本的諸種隋唐鈔本都能證明這一點。

　　本文所謂"中層學問世界",是一個相對概念。與"中層學問世界"對應的概念爲"精英學問世界"與"庶民(大衆)知識世界"。

　　"精英學問世界"主要由精英學問階層構成。精英學問階層是一個時代學術嗅覺最爲敏銳的團體。内藤湖南在《概括的唐宋時代觀》裏面

---

① "世界帝國"這個概念最早於 1949 年由松本新八郎《原始·古代社會の基本的矛盾について》一文中提出。他認爲中國史上可以冠以"世界帝國"之名的只有隋、唐和蒙古。後如:貝冢茂樹《中國の歷史》(岩波書店,1969 年)、外山軍治《隋唐世界帝國》(中央公論新社,2000 年)均贊同其説。但布目潮渢、栗原益男對其有異辭,參二氏《隋唐帝國》,講談社學術文庫,1997 年,頁 21。中國學者如羅香林對於隋唐王朝的"世界性"也有論述,參羅香林《唐天可汗制度考》,載《新亞學報》第一卷第一期,新亞研究所,1955 年刊。

② 平岡武夫《唐代の散文作家》以及《唐代の詩人》,京都大學人文科學研究所,1954、1960 年分別發行。

③ 《登科記考》有云:"四夷若高麗、百濟、新羅、高昌、吐蕃,相繼遣弟子入學,遂至八千人。"參徐松撰,孟二冬補正《登科記考補正》,北京燕山出版社,2003 年,頁 1378。筆者對這一數字持保留態度。關於留學生數量之研究,又可參上揭本布目潮渢《隋唐帝國》,頁 100;嚴耕望《新羅留唐學生與僧侶》,載《唐史研究叢稿》,新亞研究所,1969 年。

④ 陳寅恪《隋唐制度淵源略論稿·敍論》,生活·讀書·新知三聯書店,2001 年,頁 3。

提出,唐代中葉是貴族制最盛期。① 筆者認爲,隨着貴族制最盛期的到來,代表着兩漢六朝以來的"精英學問世界"也到達了極盛。以經學爲例,中唐開始,"疑經"的傾向開始出現②,尤其是關於《春秋》的研究③,開宋人經學之先河。原本佔主流地位的駢體四六文也在唐代中葉發生巨變,領導新風氣者是韓、柳。詩歌在長時間固守選詩題材之後,李、杜等大家輩出,詩風爲之一變。藝術上,被中國化的佛教禪宗開始展露風采,而具有中國獨特美感的南畫亦逐漸流行。此外,伯希和也對這一時期引領世界潮流的雕刻、塑像有過論述。④ 這些精英學問階層所作的事業和作這些事業的人名,無疑都爲後代所耳熟能詳。而培養精英的教育模式在史書中也有跡可循,如《舊唐書·職官志》、《新唐書·百官志》以及《唐六典》"國子監"以下的諸條目,都有較爲詳細的記載。

　　庶民階層於中晚唐之後逐漸崛起,進入北宋以後,在近世社會裏扮演的角色越來越重要。而原本模糊的隋唐時代"庶民(大衆)知識世界"隨着敦煌俗文獻的大量出現,也變得漸漸清晰。⑤ 作爲讀書、習字、作文的字書、類書給今日的學者們還原當時的"庶民(大衆)知識世界"提

---

　　① 内藤湖南著,黄約瑟譯《概括的唐宋時代觀》,載《日本學者研究中國史論著選譯》第一卷,中華書局,1992年,頁10—18。

　　② 譬如,懷疑經書的作者,變動經書的篇章,更改經書的文字等等,對謹守"疏不破注"的《五經正義》中唐之前的學術傳統是一個巨大的反動。

　　③ 《古經解彙函》中收劉黄的《春秋釋例》、陸淳《春秋集解纂例》、《春秋微旨》、《春秋集解辨疑》,此二人及其著作可以説是宋人疑《春秋》的先導。同收《古經解彙函》中的韓愈、李翱注《論語筆解》也是經學巨變前夜的先聲。《古經解彙函》,中文出版社,1998年。

　　④ 伯希和《六朝同唐代的幾個藝術家》,載《西域南海史地考證譯叢》第二卷,馮承鈞譯,商務印書館,1995年,頁120—167。

　　⑤ 比如唐人幼學蒙書《太公家教》,清儒大都不知爲何物(見俞樾《茶香室叢鈔》,中華書局,1995年,頁729)。然而隨着敦煌唐鈔本《太公家教》的發現,使得今日學者可以考查這一蒙書的具體形態。關於《太公家教》最新的研究是:幼學の會編《太公家教注解》,汲古書院,2009年。

供了研究材料。①

　　與此相對,處於"精英學問世界"以及"庶民(大衆)知識世界"之間的"中層學問世界"則長久以來一直被史家所忽視。② 因爲,倘若要分析"中層學問世界",便有兩個困難。

　　第一,史料的缺乏。如現藏日本天理圖書館的唐鈔本《趙志集》③,其中含有贈答詩文數十首,可是隋唐史書以及《全唐詩》、《全唐文》中均無"趙志"此人,趙志所贈答對象有一名爲"司户薩照"者。據嚴耕望《魏晉南北朝地方行政制度》之考證④,在官職設置上,漢魏有"户曹掾",主民户。唐制則州稱"司户參軍",縣稱"司户"。這裏的"司户薩照"可能即是唐代負責民户的一位地方級官員,而趙志也應該是屬於隋唐中層知識份子中之一員。由此可以推論,那些沒有在歷史上留名的"中層學問世界"的知識份子群體,很難逐一從湮滅的歷史中紬繹、描繪出他們清晰的面孔來。

　　第二,"中層學問世界"本身的非固定性。無疑,隋唐時代會有一定的人群長期處在中層學問世界,然而還有一部分人經過了"中層學問世界"進而躋身精英學問世界。即是説:"中層學問世界"具有較强的流動性。但是作爲一個整體,"中層學問世界"中的讀書人,他們是當時現行學問世界的基本構成單位,與他們所處時代的學術思想大致保持同步,他們彼此之間存在着許多共通性元素。我們甚至可以説,與精英階層相比,中層學問世界可以更加真實地反映當時社會的學術風氣原貌。

　　從中國的視角來看,作爲一個整體的中層讀書人群體,他們需要怎

---

　　① 那波利貞《唐代社會文化史研究》第二編《唐鈔本雜考——唐代庶民教育史の一資料》,創文社,1974年,頁197—268。

　　② 賴瑞和著有《唐代中層文官》一書,與本文"中層學問世界"範疇不同。參其《唐代中層文官》,聯經出版社,2008年。在賴瑞和的官職研究和筆者本文的學術世界研究上,"中層"並非一個對應概念。

　　③ 參筆者《扶桑留珎:日藏六朝隋唐漢籍舊鈔本佚存初考》,文載《國際漢學研究通訊》第二期,中華書局,2011年,頁121。

　　④ 嚴耕望《魏晉南北朝地方行政制度》上册,"中研院"歷史語言研究所專刊之四十五,臺灣商務印書館,1963年,頁201—202。

樣的學習參考書籍呢？這些書籍又是怎樣的人以怎樣的學術思想爲指導，用怎樣的形式寫成的呢？這是一系列有待解決的問題。

從東亞文明圈的視角來看，積極學習唐制的日本，此時也存在一個貴族學習群體，據日本奈良、平安兩代參酌唐制而作成的《令義解》①可知，當時的教育體系和唐王朝很相像。日本貴族制下讀書人的水平當然不可能完全對應爲中土的"精英學問世界"。那麽，日本此時的讀書人所學所習大致應該和中土哪一階層相同呢？這也是將來中日學者所面臨的共通課題。

本文的研究對象是成書於南朝梁代，並鈔錄於唐代的重要典籍《文選》及其注釋的舊鈔本。對於隋唐時代東亞文明圈的知識份子來説，不論是中國、日本，還是三韓（高句麗、百濟、新羅）、安南，《文選》都是一部極其重要的"教科書"，怎樣使懸隔約百年之後的讀者真正融入作品所作的超越時空的敍述②，並符合那個時代讀者群的實際需要，成爲隋唐時代知識份子所不能迴避的課題。作爲"教學輔導書"——各種《文選》注本行於世，隋唐時代各家學者將自己對《文選》的理解和社會的需要融合起來，力圖爲當時的讀者開闢理解《文選》的綠色通道。那些讀者中，很大一部分正屬於普遍存在的"中層學問世界"群體。

在這些注本中，後世研究者在很長時間中只能見到刻本李善注和五臣注，然而刻本剝離了大量的當代信息。再加上李善注與五臣注版本校勘上的重重疑雲，使長期以來的選學家難以跳出《文選》來審視《文

---

① 《令義解》，吉川弘文館，1966年。又參《令集解所引漢籍備考》，關西大學出版社，2000年。

② 哈佛大學宇文所安（Stephen Owen）《中國早期古詩的形成》（*The Making of Early Chinese Classical Poetry*）（哈佛大學出版社，2006，頁1—22）一書中，對於現存漢魏六朝詩歌文本的準確性提出質疑，他認爲我們能夠看到的刻本，其精確的原文形態和寫作時間都存在問題。然而我以爲站在歷時性（diachronic）的角度來看，越早的文字記載體雖然有時存在文字訛誤，但是反而越能接近其文本的原貌，甚至當時學術世界的原貌。本文即將討論的《文選集注》可以很好的説明這一點。

選》對於隋唐時代整個東亞社會的影響。自上世紀開始,禹域内外《文選》以及《文選集注》之舊鈔本殘卷諸種陸續被發現。這些殘卷爲今日學者再現九世紀前以隋唐王朝爲中心的東、西亞之文學、社會實況提供了大量珍貴的資料。下面,本文擬從日本所藏舊鈔本《文選集注》殘卷入手,在"世界化"的東亞文明圈範圍中,探討隋唐時代一個被隱没了的"中層學問世界"的秘密。

(二) 東亞文明圈内目錄學上最早的《文選》著録

九世紀之前東亞文明圈内,流傳至今有極大影響的目錄學典籍當屬《漢書·藝文志》與《隋書·經籍志》。關於後者,康有爲《隋書經籍志糾謬》有云:"抑自《漢志》之後,諸史無志,藉以考經籍之源流,捨是莫之焉。"①《隋書·經籍志》著録云:

《文選》三十卷　梁昭明太子撰

清人姚振宗《隋書經籍志考證》在此條後列舉從《昭明太子集》到《文選理學權輿》的諸家之説,論定《文選》成書之時即爲三十卷,經過李善始每卷各分爲二。② 案,今本《隋書·經籍志》雖然題長孫無忌等撰,然宋本《隋書》載天聖年間(1023—1031)校正本的舊跋,説天聖以前的舊本"惟《經籍志》題侍中鄭國公魏徵撰"③,由此可知今本《隋志》乃魏徵在629至636年間所撰,而656年長孫無忌呈交的重修本對於經籍志部分並未改動。

日本最早記載《文選》的書誌爲《日本國見在書目録》,有關著録如下:

---

① 康有爲《新學僞經考》,生活·讀書·新知三聯書店,1998年,頁237。
② 姚振宗《隋書經籍志考證》,《二十五史補編》本第四册,中華書局,1955年,頁5874—5875。
③ 王重民《中國目錄學史論集》,中華書局,1984年,頁88—90。

《文選》卅[卷]　昭明太子撰
《文選》六十卷　李善注

據小長谷惠吉《日本國見在書目錄解說稿》的研究，日本學界關於此書的成書年代，迄1950年代，已有九說。細分雖有不同，但大體都集中於寬平年間①，也就是889至898年間，略相當於中國唐昭宗時代。

（三）日本所藏"上野本"與"九條本"舊鈔《文選》

日本漢學家澀江全善(1805—1858)、森立之(1807—1885)《經籍訪古志》卷六"總類"有兩條值得注意的記錄，首先是"文選零本一卷舊鈔卷子本　溫故堂藏"（見下圖），

"上野本"《文選》殘卷　《兩都賦序》第一頁

提要曰：

現存第一卷一軸，首有顯慶三年李善《上文選注表》，梁昭明太子撰《文選序》。序後接本文，題"《文選》卷第一賦甲"，次行"京都

---

① 小長谷惠吉《日本國見在書目錄解說稿》，小宮山書店，1956年，頁7—10。

上班孟堅《兩都賦》二首並序","張平子《西京賦》一首",界長七寸五分,幅一寸,每行十三字,卷末隔一行題"《文選》卷第一",不記鈔寫年月,卷中朱墨點校頗密,標記傍注及背記所引,有陸善經本、五臣本、《音決》本、《鈔》集注諸書及"今案"云云語,考字體墨光當是五百許年前鈔本,此本無注文,而首冠李善序,蓋即就李本單錄出本文者。①

這一種鈔本的標記傍注雖然是後來閱讀時加上的,但其中包含的陸善經、《音決》、《鈔》與下文所欲討論的《文選集注》關係頗大,故先列出。今所見"《文選殘》一卷存卷一景照上野氏藏舊鈔本"②即當是上文所列森立之所謂溫故堂殘一卷本。日本學者通常稱之爲"上野本"(一卷)。筆者在京都大學文學部閱讀此鈔本膠片時首先注意到的是,它將顯慶三年李善《上文選注表》③置於卷首。這絕然不同於現行的李善本和六臣本將昭明太子序置於首位的作法。《文選序》④後正文題爲"文選卷第一賦甲"(頂格),換行又題"京都上　班孟堅兩都賦二首並序"(空約兩格)。再換行題"張平子西京賦一首"(空約六格)。此種排列順序與今本《文選》皆不一樣,比如通常的李善本是分《西京賦》爲兩卷,但是此"上野本"却合班固、張衡二人三賦爲一卷。詳審之,此當是李善之前六朝之古法,爲鈔者所秉承。此卷天頭上方以及末尾都有大

---

① 《經籍訪古志》卷六,《解題叢書》本,國書刊行會,1916年,頁112。
② 京都大學藏此冊寫真影印件所附楊守敬的手寫題跋,針對上文所舉森立之"當是五百許年前鈔本"之說,楊守敬云:"立之又云,此本當在五百年前。余亦以爲不然。余所見日本古鈔佛經在唐代則用黄麻紙,至宋時則用白麻紙,皆堅韌光滑,至元明之間則質鬆而理弱。此卷白麻堅結,當在八九百年間。且陸善經之書至宋世已不存,何論《音決》、《鈔》、《集注》尤爲隱秘耶。"楊守敬這段著錄不見於通行本《日本訪書誌》内。
③ "上"、"文"二字已經磨損嚴重。
④ 在《文選序》上方有"太子令劉孝綽作之云々"十字。恐怕可以作爲較早時代懷疑昭明太子是《文選》編者的證據。

量引用陸善經注、《文選音决》、《文選鈔》等的批注,但初步可以肯定,原鈔和批注絶非一人一時。

上野本《文選》在楊守敬《日本訪書誌》卷十二中有著録,只是中日學者對之稱呼不一樣而已。楊守敬所謂"《古鈔文選》一卷"即日本學界所謂"上野本"。

此外,日本還有一種東京九條家的古本"九條本",這一鈔本未見於森立之《經籍訪古志》以及楊守敬《日本訪書誌》。

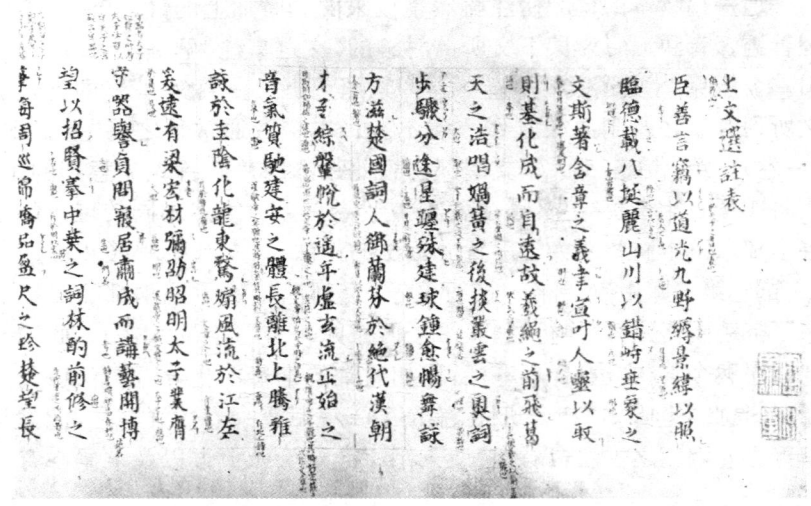

"九條本"《文選》殘卷 《上文選注表》第一頁

1938年,京都大學東方文化研究所研究員吉川幸次郎博士赴東京拍攝得此珍貴鈔本,並製成膠片,目前這些膠片亦藏京都大學文學部書庫。"九條本"《文選》現存二十多卷[①],每半頁八行,每行十七字。和上述上野本一樣,也是最前面冠以李善《上文選注表》,之後才爲正文。全

---

① 傳至今日者,據斯波六郎調查有21卷,見《舊鈔本文選集注卷第八校勘記》,京都大學人文科學研究所,1959年排印版。此外,據《京都大學文學部漢籍分類目録·第一》著録,存24卷,京都大學文學部編纂,1959年排印版,頁116。

書無總目，僅在各卷首列子目。但是從字跡來看，這二十多卷也並非一時一人所爲。雖然如斯波六郎所謂"要對九條本全部加以精密的論證，頗爲困難"①，但是需要重視的是，此"九條本"的上方、末尾也滿是批注，批注利用的舊注範圍大致和上述"上野本"相同，無外乎陸善經注、《文選音決》、《文選鈔》等等。楊守敬《日本訪書誌》所謂《古鈔文選殘本》二十卷"即日本學界所謂"九條本"。

筆者觀摩此兩種古鈔本，其正文與上方及末尾批注相隔時代很長。那麼，接着引起筆者最大興趣的是，這兩種被認爲是六朝古鈔本《文選》批注中的陸善經注、《文選音決》、《文選鈔》究竟來自哪里？東瀛古代的學人是如何理解和運用這些大多在中土已經亡佚的注釋的？至少可以確定在日本某一時代，盛行過這些注解，反推中土也必定在此之前流傳過這些今已失傳的注解。目前，成系統地保存陸善經注、《文選音決》、《文選鈔》最多的當數舊鈔本《文選集注》。

（四）舊鈔本《文選集注》的重現經過

關於《文選集注》，《經籍訪古志》著錄爲："《文選集注》零本三卷舊鈔卷子本　賜廬文庫藏"，提要曰：

> 見存第五十六、第百十五、第百十六，合三卷。每卷首題"文選卷第幾"，下記"梁昭明太子撰"及"集注"二字，界長七寸三分，幅九分，每行十一字，注十三四字。筆跡沈著，墨光如漆，紙帶黃色，質極堅厚。披覽之際，古香襲人，實系七百許年舊鈔。注中引及李善及五臣、陸善經、《音決》、《鈔》諸書，注末往往有"今案"語，與温故堂藏舊鈔本標記所引合。就今本考之，是書似分爲百二十卷者。但《集注》不知出於何人，或疑皇國紀傳儒流所編著者歟？其所引陸善經、《音決》、《鈔》等書逸亡已久。陸善經注《文選》，遍檢史志不載其目，考《見在書目》：《文選音決》十卷公孫羅撰、《文選鈔》六十九卷公孫羅撰，又載《文選鈔》三十卷缺名氏，未知孰書，第百十五卷首題云，今案鈔爲郭

---

① 上揭本《舊鈔本文選集注卷第八校勘記》。

林宗。(筆者案,小號字原是作者的雙行小注)今得藉以存其厓略,豈可不貴重乎。小島學古云,此書曾藏金澤稱名寺。往歲狩谷卿雲、清川吉人一閱歸來,爲余屢稱其可貴,而近歲已歸於賜蘆之堂,故得縱覽。此本曾在金澤而無印記,當是昔時從他假借留連者矣。近日小田切某又得是書零片二張於稱名寺敗簏中,一爲第九十四卷,一不知卷第。今歸僧徹定架中,聞某氏亦藏第百二卷,他日當訪求之。①

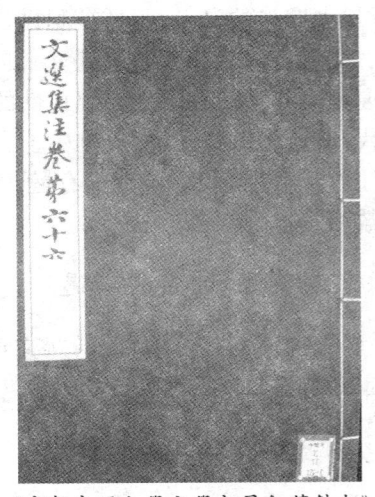

《京都帝國大學文學部景印舊鈔本》
第三集第六十六卷封頁

這一條著録對於後來《文選集注》的再發現起到了"金鑰匙"的作用。《經籍訪古志》成書於 1856 年,作者雖然署名森立之,但其實可以遠溯到江户時期著名漢學家狩谷望之②(棭齋〔1775—1835〕,即上文提及的狩谷卿雲)。狩谷望之本身精於考證學問,亦以藏書聞名,他常常

----

① 上揭本《經籍訪古志》卷六。此處文字與《古逸叢書》本及廣文書局影印稿本略有出入。
② 關於其生平學問大略,請參安井小太郎著《日本儒學史》,冨山房,1939年。

在自己家中舉行沙龍性質的古書(包含大量古鈔本)鑒賞會。那些列席者中活得最長即爲森立之。故而《經籍訪古志》中這條《文選集注》的解題，很可能代表了早期日本學者的共通性看法。以今日的學術視角來看，《文選集注》這條提要雖然有值得商榷之處，但無疑給後來的學者提供了寶貴的綫索。

隨後，中國的學者們也陸續把目光聚焦到《文選集注》上。光緒六年(1880)，清廷派何如璋出使日本，楊守敬(字惺吾)任史館參贊，雖然楊守敬"按録(《經籍訪古志》)索之"，得到無注本《文選》殘卷以及宋槧本數種，但似乎未訪得上文所列舉的《文選集注》[①]。清末民初，董康(字授經)避難東瀛，作爲六十歲的老儒，以勤苦之精力訪求古書，陸續寫成《書舶庸譚》一書。據此書記載所云，董康亦據森立之《經籍訪古志》按圖索驥，得到《文選集注》三十二卷。並將此事告知内藤湖南博士，由日本政府定爲國寶。只不過董氏爲了迎娶叫作"玉姬"的美人，將已得的殘卷轉讓給了"津門某氏"。[②]

羅振玉於清末在北京等地得到《文選集注》殘本兩卷。與上述楊、董二氏所藏相比，固然不及。然而難能可貴的是，羅振玉不僅自己珍如璆璧，東渡扶桑之後，他還設法摹寫中日藏書家手中的殘本(包括上文提及董康所藏的殘卷)並加上自己的藏品，將其冠以《唐寫文選集注殘本》之名影印行世。此書收載在《嘉草軒叢書》[③]中。羅氏在離開日本之前，又將變賣寓宅所得之鉅資，全部交給内藤湖南、狩野直喜，囑二人經辦影印古鈔本之事。[④] 這就有了據原本影印的《京都帝國大學文學

[①] 上文已述，楊氏所獲書中，鈔本《文選》共有兩種，其一"上野本"是森立之《經籍訪古志》所載温故堂藏一卷本；其二也是屬於無注本，約二十卷。參楊守敬《日本訪書誌》卷一二，遼寧教育出版社，2003年，頁195—198。

[②] 事見王君南整理《董康東遊日記》卷八，河北教育出版社，2000年。

[③] 此事緣起，參羅氏《唐寫文選集注殘本序》，羅氏此套影印件較爲常見的版本是《羅雪堂先生全集》(六編)，大通書局，1972年。

[④] 《京都帝國大學文學部景印舊鈔本》第一集前有狩野直喜"大正辛酉之月"的題跋可參，京都帝國大學文學部，1922年影印本。

部景印舊鈔本》十集的出現,《文選集注》在其中佔七集(第三至第九集)之多,比起早先摹寫影印本在數量和資料上都有飛躍。

森立之《經籍訪古志》所提到的《文選集注》殘卷收藏在"金澤稱名寺"內。上世紀 30 年代,另一位日本書誌學者關靖對金澤文庫以及部分私藏家進行了詳細考察,其論述文字如《再び京洛に旅して》、《金澤文庫舊鈔本文選集注第百十六卷の發現に就いて》[①]等等,今日猶有重要的參考價值。此外關靖編纂的《金澤文庫本圖錄》[②]中有比較詳盡的一張解題著錄頁,現試翻譯如下:

金澤文庫本圖錄・文選集注解題			
文選集注	零本(47・61・62・66・71・73・79・85・91・92・94・102・116)十三卷十九軸	神奈川	金澤文庫現藏
同	零本(48)一卷一軸	大阪	上野精一氏藏
同	零本(48・59・68・88・113)五卷七軸	東京	東洋文庫藏
同	零本(56)一卷一軸	東京	伯爵渡邊照氏藏
同	零本(63・88・93)三卷三軸	京都	小川睦之輔氏藏
同	零本(98)一卷一軸	上海	張元濟氏藏
同	零本(116)一卷一軸	東京	保阪潤治氏藏
同	斷簡(43・94)二軸	長崎	元山元造氏藏
同	斷簡(48)一軸	東京	佐佐木信綱氏藏
同	斷簡(116)一軸	東京	成簣堂文庫藏

著者:梁昭明太子撰,注者未詳。
裝訂:卷子。
刊寫:寫本(平安期)。
界行:欄高七寸三分。每葉長度約一尺七寸五分,行間約九分,一行十字至十四字不等。

---

① 這兩篇文章均在 1934 年發表,後以《金澤文庫本之研究》爲名出版,青裳堂書店,1981 年。

② 關靖編纂《金澤文庫本圖錄》,東京幽學社,1935 年影印版。

存闕：一百二十卷中，今現存二十三卷。其他卷子今尚在否，不甚明瞭。

印記：文庫現藏本中均無印記。庫外所藏本中曾經在多處見過有種種的印記，但"金澤文庫印"在全卷中都沒有出現過。

題跋：曾經被帶到國外的卷子裏，有多種題跋（請參《金澤文庫古書目錄》）。

來歷：渡邊伯爵、保阪兩氏藏本中，有"養安院藏書"、"傳經廬圖書記"。故而以往是曲直瀨、海保的藏書。上野氏、東洋文庫以及小川氏的藏本，大正時代因故被拿到書庫之外，曾經在海外三位人士的藏書架上輾轉流動，所以這個本子裏面有楊守敬及其它人的印記、題跋。成簣堂文庫、元山氏、佐佐木氏的藏品則是世人所謂的"文選切"①。

備考：姓氏上所見的卷數，有的是全卷，有的儘管只有卷中的一部分，然而如果顯示所有的卷數，會造成自我重複。這次影印的是第 62、63、94、116 的首頁，第 56、68、98 的尾頁以及第 48（第三圖）、116 的一部分。

在這本圖錄公布的同年（1935，昭和十年），京都大學文學部也開始將部分《文選集注》舊抄本影印面世。② 以"綫裝、帙入"的形式，共分 7 集 27 冊（厚約 35cm）陸續出版。在京都大學本《文選集注》的扉頁，也就是卷四十七前夾有一説明頁，署名爲"京都帝國大學文學部舊鈔本叢書編纂員"，試選譯如下："現金澤文庫殘存十二卷（分卷計算當是十九卷），此外確知所在者不過十卷左右而已。今得金澤文庫及二三收藏家許諾，影印此海内孤本，以廣流傳。"據此可知京都大學本的工作底本即是金澤文庫本。京都大學本的收錄情況如下③：

---

① 筆者案：切，乃日本國文學以及書誌學用語，往往是具有美術價值的作品可以稱作切，如日本國文學中的"古筆切"。

② 作爲這套系列影印叢書，在 1922 年就已經開始了，一直到 1942 年爲止，共影印十集，《文選集注》從其中第三集開始。

③ 本表製作基於實際調查以及《京都大學文學部漢籍分類目錄·第一》的著錄情況。並參考《京都大學漢籍綜合目錄（集部）稿》，大安出版社，1966 年影印版。

京大本之集數	每集所含之卷數	原件收藏地點
第三集	卷第47（殘缺），卷第61上下（殘缺），卷第62（殘缺），卷第66，卷第71	金澤文庫
第四集	卷第73上（殘缺）·下，卷第79（殘缺），卷第85上（殘缺）·下	金澤文庫
第五集	卷第56， 卷第91上（殘缺），卷第91下（殘缺）， 卷第94上（殘缺）	東京渡邊氏 金澤文庫 長崎元山氏金澤文庫
第六集	卷第94中，卷第94下，卷第102上（殘缺）·下， 卷第113上，卷第113下	金澤文庫 東洋文庫
第七集	卷第8，卷第9， 卷第59上（殘缺），卷第59下	東京九條公 東洋文庫
第八集	卷第63， 卷第88（殘缺）， 卷第116（殘缺）	京都小川氏 金澤文庫京都小川氏東洋文庫 東京保阪氏金澤文庫東京德富氏
第九集	卷第43（殘一葉）， 卷第48上（首葉缺）， 卷第48下（殘一葉）， 卷第61（殘缺）， 卷第68， 卷第93， 卷第116（殘一葉）	長崎元山氏 上野氏 佐佐木氏 裏見氏某氏土方氏 東洋文庫 京都小川氏 某氏

京都大學本的分類依據是以收藏者、收藏地點爲準的。當然，此後又有陸續的新發現。①

南京大學周勛初教授以京大影印本爲基礎，附加上臺灣漢學研究

---

① 比如在京都大學本《文選集注》影印的兩年後，新美寬介紹了其新獲的斷簡。新美寬《新獲文選集注斷簡》，載《東方學報》第八冊，京都大學東方文化研究所編，1937年刊。

中心、天津市藝術博物館、北京圖書館、成簣堂文庫等處之殘葉,重新按照《文選》原來的次序編定,冠以《唐鈔文選集注彙存》之名印行①,給學者研究此鈔本提供了很多便利。正如美國漢學家康達維(David R. Knechtges)在其英譯《文選》第一卷序言中所云,清代以後特別是20世紀的選學的一個重要特徵就是國際性。② 上述中日諸先賢,爲《文選集注》的重新行世嘔心瀝血,無此段因緣,今日斷無探討的可能。故首先敘述《文選集注》重現的經過如上,兼懷追慕之意。

近二十多年來關於《文選集注》的研究逐漸深入。特別是日本廣島大學的諸位教授,從小尾郊一開始,斯波六郎、森野繁夫、富永一登等人對《文選集注》中的諸注家進行了分門別類的研究。但是《文選集注》中諸注家學說各自的性格如何？相互關係如何？《文選集注》編者的學術思想如何？作爲一個整體,置於隋唐學術文學的大背景下應當怎樣看待？這些問題請見如下之分析。

二　《文選集注》諸注成立前之"選學"界

存世的《文選集注》各注釋的排列先後順序是:李善注、《文選鈔》、《文選音決》、五家(即五臣)注、陸善經注、《文選集注》編者(或鈔者)的案語。日本學者中如森野繁夫認爲這是編者按照時間順序的排列。③其中,《文選鈔》、《文選音決》、陸善經注等,在中土亡佚已久。唐代以後歷代史籍目錄缺乏明確記錄,即使在此書的發現國日本,也很難從現存

---

① 《唐鈔文選集注彙存》,《海外珍藏善本叢書》本,上海古籍出版社,2000年。

② 康達維《文選》(第一卷)(*Wen xuan or Selections of refined literature*),普林斯頓大學出版社,1982年,頁52—70。

③ 森野繁夫教授認爲這是按照作者生卒時代順序的排列,參森野繁夫《文選集注所引"鈔"について》,載《日本中國學會報》第二十九集,1977年刊。這當然是個很容易發現的事實,然而是否可以完全解釋爲時代排列,筆者不敢完全苟同,具體分析參後。

典籍中確實考證出其作者。

對於《文選》和"《文選》學",錢鍾書先生曾經説:"詞人衣被,學士鑽研,不舍相循,曹憲、李善以降,'文選學'專門名家。詞章中一書而得爲'學',堪比經之有'《易》學'、'《詩》學'等或《説文解字》之蔚成'許學'者,惟'《選》學'與'《紅》學'耳。"① 小尾郊一等《文選李善注引書考證》説:"'文選學'之名的通行雖然始於李善,而《文選》的注釋實則早於此。"② 日本京都學派從内藤湖南開始,到谷川道雄諸賢,就認爲應在六朝時代延長綫上來看待隋唐時代③,這一點頗有啓發性。爲了能夠順利探討《文選集注》的諸家注,首先來談一談《文選集注》諸注成立前的"選學"界。

(一) 作爲蘭陵蕭氏家學的《文選》學——亡命北方的舊貴族蕭該

六朝時代,文籍日興,散無友紀,於是逐漸有了總集的産生。第一部總集似爲西晉時代摯虞的《文章流別集》④。六朝中後期,江南地區文物昌盛,梁武帝時代可稱其冠,自上而下,雅好文史。川勝義雄稱其爲六朝南方貴族文化的頂峰。⑤《文選》的編纂成立時間大致可以推定在梁普通、中大通年間。據《隋書·經籍志》所録,在此之前的宋齊時代,尚有《文章流别本》(謝混)、《續文章流别》(孔寧)等總集之作。所以蕭統編定《文選》,正是順沿時代之大風尚。

---

① 參《管錐編》第四册,中華書局,1979年,頁1400—1401。
② 小尾郊一、富永一登、衣川賢次著《文選李善注引書考證》上卷,研文出版,1990年,頁9。而此後富永一登則稱之爲"李善注前史",參其著《文選李善注の研究》第一章,研文出版,1999年。
③ 谷川道雄《中國中世の探求》,エディタースクール,1987年,頁48—86。
④ 以摯虞書爲總集的開始是較爲普遍的説法。劉師培考訂云:"志者,以人爲綱也。流别者,以文體爲綱也。"參其《蒐集文章志材料方法》,載《劉師培中古文學論集》,中國社會科學出版社,1997年。然而章太炎先生認爲第一部總集應該爲杜預《善文》,其説見《太炎文録初編·文例雜論》,上海書店,1992年影印版。後駱鴻凱《文選學·纂集第一》從其説,中華書局,1989年再版。
⑤ 川勝義雄《魏晉南北朝》,講談社學術文庫,2003年,頁263—269。

《文選》產生的時代恰好是六朝江南文化最爲絢爛的時代，隨後不久，該地域就遇到了前所未有的大動蕩。我們無法確知在梁末以及只有短短三十幾年國運的陳代，是否興起過《文選》研習的風潮。但是值得注意的是，昭明太子第三子蕭詧，不滿湘東王蕭繹的作爲，在蕭繹爲梁元帝後，蕭詧與蕭繹的關係進一步惡化，最終作出了極端的策略——投靠西魏，並依靠西魏的鮮卑騎兵一舉打敗梁元帝蕭繹。此後蕭詧在西魏的扶植下建立了傀儡政權——後梁。其政權延續到587年，也就是隋滅陳的前兩年。這個短命的附庸小國的蕭氏系統，却在此後的北周、隋、唐幾朝政權結構裏面，佔有不可小視的地位。這一點，看《新唐書·宰相世系表》就可以很清楚。故而我推測，"《文選》學"源出於梁朝皇家蕭氏昭明太子一支，由後梁人士帶入北方，是合乎情理的事情。"《文選》學"在中土傳播途徑是：

梁→後梁→（西魏）→北周→隋→唐

由此我們就可以解釋，爲什麼南朝後期，繼承正統的王朝地域裏，不大看見《文選》傳播的蹤影。陳武帝陳霸先原本屬於廣州、北越一帶非貴族型軍隊勢力代表，從陳代的國家性質來看，它不承認後梁政權的合法性，對其採取敵對態度。故而很難在僅有一卷的《陳書·文學傳》中看到選學傳承的蹤影。"《文選》學"專書的真正出現，大約是《文選》成書後的半個世紀。《隋書·蕭該傳》有云：

　　蘭陵蕭該者，梁鄱陽王恢之孫也。少封攸侯。梁荆州陷，與何妥同至長安。性篤學，《詩》、《書》、《春秋》、《禮記》並通大義，尤精《漢書》，甚爲貴遊所禮。開皇初，賜爵山陰縣公，拜國子博士。奉詔書與妥正定經史，然各執所見，遞相是非，久而不能就，上譴而罷之。該後撰《漢書》及《文選音義》，咸爲當時所貴。[1]

鄱陽王恢是梁武帝的弟弟，那麼蕭該就是昭明太子蕭統的從父兄弟之

---

[1] 《隋書》卷七五，中華書局，1973年，頁1715—1716。

子。"《文選》學"由亡命北國的蕭梁皇族內部産生,與六朝時代的家學門風習氣相印,故而也是適得其所之事。

然而,同樣在《隋書・經籍志》中却有"《文選音》三卷　蕭該撰"的著録①。針對這一同書異名的費解現象,我的意見有兩點:

第一,今中華書局本《隋書・蕭該傳》的句讀,很容易引起誤解,"該後撰《漢書》及《文選音義》"應該理解成"蕭該撰寫了關於《漢書》和《文選》的'音義'類闡釋性著作"。中華書局標點成"《文選音義》"是不正確的,若標點成"該後撰《漢書》及《文選》音義",或許更精准一些。

第二,六朝隋初唐去古未遠,對於訓詁學上"音"的含義,應該有現代語義上"音"和"義"的兩層内容。黄侃先生的《文字聲韻訓詁筆記》認爲"古無訓詁書,聲音即訓詁"②。也就是在唐以前大部分學人的觀念中,"音"某些時候可以解釋爲"音義",而"音義"某些時候也可以是"音"的同義詞。③ 明瞭此點,那麽關於蕭該另一部著作《漢書音義》的同書異名現象④也就迎刃而解了。

關於蕭該書籍的存佚情況,高步瀛認爲"其書(《文選音》)今不傳,不如《漢書音義》猶得見其大要也"⑤。清儒臧鏞輯得蕭該《漢書音義》三卷⑥,此外清人王仁俊《玉函山房輯佚書補編》也有輯存⑦。與此相

---

① 《舊唐書・經籍志》、《新唐書・藝文志》、《通志》著録書名也是"《文選音》",但這三種書誌記載的卷數却是"十卷"。

② 黄侃述,黄焯編《文字聲韻訓詁筆記》之《訓詁筆記》卷上,上海古籍出版社,1983年,頁180。

③ 此點承京都大學文學研究科平田昌司老師提示。

④ 蕭該《漢書音義》,《隋書・經籍志》、《日本國見在書目録》、《通志》作"《漢書音義》",《舊唐書・經籍志》、《新唐書・藝文志》作"《漢書音》"。

⑤ 高步瀛《文選李注義疏》第一册,中華書局,1985年,頁35。案:高步瀛對於《隋書・蕭該傳》"後撰漢書及文選音義"一句話的理解和中華書局標點本一樣,亦有誤。

⑥ 臧庸所輯見《拜經堂叢書》,日本東方文化學院京都研究所,1935年。臧鏞在編輯過程中得到段玉裁的幫助,並認爲"漢魏微言"存於此《漢書音義》中。

⑦ 此條佚文是"楚人謂麑爲鹿(稽瑞)",屬於"有文無目"。見《玉函山房輯佚書續編三種》,王仁俊輯,上海古籍出版社,1989年影印版,頁105。

對,尤刻本《文選》中尚保有蕭該《文選音》的吉光片羽①。更爲寶貴的是,《文選集注》中存有爲數不少的《文選音》殘遺②。

(二)《文選》學的奠基人——曹憲

同樣是生於南朝後期的曹憲③,也經歷了由南入北的過程。在隋煬帝時代,曹憲受命與諸學者編纂《桂苑珠叢》④,今雖亡佚,但據時人評價,可知其書是小學訓詁之淵海。此後,他還訓注過張揖所撰《博雅》⑤,被隋煬帝藏諸秘府。在"《文選》學"成立初期,我們不得不注意到隋代的重要性。⑥ 精通各家古文的碩學老儒曹憲⑦,入唐後不久也同樣得到了唐太宗的重視。《大唐新語》有云:

江淮間爲《文選》學者,起自江都曹憲。貞觀初,揚州長史李襲

---

① 據上揭本《文選學・源流第三》所舉《思玄賦》"行頗僻而獲知兮"注:"頗、傾也。離,遭也。姎,咎也。蕭該音本作陂,布義切。"然而摯虞《文章流別集》認爲《思玄賦》是張衡自注,五臣相信而李善不信。關於這條注解竄入問題的辨析,參看屈守元《文選學纂要》的導言部分,華正書局,2004年。

② 據狩野充德研究,關於"諸家音"的統計,蕭該音殘存者約有二十多條。狩野充德《〈文選音決〉研究》,溪水社,2000年。

③ 雖然《中國文學家大辭典・唐五代卷》認爲曹憲生卒年不詳,然考阮元《揚州隋文選樓記》,可知曹憲的生年大致爲梁大同時期(535—545)。阮元著,鄧經元點校《揅經室集》,中華書局,1993排印本,頁386。

④ 阮元曰:"《桂苑珠叢》久亡佚,間見引於他書,其書諒有部居,爲小學訓詁之淵海,故隋唐間人注書,引據便而博。"見上揭本《揚州隋文選樓記》。兩《唐志》還著錄有《桂苑珠叢》(諸葛穎)一百卷、《桂苑珠叢略要》(無名氏)二十卷。估計是屬於鈔撮摘錄之書,從而可見曹憲影響力之大。

⑤ 後清儒王念孫校訂此書,故而再次得到廣傳。

⑥ 芮沃壽(Arthur F. Wright)在《隋代史》一書中指出隋代具有承接前代的連續性並把這一"遺産"傳接給唐朝。芮沃壽《隋朝:中國的統一》(*The Sui Dynasty, the Unification of China*, A. D. 581—617),阿爾弗雷德・克瑙夫(Alfred A. Knopf),1978年。請參此書第十章"隋的遺産"。

⑦ 六朝以來,治小學者,一主博雅,一主精深。隋唐之間偏於求博,曹憲在此間負有盛名。參《舊唐書》本傳。

譽薦之,徵爲弘文館學士。憲以年老不起,遣使就拜朝散大夫,賜帛三百匹。憲以仕隋爲秘書,學徒數百人,公卿亦多從之學,撰《文選音義》十卷,年百餘歲乃卒。其後句容許淹、江夏李善、公孫羅相繼以《文選》教授。①

這一段徵召曹憲的記述,很容易讓我們聯想起經學史上漢孝文帝時欲徵召前代老儒伏生的故事。據兩《唐志》記載,曹憲尚有《爾雅音義》、《文字指歸》等屬於經部的著作,故而不可僅僅以"選學家"目之。

《舊唐書·曹憲傳》有云:

> 初,江淮間爲《文選》學者,本之於憲。又有許淹、李善、公孫羅,復相續以《文選》教授,由是其學大興。②

雖然無法肯定許淹、李善、公孫羅諸人是否全部直接得到過曹憲的耳提面命,但根據《舊唐書》的編纂體例,曹憲本傳後緊跟許、李、公孫三人小傳,可知諸人之選學,源出於前代老儒曹憲當是毋庸置疑的。

曹憲在選學上的意義,一是以精該的訓詁功夫建立起新的《文選》研究;二是把這種新研究傳給一大批後學。《文選》在隋唐時代的士大夫中產生廣泛巨大的影響,當從曹憲算起。

(三)《文選》學範圍的擴大——亦僧亦俗的許淹

許淹爲句容人,少年時代曾經出家,後又還俗,與曹憲一樣精於小學訓詁。《舊唐書》本傳說他撰有"《文選音》十卷",同書《經籍志》著錄有"道淹《文選音義》十卷",其實即是一人一書。《新唐書》不察,竟然把

---

① 劉肅撰,許德楠等點校《大唐新語》,中華書局,1984年,頁133—134。屈守元認爲此處應爲"江都公孫羅"五字,今本脫"江都"二字。說見其著《昭明文選雜述及選講》上編,天津古籍出版社,1988年。

② 《新唐書》關於曹憲的記載基本同於《舊唐書》,但在許、李等人後多出"魏模"一人。據《新唐書·藝文志》的記載,我們可以推定在北宋時代,社會上已經基本看不到曹憲的《文選音義》。

"《文選音》十卷"分別以"僧道淹"和"許淹"爲作者名在《藝文志》中重複記載兩次。① 日本東方文化學院京都研究所影印武進臧氏《拜經堂叢書》所收慧苑《華嚴經音義錄・淨行品第十》"猗覺"下云:"於宜反。淹師《文選音義》云:猗,美也。"可能就是唐代遺留至今的殘文。② 神田喜一郎博士在上世紀輯存的《敦煌秘笈留真》和《敦煌秘笈留真新編》③裏面收有不少《文選音》的古鈔卷子。周祖謨《論文選音殘卷之作者及其方音》認爲這一古鈔卷《文選音》的作者即是許淹。④ 倘若將其與《文選集注》中所收《音決》對照,可見其異説很多。許淹的存在可以證明當時僧俗兩界對於《文選》都持有濃厚的興趣。

三 舊鈔本《文選集注》中所載諸家的學術性格

按照《舊唐書・儒學傳》的記述順序,許淹之後即是李善。而《文選集注》所收的第一位注家也是李善,故而從下文開始遵照《文選集注》的

---

① 大概宋代知識人離六朝隋唐時代已經很遠,對於六朝以來出家還俗的現象恐怕難於理解。

② 清儒有人(如徐星伯)認爲慧苑是與杜牧同時之人。劉師培《書華嚴經音義後》一文有辨,指出歷代史籍上有沙門同名現象。見《左盦集》卷四,收入《劉申叔先生遺書》,大新書局,1965年影印版。後陳垣考定慧苑爲盛唐時人,其書爲武則天時代譯成,並謂:"玄應所音《華嚴》是東晉譯,慧苑所音《華嚴》是唐譯。"見其著《中國佛教史籍概論》卷三,上海古籍出版社,2005年,頁54—55。關於慧苑之師的生平考訂,請參陳垣《釋氏疑年錄》卷四,中華書局,1964年,頁142。而《文選音義》與《文選音》的異名問題,同樣在上文提及的蕭該身上發生過。據上文分析,大凡"音義"、"音"應該存在同指一本書的可能性。

③ 神田喜一郎所輯存敦煌古鈔本見《敦煌叢刊初集》第13本,新文豐出版公司,1985年影印版。其中《敦煌秘笈留真》最早由京都小林寫真製版所1938年印行,後又載《神田喜一郎全集》第一卷,同朋舍,1983年。

④ 載《問學集》上冊,中華書局,1966年。王重民原先認爲此敦煌本《文選音》的作者可能是更早的蕭該,見周祖謨文章後便放棄蕭該音説,然而並不同意是許淹音。見其著《敦煌古籍敘錄》,中華書局,1979年,頁323。

排列順序,即李善→公孫羅(《文選鈔》、《文選音決》)→五臣→陸善經,逐一試爲之述論:

(一) 李善

《舊唐書·李善傳》云:

> 李善者,揚州江都人。方雅清勁,有士君子之風。明慶中,累補太子内率府録事參軍、崇賢館直學士,兼沛王侍讀。嘗注解《文選》,分爲六十卷,表上之,賜絹一百二十匹,詔藏於秘閣。(中略)又撰《漢書辯惑》三十卷。載初元年卒。子邕,亦知名。

李善父子事跡分別刊載在《儒學傳》和《文苑傳》中,可見至少在《舊唐書》作者的觀念中,李善決不是僅以文學名家,與那個時代的第一流讀書人一樣,李善也精通《漢書》之學。李善郡望江夏,居於江都,後又居汴鄭間講學。一般認爲"《文選》學"正式成立就是在李善時代。駱鴻凱《文選學》說:"《文選》之學,曹氏開其朔,李氏集厥成。"①確是公允之論。阮元《揚州隋文選樓記》認爲曹憲、許淹、公孫羅的注釋,半數保存在今本李善注中。今天看來這個論斷恐難被贊同,因爲阮元無法見到日本所藏舊鈔本《文選集注》。事實上,李善對於前輩曹憲雖然有繼承和學習關係,但李善注《文選》與公孫羅《文選鈔》的學術思想有很大區别。

李善注歷來無佳本,今可見之宋刊善注本乃是從李善、五臣合注本中離析出來的。倘若以《文選集注》與通行胡刻本中的李注進行對勘,可知其中問題很多。② 唐人李匡乂在其《資暇集》中就說李善注《文選》

---

① 上揭本《文選學·源流第三》,頁45。
② 日本學者已經進行了初步整理,但論說有分歧,代表性的兩家是岡村繁《文選集注と宋明版行の李善注》,載《加賀博士退官記念中國文史哲學論集》(講談社,1979年)及森野繁夫《文選李善注について——集注本李注と板本李注との關係》(載《日本中國學會報》第三十一集,1979年)。然而尚有許多未解之問題留待後續研究。

有初注、覆注、甚至三注、四注者，加上鈔本的流傳，異文的出現是必然之事。①

不得不注意的是，李善注在登峰造極之後迎來了另一個傾向：曲高和寡。在唐代中層知識人之間無法形成真正的閱讀群體。"中層學問世界"強烈呼喚着與之相適應的選學著作。

"中層學問世界"的一個共通點就是不能博極群書，故而今本《文選》李善注中常常可見的"已見上文"字樣，這作爲李善的基本"義例"之一②，在舊鈔本《文選集注》裏面幾乎完全被"破壞"了，"已見上文"統統還原到具體那一篇文章。譬如，《文選》陸機《贈馮文羆》一首"慷慨誰爲感，願言懷所欽"句下，今本李善注和《文選集注》本李善注分別爲：

● 今本李善注：所欽，已見上文。
● 鈔本《文選集注》：所欽，已見《贈從兄車騎詩》。

如果依據《文選集注》本善注的綫索，可以在《贈從兄車騎詩》"痾瘵靡安豫，願言思所欽"句下發現李善已經解釋過："嵇康《贈秀才詩》：'思我所欽。'"我們知道，對於一個好學深思的唐代學人來説，六朝詩應該相當熟悉，並不需特別注明"已見〇〇〇〇"。但是處於學習階段的學子，不可能在閱讀李善注解之前就已經把《文選》的名篇全部諳熟於心。故而對於一般中層士流，應該更歡迎像《文選集注》這樣明確標出典故出處吧。從讀者角度來看，也可以推測《文選集注》曾經風行一時。

---

① 參李匡乂《資暇集》卷上《非五臣》。《四庫全書總目·總集類一》説："匡乂，唐人，時代相近，其言當必有徵。"因此李匡乂的記述值得充分重視。

② 錢泰吉《曝書雜記》卷下，商務印書館，《叢書集成初編》本，1939年，頁75；李審言《李善文選注義例》，載《李審言文集》，江蘇古籍出版社，1989年，頁153—155等等；斯波六郎著有《李善文選注引文義例考》，原載《日本中國學會報》第二集，後收入其著《文選李善注所引尚書考證》（汲古書院，1982年）及其著《六朝文學への思索》（創文社，2004年）。

《文選集注》所引李善注與今本《文選》出入頗多。如"楚辭"與"楚詞"之别。但是《文選集注》的編者把李善置於諸注之首,除了簡單的時間順序外,還含有對於李善學術充分認可的意義。舊鈔本《文選集注》中唯一没有被編者刪減而全部照録的注解,以目前資料來看,只有李善注而已。

(二) 公孫羅以及《文選鈔》、《文選音決》二種

公孫羅作爲曹憲同郡的後學,《舊唐書》本傳只有寥寥一行:

> 公孫羅,江都人也。歷沛王府參軍,無錫縣丞。撰《文選音義》十卷,行於代。

同書《經籍志》説:"《文選音》十卷 公孫羅撰。"《新唐書·藝文志》又載:"公孫羅注《文選》六十卷,又《音義》十卷。"《日本國見在書目録》記載公孫羅有"《文選鈔》六十九卷"以及"《文選音決》十卷"[①]。近人向宗魯《文選集注校本識語》[②]考證出如下兩點:

● 日本古鈔本[③]及《文選集注》所引"鈔曰"部分 ＝《唐志》公孫羅六十卷注本

● 《文選集注》所引"《音決》" ＝《唐志》公孫羅十卷音義本

延伸向宗魯的考證,筆者推測上文唐、日諸種書目所載關於公孫羅的《文選》學書可能即是舊鈔本《文選集注》中的《文選鈔》與《文選音決》。

---

① 矢島玄亮《日本見在書目録:集證と研究》,汲古書院,1984 年,頁 225—226。

② 向氏此篇題跋未曾刊布,全文被其弟子屈守元引用在《選學椎輪》中(參上揭本《昭明文選雜述及選講》上編,頁 32—33),此篇題跋的寫成時間應該在 20 世紀 30 年代左右。

③ 指上文所舉"上野本"和"九條本"。

除向宗魯外,狩野直喜①、周祖謨②等學者亦認爲《文選集注》中"鈔"與"音決"兩部分的作者是公孫羅③。本文的研究也是基於上述諸賢的意見。此外,在日本本國文獻《秘藏寶鑰鈔》中也找到了"公孫羅《文選鈔》云"這樣的記述④,無疑爲《文選鈔》、《音決》的作者歸屬問題增添了有力的砝碼。

同時,筆者在閱讀《文選集注》過程中,發現《文選鈔》對於江南地域的史地考證十分詳細。相反,對於西北地方的文物制度注釋較少,有時竟然通篇不注,如《文選集注》所收鮑照含有描寫北地風光的"樂府"八首裏面,居然看不見一條《文選鈔》的注解。這似乎也可補證作者應是南方的公孫羅。

京都大學本《文選集注》殘卷第三集卷四十七所收的第一首"贈答"詩爲曹子建《贈徐幹》,這首詩的題目下有一段《文選鈔》,在《文選集注》的研究上有比較重大的意義,請列如下:

> 鈔曰:羅云,從此以下七首,此等人並子建知友。丁儀兄弟未殺時,相與交好,後文帝時皆失勢,故作此詩耳。五家劉良曰:建與徐幹,俱不見用,有怨刺之意,故贈此詩也。

日本學者斯波六郎在其名著《文選諸本之研究》中據此處"羅云"二字,

---

① 狩野直喜也説:"《文選音》與《文選音決》恐是一書。"見其著《唐鈔本文選殘篇跋》,載《東洋學叢編》第一冊,刀江書院,1934年。

② 周祖謨《論文選音殘卷之作者及其方音》,載上揭本《問學集》上冊。

③ 斯波六郎對於《文選鈔》、《文選音決》的作者是公孫羅持懷疑態度,見其《文選集注に就いて》,載《支那學》第九卷第二號,1938年。不過斯波六郎所舉三處疑點都不能確證,故本文不從其説。

④ 院政期藤原敦光《秘藏寶鑰鈔》裏有云:"公孫羅《文選鈔》云:律號金科,令號玉條,並虞舜作之。"具體論述請參東野治之《〈文選集注〉所引的〈文選鈔〉》,載《神田喜一郎博士追悼中國學論集》,故神田喜一郎博士追悼中國學論集刊行會編,二玄社,1986年。

懷疑《文選鈔》的作者在公孫羅之外，另有其人。① 據統計，《文選鈔》除"羅云"外，尚有"李生云"、"王生云"、"孫生云"等等。② 筆者的意見是，在"經學統一"（參皮錫瑞《經學歷史》）的唐代，大部分士子謹守官書，莫有異議，作爲中下級官僚的公孫羅，其寫作的書籍，必然也會謹守一些學術的"潛法則"。以當時的《毛詩正義》爲例，其轉引先儒學說，於兩漢人如稱"毛氏"、"鄭氏"（《正義》正文則簡稱"毛"、"鄭"），"許氏《說文》曰"等，於六朝人如稱"王肅以爲"、"二劉"、"崔靈恩"（亦有單稱"崔"處）等，斷無直接稱呼其名之例。從流傳至今的六朝法帖和典籍中所載唐宋名刺的實例中都可以看出，稱名一般都是自稱。公孫羅作爲唐代官學系統中人，應熟知此點。故而此處曰"羅云"，當是自稱。斯波六郎以爲此處可證公孫羅並非《文選鈔》之作者，其實將其至於唐代經學背景下看，則疑點可釋。《文選集注》本是殘卷，倘若他日再獲新殘卷斷簡，當有再次出現自稱"羅云"的可能性。

與《文選鈔》相比，《文選音決》的價值應該更大，《音決》所載的字音七成以上都爲反切，三成左右爲直音（以一字比況作音），以及極其少量的四聲調注。還有一點需要闡明的是，"决"與"決"應該是正俗字的關係，前正後俗，《干禄字書》已言之。舊鈔本《文選集注》的排列順序是把《文選鈔》和《文選音決》緊緊接在一起，這種情況也是說明兩書作者是同一人的一個輔助證明吧。

在上文所引的公孫羅本傳中，如果我們留心公孫羅的職官等級，會發現公孫羅作爲"無錫縣丞"，在當時的只不過是"從八品下"③的地方性低級官員，這一點無法與上述蕭該、曹憲以及李善④等比擬。與此相對應，也許正是由於公孫羅的社會地位，使得他寫作的選學著作也有面

---

① 斯波六郎《文選諸本の研究》，斯波博士退官記念事業會，1957年，頁86。

② 森野繁夫《文選雜識》第四冊，第一學習社，1985年，頁78—79。

③ 這一品第的根據來自開元二十五年制訂的"大唐官品·諸州中縣丞"條，參《通典·職官二十二》，王文錦等點校，中華書局，1988年，頁1101。案，《唐六典》卷三〇關於縣丞官品的記載同《通典》。

④ 據《舊唐書·李善傳》，李善曾經做過正六品上的涇城令。此外，李善的門人馬懷素後入集賢院，成爲唐玄宗的"帝師"。

向"中層"的傾向。在今天的讀書人看來似乎是詳盡的注釋,在隋唐時代第一流士大夫眼中也許是多餘的贅物。譬如《文選·贈河陽》"徒美天資茂,豈謂人爵多"一句,《文選鈔》曰"天資者,謂岳美容貌,自天生也"云云。這樣的解釋過於淺顯,而且對於"人爵"一詞不加説明,有避重就輕之感。六朝駢文或是詩文中最講究"潛氣内轉"①,上下兩句當統一理解。對照李善此句的精彩注釋②,我們可以感到公孫羅的解釋有很強的大衆化傾向。又如《文選·於承明作與士龍》"永安有昨軌,承明子棄予"一句,《文選鈔》解釋説:"言永安猶有我昨日軌跡,我今至承明,至已別我去也。"這種針對中層學問世界的注釋之下限,近似於面向大衆的佛經串講,很難與李善的精準典故注釋相比。不過公孫羅作爲連接李善與五臣之間的選學關鍵性人物,自有他存在的價值。

(三)嬗變:"音義"時代的結束與"集注"時代的開始

這樣,通過上文的粗略分析,隋唐之間著《文選》"音(義)"之學的共有六家,按照時間順序來看,即:蕭該、曹憲、許淹(僧道淹)、李善、公孫羅。我們大致可以將隋唐時代的《文選》學制成下表:

---

① "上抗下墜,潛氣内轉"最早見於朱一新《無邪堂答問》,後孫德謙《六朝麗指》中專門舉例分析,參古田敬一、福井佳夫譯注《中國文章論:六朝麗指》,汲古書院,1990年,頁45—48。

② 此句李善注曰:"《風俗通》曰:太尉掾范傍天姿聰叡。《孟子》曰:有天爵,有人爵。仁義忠信,樂善不倦,此天爵也。公卿大夫,此人爵也。古之人修其天爵,而人爵從之;今之人修天爵以要人爵,既得人爵,而棄天爵,終亦亡矣。"李善把詩句中重要的語詞"天姿"、"人爵"的典故注出,讓讀者可以進一步玩味這首贈答詩的内涵。

作者姓名	活動時代	籍貫	《隋書·經籍志》	《舊唐書·經籍志》	《新唐書·藝文志》	《日本國見在書目録》	備　説
蕭該	南朝至唐	蘭陵（居荆州）	《文選音》三卷	《文選音》十卷	《文選音》十卷		《隋書》本傳記爲"《文選音義》"。
曹憲	南朝至唐	江都		《文選音義》卷亡	《文選音義》十三卷		《大唐新語》曰："（曹憲）撰《文選音義》十卷"
許淹	唐	句容		《文選音義》十卷（題"釋道淹撰"）；《文選音》十卷（題"許淹"）	《文選音義》十卷		《舊唐書》本傳記爲"《文選音》十卷"。《新唐書·藝文志》的混亂記録，劉咸炘有批評。①
李善	唐	江夏（居江都）		《文選》六十卷	"注《文選》"六十卷；《文選辨惑》十卷	《文選音義》十卷	
公孫羅	唐	江都（後居無錫）		《文選》六十卷；《文選音》十卷	注《文選》六十卷；《文選音義》十卷	《文選鈔》六十九卷；《文選音決》十卷	

　　在此，想强調一下筆者的看法：上述諸人的時代之後，"音義學"性質的著作漸漸減少，而"集注"性質的選學書籍開始出現。從學術史發展的脈絡來考察，舊鈔本《文選集注》的形成斷然不會早於這一轉折時期。

---

① 劉咸炘《續校讎通義》，載其著《推十書》，成都古籍書店，1996年。

（四）五臣

唐顯慶年中，李善上《文選》注。半個多世紀之後，唐開元六年，由工部侍郎呂延祚召集呂延濟、劉良、張銑、呂向、李周翰五人再次爲《文選》作注，成書三十卷，並進《上集注文選表》，表中批評了李善注。不過這種底氣不足的批評正如《四庫全書總目》所云："頗欲排突前人，高自位置。"此外，從通行本《六臣注文選·上集注文選表》（明州本、贛州本等）之後附高力士口敕中唐玄宗所謂"此書甚好"等語，可見此書最初面對的讀者群可能是皇室成員。① 呂延祚本人在兩《唐書》中皆無傳記，透過散在《玄宗紀》、《突厥傳》中的記載，可知他是開元初的恩倖型官僚。五臣中也少有名士，對於他們漏洞百出的學識，從李匡乂《資暇集》到《四庫全書總目》，歷代學者都有譏評，駱鴻凱《文選學·源流第三》裏舉出過有代表性的五部作品。② 但是頗爲奇怪的是，五臣注的釋義與釋音的水平懸殊很大，黃侃先生說：

> 清余蕭客《文選音義》所稱舊音，乃六臣本音及汲古閣本音不在善注中者。五臣注諓陋，亦必不能爲音。今檢覆舊音，殊無乖謬，而直音反切間用，又絶類《博雅音》之體。是必蕭該、許淹、曹憲、公孫羅、僧道淹（筆者案：上文已證許淹、僧道淹乃是一人的僧俗兩姓，此處恐是黃先生一時誤記）之遺，五臣特因仍前作之耳。觀其杜撰故實，豈肯涉獵群書。襲舊爲之，寧非甚便。又善注發音雖云簡當，而有必不可闕者亦復闕之，良由師説具存，不須觀

---

① 以詩學爲例，令狐楚編輯的《御覽詩》是爲了皇室的閲讀而作，故而不論在唐代還是後世，都不被認爲是當時唐詩最高水準的代表。參傅璇琮編撰《唐人選唐詩新編》，陝西人民教育出版社，1996年。

② 一、《資暇録》；二、《兼明書》；三、《書謝瞻詩》；四、《容齋隨筆》；五、《四庫全書總目提要》。

縷也。①

根據黄侃先生的學説，可知五臣注的一個重要特點就是鈔撮前人。當然，對於今日之學者來説，作爲學問本身去看待是一回事，作爲研究當時的學術思想材料去看待又是一回事。這些流傳至今的爲數不多的唐人闡釋性作品，還是應該充分利用。值得一提的是，鈔本《文選集注》中不説"五臣"而題"五家"，這在《文選》學史上很罕見，但並非孤立現象。②《文選集注》的鈔録時間似乎離五臣注形成年代不遠，因此尤其應該重視。

舊鈔本《文選集注》五臣注與今本五臣注也有很大出入。如陸機《答賈長淵》一首"惟漢有木，曾不踰境。惟南有金，萬邦作詠"兩句，《文選集注》所收五臣注爲：

> 吕向曰：江漢有木，謂橘也。此言物之變質，人亦有變節。金剛而堅，百鍊不銷，故萬邦作詠。蓋自勖如金之剛，不可變易也。諡贈詩譏士衡無爲變志故也。

此處與通行本《六臣注文選》相比，被刪落了近20多字。排除版本差别之外，筆者認爲《文選集注》的編者爲了自己的編纂理念，對五臣注繁複之處多有剪裁。③

（五）陸善經

歷史進入中唐時期後，注釋《文選》的風氣有增無減。《文選集注》

---

① 黄侃關於《文選》的研究，主要刊載於黄焯編次的《文選平點》中，上海古籍出版社，1985年。此條論述轉引於駱鴻凱《文選學·源流第三》。

② 宋代也有六家本文選。參朱彝尊《宋本六家注文選跋》，載《曝書亭集》卷五二，《四部叢刊》本。

③ 關於這首詩的詳細分析，請參筆者《舊鈔本〈文選集注〉諸注考——以其中所載陸機〈答賈長淵〉爲例》，載《中國詩學》第十四輯，人民文學出版社，2010年。

中最後一位出現的陸善經，就是這一時代的代表性選學家。森立之在《經籍訪古志》中説："陸善經注《文選》，遍檢史志，不載其目。"目前看來，此論不可從。陸善經此人雖然在中日兩國的書誌學上缺少記載，但依舊有跡可尋。上世紀三十年代，中國向宗魯與日本新美寬兩位學者分別作了精彩的考訂①，此後藤井守、森野繁夫、虞萬里諸位教授又踵事增華②，現在可以較爲明確地知道：陸善經，名該，字善經。具體生卒年尚不詳。本官爲河南府倉曹參軍，以修書之故入集賢院爲直學士。據《玉海》卷四六以及卷五四所引如下兩處《集賢注記》③：

蕭令嵩欲早就（《唐國史》），奏賈登、李鋭、太常博士褚思光助之，又奏陸善經、梁令瓚入院，歲餘不就。（"唐武德以來國史、唐史、唐國史、唐書備闕記"條）

（蕭）嵩以先代舊業，欲就其功，奏智明等助之。明年五月，令智明、元（原"玄"字、避諱故）成、陸善經專注《文選》，事竟不就。（"梁昭明太子文選、唐李善注文選、文選辨惑、五臣注文選、唐續文選、擬文選"條）

據《通典》的記載，集賢院的主持者一般爲宰相。④ 校注《文選》之事，由

---

① 向宗魯《書陸善經事・題文選集注後》，全文轉載於上揭本《選學摧輪》；新美寬《陸善經の事跡に就いて》，載《支那學》第九卷第一號，1937年。

② 藤井守《文選集注にみえる陸善經注について》，載《廣島大學文學部紀要》第37卷，1977年；森野繁夫《陸善經文選注について》，載《中國中世文學研究》第21號，1991年；虞萬里《唐寫文選集注殘本中陸善經行事考略》，載《文獻》1994年第1期。虞氏此文後改題爲《唐陸善經行歷索隱》，收入其著《榆枋齋學術論集》，江蘇古籍出版社，2001年。

③ ［宋］王應麟《玉海（合璧本）》，中文出版社，1977年。案：承林日波學兄告示，浙江書局本《玉海》（江蘇古籍出版社、上海書店，1987年影印）"褚思光"作"緒思光"。

④ 《通典》卷二一云："集賢殿書院，每以宰相爲學士者知院事。"又據《舊唐書・儒學傳序》所云，集賢院成立之前的高宗、則天兩朝，"薄於儒術"，故而玄宗設置集賢院之初，用人及成果皆並不理想。

蕭嵩（時爲宰相知院事）主之；校注《月令》時的宰相已經是李林甫了。由此來看，陸善經《文選注》的寫作應該早於蕭嵩與李林甫權力交替（開元二十一、二十二年）的時期。雖然"事竟不就"，但向宗魯推測説："卒發憤以成之耶？"據上文所舉《玉海》引文，陸善經不僅參加《文選》、《御刊定禮記月令注》的注釋工作，還參加了《唐國史》的編修。不過讓人感慨的是，這幾部書最後竟然都没有完工。這也證明了唐代的一個有趣的政治文化現象：高層官僚（如上文提及的吕延祚、蕭嵩等）通過修書來增加自己的政治權力，而讀書人躋身修書群體以作"終南捷徑"。這個時代的所謂"集注"選學，其精神已經與隋初唐時期的"音義"選學漸漸劃開了一條明顯的鴻溝。

此外，一些大型書籍如《開元禮》、《大唐六典》的編纂群中也有陸善經的身影。他個人似乎還對《周易》、《三禮》有過注釋，另外尚有《孟子注》、補訂《字林》（《廣韻》作《新字林》）、《古今同姓名録續修》等大量的經史之作（可參《日本國見在書目録》之"易家"、"禮"等部）。比如流傳至今的如吕忱《字林》裏面，應含有不少陸善經的補訂成果。清儒任大椿《字林考逸》①及黄奭《漢學堂經解》②都有輯佚。唐代《字林》地位不亞於《説文》，甚至成爲書學博士的功課③，在此風氣之下，陸善經也一定研習過古典字書。

舊鈔本《文選集注》中所收陸善經注，從字數上看，明顯不及公孫羅《文選鈔》。而且顯而易見的是，陸善經在引用典故與直接釋義之間，傾向於直接釋義。如《文選·贈尚書郎顧彦先》（第一首）"凄風迕時序，苦雨遂成霖"句下李善和陸善經的注解分别是：

---

① 任大椿在每部之後附上陸善經的學説，見《續修四庫全書·經部》第二三六册，後附有陶方琦《字林考逸補》。

② 《漢學堂經解》作"陸善經新字林"，參《黄氏逸書考》，中文出版社，1986年影印版，頁1139。

③ 《新唐書·選舉志》云："凡書學，《石經》、《三體》限三歲，《説文》二歲，《字林》一歲。"又可參林明波《唐以前小學書之分類與考證》，私立東吴大學中國學術著作獎助委員會叢書之七十五，1975年，頁529—543。

● 李善：《左氏傳》，申豐曰：春無淒風，秋無苦雨。杜預曰：苦雨，爲人所患苦也。《小雅》曰：迂，犯也。《莊子》曰：陰陽四時運行，各得其序。
● 陸善經：詩意言夏積炎旱，貯成秋霖也矣。

通過比較可見，陸善經這種"詩意言……"句型說明他並不願在釋典上投入精力。然而倘若簡單地認爲陸善經是李注的補充，這種論點倘若放在唐代學術背景下恐怕是很難成立的。

四　構成"中層學問世界"的兩種學術資源

上文以具體例證分析了《文選集注》中諸家注的特徵與注釋態度。那麼，作爲一個整體的《文選集注》又是奉行怎樣的學術思路呢？這種學術思路表現了編纂者怎樣的態度呢？這些將是本部分試圖處理的命題。筆者初步推測，《文選集注》的編纂思想含有以下兩種學術資源。

（一）第一種學術資源——六朝以來經學注釋的影響

京都大學《文選集注》殘卷第三集第七十一卷的首頁，有"梁昭明太子撰　集注（案，"注"字磨損較嚴重）"的字樣。但由於鈔本開首幾頁保存的困難，現在可以看到的舊鈔本《文選集注》中，目次頁差不多都已經遭磨損、水漬或是蟲蛀過。即使原來有過完整的目次和敘例，今日也無從尋覓了。但是《文選集注》成書之初，果真是這個名字嗎？很值得懷疑。譬如《隋書·經籍志》所舉沈璿的《集注爾雅》，在《日本國見在書目錄》則作《爾雅集注》。又如《隋書·經籍志》所舉南朝大儒崔靈恩《集注周官禮》，《新唐書·藝文志》作《周官集注》，《通志》作《周官禮集注》等等，這樣的例子不在少數。《文選》學上，五臣注最初書前所附的也叫《上集注文選表》。

何謂"集注"？這種學問方式，在經史子集四部的狀況，應該先有一

個總體性認識。被認爲可以反映六朝學術實態的《隋書·經籍志》,其著録"集注"類典籍情況如下:

經部:《侍中朱異集注周易》、《周易集注》(姚規)、《周易集注繫辭》(佚名)、《集解尚書》(李顒)、《集釋尚書》(姜道盛)、《集注毛詩》(崔靈恩)、《集注周官禮》(崔靈恩)、《集注喪服經傳》(筆者案,同名之作有三部,撰注者爲:孔倫、裴松之、蔡超)、《集解①喪服經傳》(田僧紹)、《劉寔等集解春秋序》、《集解孝經》(謝萬)、《集議孝經》(荀昶)、《集議孝經》(袁敬仲)、《集解論語》(何晏)、《集注論語》(衛瓘)、《集注爾雅》(沈璿)、《江都集禮》、《韻集》(佚名)、《韻集》(吕靜)

史部:《漢書集解音義》(應劭)、《漢書集注》(晉灼)、《漢書集解》(姚察)

子部:《集注莊子》(佚名)、《天文集要鈔》(佚名)、《風角總集》、《日月五星集占》(佚名)、《陶弘景本草經集注》

以上大致可以説明六朝向隋唐過渡前夜的學問世界的基本狀況。從中可見,在六朝時期,稱"集注"的注釋型著作以經部爲最多,史部和子部偶見一二,而集部尚未發現明言"集注"的著作。上舉書目除"集注"之外,尚有"集解"、"集議"、"集"等名詞,可以推測他們的注釋形式有共通性。衆所周知,經部注釋型學問的發展,在宋明理學出現之前,經過如下三個重要過程:

漢魏古注→六朝義疏……→唐代五經正義

漢魏古注系統的學問大致在東西晉之間就告終了,雖然不排除某些地

―――――

① 據興膳宏、川合康三的研究,"解"字《通志》作"注"字,參《隋書經籍志詳考》,汲古書院,1995年,頁94。

方仍然強烈的捍衛着古注①,但新學問的世界已經宣告到來。比如說,《隋書·經籍志》裏面冠以"義"、"疏"、"義疏"、"講疏"、"大義"之名的義疏體代表了六朝時代的學術風尚。按照加賀榮治《中國古典解釋史·魏晉篇》的經學解釋史分期②,第一期從漢武帝五經博士成立到唐初五經正義的撰定;第二期是中唐、經過宋元,直至明初四書五經大全的編纂。那麼可以說,六朝特別是南朝後期經學"集注"的出現,已經是唐《五經正義》的前奏了。故而在上述三個重要過程"義疏"和"正義"之間,應該加上"集注"一種:

漢魏古注→六朝義疏→南朝後期集注→唐代五經正義

但是,六朝晚期"集注"型注釋系統似乎只存在於"經部"中,比如《隋志》中關於《孝經》的注釋書題目:

古注型	義疏型	集注型
《古文孝經》孔安國注;《孝經》鄭玄注;《孝經》王肅注等。	《孝經義疏》梁武帝、梁簡文帝、蕭子顯等均有此作;《孝經講疏》徐孝克注。	《集議孝經》荀昶、《集議孝經》袁敬仲等。

可以很清晰地看出它經過了"漢魏古注→義疏→集注"這一典型注釋過程。而"集部"中,如《楚辭》類,雖然有大量漢晉古注以及"舊音"(音、音義)系統③的注釋性著作存在,但並沒有發展到"集注"這個層面。

---

① 譬如,陳寅恪認爲河隴邊陲興起的西魏(北周),最終爲何能夠在文化上獨樹一幟,與東魏(北齊)、南朝分庭抗禮,很大原因在於他們保留了漢代的學術傳統,而反觀北魏、梁陳則代表了學術發展的最新方向,其中涼州一處尤爲重要,涼州在天下大亂之際,始終保留了漢魏的學問,最終融入北魏隋唐的大流中。說見上揭本《隋唐制度淵源略論稿》的第一章"敍論"和第二章"禮儀"。
② 加賀榮治《中國古典解釋史·魏晉篇》,勁草書房,1964年,頁11—16。
③ 加賀榮治認爲"音"這一注釋形式是部分性的主題解釋,存在時間與義疏體同時。見上揭本《中國古典解釋史·魏晉篇》,頁17。

對此，筆者有兩個推測：

第一，在相對自成體系的古典學問中，史、子、集三部都呈現出自覺或不自覺地向"經部"學問方式靠攏的傾向。體現在注釋方式上，則史、子、集三部也受到經部"古注→義疏→集注"的强烈影響。但是，在影響波及過程中，有一個隱約可見的"時間差"，這個時間差在史、子、集三部並非同步。相對而言，史部注釋一直緊緊地尾隨經部，子部著作如《老子》、《莊子》由於在唐王朝具有的特殊性，其研究形式也積極向經部靠攏①。集部向經部學問方式看齊的速度則相對史、子兩部較慢。但是進入唐代之後，爲何集部"忽然"出現了集注型的著作（如五臣《集注文選》、京都大學影印《文選集注》）呢？這涉及下一個推測。

第二，當一種學問發展到"集注"時，必定有一個前題，即是存在量大且質高的闡釋型著作群，也就是所謂"顯學"的出現。《文選集注》出現之前的選學世界正好符合這一前題。趙翼《廿二史劄記》卷二〇"唐初三禮、漢書、文選之學"指出②，初唐學界崇尚的學問有"三禮"（經部）、《漢書》"（史部）和"《文選》"（集部）。同時趙翼認爲這三種"顯學"並不是初唐突然出現的，而是承接了南朝以及隋代的學脈。隋、初唐《文選》這一顯學的盛行，爲後來《文選集注》的出現孕育了一個基盤。"顯學"的出現，除了從學術内部脈絡發展來考察之外，還一定有它深厚的現實社會原因。譬如，唐人以爲《漢書》不僅是帝王之學，還可以作爲行政參考書進行實際操作。隋唐年間第一流的選學家同時也諳熟《漢書》之學。如蕭該有《漢書音義》、李善有《漢書辨惑》等等。

舊鈔本《文選集注》中所收李善、公孫羅以及此前的蕭該、曹憲、許淹（僧道淹）有一個共通點就是精於小學，我們甚至可以認爲，"集注"型文選學出現之前的選學者大多是傳統的經史學家。吕思勉的

---

① 唐朝以老子爲玄元皇帝，《老子》稱爲《道德經》，《莊子》稱爲《南華真經》，一並列之學官。故而與孔穎達同時的陸德明在貞觀年間所作的《經典釋文》所收十四種書中就有子部這兩種。並且按照經學的傳授次第來研究《老子》與《莊子》。

② 趙翼著，王樹民校證《廿二史劄記校證》（下），中華書局，1984年，頁440—442。

解釋是：

> 文字愈古，單言愈多，愈後復言愈多。單音字之用，隨世而減，故後人多不之識。惟博覽者爲能知之。此等罕見之字，尤多存於辭賦中，故憲等皆以小學而兼選學。然讀他種古書，亦不能舍此。故顏師古長於《漢書》，史亦稱其博覽、精故訓學，所注《急就章》與《漢書注》俱顯於時。而李善亦嘗撰《漢書辨惑》三十卷也。①

這是隋唐時代上層精英知識份子的治學方式，中層以下的學者則大多不精於文字聲韻故訓之學，進而只能流於淺顯層面的釋意。爲了適應中層學者研習《文選》的需要，"集注"型注釋便應運而生了。《文選集注》裏面所收五家（臣）則屬於這一類。公孫羅雖然學有所本，但是屬於過渡期人物，故而兼及訓詁與釋意，但顯然已經無法與李善或李善之前的選學家分庭抗禮了。

此外，這種以一本爲基準而綜合諸家的做法，實際上和當時經學注釋有着無法割裂的聯繫。在經學史上，西漢重"師法"，東漢六朝重"家法"，不管如何皆是有所本，後世非議《五經正義》者雖多，但孔穎達也有他自己的注疏標準。唐太宗貞觀年間，國子監祭酒孔穎達受詔撰《五經正義》，這部書在唐高宗永徽四年完成，作爲國子監的法定教科書對於此後學問世界產生了不可估量的影響。②《五經正義》系統裏面一個被嚴格遵守的法則就是"注不違經，疏不破注"。如果"注"是採用"甲"種意見解釋，那麼"疏"就順延着"注"的思想，加以詮釋，絕不會出現"乙"種意見。這種有所本的注釋思想，很快就波及倒了文史領域。③《文選

---

① 呂思勉《隋唐五代史》，上海古籍出版社，1984年，頁1280。
② 屬於這一系統的，比如說開元年間，李鼎祚著有《周易集解》十七卷，大曆年間陸淳著有《春秋集傳纂例》等等，今天都可以從四庫裏面看到。
③ 以史部《漢書》爲例，關於六朝盛唐的《漢書》注釋情況，請參清儒趙翼《陔餘叢考》卷五"班書顏注皆有所本"條。吉川忠夫《六朝精神史研究》第十章關於六朝隋唐時期各家的《漢書》注釋也有精當論述，同朋舍，1984年。

集注》的編者雖然目前無一定說,但是可以推測他(或他們)對於《五經正義》的編纂指導思想有較深的理解,具體體現是編者對於所收諸家的態度明顯不同。比如把李善注全錄,並且尊在首位,此後諸家是否全錄很值得懷疑,至少五臣注與今本五臣注的差別頗大,很多地方被《文選集注》的編者剪裁過。李善注本在《文選集注》編者心中的重要地位,或許可以比方成《毛詩》鄭箋。

因此,我們今天具體研究中土已經失傳很久的《文選鈔》、《文選音決》、或是"陸善經注"的形式與思想時,一定要首先明確——我們現在看到的文字,極有可能都是經過《文選集注》編者取捨過的。故而用《文選集注》中的内容只能部分闡釋公孫羅、陸善經等人的學術方式。

隋唐時代大潮下,經部儒學注釋的影響可以在史子集三部中得到明顯的體現。《文選集注》編者的編纂理念和意識中時時顯現出這種影響的烙印。

(二) 第二種學術資源——佛教徒學問的滲透

以上從正統學問的角度分析了《文選集注》注釋方式的一些可能性。筆者推測影響《文選集注》成書方式之資源上,還有佛教徒學問的滲透。

自從晉朝支遁、道安盛唱佛法以來,佛教大乘經典多有迻譯。其後佛典疏論興起,流風所至播及傳統經部著述。這一時期儒家義疏之學與佛典疏鈔之學的同時盛行,近代學者梁啓超在《翻譯文學與佛典》裏最早提示了這一現象:

> 夫隋唐義疏之學,在經學界中有特别價值,此人所共知矣。而此種學問實與佛典鈔疏之學同時發生,吾固不敢徑指此爲翻譯文學之產物,然最少必有彼此相互之影響,則可斷言也。①

---

① 梁啓超文載《飲冰室合集》"專集",中華書局,1936年。此後戴君仁《經疏的形成》一文雖然不否認梁啓超這一提示,但是認爲儒家經疏自有其本身的脈絡,與佛教也許是二源的。載《梅園論學續集》,《戴靜山先生全集》本,戴靜山先生遺著編輯委員會編輯,1980年,頁93—117。

此後，又有湯用彤、牟潤孫等學者對此進行了深入分析，成果斐然。總之，倘若我們翻檢《隋書·經籍志》，則可發現南北朝時期所作的"義疏"型著述，蔚爲大觀。然而唐人《五經正義》對於諸書中比附佛教者，多有刊落。故而流傳至今的書籍雖然很少（如日本所藏《論語義疏》、《講周易疏論家義記》①等），但仍然存有遺跡②。義疏雖然是從漢人章句之學、晉人經義衍變而來，然而其中採用了佛典疏鈔的思想與體制。兩漢儒生注經，很少就經中義理，別立條貫。但是佛經的注疏科制，注者常常取經中事理，別爲分類，自成體系。以科判來解釋佛典，始自東晉之道安，《高僧傳》云：

> 條貫既序，文理會通，經義克明，自安始也。③

道安之後，中土佛典義疏之學漸成大勢。據湯用彤氏分析，根據地域不同，佛典義疏的方法也略有不同，南朝尚文，重思想；北朝尚質，重行爲。④ 一則隨文釋意，謂之曰注，此即普通之所謂章句。大凡此等都是接受師傅口義，隨文作解釋，這是佛教注疏最重要的一種。一則是明經大義，不必逐句釋文。《文選集注》產生前夜的選學家許淹，本身就是亦僧亦俗的人物，必然熟知佛經這種闡述方式。而李善本人的注釋，也有

---

① 參筆者《六朝後期江南義疏體〈易〉學譾論——以日藏漢籍舊鈔本〈講周易疏論家義記〉殘卷爲中心》，載臺灣"中研院"史語所編《歷史語言研究所集刊》第八十一本第二分，2010年6月刊。

② 比如清儒劉文淇《周易舊疏考正》考明唐人《周易正義》也是六朝舊疏，裏面也分科段等等。載《清經解續編》，上海書店，1988年。近年來日本學界關於南北朝至隋初唐義疏學的研究有喬秀巖《義疏學衰亡史論》，東京大學東洋文化研究所，2001年。

③ 釋慧皎撰，湯用彤校注，湯一介整理《高僧傳》卷第五《義解二》，中華書局，1992年，頁179。

④ 湯用彤《漢魏兩晉南北朝佛教史》第十五章，中華書局，1983年。

佛學影響。① 此外,《文選集注》中如公孫羅《文選鈔》以及陸善經注的性格亦十分符合義疏體,故而《文選集注》的編者對於這一義疏方式應該也很諳熟。比如《文選集注》所收潘岳《爲賈謐作贈陸機》第二和第三句"奧(案,今本多作"粵")有生民,伏羲始君"的諸家解釋:

● 李善曰:揚雄《劇秦美新》曰,爰初生民。

● 鈔曰:《詩》云,生民尊祖也。謂有天地,即有万②民也。伏羲已前,未有文字,書籍從伏羲始,畫八卦以代結繩之政,由是文籍生焉。自天地開闢已來,三百餘代,始至伏羲。伏羲(鈔本此處作兩"こ"簡寫符號)百王之(鈔本此處加一"。"符號,旁批"始自此已徛"五小字)始立君長。伏羲以木德王,主於東方。至於獲麟廿六萬年。

● 李周翰曰:奧,於也。伏羲,古帝王也。

● 陸善經注曰:《易》本於伏羲,故以伏羲爲始也。

首先需要説明的是,今本李善注《文選》中,此句是連同下句"結繩闓化,八象成文"一併解釋的,也許《文選集注》的編者認爲此處需要按照佛經義疏那樣"隨句釋文",口語化地細細講來,所以將其割一爲二。我們倘若將《文選集注》中這幾家連成一個統一整體來看,不難發現這種回環往復的解釋方式,不就是佛教徒接受師傅口義,隨文講習的體例嗎?特別是那些説明某句在文脈中起承轉合的順序,進而把原句用詳細、甚至口語化的方式改寫,譬如本文上一部分分析陸機《答賈長淵》時舉《文選鈔》所謂"機言我亦當如……"等句型,體現了佛經解釋上的特徵。義疏之學的文字,兩晉、劉宋較爲簡略,齊梁以降,偏於繁富,隋唐不能完全

---

① 平野顯照著,張桐生譯《李善的佛教》,載《唐代的文學與佛教》,臺灣業強出版社,1987年,頁180—196。

② 舊鈔本《文選集注》中"萬"大多作"万"。案,"万",《玉篇·方部》曰:"万,俗萬字。"但筆者懷疑作爲俗體的"万"字可能早於南朝,因爲在漢印和北魏造像記、墓誌銘中都可以看見"万"的蹤跡。

除其弊端。波及到集部,《文選集注》的形式也流於繁富。再次需要說明的是,將《文選集注》本與通行五臣注本相比勘,可以發現此處又刪落了"八象,八卦也。言伏犧始爲君,結繩闓化,後畫八卦以成文字"23字。這類現象也和佛教徒的如下解經方式有密切關聯。

東晉以降,佛典翻譯文本日漸增多,同一底本而有多種異譯,已是常見之事。於是有編纂"合本",以資對勘考正。陳寅恪先生《支愍度學說考》①一文對於這種盛行於六朝時代的佛經解釋學有詳盡的論述。陳寅恪的意見是"合本子注"也叫"母子注",比如比丘大戒二百六十事中,其大字正文,母也;其夾注小字②,子也。然後取別本之義同文異者,列入小注中,於大字互相配擬。陳寅恪先生認爲,這種注經方式,大約在六朝時期就波及到了經史子集各部,比如劉孝標《世說新語》注、裴松之《三國志》注等等,皆是合本子注的體例。③ 唐代舊鈔本《文選集注》一書顯然也受到這種"合本子注"的影響,以《文選》爲"母",李善注爲"子",參考諸家注釋,並列入小注中。而在"子"注中,並不是一視同仁。列在第一種的子注往往比其後的子注更加重要。第一種之後的子注群(和第一種小注相比,好像"嫡長子"與"次子"們的關係)。常常爲了解釋"母"的需要,被編者刪減或是整改,對比今本五臣注和《文選集注》所載五家(臣)注,可以說明這一現象。

---

① 載其著《金明館叢稿初編》,上海古籍出版社,1980年,頁141—166。

② 當然,儒家經典很早就使用雙行小注了。西方學者 Daniel K. Gardner 認爲,東漢時代"行間注"(Interlinear commentary)就呈現出來了。其中兩點很重要,一是這種模式富有彈性,可以隨時插入章句之間的詮釋。二是透露出那個時代學者對於經典的尊重。可以說是注釋者在經典面前的一種"徹底臣服"的心態表現。經典和注疏之間似乎永遠有兩個聲音在不停地對話:經典設定了議題,注疏起而回應。經典框住了注疏響應的範圍,而注疏也限制了經典可能的意義。Daniel K. Gardner 此說見其著 *Confucian Commentary and Chinese Intellectual History*,載 *The Journal of Asian Studies*, Vol. 57, No. 2, 1998, pp397—422.

③ 陳寅恪《讀洛陽伽藍記書後》,收入《金明館叢稿二編》,上海古籍出版社,1980年。部分繼承了南朝律法的隋唐刑法律令中,也保有這種"合本子注"的方式,其說參陳寅恪上揭本《隋唐制度淵源略論稿》第四章"刑律",頁100—103。

上文所述及的佛教徒"合本"方法,似乎和《文選集注》具有同樣的命運——流傳時間不長。佛教徒所謂"合本"的配擬方法在鳩摩羅什來中國之後逐漸被揚棄,原因是鳩摩羅什譯文極其暢達,僧人和學者都認爲没有必要再用"合本"了。同樣,筆者推測,《文選集注》不能在中土流傳的原因也可能是李善學問逐漸取得正統地位,第一流的學者們認爲讀《文選》根本没有必要再去攪合別家注釋。汪師韓《文選理學權輿·前賢評論》裏面採入的唐末、宋代諸人如丘光庭《兼明書》、蘇軾《東坡集》、洪邁《容齋隨筆》、王應麟《困學記聞》等評語,可見李善在一流學者心中的重要地位。至於後世那些殘留在中土的落入二流的"合本子注",則被歷代一流學者所鄙視,譬如段玉裁有云:"三合之注疏本,似便而易惑,久爲經之賊而莫之覺也。"①

(三)適應"中層學問世界"的讀書需要

《文選集注》的注釋方式受到經學與佛學這兩股力量的影響,同時,其編纂都又有着明確的目標——適應隋唐時代"中層學問世界"的讀書需要。

《文選集注》的編者以李善爲本,參合諸家學説,彙成"集注"。這種收載了淺顯型釋意的"集注"很能滿足唐代大部分普通學者的實際需要。對於一般中層士子們來説,"集注"的文字是不是完全忠實於原注釋並不重要,讀懂《文選》,在實際中能夠運用《文選》才是他們最關心的部分。故而《文選集注》的編者對於李善注之外的諸家注釋進行過剪裁。

譬如在"賦"類中,李善保留了大量古注,《西京賦》、《東京賦》的薛綜注,《三都賦》的劉淵林注,《子虛上林賦》的郭璞注,《射雉賦》的休爰注等等。《西京賦》"薛綜注"有如下一段文字:

> 善曰:舊注是者,因而留之,並於篇首題其姓名。其有乖繆,臣

---

① 《段玉裁遺書·經韻樓集》,大化書局,1986年,頁1124。

乃具釋,並稱"臣善"以別之。他皆類此。

那麼,《文選集注》中遇到這類情況又是如何處理的呢?如劉安《招隱士一首》,在今本李善注《文選》中,此篇大體採用王逸注。譬如關於此篇名的解題,胡刻本李注《文選》,分別綴屬在題目"《招隱士》"和作者名"劉安"下。反觀《文選集注》,則是統一寫在作者名"劉安"之後:

> 李善曰:《漢書》曰,淮南王安,爲人好書。招致賓客數千人。後伍被自詣吏,具告與淮南謀反。上使宗正以符節劾王,未至,自刑殺也。《序》曰:《招隱士》者,淮南小山之所作也。小山之徒,閔傷屈原(今李善注本後尚有"身雖沈没,名德顯聞"八字),與隱處山澤無異,故作《招隱士》之賦,以彰其志也。吕向曰:初安好士,八公之徒,咸慕其德,各竭材智,著述篇章,分其辭賦,以類相次。或稱大山、小山,猶《詩》有大雅、小雅也。陸善經曰:《史記》云,淮南王安,爲人好書。鼓瑟①,不喜弋獵馳騁。亦欲以行陰德拊循百姓,流譽天下。招致賓客,方術之士數千人。作爲《内書》廿十一篇,《外書》甚衆。時時怨望厲王,死時欲圖畔,□數招伍被與謀。被初不許,後爲畫計,其事頗聞漢庭權王。伍被自詣吏,具告與淮南王謀反。武帝使宗正以符節治王,未至,自殺。

值得關注的是,今本五臣注吕向之"初安好士"前尚有"《漢書》云,淮南王安,爲人好書。招致賓客數千人,後謀反自殺。《招隱士》者,淮南小山之所作也"一段,《文選集注》中無。陸善經所引《史記》(筆者案,實際爲《漢書》的文字),也經過了裁剪,有些只是大致遵照《漢書》的記述進而使用了自己的文字。雖然不排除陸善經本身即是喜好如此的注釋方式,但是筆者隱約感覺《文選集注》的編纂者有自己的刪剪原則,也就是

---

① 王太岳等編纂《四庫全書考證》卷三三云:"淮南王安爲人好書鼓琴,刊本'琴'訛'瑟'。"中華書局,1985年。

説《文選集注》並不是簡單地彙集諸家注釋。這樣的編纂方法，不僅可以顯示時代懸隔造成理解上的困難，也能夠幫助普通中層學者克服《文選》的晦澀文辭背後所隱含文意。可以說這種情況幾乎通篇皆是，不勝枚舉。

我們再回歸到本文第二部分"《文選集注》諸注成立前之'選學'界"，筆者曾經提及有日本學者（森野繁夫等）認爲《文選集注》的排列順序是按照作者生卒年代，綜合以上分析，筆者認爲所謂"年代順序"是一個表面現象，其深層原因乃是這裏所分析的隋唐時代學問的經學與佛學的雙重影響下的實際需要。以李善注爲主，並且放在首位的這種做法，可以首先爲"中層學問世界"的讀者確立一個"高懸"的標準。但是"中層學問世界"的讀者不可能完全讀懂深奧的李善注，於是編者緊接著李善注之後附上諸種以釋意爲主的注解，但是編者附載這些注解的目的性很明確——只是爲了理解本文和李善注而準備的——故而除了李善注之外的其他注解都經過了《文選集注》編者"大刀闊斧"地剪裁。在編者看來，本無意爲了存古、汲古而收錄全部注解，適應"中層學問世界"讀者的實際需要才是他的編纂出發點。

"集注"二字很容易給今天的學者造成誤解，尤其是聯想到近世考據學興盛之後的"集解"、"彙注"等注釋方式。其實兩者有着本質的區別。近世考據學所作的集注出發點是爲了儘可能忠實地彙集古注古說，進而探求學問的本源。即使在考據學全盛的清代乾嘉年間，這種學問也只在少數頂尖學者之間進行交流。六朝隋唐代"集注"的出發點則與之完全不同，那時的"集注"編者在其編纂過程中，始終是爲了符合普通"中層學問世界"的基本要求。在這種編纂精神的指導下，"集"根本不是爲"集"而"集"，而是爲理解作品本身而"集"。除《文選集注》之外，如今藏日本龍谷大學圖書館，被認爲在鈔錄於隋代的《本草集注》也是這樣一種編纂思路——爲實際操作而準備的藥物標準書和醫者培養教科書。其所謂"集"，當然經過編者的剪裁，而且是直面這些迫切的需要，直接在藥名之後注出其藥性、功效等等，絕少看到注出典故的例子，故而可以説這裏的集注並非近世所理解的純粹的學術性集注，而是充滿實用價值的"教學參考書"。

五　漢籍東傳視野下《文選集注》的編寫和鈔録

　　上面幾部分依次分析了《文選集注》出現前後的選學世界、《文選集注》各家注的特色，以及《文選集注》作爲一個整體所呈現的學術態度。但尚有一個很難解決的問題被懸置了——具體來説，即《文選集注》是何人、何地的作品？

　　由於《文選集注》最早在日本發現①，《經籍訪古志》卷六曾懷疑是"皇國紀傳儒流所編著者"，就是説，《經籍訪古志》推測此書是日本王朝時期的人所編②。早期中國的學者大多如羅振玉所述，以爲唐人所作。比較新異的看法來自董康，他在日記中以爲此乃是五代時寫本，但没有具體考證文字。③

　　漢學家岡井慎吾在1933年最早發現日本平安朝時期流傳的《御堂關白記》長保六年（1004年，宋真宗景德元年）九月一日有如下記載：

---

①　近年來，有學者根據其中的印章等物，考證《文選集注》之書本在中國，只是近年流入日本而已。此説較早可見於臺灣學者邱棨鐊《今存日本之〈文選集注〉殘卷爲中土唐寫舊藏本》，載《"中央"日報》1974年10月30日。大陸學者傅剛從其説，見傅剛《〈文選〉版本研究》，北京大學出版社，2000年，頁137。筆者並不否認全書也許有部分卷子原本藏於中土，故而有中土人士的印章。但是説整個《文選集注》都是中土舊物，恐誤。一個有力的反證是，長期保存在日本的"上野本"、"九條本"都利用了《文選集注》中的陸善經注、《文選鈔》等等。反而這些注解不見於中土的典籍裏，甚至清儒輯佚書中亦不能見。因而可證《文選集注》肯定在古代日本流傳過。

②　據斯波六郎等學者介紹，瀧川博士《文選小考》（《大東文化》十四號）一文觀點亦同《經籍訪古志》。斯波六郎本人的意見則認爲《文選集注》是平安時期的作品。參上揭本《李善文選注引文義例考》。

③　董康説見上揭本《董康東遊日記》，頁334。

乘方朝臣,集注《文選》並元、白集持來,感悦無極,是有聞書等也。①

對於這一記載,筆者有很多疑問,依據本文上一部分的考證,五臣注本也自稱爲《集注文選》。因此在日本典籍中出現"集注文選"四字的史料,絶不可以輕易等同於"文選集注"。1004年傳到日本的,是五臣集注本,還是《文選集注》? 這一問題有待進一步探討。新美寬則從書風上推測,《文選集注》當是平安後期的作品。此後關於這一問題的討論也一直絡繹不絶。②

大體來説,學者的意見分爲"中土舶來説"和"日本編寫説"兩種。筆者認爲,對於這個問題的分析應該包含編者和鈔者兩個層面。在鈔本時代的唐朝,這兩個層面絶對不能混爲一談。

(一) 關於編者

筆者的私見是唐朝的中層士大夫可能性較高。

這一論斷主要是延續上面幾部分的議論,從《文選》本身的學術發展的内部脈絡進行的推測。

在《京都帝國大學文學部景印舊鈔本·第九集》卷九三劉伯倫《酒德頌》"無思無慮,其樂陶陶"句下,編者一反平時只有寥寥幾字的文字異同説明,忽然有如下一段案語:

今案,《音决》此下有"兀然而醉"四字,自此一句已下至"感

---

① 岡井慎吾《文選集注の零片》,載《柿堂存稿》,有七絶堂,1935年,頁260—266。日本的研究者大多認爲這裏的"集注文選"就是本文所討論的舊鈔本《文選集注》,如花房英樹《文選卷九十八について》,載《小尾博士退休記念中國文學論集》,第一學習社,1976年,頁379—383。在這一點上,直至今日,尚有很多學者不加區分地把日本史料中"集注文選"等同於"文選集注"來理解,由這種方法得出的結論十分令人懷疑。

② 近年來中國代表性的研究是周勛初在《唐鈔文選集注彙存·前言》中的看法,周勛初以爲此書是唐代玄宗之後某一選學者的作品。

情",言詞鄙緩,皆衍字也,非劉公所爲,皆當除之。宜從"陶陶"即次"俯觀"。陸善經本有"靜聽不聞雷霆之聲,熟視不見太山之形"二句,注云,思慮既無,所以視聽亦泯。《禮記》云,意不在焉。視之而不見,聽之而不聞。

他日如果完全爬梳《文選集注》,或許還能發現諸如此類的考證性案語。然而筆者根據日本史料,可以發現奈良、平安早期的日本文化人對於《文選》的譯注,只是停留在訓讀上,如《文選讀》等等,無法對漢籍作如此深入的考證性案語。此外,作爲日本漢學史上的一個校勘法慣例,是單單根據他本的文字給出旁注,而不給出自己的意見。這種習慣在宋本導入日本之後依舊保持了很長一段時間。① 由此推測,編者似爲具有作出斷語可能性的中國人。

此外,《文選集注》存在不少避諱現象。那麽倘若編者是藩國人,避不避中國皇帝的諱? 三韓(高句麗、百濟、新羅)與安南加入中國册封體系,作爲册封體系的基本原則之一,當然是奉行中國的正朔、避中國皇帝的諱等等。但是日本自古使用獨立年號,並從南朝後期開始脱離中國册封體系。② 没有與中國(隋唐)形成直接屬國關係的日本③,避不避中國皇帝的諱,這是一個有待深入研究的問題。初步可以認爲,由於隋唐與日本之間並非實質上的朝貢關係,故而日本奈良、平安兩朝的文人不會有意避唐朝皇帝的諱。殘存《文選集注》舊鈔本中,唐太祖、唐太宗的名諱"淵"、"世"、"民"等,都已缺筆。這些缺筆避諱雖然對於確定鈔手

---

① 長澤規矩也著,童嶺譯注《日本書誌學研究史》,載《域外漢籍研究集刊》第五輯,中華書局,2009年。

② 此爲西嶋定生説。西嶋定生認爲齊梁交替之際,日本脱離中國册封體系,再次加入要等到九百年後的明永樂帝時代。載《古代東アジア世界と日本》,岩波書店,2000年,頁145。

③ 代表性學説可參菊池英夫在《隋唐帝國と東アジア世界》前所寫的"總説",菊池英夫介紹,日本史學界一般都認爲唐日之間只是文化交流,始終没有形成實質上的政治支配。汲古書院,1979年。

是哪國人無濟於事①,但却可以據此否認編者爲日本人。

(二) 關於鈔者

中土人士或是日本人皆有可能性。

不管是自鈔,還是雇用鈔手,中國鈔書的歷史都很悠久。東漢班超在出使西域之前就是"傭書"匠。縱覽整個六朝時代,門閥貴族之間以及庶族士大夫群體間的鈔書現象前後相繼②。進入唐代之後,據《新唐書·職官志》,當時門下省、秘書省、史館、著作局、司天臺、弘文館、集賢院,多有楷書手、搨書手等專門從事鈔書的匠人。據《唐六典》"弘文館"以及"集賢殿書院"兩條可知:

| 弘文館 | 搨③書手三人、筆匠三人…… | 初　唐 |
| 集賢殿書院 | 書直及寫御書一百人、搨書手三人…… | 開元年間 |

關於印刷術的具體起源時間雖然無定論,但阿部隆一認爲,即使在印刷術開始的唐代,普遍印刷的只有佛經、年曆、字典等,其他書籍仍舊以手寫爲主。④ 這一情況在印刷興起之後,尚且不廢。其中經部重要典籍的鈔本在刻本時代仍舊屢見不鮮。然而隋唐之世紙張之貴⑤,絲毫不減漢魏六朝之時,故而唯有公家鉅子方有力收藏。從某種意義上來説,這也是唐朝初中期社會性質順延六朝發展的一種趨勢。唐代詩人與散文作家是一個超乎想象的龐大的學習群體,與此相應,勢必需要大量圖書。寒門苦讀的莘莘學子,幾乎全部是手鈔群書,杜牧《冬至日

---

① 據京都大學文學研究科平田昌司老師惠示:日本傳鈔的漢籍中避諱現象並不是有意爲之,而是順從中土原本的缺筆。比如明治時代,"玄"字的缺筆等等。

② 筆者《"鈔"、"寫"有別論——六朝書籍文化史識小録一種》,文載臺灣漢學研究中心編《漢學研究》第29卷第1期,2011年。

③ 陳仲夫《唐六典》校勘記指出别本作"榻",《唐六典》,中華書局點校本,1992年。

④ 參《阿部隆一遺稿集》第三卷《我が國の漢籍文化財の特色と價値》,汲古書院,1985年,頁76。

⑤ 上揭本吕思勉《隋唐五代史》,頁1291—1292。

寄小侄阿宜》："一日讀十紙，一月讀一箱。"可見隋唐時代讀書人以"紙"爲單位讀書，這個原因可以從《碧溪詩話》中找到一絲綫索：

> 袁峻家貧無書，每從人假借，必皆鈔寫，自課日五十紙。①

又如，《新唐書》記載張文瓘兄張文琮，好自寫書，筆不釋手(《本傳》)。《新唐書·柳仲郢傳》說他手鈔六經(《舊唐書》本傳作"九經")，司馬遷、班固、范曄史皆一鈔。惠棟《松崖筆記》卷一"杜兼"條引《大唐傳載》云："杜兼嘗聚書萬卷，每卷後必自題曰：'清俸寫來手自校，女曹讀之知聖道，墜之鬻之爲不孝。'"②其實袁峻、張文琮、柳仲郢、杜兼等的鈔書之舉一直貫穿六朝隋唐時期，這種現象也造成了隋唐時代社會上大量鈔本的存在。晚唐五代刻版之事乃稍盛③，然愛書之士，從事鈔書者仍多。

雖然唐朝盛行官方和民間兩種形式的鈔書形式，但是却不能否認鈔手爲日本人的可能性。先請看日本當時的學術風氣。聖德太子著《憲法十七條》(604年)中就有除《詩》、《書》經部以外的典故運用，《文選》自然也不排除在外。④ 進入平安朝以後，學術文化方面仍舊積極向唐朝學習，《文選》等漢籍自然也成爲日本文化人的必讀書。特別是735年，吉備真備從唐朝回日本，仿照唐代教育制度開設大學寮，"博士"制逐漸形成。這裏需要引起注意的是"音博士"的設立，最早見於《日本書紀》持統天皇五年(唐中宗嗣聖八年)，但初期的"音博士"似乎只限於唐人⑤，教授内容也主要是中土的典籍發音。《續日本紀》光仁

---

① 黃徹著，湯新祥校注《碧溪詩話》卷六，人民文學出版社，1986年，頁96。
② 惠棟《松崖筆記·九曜齋筆記》，臺灣學生書局，1971年，頁12。
③ 卡德(T. F. Carter)著，劉麟生譯《中國印刷術源流史》第九章《馮道刊印九經》，商務印書館，1938年。
④ 如《憲法十七條》有云："有財之訟如石投水，乏者訴似水投石。"典出曹魏李康的《運命論》："其言也，如以水投石，莫之受也。……其言也，如石投水，莫之逆也。"
⑤ 這條《日本書紀》的記載是："九月己巳朔壬申，賜音博士大唐續守言、薩弘格，書博士百濟末世善信，銀人廿兩。"岩波書店，1965年，頁511。

天皇寶龜九年（唐代宗大曆十三年），也有關於設置《文選》、《爾雅》音博士的明確記載。①《文選集注》收載了失傳很久的《文選音》，與"音博士"這樣的教育體系應當有密切的關係。另外，當時日本的貢舉制度基本仿自《唐六典》②，據《養老令·選敘令第十二》條可知，作爲教科書的典籍含有《文選》和《爾雅》③。從上述日本漢學發展的脈絡來看，可以說《文選》《爾雅》在日本的情況沿襲了隋唐的風氣，是奈良、平安兩朝日本貴族文人群體的基本讀物④。此後，雖然遣唐使制度被廢止，但是研習《文選》的風氣依舊很好地保留在博士家（如菅原家、大江家）內部。⑤

基於以上的論述，我們很難判定《文選集注》是在中土完成鈔錄，還是最後鈔成於日本。但是此鈔者（或"鈔者們"）應當具有相當的漢文修養以及佛教修養，當是無容置疑的。

《文選集注》的文字，整體來說是用楷書鈔錄，但是存在連筆現象。隋唐時代，作爲皇室收藏以及供給皇子們學習之用的鈔物，當然要兼及學術與書法兩個層面的要求。在李善上《文選注》後不到二十年，《舊唐

---

① 《續日本紀》有云："庚寅，玄蕃頭從五位上袁晉卿賜姓清村宿禰。晉卿唐人也。天平七年，隨我朝使歸朝，時年十八九。學得《文選》、《爾雅》音，爲大學音博士，於後歷大學頭，安房守。"岩波書店，1989 年排印版第五冊，頁 82。此外，岡井慎吾博士《日本漢字學史》一書中有專節論述日本上世（937 年以前）"支那音の獎勵"傾向，明治書院，1934 年，頁 77—79。

② 參上揭本《唐六典》卷二："凡諸州每歲貢人，其類有六，一曰秀才，二曰明經，三曰進士，四曰明法，五曰書，六曰算，其弘文、崇文生，各依所習業，隨明經進士例，其秀才試方略策五條，文理俱高者爲上上，文高理平、理高文平者爲上中，文理俱平爲上下，文理粗通爲中上，文劣理滯爲不第。"其後小注曰："此條取人稍峻，自貞觀後遂絶。"頁 44—45。

③ 此條原文是："凡秀才，取博學高才者。明經，取學通二經以上者。進士，取明閑時務，並《文選》、《爾雅》者。"岩波書店，1976 年，頁 277。

④ 青木正兒以爲奈良、平安兩朝關於《文選》的模仿之作也很盛行，説見《國文學と支那文學》一文，載其著《支那文學藝術考》，春秋社，1970 年。

⑤ 倉石武四郎《本邦における支那學の發達》第三章《博士家の學問と訓法の發達》，汲古書院，2007 年。

書・裴行儉傳》有云：

> 高宗以行儉工於草書，嘗以絹素百卷，令行儉草書《文選》一部。帝覽之稱善，賜帛五百匹。

這裏裴行儉草書的《文選》，很可能是不含李善注的白文。由於唐代文人基數的龐大以及民間鈔手的大量存在，可以説，不管是像裴行儉這樣刻意草書，還是爲了加快鈔録速度，草書鈔本的存在應該是普遍現象。而且，受佛教鈔經系統的若干影響，貫穿整個隋唐時代，草書鈔録的可能性是很高的。比如，敦煌石室卷子佛經注疏，大部分都是草體文字。佛經最初經論與注疏分别刊行，經論則真書，注疏則草書，這一點前賢多有弘論。但是反觀東瀛日本所刊慧遠《大乘義章》，有如下文字：

> 草書惑人，傷失之甚。傳者必真，慎勿草書。

當時中土寫本，大約草書爲多，而日本僧人却嚴格規定需要真書。在隋唐帝國與日本進行文化交流過程中，學問僧的地位舉足輕重。即使在日本廢除遣唐使制度之後，入唐求法的日本僧人還是接踵而至。① 從這層意思上推測，鈔手爲日本僧人的可能性，似乎更大。但這一論點目前材料很不足，望方家補正。

另外，從整體上説，《文選集注》應該不是一人一時一地完成的著作。最有力的證據是那些常常出現的小字傍注、補注。一般可以認爲這是初步鈔畢的複覈補充文字。通常是只有寥寥數字，當然也有較長的例子，如京都大學文學部影印本《文選集注》第四集卷八五下所收《爲石仲容與孫皓書》一篇"貊馬延乎吴會"句後，原鈔手漏鈔李善、公孫羅注近40字，經複覈者補上，但是由於空白處明顯不夠，最後8字竟然密

---

① 筆者《公元九世紀前漢籍東傳叢考》，載《日本學研究》第19輯，北京日本學研究中心編，學苑出版社，2009年，頁191—192。

密麻麻橫着補在當頁的底欄。鈔本時代的作品,誤字、漏鈔現象本來不足爲奇,但是一般的鈔本大多沒有複覈和補寫。① 這個現象可以説明,閲讀、學習《文選集注》這一鈔本的士人應該不在少數。

綜合上述分析,筆者初步的意見是:京都大學文學部影印舊鈔本《文選集注》殘卷編者爲唐朝人,鈔者爲日本人的可能性較高。

六 餘論

錢鍾書《管錐編》:"昭明《文選》,文章奧府,入唐尤家弦户誦,口沫手胝。……正史載遠夷遣使所求,野語稱游子隨身所挾,皆有此書,儼然與儒家經籍並列。"②這種學習《文選》的盛況,當然不只是播及日本,西陲邊境陸續出土的殘卷中也有無注本、李注本《文選》。譬如,敦煌所發現的《秋胡變文》中列《文選》爲士大夫必讀的"十袟文書"之一。今日可見的敦煌石室的《文選》殘卷,存《述祖德詩》至《上責躬應詔詩表》,原本藏在俄羅斯。狩野直喜在紀念王國維先生去世的專輯《東洋學叢編》中有跋文云③,此西域石室之殘卷與李善、五臣注相仿佛,但似乎不出於同一注釋系統,注家暫不可考。

除了極西和極東廣傳《文選》之學外,朝鮮半島和安南地區也有《文選》的流傳。④ 屬於中國册封體系裏的國家,如高句麗、百濟、新羅等等,曾經作爲中國和日本之間的文化媒介,産生過重要作用。即使在日本遣隋使、遣唐使制度成立之後,依舊發揮着不可輕視的作用。

---

① 如大阪市立美術館編印的《唐鈔本》一書中所收大部分唐鈔本幾乎都沒有補寫現象。中田勇次郎監修,《唐鈔本》,同朋舍,1981年。
② 上揭本《管錐編》第四册,頁1400。
③ 上揭本《唐鈔本文選殘篇跋》,頁1—26。
④ 張師伯偉《論唐代的詩學暢銷書》,載《周勛初先生八十壽辰紀念文集》,中華書局,2008年。

筆者結合本文上述幾部分的討論，嘗試列出下表①：

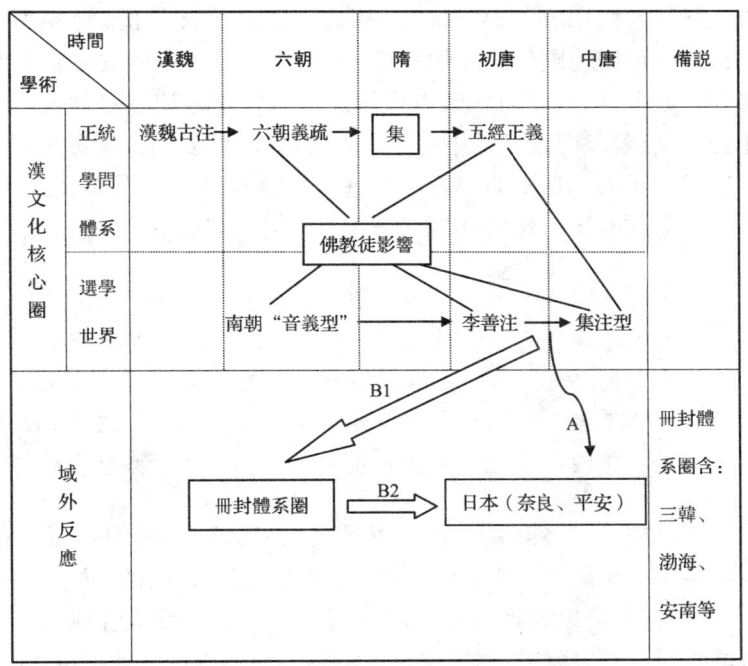

如果說《五經正義》的產生符合了明經科的需要，那麼為了考上重視詩賦才能的進士科，想必有很多大量的適應中層學術群體需要的參考書籍出現。《文選》這部典籍對於進士科的重要性，自不待言。所謂"進士"一科，最早由隋代設立，但有隋一代三十年間，考上進士科的秀才不過十人。唐受天命以來，對於這一教育方式有繼承也有改革，比如在人數上就有飛躍。考進士的詩賦試法為"試帖詩"，格律有限定，語氣必須端莊典雅。對於唐代學子來說，去古未遠的《文選》自然成為首選

---

① 關於上圖 A 和 B 兩種文化傳遞方式略作說明如下：自古日本通往中國的路綫有兩條，一是從九州海岸出發，通過朝鮮半島的西海岸(B1→B2)，到達渤海灣，在山東登陸，經過開封、洛陽，最後抵達長安。二是從九州出發，直接南下(A)，到達揚子江口，再從內陸北上。在隋煬帝開鑿大運河之後，第二條路綫越發重要，為此日本奈良時代特意在九州博多灣設置太宰府監督文化和貿易交流。

的學習對象,曲高和寡的李善注本對於大部分人來説,打一個不恰當的比方,很像康德(Immanuel Kant),附庸風雅的人使他的《純粹理性批判》成爲18世紀德國的最佳暢銷書,可大多數的書買回去之後却只能供奉在書架上,因爲其内容難以理解。《文選》李善注也是如此。而與此相對,《文選集注》這樣的中等水平的書籍,必然受到大量考生們的歡迎。唐代除了人們熟知的"明經"、"進士"等所謂常科,還有文武特科,"文"類特科在有唐一代據《唐會要》卷七六記載有如下15種:

辭殫文律	文經邦國	文辭秀逸
辭標文苑	藻思清華	辭藻宏麗
蓄文藻之思	手筆俊拔超越輩流	諷諫主文
文藝優長	文史兼優	文辭清麗
文以經國	文辭雅麗	博學宏辭①

不難發現,這些特科的名字,很多都是直接來自《文選》的名篇②,故而特科考生也一定需要一個既能理解文意,又兼具典故的"集注"本《文選》。我們甚至可以大膽推測,盛唐時期一些著名的詩人在成名之前也有可能看過這類"集注"型的《文選》注釋書,只不過這樣的書籍,如同今日考大學之教學輔導書,即使在一段時期起到幫助作用,但是也不會被堂而皇之的提起。

綜合上述可知,《文選集注》這類中等水平的書籍應該一度在中土盛行過,但是筆者推測,唐朝學者不會刻意保存它。特別是進入中唐之後,社會不再能給讀書人提供一個安穩的大背景。伊斯蘭教國這時進入了勃興的"黑衣大食"(Abbās王朝,750—1258)時代。唐玄宗天寶十載(751年),積極向東開拓疆土的伊斯蘭軍隊最終在帕米爾高原附

---

① 此處並非枚舉,具體請參考王溥著《唐會要》卷七六"貢舉中",上海古籍出版社,1991年,頁1641—1651。

② 譬如,"辭殫文律"出自《文選》所收陸機《文賦》:"普辭條與文律,良余膺之所服。"

近的怛邏斯(Talas)河與唐軍決戰,大敗唐軍,給唐朝多年來的西亞經營事業畫上了終止符。① 四年之後,安史之亂爆發,這些異族邊將不僅把神州大地弄成修羅地獄,還給六朝以來的貴族以及貴族制度造成燬滅性的打擊。緊接着是藩鎮割據時代的到來,那些大多以武將出身的邊鎮節度使,總是思量着擴軍、斂財和吞併地盤,無暇過多顧及文學發展。這一連串的事實都宣告着唐王朝的財政、軍隊、社會階層構造,甚至"東亞文明圈"②等各方面都不得不將發生根本性的變質。以下請以户數、口數爲例説明:

時　　間	户	口
開元(726)	7069565	41419712
安史之亂(764)	2933125	16920388

上表主要基於宫崎市定之説③製成。初步可以看出,户數和口數比起盛唐只有三分之一。筆者繼續作一個大膽的推測,文學人口蓋亦有大幅度的跌落。殘存下來四處顛沛流離如杜甫這樣的學者們,他們在戰亂流浪途中應該不會隨身帶上《文選集注》這樣卷帙繁多的書籍吧!

然而《文選集注》却在漢文化核心圈的周邊(日本)得到了重視,從這層意義上來説,《文選集注》和唐代大部分"詩格"、"詩式"類作品④遭

---

① 筆者《隋唐時代東亞文明圈五期説芻議》,載《周秦漢唐文化研究》第七輯,三秦出版社,2009年。
② 筆者《安史之亂與海東地域的文化認同——以渤海、新羅等史料爲例》,文載高麗大學《韓國文化期刊》(Journal of Korean Culture)第16卷,2011年。
③ 宫崎市定《大唐帝國:中國の中世》,中央公論新社,1988年,頁378—384。又,張學鋒教授來信認爲,宫崎氏此表之數據可用貞觀十三年、開元廿八年或天寶元年、天寶十一載及元和年間的史料再加覈查。
④ 張師伯偉《詩格論》認爲"詩格"一類雖然扮演過很重要的角色,但是被古人譏爲"俗書"、"陋書"。故而漸漸在中國亡佚。參《全唐五代詩格彙考·前言》,江蘇古籍出版社,2002年,頁5。此書所收的詩格很多都是藏於日本,這與鈔本《文選集注》散逸而重現的經歷有相似之處。

到了一樣的命運，在風行之後不久就極度不被重視，隨即就退出歷史舞臺，進而給今日的研究者帶來歷史上"從未有過"的錯覺。

讓我們再回歸到"中層學問世界"這一話題。

隋唐時代，"中層學問世界"具有較強的流動性與開放性，這使得它一方面可以接納"精英學問世界"，一方面也可以接納"庶民知識世界"。而對於東亞文明圈周邊的國家如日本，他們雖然努力向當時隋唐的"精英學問世界"靠攏，但是由於遠離核心文化圈等因素，"中層學問世界"的治學方式對於日本的讀書人來說，更容易進行漢籍的接受。

總之，筆者認爲，東亞文明圈是一個以漢字、儒教等多重元素爲基盤的自成體系的學問世界。這個學問世界的構造，至少在近代以前，是以中國爲中心的一元化框架結構。作爲文化核心的中國，爲了自我更新，必須不斷地迎接新的學問體系的到來，同時也不得不對舊有的學問體系進行揚棄。對於周邊國家來說，譬如投石於水中，必然會受到中國震動之波瀾的衝擊。然而這個波瀾有一個特徵，即是"非同時性"，或者説具有"時間差"。在本文討論的內容中，當核心文化圈，或者説核心文化圈的精英知識份子群體已經拋棄了《文選集注》這種學問類型時，這個波瀾却持續性地影響着"東"（日本）與"西"（西域）這兩個亞細亞文化圈的極點。當我們時隔千年再次接觸到《文選集注》的舊鈔本時，第一個反應當然是"出人意料"，然而將其置於六朝隋唐學問世界的發展脈絡以及東亞文明圈的"波瀾"效應上來看，那麼接下來的第二個反應應該是"理所當然"吧！換言之，這部書提供給今天學者的，應該是部分還原了當時隋唐世界帝國"中層學問世界"的學習實態，從這個意義上説則是"再發現"（Rediscover），而非"發現"（Discover）。

（作者單位：南京大學文學院）

唐鈔本文選殘篇跋（附録一種）

［日］狩野直喜 撰　童嶺 整理

【整理者案語】

　　狩野直喜（1868—1947），號君山，是京都學派"中國文學"特別是敦煌俗文學和戲劇小説研究領域的鼻祖（參筆者《漢唐經學傳統與日本京都學派戲曲研究芻議》，文載《中央戲劇學院學報》2009年第2期），他與"東洋史學"學科的内藤湖南、桑原隲藏一起構建了京都學派的第一代研究團體。

　　此《唐鈔本文選殘篇跋》原爲漢文書寫，無句讀，是一篇對俄藏《文選》古鈔本加以考證的精彩文章。"其研究態度乃祖述清朝考證學"（江上波夫編《東洋學の系譜》，大修館書店，1992年，頁98），從此篇跋文之議論出入於顧炎武、梁章鉅之間，亦可知其學旨所在。

　　作爲古鈔本《文選》的一份重要資料，這份俄藏文獻自有其獨特的價值，國内學者如羅國威、傅剛諸教授近年皆有專文論及。至於狩野直喜這篇跋文，雖然距今已近八十餘年，但是其中從"卷數"、"本文異同"和"注書"三點分析殘卷，今日讀之，仍有資於選學。狩野直喜所撰漢文頗爲雅馴，此文開篇即據唐人避諱考訂出此古鈔本《文選》在玄宗之前。如斯種種，誠爲不刊之論。

　　這篇跋文原刊《支那學》1929年第5卷第1號，因刊行較早，故不易見。目前中日兩國學者引用此文，文獻來源通常有二：一爲氏著《君山文》,1959年自印本;二爲氏著《讀書纂餘》,みすず書房,1980年。二者皆出自《支那學》第5卷第1號,但都不是此文之全貌,均缺前蘇聯學士院所藏唐鈔本寫真件、石濱純(即石濱純太郎〔1888—1968〕,日本西域古文書學家)《書後》兩種。今將大阪靜安學社編《東洋學叢編》(刀江書院,1934年)所錄《唐鈔本文選殘篇跋》全文及石濱純太郎之《書後》一併句讀整理刊布,並以《書後》作爲附錄。原文中雙行小注以括號形式出現。

案,《東洋學叢編》一書之編纂緣爲紀念王國維先生(Societas Orientalis Osaka'ensis in memoriam Wang Kuo-wei),書前有編纂委員之《小言》,原爲日文書寫,現轉譯如次:"本學社創刊第一冊《東洋學叢編》(Philologia Orientalis)作爲王靜安先生的記念冊,謹獻於王靜安先生小祥忌之靈前。因爲種種障礙,此書延至今日方才出版。在感謝早已賜稿的海内外諸先生的同時,亦請諸位寬宥敝社不得已而推遲出版的苦衷。又,對允許收入古鈔本《文選》的寫真件與狩野先生跋文的俄國學士院表達感謝之情。"

右唐鈔本《文選》某氏注,敦煌千佛洞所出,今藏於蘇俄共和國學士院。謝靈運《述祖德詩》至曹子建《上責躬應詔詩表》"馳心輦轂"一句,凡一百七十九行(注雙行算一行)。字體蒼潤,類初唐人筆跡。檢書中帝諱"淵"、"世民"、"顯"字闕筆,"隆基"字不闕筆,則在玄宗以前矣。

此書鈔寫時代略明,而本文源流與注家爲何人,則不可得而知。今唯舉其可考者數事:

一曰卷數。案《文選》昭明原本三十卷,至李善作注,析爲六十卷。與善同時有公孫羅者,注解《文選》亦六十卷。《舊唐書·儒林傳》李善《上注文選表》,新舊《唐志》可證。據善注本,書中張茂先《勵志詩》在卷十九之尾,曹子建表文列卷二十之首。今此書張詩與曹文相接連,同在一卷中,則明其非六十卷本。此卷數之可考者也。夫梁陳以來,學者講《文選》者,隋有蕭該一人,至唐其學大興,著述亦夥。《舊唐書·儒林傳》:曹憲仕隋爲秘書學士,貞觀中太宗徵爲弘文館學士,以年老不仕,年一百五歲卒。所撰《文選音義》甚爲當時所重。初,江淮之間爲《文選》學者，本之於憲。又有許淹、李善、公孫羅，復相繼以《文選》教授。由是其學大興於代。可知唐初多《文選》注家，而憲爲之倡首矣。今據新舊《唐志》、我國《本朝見在書目錄》，憲及其徒所撰述，憲則《文選音義》（《唐志》云亡卷，《見在書目錄》作十三卷）；善則《文選注》六十卷、《文選辨惑》十卷、《文選音義》十卷；羅則《文選注》六十卷、《文選音》十卷、《文選鈔》六十九卷、《文選音決》十卷（《文選音》與《文選音決》恐是一書）；釋道淹則《文選音義》十卷；許淹則《文選音》十卷（《舊唐書·儒林傳》：許淹少出家爲僧，後又還俗。博物洽聞，尤精訓詁。撰《文選音》十卷。道淹、許淹恐是一人。《舊唐志》、《本朝見在書目錄》有道淹《音義》而無許淹《音》可證）。康安國則注《駁文選異義》二十卷，又有無名氏《文選鈔》三十卷。此書由鈔寫時代而推之，殆不出以上所錄範圍。但有"義"而無"音"，卷數亦異。互相比較，憾不能以曹、許、公孫諸人當之耳。

二曰本文異同。《文選》舊注之存於今者，唯李善、五臣二注。五臣上於開元六年，在此書成後，然可採勘文字異同。案，此書與李善注本合者十八九；與五臣注本合，或與兩者均不合者十一二。今臚列於下，以資參覈。

（一）此書與李善注本合者

諷諫

諷諫一首四言並序

韋孟詩題目六臣注本（凡六臣注本言某字善本作某者，其本文稱六臣本；言某字五臣作某者，稱五臣注本。下放之）作"諷諫詩"，此書與李善注本均無"詩"字。又六臣或無"一首"二字。"四言並序"作"並序四言"。

孟爲元王傅傳子夷王孫王戊　作詩諷諫曰

六臣注本不重"傅"字。此書與李善本均有兩"傅"字。六臣注本"諷諫"下無"曰"字，此書有，與李善注本同。

非繇王室

李善注本同六臣注本，"繇"作"由"。

陑此嫚秦

李善注本同五臣注本，"陑"作"陙"。

垂烈于後
李善注本同六臣注本,"于"作"於"。
是放是驅
李善注本同五臣注本,"是放"作"田獵"。
追欲從逸
李善注本"從"作"縱","縱"、"從"義通,五臣注本作"樂"。
秦繆以霸
李善注本同五臣注本,"繆"作"穆"。
勵志
日與月與
李善注本同六臣注本,"與"作"歟"。
先民有作
李善注本同五臣注本,"民"作"人"。
出般於遊
李善注本同五臣注本,"般"作"盤";但李善注本"出"作"田"(據胡刻《文選》),蓋字之誤也。
蒱盧縈繳
李善注本同五臣注本,作"蒲盧"。
載瀾載清
李善注本同五臣注本,"載瀾"作"載潤"。
川廣自源
李善注本同五臣注本,"自"作"其"。
(二) 此書與五臣注本合者
剋奉厥緒
五臣注本同李善本,"緒"作"次";但"剋"字二本均作"克"。
殆其怙兹
五臣注本亦作"怙兹",與《漢書》本傳合。蓋"兹"字下與"思"協韻。李善注本誤倒作"兹怙",非是。
(三) 此書與李善注本、五臣注本均不合者
展季救魯民

李善、五臣二注本"魯民"均作"魯人"。梁章鉅曰,勵志故絶人,與上"魯人"韻複(《文選旁證》卷十九)。不知此書作"魯民",韻固不複也。

委講輟道論

李善、五臣二注本"輟"均作"綴"。此書作"輟",與本集合,於義爲長。説詳後。

昔靡不練

李善注本、五臣注本"昔"均作"時",善注曰,時,是也。此書作"昔",與《漢書》本傳合。師古曰,言往昔之事,皆在王心,無不閱也。此書注曰,王不可不練,知前昔王之用賢臣,以興國救顛危者,其義略同。

據前所標出,可知此書非李善,非五臣,別是一本,源流不同矣。

三曰注書。檢注頗與李善五臣相類(唐李匡乂《資暇集》稱五臣所注,盡從李氏中出。開元中,進表反非斥李氏,無乃欺心與?可知五臣注乃竊李氏而成。此書注類李氏,所以又類五臣)而間有歧異。今姑舉其一二。

謝靈運《述祖德詩》"展季救魯民",李善唯引《列女傳》柳下惠妻誄辭。此書注則曰:"依書傳,柳季無救魯民之文。其兄展喜,春秋僖公時却齊師。疑爲季也。"雖不異善注,更爲詳密。

"弦高犒晉軍",李善引《吕氏春秋》讀"晉"爲"暗",謂即國名。今爲"晉"字之誤也。晉師與秦軍相對成文,以晉師爲候,視暗國之師,義不可通。此書注則曰:"弦高以牛十二頭犒秦師,無犒晉師之文。此亦爲誤。"直斥其失,不事回護。顧炎武嘗譏謝詩改秦爲晉,以避下秦字,爲文人輕改古事之例(《日知録》卷二十一)。而未知此論已由唐人發之矣。

"委講輟道論",李善、五臣注本"輟"作"綴"。五臣注翰曰:"言玄委棄講藝,與王羲之隱於會稽山,以綴道論。後出爲將軍破符堅。"案,晉世士大夫崇尚虚玄,好談名理。講藝道論,要非二途。今言委棄講藝,以綴道論,其語不倫。此書作"輟",於義爲長。謂廢講藝與道論出拯國難也(此書注云"綴止"即"輟止"之誤寫。案,李白古詩"寂寞綴道論,空簾閉幽情"蓋亦用李善本)。又李善、五臣均以此詩專爲靈運祖玄而發,而《晉書》謝玄本傳不載其與王羲之隱於會稽之事。梁章鉅曰,玄病篤上疏,有"從臣仄叔,退身東山,以道養壽"之語。前後表十餘上,久之,乃轉授散騎常侍、左將軍、會稽内史。興疾之郡。十三年卒於官,無委棄講論歸隱之事。注所云者,牽合《謝安傳》以致舛誤也(《文選旁證》卷十九)。不知此書注曰:"謂靈運之叔祖安與王羲之友,同隱在會稽山,出晉爲符堅於淮左(案"爲"下有脱字)。"蓋以詩美玄,兼及安。而"委講"一句,乃專斥安。苟如此解,意義明白,無復煩章鉅駁正。可知此注較之李善、五臣,得失互見,而佳處自不可廢矣。

此注引古書亦多見於善注,而又有善注未載者。如《述(祖)德詩》注引丘淵之《新集録》,即新舊《唐志》所録丘深之《義熙以來雜集目録》三卷。淵之、深之殆是一人。此書"淵"字闕筆,而顧唐時又有改書"深"者。兩《唐志》作"深之",乃因宋刻本未經改正,故致此誤耳。韋孟《諷諫詩》"炭炭其國",注引鄧曰,其人未考(石濱學士謂鄧即《文選集注》所引鄧展。然胡刻《文選》李善注載鄧説,其文不同,故姑闕疑)。自二十餘年前斯塔因、伯希和二人發敦煌石室之秘,隋唐舊鈔始出西土。即《文選》一書,以予所寓目,亦猶有數種。然概皆李善、五臣二注本。此書亦得於敦煌,而内容則異,殆宋以來學者所未見未聞,可謂驚人秘笈,天壤間孤本而已。

附録一種:石濱純太郎《書後》

此書有義無音,已非曹、許《音義》之類。述義解詁,又與李氏《辨惑》、康氏《注駁》異。其體例文辭富贍,與李善注相若,則非無名氏《鈔》三十卷之寡,然則定此書爲公孫羅《鈔》當無疑矣。案,公孫羅《文選鈔》("鈔"兩《唐志》作"注")兩《唐志》六十卷;《見在書目》六十九卷。《唐志》卷數雖與李善本合,而其分卷之異同,則今不可知,況有《見在書目》作爲六十九卷者乎。未可以張詩、曹文同在一卷,遽謂不能當之於公孫氏也。

我國所傳有《文選集注》殘卷,不知出於誰氏。其例先舉李善、次《鈔》、次《音決》、次五臣、次陸善經,間有案語。其題曰《鈔》者,與此書相類,似且以《鈔》、《音決》(是《見在書目》所謂公孫羅《音決》也。《舊唐志》曰《音》;《新唐志》曰《音義》,並是一書。嘗聞敦煌出土者,尚存斷簡）並次相接，亦當是公孫本。《經籍訪古志》云："第百十五卷首題云'今案鈔爲郭林宗'。"案，卷百十五今不詳存否，無由就而檢之，但以爲郭鈔，則無據不足信。

此書韋《諷諫詩》"岌岌其國"，注引"鄧曰，岌，相調岌之岌"。李善注（依胡刻尤本）引"鄧展曰，岌，孟子曰，天下殆哉岌乎。司馬彪以爲岌岌，危也"與之不合，殆似不是鄧展。案李注必有奪誤。胡氏《考異》云，袁本、茶陵本無此二十三字。則未可以疑此書所引爲鄧展。《文選集注》所引《鈔》亦有引鄧展者，卷八十八司馬長卿《難蜀父老》"必將崇論閎議"，注云："《鈔》曰，鄧展曰，《古今字詁》云，吰，今宏也（李注亦引）。"又，"遠撫長駕"，注云："《鈔》曰，鄧展，駕，至也。"亦可以旁證鄧展。《漢書》顏師古敘例列之。

君山先生已爲考證，跋於此書。純受讀之下，稍有所不安，乃承緒論，敢衍愚見，謹就正云。己巳二月，石濱純書後。

（整理者單位：南京大學文學院）

更　正

本刊2010年6月第十三輯所載童嶺《舊鈔本古類書〈秘府略〉殘卷中所見〈東觀漢記〉佚文輯考》一文"世祖光武皇帝"部分輯佚第一條"互見"中誤衍"江蘇古籍出版社"七字，給作者及讀者造成了淆亂，敬請諒解。

特此更正。

《文選》絮語
——吉備大臣入唐繪詞的關聯

[日]神田喜一郎 撰　童嶺 譯

【譯者案語】

神田喜一郎(1899—1984)，號鬯盦。出身於京都一著名之商家，如同中國古代的儒商家族一樣，神田家也是極好漢文化的世家。當時尚爲高中生的神田喜一郎就有機會(因爲祖父神田香岩之故)常常拜見東渡日本的中國著名學者董康、羅振玉、王國維，加之曾留學歐洲，因此神田喜一郎對於傳統漢籍和法國漢學均有較高的造詣(參筆者《草創期的日藏漢籍舊鈔本研究》，文載澳門大學中文系編《南國人文學刊》第一期，2011年)。據神田喜一郎自云，這篇《〈文選〉絮語——吉備大臣入唐繪詞的關聯》原爲1962年角川書店影印出版《吉備大臣入唐繪詞》解説辭的一部分，修改後以此題收入神田氏著《東洋學文獻叢説》(二玄社，1969年)一書中。

所謂"吉備大臣入唐繪"是日本藝術史上典型的"繪卷物"之一種。如最初在奈良時代的《繪因果經》即是其一(上段是繪畫，下段是經文)。"吉備大臣入唐繪"大約製成於平安後期。從1932年起，被美國波斯頓美術館收藏。這一繪卷的內容記載在大江匡房的《江談抄》(後藤昭雄等校注，岩波書店，1997年)第三卷中，講述的是遣唐使吉備真備在唐被幽閉，後由安倍仲麻呂的鬼魂導引，接受了皇帝關於《文選》、圍棋、野馬臺等種種考驗，終於回國的故事。

唐代東亞歷史的詳情是,作爲留學生的吉備真備於天平七年(735)歸日本,帶回了《東觀漢記》等大量漢籍,是中古文化東傳史上一位重要代表人物。在本文中,神田喜一郎由此出發,通過中古時代中日兩國選學的比較,對日藏漢籍舊鈔本如"九條本"《文選》、《文選集注》等都做出了具有參考價值的推論。並且也對於"《文選》師說漸絕"提出了一種合理的解釋。文章雖短,精義迭現,因而略作介紹如上,並全文譯成漢語,以供國内治"選學"者參考。

　　吉備大臣人唐繪詞之中,有一段記述唐朝博士根據敕命來試驗吉備大臣的才學,而被吉備大臣巧妙應付的故事。關於這一考試,我特別關注到涉及《文選》的部分。《文選》是一部十分不容易理解的書,吉備大臣雖然富有才學,恐怕也不能解答。其中之理由,當然就是因爲《文選》原本就極其難解。現在,我們要特意取出《文選》來,對這一故事的背景做些深入的考察,來看一看這是不是唐代的一個特殊事件。

　　無庸置疑,這裏的《文選》,就是指梁昭明太子選擇了從周代直至梁代的127位作家的詩文以及若干無名氏的作品,分類編纂的一部文學選集(Anthology)。它共有三十卷。太子自幼喜好文學,此書完成後,太子在卷頭冠以自己書寫的序文,它實在是一篇莊重的文學論文,顯示了太子對於文學獨有的鑑識力。《文選》並不是僅僅網羅了古今的名作,其選擇之舉,也是極其精妙,因此很早就作爲貴重的古代典籍之一,得到了廣泛的閱讀。而專門研究它的就是"文選學",簡稱"選學",成爲一科之學。其元祖是生活於隋至唐初的學者曹憲,他在今天江蘇省的揚州招收生徒,講授《文選》。公卿以下,多有諸生從之,據說聽講者有數百人。現在揚州還有被稱爲"文選樓"的遺址,傳聞是曹憲講習《文選》的場所。曹憲著有《文選音義》,他的弟子中,許淹、公孫羅、李善等,都是十分優秀的學者。如許淹著有《文選音義》,公孫羅著有《文選鈔》、《文選音決》,李善著有《文選注》、《文選音義》。其中,現存的只有李善的《文選注》,其書完成於唐顯慶年間。此後,在開元年間,吕延濟、劉良、張銑、吕尚、李周翰五人做出了新注,這就是通常所謂的"五臣注"。自此之後,李善注與五臣注並立,今日一般所流傳的,是將二種注合併成一書的"六臣注"。

至於説《文選》在我國，古來是一種怎樣的閲讀風尚呢？聖德太子的《十七條憲法》中就有出自《文選》的句子，如果這只是聖德太子的一時權宜之舉，那麼，《令》中的規程則可以明確地看見《文選》之辭句。故而我想，《文選》一書應該是很早就傳至我國了。從正倉院文書中可以看見寫有《文選》、《文選音義》的記録。此外，正倉院文書中也存有寫着李善注的斷簡。而這裏的《文選音義》，因爲歷史上許淹、公孫羅、李善三人都有相似書名的著作，所以很難判斷它是誰的作品。但是當時讀《文選》恐怕還是以李善注爲主，旁及參考一些音義類的著作。進入平安時代之後，傳來了新出的五臣注。今天尚存有平安朝早期書寫的五臣注本之零卷。藤原佐世《日本國見在書目録》中雖然没有記載五臣注，然而却著録了上舉曹憲以下諸人的《音義》、《注》等多種作品。

這一時期以《文選》爲主進行研究的是紀傳道的博士家，他們在專門的史學之外，兼及文學的職掌。尤其是他們所説的《文選》研究，和今日的研究很不一樣。那到底是怎樣的做法呢？——主要是給《文選》本文加上倭訓。紀傳道的博士家中，菅原和大江兩家對此一直進行着辛苦的作業。今天尚存有御物《文選》舊鈔卷子本，可以作爲他們業績的證明。原先它藏在九條公爵家，一般稱之爲九條家本《文選》。它和最初的三十卷本《文選》不同，今存不過十數卷。然而這一版本在正文的左右施以詳細訓點。作出這些訓點的即是菅原、大江博士家的人們。當然，這需要經過很多年代的漫長歲月。九條家本《文選》的訓點，應該大抵處於訓點固定化的時代中，恐怕是誰進行的整理和統一之作吧，這一點十分有意思。這些訓點中，既没有跟隨李善的注解，也没有跟隨五臣的注解，而是可以看出不少别的訓讀方式。這種場合下，在紙背上顯示出了有很多作爲它原來依據的書，可見它引用了不少書籍。其中引用最多的是《文選鈔》，這恐怕就是公孫羅的那部書。公孫羅的著作，如前所述，已著録於《日本國見在書目録》，因此當時博士家的人們來利用它並非不可思議之事。

此外，當時亦有《文選集注》近一百二十卷的大部頭著作，它以李善注爲開始，次有《鈔》、《音決》、五臣以及陸善經的注解，其中引用了大量珍貴的古書。這樣的著作也有可能被博士家利用到了。總之，據上述之事實，菅原、大江兩家博士的工作，主要就是從諸多的《文選》注釋書中進行取捨，選擇最恰當的注解，進而據此來對《文選》的本文施以倭訓。實際操作中，這是很不容易的難事。明經道博士家的專門之學——經學，雖然也是極其困難的工作，然而《易》則是王弼注，《春秋左氏傳》則是杜預的集解，《論語》則用何晏的集解。這種風氣只是限於依據一種注釋。在這一點上，經學和《文選》是完全不同的。以上，都是唐人對吉備大臣爲何特意以《文選》進行試驗的大背景。綜上所述，這不得不考慮爲當時的一件特殊事情。

　　吉備大臣入唐繪詞的故事，已有先學進行研究，他們指出這源自大江匡房的《江談抄》。衆所周知，大江匡房出生於平安朝末期紀傳道博士大江家族中，是一代之碩學。筆記大江匡房談話的書籍，就是《江談抄》，在這其中見到這一故事絕非偶然。《江談抄》中，除了這一故事外，也有《文選》師說漸絕，而令人慨歎無比的一條記載。考察大江匡房的時代，經過那漫長的時間，博士們通過各種辛苦努力所施加的《文選》訓讀，業已成爲固定化的存在。然而，《文選》的師說斷絕，是否意味着與過去相違背，而要面對新的困難呢？當時，達到極盛的是《白氏文集》，呈現出漸漸壓倒《文選》的趨勢。清少納言所謂"書則《文集》、《文選》"的時代，已經很快地成爲過去之事了。我想，《文選》的師說斷絕，就是它的結果。作爲繼承紀傳道博士家的大江匡房，因此感到了巨大的責任，也就是那種對於《文選》難讀的重壓感吧！涉及《文選》的吉備大臣入唐繪詞的這一段，不就是大江匡房對於《文選》師說漸絕的苦悶的象徵嗎？總之，從日本漢文學史上看，這是非常有意思的一段。

（譯者單位：南京大學文學院）

《文選鈔》的引書[①]

［日］長谷川滋成　撰　章琦　譯

　　《文選鈔》是《文選》的一個注本，它和李善注、《文選音決》、五臣注、陸善經注一起被《文選集注》收錄。關於《鈔》的作者、成書年代以及體裁、內容等相關信息，已經由森野繁夫、富永一登兩位先生在《〈文選集注〉所引的〈鈔〉》[②]一文中詳細地考察過。根據此文的考證，唐高宗時代（649—683），尤其以顯慶年間爲中心，揚州江都的某位《文選》學者編寫了《鈔》。內容方面，《鈔》對李善注加以補足的傾向非常強烈。但另一方面，作爲一本注釋書，它却有缺乏統一性的一面。所以該文作者這樣認爲："考慮到當時以揚州爲中心的《文選》講座非常盛行，這部《鈔》可能是學生的聽課筆記抑或老師的備課筆記。雖然不能確定是兩者中的哪一種，但可以推測，它極具講座實錄的性質。"

　　那麼，讓我們收集這本《鈔》所引用的書籍以及作品[③]，按照經史子集的順序整理一下。經部方面，《毛詩》的引用次數最多，超過了兩百次；《鈔》中《尚書》、《論語》、《春秋左氏傳》等隨處可見。另外，史部方

---

① 本文原載《日本中國學會報》第三十二集，1980年。
② 《日本中國學會報》第二十九集。
③ 文本使用京都帝國大學文學部影印的舊鈔本《文選集注》，其中卷九八則依據邱棨鐊先生《〈文選集注〉研究》（《文選》學研究會刊行）所收入的照片。

面,《漢書》、《三國志》、《史記》等書的引用較多,而史部其他引書裏,有將近半數和謝承《後漢書》、《魏略》、《漢晉春秋》一樣,僅引用一次而已。子部方面,引用的作品只有三十餘種,在四部中最少,引用的次數總計也不過一百一十多次。最後,集部方面,除了《楚辭》被徵引三十多次外,其他的基本上只引用一次。

通過整理這些引用的書籍和作品,我們可以看到,以佚書、佚文爲首,加之那些和現存書籍字句有出入的地方,它們作爲研究資料,都很有價值。本文就是想以研究這些佚文及字句不同之處,來探求其中的資料價值。

一

《鈔》引用的書籍裏,包含了正史如《漢書·藝文志》和《隋書·經籍志》,其他如《世說新語》以及《文選注》,還有像《初學記》、《太平廣記》、《太平御覽》等類書裏都沒有的內容。書名和引用的句子如下:

①《河圖玉英》
劉季爲天子。(卷九三,陸士衡《漢高祖功臣頌》所引)
②《禮別名記》
一人材,敵萬人爲傑。(卷一一三上,潘安仁《夏侯常侍誄》所引)
③《華夷國記》
皇帝九子,各封一國。(卷四八下,潘安仁《爲賈謐作贈陸機》所引)
④《隱錄》
詢總角奇秀,衆謂"神童"。隱在會稽幽究山,與謝安友。逍遙遊處,以戈釣嘯詠爲事。(卷六二,江文通《雜體詩》所引)
⑤《古賢集目》
夏黃公,姓崔,名廓。(卷六二,江文通《雜體詩》所引)
⑥《方道書》
上曰神人,次曰仙人,下曰真。又言:一曰神仙,二曰隱淪,三曰使鬼物,四曰先智,五曰鑄凝成真。(卷九,左太沖《吳都賦》所引)

⑦《田經》

立春之日,立一木於土中,上二三寸。土起與木□,即可耕也。(卷七一,王元長《永明九年策秀才文》所引)

⑧《俗語》

七月七日夜,鵲爲織女輦,絹歸夫家。(卷五九上,謝惠連《七月七日夜詠牛女》所引)

⑨《雜説》

詢性好山水,□而□是遊。時人謂:"許□非□有勝情,亦有濟世之具。"(卷六二,江文通《雜體詩》所引)

謝靈運謂仲文曰:"若讀書半袁豹,則文史不減班固。"(卷六二,江文通《雜體詩》所引)

⑩《文錄》

於時才華之士,有伏滔、庾闡、曹毗、李充,皆名顯當世,綽冠其首焉。故温郤王□諸公之薨,非□公爲文,則不刻石也。(卷六二,江文通《雜體詩》所引)

其中第⑨條或《隋書·經籍志三》裏提到的"《雜説》"可能均指沈約撰寫的《雜説》。

《雜説》這部書的佚文另見於《太平御覽》卷二三所引:

> 《雜説》曰:"百舌鳥,一名反舌。春則囀,夏至則止,唯食蚯蚓。正月以後,凍開則來,蚯蚓出故也。十月已後則藏,蚯蚓蟄故也。物之相感,不知所由。"

巧合的是,《鈔》裏引用的《雜説》和《太平御覽》裏引用的《雜説》,甚至沈約的其他著作——只要是他寫的文章,内容不外乎人物逸話或各種傳聞。

二

其次,可以發現現存書籍中見不到的以及輯本中沒有收錄的內容,舉例如下:

①《毛詩·小雅·節南山》"赫赫師尹,民具爾瞻"鄭箋

師尹大臣,若家掌之屬也。(卷九八,干令升《晉紀總論》所引)

②《論語·爲政篇》"導之以德,齊之以禮"鄭注

德謂"六德",□、□、□、義、忠、和;禮謂"五禮",吉、凶、賓、軍、嘉也。(卷九一下,王元長《三月三日曲水詩序》所引)

③《蜀志·諸葛亮傳》

諸葛亮將兵伐魏,晉司馬宣王將兵距之。亮乃得病,告軍士曰:"吾病若死軍中,即發欲疾歸兵。"及亮死後,軍人用之言即歸。宣王曰:"此有詐也。"乃不敢逐之。時人曰:"葛亮雖死,猶敵仲達之生也。"(卷七九,任彥升《奏彈曹景宗》所引)

④《續晉陽秋·穆帝》

自王褒、揚雄諸賢尚賦頌,皆體則《詩》《騷》,傍綜百家之言。及至建安,而詩章大備。逮至西朝之末,潘陸之徒,雖復時有質文,而宗歸一也。正始中,王弼、何晏,尚老莊玄勝之談,世遂貴焉。至江左,李充尤盛。故郭璞五言詩,始會合道家之言而韻之。爰及孫興公,轉相祖尚,又加以釋氏三世之辭,而《詩》、《騷》之體盡矣。至義熙,謝混改焉。(卷六二,江文通《雜體詩》所引)

⑤王隱《晉書·左思傳》

左思少好經術。嘗習鍾胡不成,學琴又不成。貌耽口訥,甚有大才。博覽諸經,遍通子史。於時天下三分,各相誇競。當思之時,吳國爲晉所平。思乃賦此三都,以極眩曜。其蜀事訪於張載,吳事訪於陸機。後乃成之。(卷八,左太沖《三都賦序》所引)

⑥臧榮緒《晉書·夏侯湛傳》

夏侯湛,字孝若,譙國譙人。曾祖淵,魏征西將□□□□□□兖州

刺史。父莊,字仲容,□□□□。湛美容觀,才章富盛,早有名□。與潘安仁友善,每行止,同輿接茵,京師謂之"連璧"。少爲太尉掾。泰始七年,舉賢良,對策,拜郎中。遂累年未調,朝野多歎其屈。除中書郎、南陽相、太子僕,未就而武帝□。惠帝即位,爲散騎常侍。元康元年卒,年卅九。(卷一一三上,潘安仁《夏侯常侍誄》所引)

⑦ 臧榮緒《晉書·馬敦傳》

惠帝贈馬敦牙門將蜜印畫綬。(卷一一三上,潘安仁《馬汧督誄》所引)

⑧《莊子》

以足言之,則殤子爲壽;不足論之,則彭祖爲夭。若以彭祖爲壽,則天下有長命於彭祖者;若以殤子爲夭,則天下有夭於殤子者。因天者以本而言,即有上百二十,中百歲,下八十,彭祖八百。因此即言殤子夭者,未達大理,偏見之人。(卷六二,江文通《雜體詩》所引)

⑨《莊子》

假令十寸之杖,五寸屬晝,五寸屬夜。晝主陽,夜主陰。陽主生,陰主死。之晝復夜,生復死。雖一尺之杖,陰陽生死之理,無有窮時。故理是不少也。(卷六二,江文通《雜體詩》所引)

⑩《莊子》

人之去穢累,若鏡之見磨飾。(卷六二,江文通《雜體詩》所引)

⑪《莊子》

九重泉下有龍。頷下有珠,領下鱗逆,逆中有珠。龍睡而取之,著鱗即死。其夜光也。荆山玉,卞和得之,其玉甚佳。(卷六八,曹子建《七啓》所收)

⑫《楚辭》

皇鑒余之忠誠兮。(卷五九下,沈休文《和謝宣城》所收)

⑬《楚辭》

塊兮軋兮山曲拂。(卷九一下,王元長《三月三日曲水詩序》所引)

⑭《楚辭》王逸注

悀悀,惶遽之貌。(卷一一六,王仲寶《褚淵碑文》所引)

⑮《楚辭》王逸注

寒寒,思忠信行貌也。(卷九四中,袁彥伯《三國名臣序贊》所引)

⑯ 揚雄《虎賦》

目如電光,舌如綿巾。勇怯見之,莫不主臣。(卷七九,任彥升《奏彈曹景宗》所收)

⑰ 蔡雍《巢父碑》

岳鎮淵渟,澹然無慮。(卷九一下,王元長《三月三日曲水詩序》所引)

⑱ 曹植《妍歌篇》

木豫南屼頭,汲水北澗隅。(卷五九上,謝靈運《田南樹園激流植援》所引)

⑲ 杜摯《葭賦序》

葭老子入胡之所作也。(卷九一下,王元長《三月三日曲水詩序》所引)

⑳《王元長集》

《王元長集》云:元長既作此序竟,上啓陳云:"臣融云,奉司徒竟陵王臣子良所宣敕,使臣序今年《曲水詩》。臣少來挾策,頗好蟲篆,文缺典麗,思慚沈鬱。伏以至策熙明,玄功昭暢。一九皇之恒制,兼三代之獨道。禮樂憲章之富,班馬未□□□□□□□□□□□□□□□□□□□□□□□□□□□□使顏延之爲序,□□之美□□有。然宋德之仰皇風,猶蟻蛭之望嵩霍;臣才之匹延之,亦牛宮之譬江海。化彌隆而人益賤,事踰泰而言又輕。雖瀝丹愚,終謝神算。冒昧上聞,云云乎。"敕答曰:"卿所製《三日詩序》,言議廓落,可爲大製作也。顏氏不復專擅其美,遲見卿具諸懷也。"(卷九一上,王元長《三月三日曲水詩序》所引)

㉑《續文章志》

早與祖逖□善。嘗□大角枕同寐,聞雞夜鳴。憙而相□,遂遂墜地。尚書郎石勒,時爲奴虜,已有雄志。朔日上朝臣賢,畢齊,鳴趨振玉者成行。勒時皆閉眼,無所視。琨於時名位尚卑,出又最晚。勒見其動於色,顧謂儔侶曰:"唯此人粗可與我相抗。"追而目之,至其所止。琨後得至并州。并州承亂離之後,接際群夷。石勒、劉聰,連相攻敵。琨撫納移年抗拒。後石勒破姬澹,并州遂亡。琨走遼西,投段匹磾請救。磾忌而害之。琨既有勇氣,兼善文章。初元皇雖茸濟江東,猶謙讓,未即位。琨遣長史溫嶠奉表勸進。其略曰:"天未絕晉,必將有主晉祀者,非陛下而誰?"王敦見而大忿曰:"讀《左傳》卅年,而今見劉琨得其語矣。"初江左逮創,英賢畢集。時人猶恨琨不過焉。周伯曰:"江東地狹,不容琨氣。"(卷六二,江文通《雜體詩》所引)

下面就上述佚文的資料價值作一簡要闡述:

第③條《蜀志·諸葛亮傳》

這一資料展現的是死諸葛嚇走生仲達的典故。迄今爲止,由於《蜀志》卷三五《諸葛亮傳》中裴松之注的徵引,如下《漢晉春秋》的文章得以爲世人所知:

楊儀等整軍而出,百姓奔告宣王,宣王追焉。姜維令儀反旗鳴鼓,若將向宣王者。宣王乃退,不敢逼。於是儀結陣而去,入谷,然後發喪。宣王之退也,百姓爲之諺曰:"死諸葛走生仲達。"或以告宣王,宣王曰:"吾能料生,不便料死也。"

楊儀承姜維之命,大張旗鼓地擺出和司馬懿決一死戰的架勢之後,命三軍保持陣型退回谷中,並向外界放出諸葛亮已死的風聲。這一具體記載雖然沒有出現在《鈔》的引文裏,但除此以外,兩份資料有着驚人的相似之處。《鈔》所引用的《蜀志》就是《諸葛亮傳》的原文,然而現存諸葛亮本傳的相關部分是這樣寫的:

其年八月,亮疾病,卒於軍。時年五十四。及軍退,宣王案行其營壘處所曰:"天下奇才也。"(《蜀志》卷三五《諸葛亮傳》)

理論上存在兩種可能:《鈔》所引用的《蜀志》要麼是諸葛亮本傳的正文,要麼是將注文錯當成正文引用了。不過筆者堅持認爲,從文體來看,引用的應該是注文。

第④條《續晉陽秋·穆帝》

這一資料記載的是自漢至晉的詩風。迄今爲止,《世説新語·文學篇》劉孝標注的徵引使得如下《續晉陽秋》的文章爲人所知:

> 詢有才藻,善屬文。自司馬相如、王褒、揚雄諸賢,世尚賦頌。皆體則《詩》、《騷》,傍綜百家之言。及至建安,而詩章大盛。逮乎西朝之末,潘、陸之徒,雖時有質文,而宗歸不異也。正始中,王弼、何晏,好莊老玄勝之談,而世遂貴焉。至過江,佛理尤盛。故郭璞五言,始會合道家之言而韻之。詢及太原孫綽,轉相祖尚,又加以三世之辭,而《詩》、《騷》之體盡矣。詢、綽並爲一時文宗。自此作者,悉體之。至義熙中,謝混始改。

比較兩篇《續晉陽秋》可以知道,《鈔》中引用的"至江左,李充尤盛"、"又加以釋氏三世之辭"在《世説新語》的注文中被記載爲"至過江,佛理尤盛"和"又加以三世之辭"。也就是説,按照《世説新語》注中引用的《續晉陽秋》,"佛理"與"三世之辭"在意義上互相重合了。

《困學紀聞》卷一三引用《續晉陽秋》"至過江,佛理尤盛",清人何焯評注道:"佛理疑當爲玄理。"小尾郊一博士在《中國文學中的自然及其自然觀》①中也談及《世説新語》注文裏引用的《續晉陽秋》:"考慮到這是最接近於晉代的資料,因而它具有一定的可信度,但是按照這一記載,老莊和佛理以及道家的關係變得不甚明確,且許詢、孫綽不僅對玄理,對佛理也有所涉獵了。就孫綽而言,尚有宣揚佛理的《喻道論》存世(收入《弘明集》),按理説其詩也應該讓人覺得藴含了佛理,可是從現存的詩作中並没有找到足夠的證據。而許詢方面,由於資料缺乏,更難以明辨。"也就是説,此處的"佛理"使這篇文章變得難以解讀。

從《鈔》所引《續晉陽秋》的記載來看,問題在於:原文寫着"李充",而不是"佛理"。"李充"的名字與《晉書》卷九二《文苑傳》聯繫在一起,可能就是那個撰寫了《釋莊論》上下二篇的李充。在這種情況下,雖然

---

① 昭和三七年(1962),岩波書店刊。

"李充尤盛"的説法也可以表達出崇尚玄理的意思,但這部分如果可以讀成"至江左李充,(玄談)尤甚",意思就更爲明確,即爲——

> 正始中,王弼、何晏,尚老莊玄勝之談,世遂貴焉。至江左李充,(玄談)尤盛。故郭璞五言詩,始會合道家之言而韻之。

顯然,郭璞也受到了李充的影響。

關於李充的老莊思想,可以舉《學箴》爲例:

> 老子云:"絶仁棄義,家復孝慈。"豈仁義之道絶,然後孝慈乃生哉!蓋患乎情仁義者寡,而利仁義者衆也。道德喪而仁義彰,仁義彰而名利作。禮教之弊,直在兹也。(中略)故化之以絶聖棄智,鎮之以無名之樸。聖教救其末,老莊明其本。本末之塗殊,而爲教一也。(後略)(《晉書》卷九二《李充傳》)

換言之,"世人道德淪喪,於是儒家的仁義之説現身。儒家的學説僅爲'救其末',即改變不道德的現象,而老莊主張讓人從根本上明白道德的重要性。本末雖有不同,但恢復仁義的思想却是一致的"。李充這一説法在當時廣爲接受,可能郭璞也受其影響,將道家學説寫入詩中。

李充是東晉第一個追隨王導的人,他和郭璞基本上處在同一時代。考慮到郭璞也曾在王導手下爲官,雙方很可能有某種私交。另外,《詩品・中品・郭璞》條中這樣寫道:

> 憲章潘岳,文體相輝,彪炳可翫。始變永嘉平淡之體,故稱中興第一,《翰林》以爲詩首。

最後一句的含義是,李充在其著作《翰林論》中,稱贊郭璞爲"水準最高的詩人"。

考慮到以上因素,也就不難得出李充和郭璞關係較好的結論了。

第⑤條王隱《晉書・左思傳》

與《鈔》引用部分相對應的文章有房玄齡《晉書》卷九二《左思傳》，其中這樣寫道：

> 思少學鍾胡書及鼓琴，並不成。雍謂友人曰："思所曉解，不及我少時。"思遂感激勤學，兼善陰陽之術。貌寢口訥，而辭藻壯麗。不好交遊，惟以閑居爲事。造《齊都賦》，一年乃成。復欲賦三都。會妹芬入宫，移家京師。乃詣著作郎張載，訪岷邛之事。遂構思十年，門庭藩溷，皆著筆紙。遇得一句，即便疏之。自以所見不博，求爲秘書郎。及賦成，時人未之重。

《鈔》引用的文章包含如下內容：

> 貌耽口訥，甚有大才。博覽諸經，遍通子史。於時天下三分，各相誇競。當思之時，吳國爲晉所平。思乃賦此三都，以極眩曜。

這一部分在《晉書·左思傳》中没有出現。再者，"吳事訪於陸機"這句話，從下文看來，具有相當重要的資料價值。

高橋和巳先生發表過《陸機的傳記與文學》上、下篇①。上篇中，關於陸機進入洛陽的時間，《晉書·左思傳》記載爲"太康末"。而考慮到陸機此前至少去過一次洛陽，於是作者將其入洛時期籠統地定在"太康五六年左右"，並且在結論中寫道："由於資料匱乏，要想明確考察陸機赴洛的來龍去脈已經不可能了，雖然遺憾但也没有辦法。"

後來，在下篇發表期間，作者於上文列舉的《鈔》中所引王隱《晉書》裏發現了新的材料，結合《晉書·左思傳》的其他內容，推翻了先前的結論，並將陸機入洛的時間與創作《三都賦》的時間聯繫起來，作出了如下補證，推斷出較爲準確的時間。

(《鈔》所引王隱《晉書》、《晉書·左思傳》)和《晉書·左貴嬪傳》相

---

① 《中國文學報》第十一冊—第十二冊。

互印證,陸機移居京師的時間當爲武帝泰始八年(272)左右,而按照《太平御覽》卷一四五中引用的《晉起居注》,這個時間又應該定在咸寧三年(277)左右。

> 左貴嬪,名芬,兄思,別有傳。芬少好學,善綴文,名亞於思,武帝聞而納之。泰始八年,拜修儀。(《晉書·左貴嬪傳》)
> 咸寧三年,拜美人左嬪爲修儀。(《晉起居注》)

爾後,在"構思十年"的基礎上,左思完成了《三都賦》,這大概是泰始八年到太康二年、或者是咸寧三年到太康八年的事情。這一時期,左思在洛陽拜訪了陸機。王隱《晉書》、《唐太宗御撰晉書·左貴嬪傳》和《晉起居注》相互參照,無論如何也要出現五年的時間偏差。不過,"太康末"以前,陸機至少去過一次洛陽的事實能夠得到充分肯定。再結合《左貴嬪傳》的材料來看,左思拜訪陸機的時間緊接在吳國滅亡(280年)之後。於是可以推斷,《三都賦》是太康二年左右的作品。陸雲和陸機之間的贈答詩,在涉及"朔土"等北方意境時沒有特別感觸,也爲這一推斷提供了別具特色的佐證。

也就是說,這份能夠一改往日曖昧推定、提供確鑿證據的資料應當受到更多的矚目。

第⑥條臧榮緒《晉書·夏侯湛傳》

關於夏侯湛被舉賢良、拜爲郎中的年份,之前都是根據這樣的記載:

> 夏侯湛,字孝若,譙國譙人也。祖威,魏兗州刺史。父莊,淮南太守。湛幼有盛才,文章宏富,善構新詞,而美容觀。與潘岳友善。每行止,同輿接茵,京都謂之"連璧"。少爲太尉掾。泰始中,舉賢良,對策中第。拜郎中。(《晉書》卷五五《夏侯湛傳》)
> 夏侯湛,泰始四年,舉賢良方正。對策曰:"民之初生,未有上下之序,長幼之紀。穴居野處,慢愓遊而改作。"(《晉書斠注》卷五

五《夏侯湛傳》所引《書鈔》①）

根據上述記載,夏侯湛舉賢良的時間爲"泰始四年"(268),而《鈔》所引用的臧榮緒《晉書》則記載爲"泰始七年"(271)。

現存的《書鈔》裏,並没有"泰始四年"四字,《鈔》引用的臧榮緒《晉書》和《晉書斠注》引用的《書鈔》之間有着三年的差別。夏侯湛《抵疑》有云:

> 童幼而岐立,弱冠而著德。少而流聲,長而垂名。拔萃始立,而登宰相之朝;揮翼初儀,而受卿尹之舉。(《晉書》卷五五《夏侯湛傳》)

從這則材料中可以發現,夏侯湛三十歲的時候被舉賢良,拜爲郎中。他三十歲那年是"泰始八年"(272),由此可見,《鈔》中引用臧榮緒《晉書》"泰始七年"的記録更接近於事實。

第⑦條臧榮緒《晉書·馬敦傳》

在受到氐賊大軍攻擊的時候,堅守孤城半年之久的汧城都督馬敦由於遭小人讒害,在獄中悲憤而死。馬敦死後,皇帝下發一道詔書,詔書的部分內容收入在《馬敦傳》裏。其中"惠帝贈馬敦牙門將蜜印畫綬"在集注本《文選》卷一一三上《馬汧督誄》中被這樣引述:

> 今追贈牙門將蜜印綬。

而日本九條家舊藏本、中國明州刊本和尤袤刊本的《文選》均作:

---

① 今本《北堂書鈔》卷一五八云:"夏侯湛對策曰:民之初生,未有上下之序,長幼之紀。穴居野處,愕愠遊而苟作。"没有"泰始四年"四字。另外,嚴可均《全晉文》引《書鈔》著録有題爲《泰始四年舉賢良方正對策》的文章。

> 今追贈牙門將軍印綬。

針對其中的異文，《鈔》解釋道：

> 蜜，蠟也。凡追贈死者，用蜜蠟以爲印綬。

又曰：

> 今文選本，並無畫字。或改蜜爲軍，非也。

也就是説，關於《文選》的這一部分，應將"牙門將蜜印畫綬"的表述作爲定本。① 《鈔》裏引用的臧榮緒《晉書》可謂校訂《文選》正文的珍貴資料。

第⑳條《王元長集》

該文本應收録於南齊王融的文集中，但是現存的王融集子裏没有這一作品。由於是很長的文章，故一般認爲不會有全文傳世。

王融奉齊竟陵王蕭子良的敕命，於永明九年（491）寫完《三月三日曲水詩序》，並上奏朝廷。文章內容可以分爲"元長既作此序竟，上啓陳云"的部分和"臣融云"以下"冒昧上聞，云云乎"以上"啓"的部分，以及"敕答曰"以下直至最後的三大部分。

這一資料必定在以下兩個方面受到重視。第一點，從"啓"中可以知道，元嘉十一年（434），顏延之奉宋文帝詔令寫過《三月三日曲水詩序》，王融創作這篇同題作品，其實是故意想和前賢一較高下。

圍繞這一《詩序》，王融和顏延之的競爭關係也可以得到考證。之前根據《南齊書》卷四七《王融傳》的記載，我們獲知如下信息：

---

① 集注本李善注所引的王隱《晉書》也有"贈馬敦詔曰：今追贈牙門將蜜印畫綬，祠以少牢"。明州刊本、尤袤刊本李善注所引的王隱《晉書》作"今追贈牙門將軍印綬"。

上以融才辯,十一年,使兼主客,接虜使房景高、宋弁。弁見融年少,問主客年幾。融曰:"五十之年,久踰其半。"因問,在朝聞主客作《曲水詩序》。景高又云:"在北聞主客此製,勝於顔延年,實願一見。"融乃示之。後日,宋弁於瑶池堂謂融曰:"昔觀相如《封禪》,以知漢武之德。今覽王生《詩序》,用見齊王之盛。"融曰:"皇家盛明,豈直比蹤漢武,更慚鄙製,無以遠匹相如。"

僅憑這一紀錄,似乎並不能確切地證明,王融有意想與顔延之比較文學水平的高低。但是根據《鈔》所引王融的告白:

然宋德之仰皇風,猶蟻蛭之望嵩霍;臣才之匹延之,亦牛官之譬江海。化彌隆而人益賤,事踰泰而言又輕。

王融如此這般,極力抬高顔延之,燃起自己内心深處的競爭意識。可以説,王融的《詩序》明顯和五十七年前同題的顔延之《詩序》針鋒相對。王融在文章中充分展現自己的才華;盛贊齊國的强大,亦係有意爲之,以回應顔延之《詩序》裏對宋國的褒揚。

第二點,《鈔》所引的資料説明了《詩序》撰寫前後的情形。這一點可以從開篇"元長既作此序竟,上啓陳云"的部分和末尾"敕答曰"以下的内容得到印證。一般説來,作品收入文集,都會注明寫作前後的情況。照理《詩序》也應將"敕答"的内容加入,但是現存的王融文集裏完全省略了這個部分,很可能是亡佚的緣故。在李善注所引用的别集裏,交代寫作緣起的例子比比皆是:

《大家集》曰:"子穀爲陳留長,大家隨至官,作《東征賦》。"(《文選》卷九,曹大家《東征賦》所引)

《集》云:"兄秀才公穆入軍贈詩。"(《文選》卷二四,嵇叔夜《贈秀才入軍五首》所引)

《集》曰:"上潯陽,還都道中作。"(《文選》卷二七,鮑明遠《還都道中作一首》所引)

《陳琳集》曰:"琳爲曹洪,與文帝箋。"(《文選》卷四一,陳孔璋《爲曹洪與魏文帝書一首》所引)

即使是簡略敘述、一筆帶過的語句,從中也可以大致看出該作品的寫作背景。在結集文人詩文的最初階段,編者一方面要羅列原文,另一方面也要將寫作背景和應答的文章按照他的意思補充進來,這也是意料之中的事情。

第㉑條《續文章志》

本文是《鈔》爲了説明《劉琨傳》而引用的,內容上由祖逖、石勒、段匹磾的軼事,以及王敦、周伯的言論等五個部分組成。其中關於石勒的內容是這樣説的:

　　尚書郎石勒,時爲奴虜,已有雄志。朔日上朝臣賢,畢齊,鳴趨振玉者成行。勒時皆閉眼,無所視。琨於時名位尚卑,出又最晚。勒見其動於色,顧謂儔侶曰:"唯此人粗可與我相抗。"追而目之,至其所止。

這段話在其他文獻裏都没有記載。

另外,這篇文章的長度也值得關注。也就是説,它按照列傳體裁寫成,帶有個人傳記的性質。從這個角度推測,《續文章志》這本書作爲文人的傳記,其中每一篇文章應該都具有相當的長度。

現在,《續文章志》尚殘存以下語句:

　　廣川木玄虛爲《海賦》,文甚俊麗,足繼前良。(《文選》卷一二,木玄虛《海賦》李善注所引)
　　岳爲文,選言簡章,清綺絶倫。(《世説新語·文學篇》劉孝標注所引)
　　陸雲字士龍,尚書郎也。(《書鈔》六六所引)

從中可以推測,木華、潘岳和陸雲等人的傳記本來應該是相當長的,李善和劉孝標處理這些材料時,僅將必要的部分加以刪削後引用。

另外,《續文章志》之前的一本書、晉代摯虞的《文章志》,也有傳記的内容:

> 陳琳字孔璋,廣陵人也,避亂冀州。袁紹辟之,使典密事。紹死,魏太祖辟爲軍謀祭酒、典記室。病卒。(《文選》卷四〇,陳琳《答東阿王箋一首》李善注所引)

> 徐幹字偉長,北海人。太祖召以爲軍謀祭酒,轉太子文學,以道德見稱。著書二十篇,號曰《中論》。(《文選》卷四二,魏文帝《與吴質書一首》李善注所引)

> 烈字威考,高陽安平人。駰之孫,瑗之兄子也。靈帝時,官至司徒太尉,封陽平亭侯。(《世説新語・文學篇》劉孝標注所引)

這些段落因《文選》李善注、《世説新語》劉孝標注等文獻的引用而流傳至今。基於上述分析,我認爲,雖然《文章志》傳世的文字較少,但由於它也屬於文人傳記的類型,這部《文章志》很可能亦具有較大篇幅。

三

最後,將《鈔》與現存書籍進行比較,可以發現字句方面的不同,兹舉例如下:

①《毛詩》

高山仰之,景行行之。(卷一一六,蔡伯喈《陳太丘碑文》所收)

今本《毛詩・小雅・車轄》(《十三經注疏》本)作"高山仰止,景行行止"。"之"字寫成了"止"字。

②《毛詩》毛傳

肆,陳也。或陳設筵者,或授几者。(卷九一下,王元長《三月三日曲水詩序》所引)

在今本《毛詩·大雅·行葦》"或肆之筵,或肆授之"①下面,毛傳解釋道:"肆,陳也。或陳言筵者,或授几者。""設"字寫成了"言"字。

③《毛詩》毛傳

澳,深隈也。綠,王芻。竹,篇蓄也。猗猗,美盛也。(卷八,左太沖《三都賦序》所引)

在今本《毛詩·衛風·淇奧》"瞻彼淇奧,綠竹猗猗"下面,毛傳解釋道:"奧,隈也。綠,王芻也。竹,篇竹也。猗猗,美盛貌。"沒有"深"字,"蒭"字寫成了"芻"字。

④《毛詩》毛傳

遄,速也。(卷八五下,趙景真《與嵇茂齊書》所引)

在今本《毛詩·邶風·泉水》"遄臻於衛,不瑕有害"下面,毛傳解釋道:"遄,疾。""速"字寫成了"疾"字。

⑤《毛詩》毛傳

婉,順也。(卷四八下,潘正叔《贈陸機出吳王郎中令》所收)

在今本《毛詩·曹風·候人》"婉兮孌兮,季女斯饑"下面,毛傳解釋道:"婉,少貌。""順"字被"少貌"二字取代。②

⑥《毛詩》毛傳

怒,飢意也。(卷四八下,陸士衡《贈弟士龍》所收)

在今本《毛詩·小雅·小弁》"我心憂傷,惄焉如擣"下面,毛傳解釋道:"惄,思也。""飢意"二字被"思"字取代。

⑦《毛詩》毛傳

棲遲,休息也。(卷九四,夏侯孝若《東方朔畫讚》所收)

---

① 譯者按:《毛詩·大雅·行葦》應爲"或肆之筵,或授之几",各本均未見"或肆授之"。又,"肆,陳也。或陳設筵者,或授几者"亦見於《四部叢刊》景宋本《毛詩》、(宋)魏了翁《毛詩要義》、(清)包世榮《毛詩禮徵》、(清)陳奐《詩毛氏傳疏》、(清)王先謙《詩三家義集疏》等,亦爲"或肆之筵,或授之几"之注解,非《文選鈔》所獨有。

② 譯者按:《邶風·新台》"燕婉之求,籧篨不鮮"下,毛傳釋曰:"婉,順也。"《十三經注疏》本。

在今本《毛詩·陳風·衡門》"衡門之下,可以棲遲"下面,毛傳解釋道:"棲遲,遊息也。""休"字寫成了"遊"字。

⑧《毛詩》鄭箋

諭今世之公子,亦當信厚。與禮相應,有似於鱗也。(卷九一下,王元長《三月三日曲水詩序》所收)

今本《毛詩·周南·麟之趾》"麟之趾,振振公子"的鄭箋云:"興者喻今公子,亦信厚。與禮相應,有似於麟。"無"世之"二字及"當"字。

⑨《毛詩》鄭箋

保安,爾汝、汝王也。天安定汝,亦甚堅固也。(卷九一下,王元長《三月三日曲水詩序》所收)

今本《毛詩·小雅·天保》"天保定爾,亦孔之固"的鄭箋云:"保安,爾汝也,汝王也。天之安定女,亦甚固。"沒有"堅"字。

⑩《毛詩》鄭箋

好合謂志意合也。(卷九八,干令升《晉紀總論》所收)

今本《毛詩·小雅·常棣》"妻子好合,如鼓瑟琴"的鄭箋云:"好合,至意合也。"沒有"謂"字,"志"字寫成了"至"字。

⑪《毛詩》鄭箋

挈壺氏失漏刻之節,東方未明而爲已明。故群臣促遽,顛倒衣裳也。君之朝,別色始入。(卷九八,干令升《晉紀總論》所收)

今本《毛詩·齊風·東方未明》"東方未明,顛倒衣裳"的鄭箋云:"挈壺氏失漏刻之節,東方未明而以爲明。故群臣促遽,顛倒衣裳。群臣之朝,別色始入。""爲已"二字寫成了"以爲"。

⑫《毛詩》鄭箋

召伯聽男女之訟,重煩勞百姓,止舍小棠之下,而聽斷焉。國人被其德,悅其化,故敬其樹也。(卷一〇二上,王子淵《四子講德論》所收)

今本《毛詩·召南·甘棠》"蔽芾甘棠,勿剪勿伐,召伯所茇"的鄭箋云:"召伯聽男女之訟,不重煩勞百姓,止舍小棠之下,而聽斷焉。國人被其德,說其化,思其人,敬其樹。"多出"不"字,少了"故"字。

⑬《論語》

叔孫武叔,譭仲尼。子貢曰:"他人之賢者,丘陵也,猶可踰也;仲尼

日月也,無可得踰也。"(卷七九,楊德祖《答臨淄侯箋》所收)

今本《論語·子張篇》(十三經注疏本)有:"叔孫武叔,譭仲尼。子貢曰:'無以爲也,仲尼不可譭也。他人之賢者,丘陵也,猶可踰也;仲尼日月也,無得而踰焉。'"没有"可"字。

⑭《論語》

與朋友交,言而有信。雖曰未舉學,吾必謂之學矣。(卷六二,江文通《雜體詩》所收)

今本《論語·學而篇》有:"與朋友交,言而有信。雖曰未學,吾必謂之學矣。"没有"舉"字。

⑮《論語》

夫人有德者,必有言。有言者,不必有德。仁者必有勇,勇者不必有仁。(卷九四中,袁彦伯《三國名臣序贊》所收)

今本《論語·憲問篇》有:"有德者,必有言。有言者,不必有德。仁者必有勇,勇者不必有仁。"没有"夫人"二字。

⑯《論語》

長沮云:"天下悠悠者,皆是也。"(卷一一三下,潘安仁《馬汧督誄》所收)

今本《論語·微子篇》有:"滔滔者,天下皆是也。""悠悠"二字寫成了"滔滔"。

⑰《論語》

楚狂接輿歌而過孔子曰:"鳳兮鳳兮,何德之衰。往者不可及,來者猶可追……"(卷九四,袁彦伯《三國名臣序贊》所收)

今本《論語·微子篇》有:"楚狂接輿歌而過孔子曰:'鳳兮鳳兮,何德之衰。往者不可諫,來者猶可追……'""及"字寫成了"諫"字。

⑱《論語》馬融注

桴編竹木爲之,大曰栰,小曰桴也。(卷八五下,孫子荆《爲石仲容與孫皓書》所收)

《論語集解·公冶長篇》:"子曰:'道不行,乘桴浮於海。'"馬融注曰:"桴編竹木,大者曰栰,小者曰桴。"没有"爲之"二字。

⑲《論語》鄭玄注

凡繪畫之事，先布衆色，然後以素分其間，以成其文。（卷一一三上，潘安仁《夏侯常侍誄》所收）

《論語集解·八佾篇》："子夏問曰：巧笑倩兮，美目盼兮。"鄭玄注云："繪畫，文也。凡繪畫，先布衆色，然後以素分其間，以成其文。"沒有"之事"二字。

⑳《魏志》

或曰："今軍食雖少，未若楚人與漢在滎陽成皋間。"（卷九四中，袁彥伯《三國名臣序贊》所引）

今本《魏志·荀彧傳》（百衲本）有："或曰：'今軍食雖少，未若楚漢在滎陽成皋間也。'"沒有"人與"二字。

㉑《魏志》

建安九年，太祖持節領冀州牧。（卷九四中，袁彥伯《三國名臣序贊》所收）

今本《魏志·荀彧傳》有："建安九年，太祖拔鄴領冀州牧。""持節"二字寫成了"拔鄴"。

㉒《魏志》

制九品爲官人之法，群之所建也。（卷九四下，袁彥伯《三國名臣序贊》所引）

今本《魏志·陳群傳》有："制九品官人之法，群所建也。"沒有"爲"字。

㉓《魏志》

甘露三年，常道鄉公卒，迎立即皇帝位。（卷四八上，陸士衡《答賈長淵》所收）

今本《魏志·陳留王奐傳》有："甘露二年，封安次縣常道鄉公、高貴鄉公卒，公卿議迎立公。六月甲寅，入於洛陽，見皇太后，是日即皇帝位於太極前殿。""三"字寫成了"二"字。

㉔《吳志》

群盜滿道。（卷九四中，袁彥伯《三國名臣序贊》所收）

今本《吳志·張昭傳》有："群盜滿山。""道"字寫成了"山"字。

㉕《蜀志》

宜先迎先主，使伐張魯。（卷九四下，袁彥伯《三國名臣序贊》所收）

今本《蜀志·黃權傳》有："宜迎先主，使伐張魯。"沒有"先"字。

㉖《楚辭》

令海若舞馮夷起。（卷八，左太沖《三都賦序》所收）

今本《楚辭·遠遊》（《四部叢刊》本）有："令海若舞馮夷。"沒有"起"字。

㉗《楚辭》王逸注

軑，轄也。（卷五九下，謝玄暉《始出尚書》所收）

今本《楚辭·離騷》"齊玉軑而並馳"下，王逸注曰："軑，錮也。一云車轄也。""轄"字寫成了"錮"字。

㉘《楚辭》王逸注

稱，澤麥也。（卷六六，宋玉《招魂》所收）

今本《楚辭·招魂》"稻粱稱麥"下，王逸注曰："稱，擇也。擇麥中先熟者也。""澤麥"二字被"擇"字取代。

下面就以上字句的異文，闡述其資料價值。

第②條《毛詩》毛傳

肆，陳也。或陳設筵者，或授几者。

阮元的《校勘記》記載："閩本、明監本、毛本同。小字本、相臺本'言'作'設'。考文古本同。案：'設'字是也。""設"字確實是正確的。

第⑩條《毛詩》鄭箋

好合謂志意合也。

阮元的《校勘記》記載："閩本、明監本、毛本同。小字本、相臺本、'至'作'志'。案：'志'字是也。"另外，《毛詩正義》有："親與其妻子，自相和好，志意合和。"兩者都認爲"志"字正確。

第⑯條《論語》

長沮云："天下悠悠者，皆是也。"

阮元的《校勘記》記載："《釋文》：出'滔滔'云，鄭本作'悠悠'。案：《史記·孔子世家》，亦作'悠悠'。《文選·晉紀總論》注引孔注云：悠悠者，周流之貌也。鄭作'悠悠'，亦從古論。""悠悠"被認爲是"古論"。另外，這句話並非出自長沮之口，而是桀溺所言，這可能是《鈔》的錯誤。

第㉓條《魏志》

甘露三年,常道鄉公卒,迎立即皇帝位。

盧弼的《三國志集解》寫道:"宋本'二'作'三'。《水經注》及《御覽》引同。"酈道元《水經注》卷一二《聖水注》有:"魏少帝璜,甘露三年所封也。"另外,《太平御覽》卷九四《陳留王》引"《魏志》曰"道:"甘露三年,封安次縣常道鄉公、高貴鄉公卒,公鄉議迎立公。六月入於洛陽,即皇帝位於太極前殿。"依據《集解》,"三"字正確。

第㉖條《楚辭》

令海若舞馮夷起。

今本"令海若舞馮夷"六字,青木正兒先生讀作"令/海若/舞/馮夷",他在注釋中寫道:"按照通常的語法,應該說成'令/海若馮夷/舞',可能為了句調的原因而將二者分割開來的吧。"① 青木正兒先生希望通過將"舞"字轉換到下文的方法來解決這個問題,但是由於《鈔》中相關資料的發現,他的解決方案反而讓我們產生了一些疑惑。也就是說,因為第七個字"起"的存在,本句可以讀作"令/海若/舞/馮夷/起",而且在韻律上也沒有錯亂。《鈔》所引用的應該就是《楚辭》的原始文本形態吧。

上面列舉了《文選鈔》所引書籍、作品中一些佚書、佚文以及字句方面的不同,不過就佚文和字句不同而言,除了上述例證之外,在經書、史書的注本裏有更多這樣的情況。但這需要另行探討,故在此不再贅述。下次如有機會,我會將討論的結果與諸位繼續分享。

本文為昭和五一年度(1976)文部省科學研究基金(小尾郊一主持的《〈文選集注〉研究》課題)成果的一部分。

昭和五五年(1980)二月二十日。

(譯者單位:南京大學文學院)

---

① 《新釋楚辭》,春秋社。

《文選》李善注前史[①]

[日]富永一登 撰 左江 譯

  梁昭明太子蕭統(501—531)與劉孝綽等編纂《文選》不晚於普通七年(526)[②],但此後的數十年《文選》並未成爲文人們的話題[③],只到編纂後的約六十年即隋文帝時期,才爲世人矚目。
  《隋書》卷七五《儒林傳》有如下記載:

> 蘭陵蕭該者,梁鄱陽王恢之孫也,少封攸侯。梁荆州陷,與何妥同至長安。性篤學,《詩》、《書》、《春秋》、《禮記》並通大義,尤精《漢書》,甚爲貴遊所禮。開皇初,賜爵山陰縣公,拜國子博士。奉

---

  ① 此文譯自作者《文選李善注研究》(研文出版,1999年)第一章《李善注前史》。
  ② 據斯波六郎《昭明太子》(吉川幸次郎編《中華六十名家言行録》,弘文堂書房,1948年)所言。但清水凱夫《〈文選〉撰者考——昭明太子與劉孝綽》(《學林》第三號,1984年)、岡村繁《〈文選〉編纂的實態與編纂當初的〈文選〉評價》(《日本中國學會報》第三十八集,1986年)認爲《文選》的編纂出於劉孝綽一人之手。
  ③ 岡村繁在《漂泊的〈文選〉——南北朝末期的文學動向與"文選學"的興起》(《禪文化研究所紀要》第一五號《入矢義高教授喜壽記念論集》,1988年)一文中云:"《文選》這一詩文選集,從其編纂以來是幾乎完全不爲六朝知識分子所關注的一種中型的簡略的選集。"

詔書與妥正定經史,然各執所見,遞相是非,久而不能就。上譴而罷之。該後撰《漢書》及《文選》音義,咸爲當時所貴。

蕭該是梁武帝的弟弟、昭明太子的叔父蕭恢①之孫,荆州陷落(554年)後,逃往北朝並在隋爲官,撰寫了《漢書》與《文選》音義。《隋志》中著録的《漢書音義》十二卷(兩《唐志》作《漢書音》)與《文選音》三卷(兩《唐志》作十卷)即指此。《文選音》的出現,成爲此後"文選學"的出發點。

本章將討論從蕭該的《文選音》開始至李善《文選》注出現爲止的《文選》注釋書,以考察它們與李善注的關係,及"文選學"興起的情形。

一 蕭該的《文選音》

蕭該的《文選音》現已不存,現在所能見到的只是其中極少的一部分。今尤本、胡刻本卷十五(3a10)張衡《思玄賦》"行頗僻而獲志兮,循法度而離殃"的李善注云:

> 頗,傾也。離,遭也。殃,咎也。蕭該音本作陂,布義切。《禮記》曰:商亂(尤本誤作乳)曰陂。鄭玄曰:陂,傾(尤本誤作廣)也。《周易》曰:無平不陂。《廣雅》曰:陂,邪也。

據此,屈守元(《文選導讀》,巴蜀書社,1993年)認爲,李善注中有"蕭該"以下三十五個字,則李善使用的是蕭該本。今本正文作"頗",是李善注本被五臣注本混雜的一個例證。但是,以九條本爲首的注本並無正文作"陂"的文本,袁本、明州本、四部本皆先冠以"衡曰",接着只有"頗,傾也。離,遭也。殃,咎也"的舊注(五臣注根據摯虞《文章流别集》

---

① 據《梁書》卷二二"太祖五王傳",蕭恢爲武帝的父親順之的第九子,但《南史》卷五二"梁宗室傳下"作第十子。

的説法認爲此爲張衡自注,李善不取"自注説",以之爲舊注),並無"蕭該"以下三十五個字。因此李善承襲蕭該本的説法,一時還讓人難以贊同。

蕭該的其他音注,根據集注本所引"音決",還有下面列舉的二十三處。( )内表示胡刻本此處的位置。

1. 卷八 9b(4·15a),左思《蜀都賦》之"汨若湯穀之揚濤"注
○ 汨①:蕭,音骨。曹,胡没反。

"曹"大概是指從後文所論的曹憲《文選音義》中採録的内容,下面的 4、19、20 同。

2. 卷八 29b(4·23a),左思《蜀都賦》之"劇談戲論,扼捥抵掌"注
○ 戲,許義反。諸、蕭等咸以爲攇,許奇反。云,鬼谷先生書有抵攇篇。本作戲字者傳寫誤。案謂言戲談論者,是賦之意也。即以抵攇爲證,翻似穿鑿。

劉逵注云:"鬼谷先生書有抵戲篇。"集注本李善注云:"鬼谷子曰:巇者,墇也。巇有朕可抵而塞也。攇,音意靡反。墇,火亞反。"李善本究竟作"戲"還是作"攇",已不清楚,但無論如何其與蕭該本不同則可確認無疑。"諸"指諸詮之。《隋志》記載"《百賦音》十卷,宋御史褚詮之撰",則"諸"作"褚"②。

3. 卷九 8a(5·2b),左思《吳都賦》之"玩其磧礫而不窺玉淵者"注
○ 磧,七歷反。蕭,千積反。

4. 卷九 19b(5·5b),左思《吳都賦》之"刷蕩猗瀾"注③
○ 唎,蕭音,所劣反。曹音,子六反。

據集注本"今案"之"音決刷作唎",則音決本作"唎"。

5. 卷九 28a(5·7a),左思《吳都賦》之"東風扶留"注

---

① "汨"字,集注本作"汩",當爲誤寫,因此徑改之。
② 狩野充德《關於文選集注所引音決所見諸家音》,《山陽女子短期大學研究紀要》第七號,1980 年。
③ "猗"字,集注本"今案"中言"鈔、音決、五家本猗作漪",尤本、胡刻本亦作"漪"。

○夫,蕭,方於反。案今南方人音扶。
據集注本"今案"之"音決扶作夫",則音決本作"夫"。
6. 卷九33a(5·8b),左思《吳都賦》之"蓋象琴築並奏"注
○並,蕭,步冷反。
7. 卷九34a(5·8b),左思《吳都賦》之"騰趠飛超"注
○超,王,恊韻,醜照反。蕭,吐弔反。
王氏不知指何人,22、23同。
8. 卷九34a(5·8b),左思《吳都賦》之"驚透沸亂"注
○透,蕭,詩六反。
9. 卷九58a(5·14b),左思《吳都賦》之"都輦殷而四奧來暨"注
○隩,蕭,於六反。
據集注本"今案"之"音決奧作隩",則音決本作"隩"。
10. 卷九59b(5·15a),左思《吳都賦》之"雜遝從萃"注
○潀,蕭,先項反。
據集注本"今案"之"鈔、音決、五家本,從爲潀",則音決本作"潀"。陸善經注作"從",尤本、胡刻本亦作"從"。
11. 卷九67a(5·16b),左思《吳都賦》之"將校獵乎具區"注
○校,蕭,胡孝反。
12. 卷九67b(5·17a),左思《吳都賦》之"烏滸狼㬻"注
○烏,蕭,烏古反。
13. 卷五十九上12b(30·5a),謝惠連《七月七日夜詠牛女》之"瞬目曬曾穹"注
○睍,所買反。蕭音,所□反。
可見音決本中"曬"似作"睍"。
14. 卷六十三32a(32·10b),《離騷》之"路曼曼其修遠兮"注
○曼,音萬。蕭,武半反。
15. 卷六十六1b(33·12a)《招魂》之"身服義而未沬"注
○沬,亡背反。蕭音,亡蓋反。
16. 卷六十六35a(33·21a),《招隱士》之"枝相繚"注
○繚,居虬反。蕭音,料。

17. 卷六十六 38a(33・21b),《招隱士》之"薠艸靃靡"注

○ 薠,音煩。案此即《字林》所謂青蘋草者也。蕭、騫等諸音咸以爲薠音煩,非。

可見音決本"薠"似作"蘋"。"騫"指隋的僧人智騫。《隋志》云:"《楚辭音》一卷,釋道騫撰。"①

18. 卷六十八 21b(34・18a),曹植《七啓》之"抗招搖之華旍"注

○ 招,之遙反。蕭音,韶。

19. 卷七十九 51b(40・16b),繁欽《與魏文帝箋》之"謇姐名唱"注

○ 姐,蕭,子也反。曹,子預反。

20. 卷九十三 5b(47・2a),王褒《聖主得賢臣頌》之"清水淬其鋒"注

○ 淬,曹,七對反。蕭,子妹反。

21. 卷九十三 10a(47・3a),王褒《聖主得賢臣頌》之"襲狐貉之煖者"注

○ 煖,奴管反。蕭,香遠反。

22. 卷一百二下 23a(51・19b),王褒《四子講德論》之"鄙人黚淺"注

○ 黚,王音,暗。蕭音,奄。或爲□同。

23. 卷一百十三上 23b(57・6a),潘岳《馬汧督誄》之"既縱礧而又升焉"注

○ 礧,王,力對反。蕭,力罪反。

從 2、4、5、9、10、13、17 條可看出,蕭該音注本與李善注本正文本身並不一樣,而與音決本更接近。從現在能見到的二十四條注可以推測,蕭該的《文選音》只附上了簡單的音注,因此沒有被注釋體系的李善注與"鈔"參照,而成爲內容相同的"音決"的參考。那蕭該的《文選音》在當時爲何受到歡迎?對此可考慮下文所說的時代背景。

隋統一南北朝,文人的注意力都集中在都城,《隋書・經籍志》集部

---

① 參照狩野氏論文(注 5)。

後序云：

> 訖於有隋，四海一統，採荆南之杞梓，收會稽之箭竹，辭人才士總萃京師。

如上述記載，南方的文人也聚集在京城。於是，隋高祖文帝在統一全國的開皇九年(589)之前就開始嚴格推進詩文改革，《隋書》卷七六《文學傳序》云：

> 高祖初統萬機，每念斲彫爲樸，發號施令，咸去浮華。然時俗詞藻，猶多淫麗。故憲臺執法，屢飛霜簡。

其排斥輕艷詞藻，崇尚典雅文風。在爲文帝重用的御史臺史官李諤的上書(《隋書》卷六六)中亦能見到此事：

> 及大隋受命，聖道聿興，屏黜輕浮，遏止華偽。……開皇四年，普詔天下，公私文翰，並宜實錄。其年九月，泗州刺史司馬幼之文表華艷，付所司治罪。自是公卿大臣咸知正路，莫不鑽仰墳集，棄絕華綺，擇先王之令典，行大道於茲世。

文中記載了處罰提交華麗上表文的刺史、公卿大臣都崇慕聖賢典籍擯棄華美文字的史實。又據宮崎市定的研究，在開皇七年(587)成爲科擧制起源的官吏錄用的試驗性制度已開始被引入，與秀才、明經一起主要考覈文學的進士科也已存在。①

　　與那一時代的風潮相適應，當要寫作典雅的並且具實用性的上表、策論等文章時，蕭該所注《漢書》、《文選》恰好可作爲參考書，不難想象

---

① 《九品官人法的研究》第一編緒論二十"科擧的起源"及第二編第五章十六"中正的終結與科擧的成立"，同朋社，1974年第二版。

其便利的情形。可以説,蕭該的《文選音》既是家學,同時也是時代的要求。前引《隋書·儒林傳》所言"咸爲當時所貴",正是對此事的説明。

並且,此後的隋煬帝:

> 並存雅體,歸於典制。雖意在驕淫,而詞無浮蕩。故當時綴文之士遂得依而取正焉。(《隋書》卷七六《文學傳序》)

正如對其自身作品的評價,他親自寫作典雅的詩文,結果起到了示範的作用,學習《文選》的重要性也就越來越高。在隋煬帝朝爲官的有學者曹憲。

二　曹憲的《文選音義》

從蕭該開始的《文選》注釋,由在隋煬帝、唐太宗朝爲官的曹憲確立了"文選學"的地位。關於此事,早在中唐元和年間(806—820)任揚州江都縣主簿的劉肅在其《大唐新語》[①](卷九)中就有記載:

> 江淮間爲《文選》學者,起自江都曹憲。貞觀初,揚州長史李襲譽薦之,徵爲弘文館學士。憲以年老不起。遣使就拜朝散大夫,賜帛三百匹。憲以仕隋爲秘書,學徒數百人,公卿亦多從之學。撰《文選音義》十卷,年百餘歲乃卒。其後句容許淹、江夏李善、公孫羅相繼以文選教授。

揚州江都有很多人跟從曹憲學習《文選》講義,此後,許淹、李善、公孫羅等也相繼講授《文選》。"文選學"走向興盛,曹憲居功至偉。

關於曹憲的傳,《舊唐書》卷一八九上《儒學傳上》、《新唐書》卷一九

---

① ［唐］劉肅撰,許德楠、李鼎霞點校《大唐新語》,中華書局,1984年。

八《儒學傳上》有更爲詳細的記載：

    曹憲，揚州江都人也。仕隋爲秘書學士。每聚徒教授，諸生數百人。當時公卿已下，亦多從之受業。憲又精諸家文字之書。自漢代杜林、衛宏之後，古文泯絶，由憲此學復興。大業中，煬帝令與諸學者撰《桂苑珠叢》一百卷，時人稱其該博。憲又訓注張揖所撰《博雅》，分爲十卷。煬帝令藏於秘閣。貞觀中，揚州長史李襲譽表薦之，太宗徵爲弘文館學士，以年老不仕。乃遣使就家拜朝散大夫，學者榮之。太宗又嘗讀書有難字、字書所闕者，錄以問憲，憲皆爲之音訓及引證明白，太宗甚奇之。年一百五歲卒。所撰《文選音義》，甚爲當時所重。初，江淮間爲文選學者，本之於憲。又有許淹、李善、公孫羅復相繼以《文選》教授。由是其學大興於代。(《舊唐書·儒學傳上》)

《新唐書》中的内容大致相同，只是在"文選學"的傳承者中增加了魏模的名字。
  曹憲活了一百零五歲(《新唐書》與《大唐新語》作"百餘歲")，因此，清人阮元在《揚州隋文選樓記》(《揅經室集》二集卷二)中推斷，如果貞觀中曹憲一百零五歲的話，則他出生在梁大同年間(535—545)。
  舉薦曹憲的李襲譽，武德三年(620)爲潞州總管(《舊唐書》卷五九、《新唐書》卷九一、《資治通鑑》卷一八八)，歷任光禄卿、蒲州刺史後，任揚州大都督府長史、江南道巡察大使。《舊唐書》(卷三)"太宗紀下"貞觀八年(634)春正月條云揚州江都大都督府長史李襲譽等觀察風俗，《唐會要》卷八九云其貞觀十一年(637)在揚州江都縣築勾城塘[①]，《唐會要》卷三六又云"貞觀十三年(639)十一月三日揚州長史李襲譽撰《忠孝圖》二十卷奏之"，《舊唐書》卷三、《新唐書》卷二"太宗紀"中又有其在

[①] 《新唐書》卷四一《地理志》、《太平寰宇記》卷一二三作"貞觀十八年"，恐有誤。

貞觀十五年已經轉任涼州都督的記載。由此可知，李襲譽任揚州長史的時間始於貞觀八年(634)，最遲至貞觀十五年(641)之前。曹憲的生年，大體與阮元的推斷相近。①

這裏應該注意的是曹憲精通"小學"一事。"傳"中所言《博雅》(《廣雅》爲避隋煬帝楊廣之諱被改作《博雅》)爲訓詁的字書。《隋志》有"《廣雅音》四卷，秘書學士曹憲撰"的記載，現已不存，但在兩《唐志》的小學類②中還能看到書名。另外，在《隋志》小學類中有《古今字圖雜録》一卷，兩《唐志》的小學類有《爾雅音義》二卷、《文字指歸》四卷，都著録爲"曹憲撰"。要解讀比其他的書籍出類拔萃且使用了多達近七千個字的《文選》，淵博的文字知識必須是不可或缺的。關於此點，阮元在《揚州隋文選樓記》中有如下敍述：

　　古人古文、小學與詞賦同源共流，漢之相如、子雲，無不深通古文雅訓。至隋時，曹憲在江淮間，其道大明。馬、揚之學，傳於《文選》。故曹憲既精雅訓，又精選學，傳於一郡。

即使是在《文選》中，"賦"也可謂使用了特別多的文字，要像漢代的司馬相如、揚雄那樣精通於此，就必須具備小學的素養。據説阮元即受此觸發，編撰了《經籍纂詁》。

因爲曹憲撰寫的《文選音義》早已失傳，所以《舊唐志》未著録此書，《新唐志》中也只有"曹憲《文選音義》卷亡"的記載。但在《日本國見在書目録》中有"《文選音義》十三，曹憲撰"，可知在平安時代此書已傳入日本。今尤本、胡刻本、集注本所引"音决"與"九條本"的傍記有如下的十三條記載：

---

① 根據同樣的資料，郁賢皓《唐刺史考》第三册第八編卷一二三(江蘇古籍出版社，1987年)認爲在任期間是貞觀八年(634)至貞觀十三年(639)，李廷先《唐代揚州史考》(江蘇古籍出版社，1992年)認爲是在貞觀十四年(640)、十五年(641)間離任。並且，據前注，兩書與《新唐書·地理志》等有一樣的錯誤。
② 兩《唐志》都作諸葛潁撰(《新唐志》"潁"作"穎")。

《文選》李善注前史

1. 尤本、胡刻本卷十七(19b10)，傅毅《舞賦》之"黎收而拜"注

○曹憲曰：朦眽而拜，上音戾，下居蚓反。今檢《玉篇》"目部"無此二字。

尤本"眽"作"䀛"。明州本、袁本、四部本的李善注無此文。這大概可以考慮是否曾有後人根據"音決"等對李善注進行了增補，但由此條的內容也可略窺精通文字訓詁的曹憲的風格。

其他的十一條（譯者按：當爲十二條）例子，爲集注本所引的"音決"引用。其中四例(2、5、11、12)在蕭該的《音注》1、4、19、20中已言及，在此省略。下面列舉的是包括在"九條本"傍記中所能見到的其他八條。

3. 卷九 15 b(5·4 a)，左思《吳都賦》之"泓澄奫潫"注

○澄，曹，直耕反。

4. 卷九 17a(5·4b)，左思《吳都賦》之"鮫鯔琵琶"注

○琵，曹，步兮反。

6. 卷九 26b(5·6b)，左思《吳都賦》之"異荂蓲蘛"注

○荂，字林，況於反。曹，苦花反。

7. 卷九 44b(5·11b)，左思《吳都賦》之"淵客慷慨而泣珠"注

○忼，曹，何朗反。五家，慷，胡浪反。

8. 卷六十三 13b(32·4b)，《離騷》之"長顑頷亦何傷"注

○顑，口感反。玉篇，呼感反。頷，胡感反。曹，減淫二音。

今《文選》各本及《楚辭》洪興祖補注本"減淫"皆作"顑頷"。因爲陸善經注有"顑頷，亦爲減淫"的注解，則陸善經本與音決本相同亦寫作"顑頷"。屈守元認爲，"減淫"二字是"鈔"根據曹憲的讀法而改動了正文的字，所以日本古抄卷子三十卷本《文選》卷十六也寫作"減淫"。但集注本卷六十三並無"鈔"，"九條本"亦作"顑頷"。此點還不如看作是以集注本爲底本的李善注本與曹憲本不同的又一例子。

9. 卷六十六 7b(33·13b)，《招魂》之"叢菅是食些"注

○叢，在東反。曹音，鄒，通。

10. 卷六十六 10 b(33·14b)，《招魂》之"其身若牛些"注

○牛，曹，合口呼謀。齊魯之間言也。案楚詞用此音者，欲使廣知方俗之言也。

13. 九條本卷十九(37・19b)，李密《陳情事表》之"實爲狼狽"的傍記

○（狽）音決，作猩。曹音，古覓反。

僅就這十三條來看，曹憲的《文選音義》與蕭該的《文選音》相同，都是以音注爲中心的注釋書。另外，由例1、5(蕭該4)、7、8、13來看的話，可以推測曹憲的注釋本與李善注本是不同的底本；由例5(蕭該4)來看的話，其是否與蕭該的音注本更爲接近；由例7、8又可以想象，其是否與蕭該音注本一樣，底本也被音決本所繼承？

三　許淹、魏模、公孫羅的《文選》注釋

由曹憲開始，其後繼承《文選》學的學者，兩《唐書》儒學傳中除李善外，還記載了許淹、魏模、公孫羅的名字①，可見他們與李善大致都是同時代的人。

關於許淹，《舊唐書・儒學傳上》云：

> 許淹者，潤州句容人也。少出家爲僧，後又還俗。博物洽聞，尤精詁訓。撰《文選音》十卷。

另外，《舊唐志》有"文選音義十卷，釋道淹撰"、《新唐志》有"僧道淹文選音義十卷"、"許淹文選音十卷"(二書當是出自一人之手的同一種書②)

---

① 其他，《新唐志》記載"康國安注《駁文選異議》二十卷"。關於康國安，別集《張九齡集》後有"《康國安集》"十卷，以明經高第，直國子監，教授三館進士，授右典戎衛錄事參軍，太學崇文助教，遷博士，白獸門内供奉，崇文館學士"，可見他是在李善之後的開元年間的人。在史部目錄類，又有"常寶鼎《文選著作人名目》三卷"(《宋志》作"常寶鼎《文選名氏類目》十卷")，常寶鼎的傳記不詳，其書的内容也不清楚。

② 參照狩野氏論文(注5)。

的記載。據集注本所引"音決",有下面三例:

1. 卷九 29a(5·7b),左思《吳都賦》之"鬱兮茈茂"注
○ 茈,音悦。許,與税反。

2. 卷一百十三上 16a(57·4b),潘岳《夏侯常侍誄》之"愊抑失聲"注
○ 愊,普逼反。淹,皮力反。

3. 卷一百十三上 29b(57·7b),潘岳《馬汧督誄》之"若乃下吏之肆其噤害"注
○ 噤,其禁反。淹,其錦反。

除此之外,屈守元指出,慧苑的《新譯華嚴經音義》卷上有"淹師《文選音義》云:猗,美也"的内容。

由此判斷的話,可知許淹的注釋書也與蕭該的《文選音》、曹憲的《文選音義》一樣,是以音注及字義解釋爲中心的,與"傳"中"尤精詁訓"的記載正相符。

魏模,只能在《新唐書·儒學傳上》中看到他的名字:

> 模,武后時爲左拾遺。子景倩亦世其學,以拾遺召,後歷度支員外郎。

關於他的著述,現在已經看不到任何信息了。

公孫羅,《舊唐書·儒學傳上》云:

> 公孫羅,江都人也。歷沛王府參軍、無錫縣丞。撰《文選音義》十卷,行於代。

他與李善一樣,在龍朔元年(661)被封爲沛王的章懷太子李賢手下爲官,可見與李善大致爲同一時期的人。其著作,《舊唐志》有"《文選》六十卷公孫羅注"、"《文選音》十卷公孫羅撰",《新唐志》有"公孫羅注《文選》六十卷、又《音義》十卷"的記載,可知有注本與音注本兩種。另外,《日本國見在書目録》記載"《文選鈔》六十九公孫羅撰"、"《文選音決》十公

孫羅撰",因此有集注本所引"鈔"與"音決"爲公孫羅二書的説法。但是對注釋内容研究的結果,公孫羅的著述只有集注本所引的"音決",而將"鈔"視作無名氏的作品則更爲妥當。關於此點,將在第五章詳細論述。

宋王讜的《唐語林》卷二"文學篇"據劉禹錫所言:

> 《南都賦》言"春茆夏韭",子卯之卯也。而公孫羅云:"茆,鳥卵。"非也。

引用了《文選》中公孫羅的注。今《文選》卷四的《南都賦》各本皆作"春卵夏笋,秋韭冬菁",則《唐語林》中的文字意義不明。只能認爲在文本上有什麽錯誤①,因爲已没有辦法對公孫羅的注進行研究,在中國現存的文獻中可以見到的公孫羅注,這裏是唯一的一例。

上文對李善注出現之前的《文選》注釋書進行了考察,它們無論是在底本的繼承上,還是注釋體例上,都没有對李善的《文選》注產生影響。阮元在《揚州隋文選樓記》中云:

> 公孫羅等皆有選注,至李善集其成。然則曹、魏、公孫之注,半存李善注中矣。

但就現存資料來看,幾乎完全看不到這樣的痕跡。李善的注與以往的訓詁、音注等不同,是一種具開創性的新"文選學"。關於李善注的出現,如聞一多在《類書與詩》②中指出的那樣,與唐初類書編纂的趨向有關。有必要將此點與上文所論及的科舉制度及當時詩文創作狀況的關聯等包括在内進行更爲綜合的深入考察。

(譯者單位:深圳大學中文系)

---

① 周勛初《唐語林校證》已指出。
② 《聞一多全集》(開明書店,1948年)三《唐詩雜論》所收。

李善《文選》注引文義例考[①]

［日］斯波六郎　撰　權赫子　曹虹　譯

　　李善《文選》注不僅在《文選》學上佔有重要地位，對於中國注釋史也具有劃時代的意義，對其義例進行通盤考論，不無意義，本文僅就其引文義例進行論述。

　　李善注《文選》引用很多書籍，竟達850餘種[②]，這是李善注的一大特點。若弄清其引用義例，有助於理解李善注乃至《文選》正文。更值得關注的是，李善注引用的不少書籍之內容明顯有異於現存原書，而一些原書現已亡佚。由此而言，對於研究中國學術的學者而言，李善所引據之文是十分重要的資料。利用這些重要資料的研究者，若瞭解李善引文之義例，都會得到不少幫助。

　　李善自述其作注原則，散見於《文選注》，約有二十三條[③]，其中包括引用他書之原則。這些標記僅爲大綱，未及細則，令我輩仍有不足之憾。筆者將閱讀李善注時所留意之問題略加整理，推定李善引用他書

---

　　① 本文原載《日本中國學會報》第二集，1950年。
　　② 此數據參考汪師韓《文選理學權輿》。
　　③ 此二十三條中，有前後矛盾之處，今本《文選》與舊鈔本所記不同，因而不能肯定二十三條全部保存李善之舊貌。現姑且依據今本《文選》。

的義例如下。①

一　引文之目的

李善注《文選》而頻頻引用他書，目的何在？其自述注例内有云"諸引文證，皆舉先以明後"，"諸釋義，或引後以明前"（並見《兩都賦序》注），又云"《藉田》、《西征》咸有舊注，以其釋文膚淺，引證疏略，故並不取焉"（《藉田賦》注）。"引證"與"釋義"對舉，可見二者即引文之目的，但實際操作上，李善尤着力於引證。通常，很多中國文學作品在語句和内容方面依據前人之作，所謂换骨奪胎是其文學共性，甚至可以説"杜詩韓文無一字無來歷"適用於所有作品。這種傾向在駢儷文尤爲明顯。作者通過典據這種較爲簡單的形式表現複雜的思想和感情，讀者則通過還原典據，反而使自己的聯想豐富起來，作品由此得到充分欣賞。因此，若想解讀評論某一作品，先須弄清作者使用的典據。李善《文選注》於引證方面用力極多，可謂其來有自。現就李善引證與釋義做一細緻考察，歸納其義例如下。

（一）引證

引證正文所依據的典據。李善注例所云"諸引文證，皆舉先以明後，以示作者必有所祖述也"（《兩都賦序》注），即謂此法。而細審之，則可分爲語句即形式方面的典據引證和事實即内容方面的典據引證，兹將兩者的若干情形分別進行考察。

（1）語句引證

---

① 張雲璈有"注例説"（《選學膠言》卷一），錢泰吉有《文選李注義例》（《曝書雜記下》），李審言有《李善文選注例》（《制言》第五十期），駱鴻凱也在其《選學源流》（《制言》八、九、十期及《文選學》第三章）中論及李注義例，但所論皆局限於李善自述注例之範圍。高步瀛有《李注略例》，記於其《文選李注義疏》卷一及駱鴻凱文中，但還未得見。

（a）引證語句與《文選》正文作者使用的語句，形、義皆同。

【例】左太沖《吳都賦》：羌（胡刻本作"嗟"，胡氏《考異》云當作"羌"，集注本正作"羌"，今據而改之。注文"羌"字亦同）難得而覯（胡刻本作'覵'，今從集注本）縷。【注】王延壽《王孫賦》曰：羌難得而覯縷。

曹子建《求自試表》：故慈父不能愛無益之子，仁君不能蓄無用之臣。【注】《墨子》曰：雖有賢君，不愛無功之臣；雖有慈父，不愛無益之子。

（b）引證語句與正文作者使用語句，義相同形顛倒。

【例】江文通《望荊山》詩：零淚沾衣裳。【注】《古詩》曰：淚下沾裳衣（各本均作"衣裳"，今據胡氏《考異》改之。卷二十九《古詩十九首》恰作"裳衣"）。

謝玄暉《和徐都曹詩》：風光草際浮。【注】《楚辭》曰：光風轉蕙汎崇蘭。

（c）引證語句與正文作者使用語句，形相同義不盡相同。此即李善自述注例所云"文雖出彼，而意微殊，不可以文害意"（《兩都賦序》注）。

【例】班孟堅《兩都賦序》：以興廢繼絕，潤色鴻業。【注】《論語》子曰：興滅國，繼絕世。

《兩都賦序》"興廢繼絕"，如李善釋義"言能發起遺文，以光贊大業也"，是謂漢武帝、宣帝建立制度、復興前代文章，與《論語》"興滅國"之義不同，但可以得知賦序之語句出自《論語》。

任彥昇《宣德皇后令》：劍氣凌雲，而屈跡於萬夫之下。【注】《六韜》太后曰：屈一人之下，伸萬人（胡刻本作"夫"，涉正文而誤，今據集注本改之。《群書治要》、《意林》均引《六韜》而作"人"）之上，唯聖人能爲之（板本"爲之"兩字誤成一"焉"字，今据集注本改，治要本亦正作"爲之"）。

（2）內容引證

（a）引證正文文義之所據。

【例】陸士衡《贈馮文羆遷斥丘令詩》：我求明德，肆於百里。【注】《毛詩》曰（"曰"字據《四部叢刊》本補）：我求懿德，肆於時夏。

説明陸士衡詩句，其義得自《毛詩》。

曹子建《求通親親表》：天稱其高者，以無不覆；地稱其廣者，以無不載；日月稱其明者，以無不照。【注】《禮記》子夏問曰：何謂三無私？孔子曰：天無私覆，地無私載，日月無私照，此之謂三無私。

（b）引證正文所據之事實。

【例】陸士衡《答賈謐詩》：思媚皇儲，高步承華。【注】王隱《晉書》曰：謐以賈后之妹子，數入宮，與愍懷處。

曹子建《求自試表》：使得西蜀大將軍當一校之隊。【注】《魏志》曰：太和二年，遣大將軍曹真擊諸葛亮於街亭。

（二）釋義

（1）引文以解釋語義。引用他書説明正文字義、語義，分以下四類。

（a）先解釋正文語義，後舉示其用例。

【例】鮑明遠《樂府（東武吟）》：占募到河源。【注】占謂自隱度也（板本脱"自隱度也"四字，今依集注本補），自隱度而應募爲占募也。《吳志》曰：中郎將周祗乞於鄱陽占募。

"占謂"以下十六字，大略説明"占募"之語義，再引《吳志》示其用例。所引《吳志》未必就是正文"占募"之語的出典。

陳孔璋《檄吳將校部曲文》：及其抗衡上國。【注】毛萇《詩傳》（板本誤作'注'，今據集注本改之）曰：抗，舉也。鄭玄《周禮注》曰：稱上曰衡，然（'然'字據集注本補之）抗衡謂對舉以爭輕重也。《史記》陸賈曰：以區區之越，與天子抗衡爲敵國。

先説明"抗衡"之語義（爲此利用《毛傳》與《鄭注》），後引《史記》示"抗衡"之用例。

（b）先釋義正文甲爲乙，再舉乙之用例。

【例】曹子建《贈丁儀詩》：凝霜依玉除。【注】玉除，玉（後一"玉"字，據集注本補）階也。《説文》曰：除，殿階也。《西都賦》曰：玉階（板本'階'作'除'，理不通。今據集注本改之。板本卷一《西都賦》正作'玉階'）彤庭。

先説明正文"玉除"之義爲"玉階"（爲此利用《説文》），後引《西都賦》以示"玉階"之用例。

潘安仁《夏侯常侍誄》：中年殞卒。【注】中年，猶中身也。《尚書》曰：文王受命，惟中身。

（c）爲正文甲作注，却引他書注文之"乙爲甲"，説明正文之甲即乙之義。

【例】張平子《西京賦》：睢盱跋（胡刻本作"拔"，非。唐鈔本正作"跋"，板本卷四十四陳孔璋《爲袁紹檄豫州文》注引亦作'跋'。今據而改之）扈。【注】《毛詩》曰：無然畔換（胡刻本"換"作"援"，誤。唐鈔本正作"換"，陳孔璋文注引亦同）。鄭玄曰：畔換猶拔扈。拔與跋，古字通。

爲正文"跋扈"作注，却引鄭箋"畔換猶拔扈"以説明"跋扈"即"畔換"之義。

曹子建《七啓》：捷忘歸之矢。【注】《儀禮》曰：司射搢三，挾一个。鄭玄曰：搢，捷（板本"捷"誤作"插"。今據集注本改之）也。

（d）引他文用以注解正文字詞。

【例】左太沖《蜀都賦》：龍池濿瀑濆其隈。【注】《公羊傳》曰：濆泉者何，湧泉也。

此爲解釋正文之"濆"字而引《公羊傳》。

謝玄暉《和徐都曹詩》：結軫青郊路。【注】《周禮》曰：東方謂之青。

（2）引文以説明字體。引用他文以説明正文中的古字。

【例】司馬長卿《上林賦》：頫杳眇而無見，仰艸橑而捫天。【注】《聲類》曰：頫，古文俯字。晉灼曰：艸，古攀字也。

謝玄暉《和伏武昌登孫權故城詩》：霸功興寓縣。【注】《説文》曰：寓，籀文宇字也。

（3）引文以明正文句讀。正文句讀難以明斷時，引證據以判斷。

【例】任彦昇《奏彈曹景宗》：不用嚴刑，誅賞安寘，景宗即主臣謹案云云。【注】王隱《晉書》庾純自劾曰：醉酒荒迷，昏亂儀度，臣即主。謹按河南尹庾純云云。然以主爲句，臣當下讀也（板本"即"前無"臣"字，今據集注本以補之。胡氏《考異》曰："袁本、茶陵本'謹'上有'臣'字。"以"臣謹"爲言。此説當謬。若作"即主臣謹按"，李善不會引來作爲正文句於"主"字後之依據)。

正文"景宗即主臣謹按云云",該讀爲"景宗即主,臣謹按云云",還是"景宗即主臣,謹按云云",不易判斷。王隱《晉書》載有庾純之語"臣即主",據此用例,正文亦當斷於"主"字後。

(4) 引文以糾正正文訛字。

【例】王仲寶《褚淵碑文》:餐東野之秘寶。【注】一曰(板本作"又曰",非。今從集注本):"《雒書·零准聽》曰:《顧命》云,天(集注本作'琱',下文'天'字同。)球河圖在東杼(板本作'序',非。今從集注本)。天球,寶器也。《典引》曰:御東序之秘寶。然野當爲杼,杼(板本'杼'字不重,誤。今據集注本補之),古序字也。

"東野"即"東杼"之訛,爲此引《雒書·零准聽》以證明。

二　引文之態度

李善引文時注意哪些方面,持着何種心態,亦即對待引文的態度如何? 大致概括如下。

(一) 論證或釋義爲目的的引文,均採用正文作者以前的文獻爲原則。李善作注之目的已表明此原則,此處不煩舉例論證。李善自述注例云"諸引文證,皆舉先以明後,以示作者必有所祖述也","諸釋義,或引後以明前"(《兩都賦序》注),從正反面表明了引證、釋義時皆持有這種態度。下面的(二)和(三)則屬例外。

(二) 引用與正文作者大致相同年代的人的作品。何平叔《景福殿賦》注引用卞蘭《許昌宮賦》,並説明注例曰:"然卞、何同時,今引之者,轉以相明也。他皆類此。"從而明確表明其態度。

【例】王仲宣《贈蔡子篤詩》:風流雲散,一別如雨。【注】《鸚鵡賦》曰:何今日以雨絶(板本卷十三作"何今日之兩絶",誤)。陳琳《檄吳將校》曰:雨絶於天。然諸人同有此言,未詳其始。

曹子建《七啓》:揮袂則九野生風,慷慨則氣成虹蜺。【注】劉劭《趙都(板本誤作"郡",今依集注本改之)賦》曰:煦氣成虹蜺,揮袖起風塵。

文與此同,未詳其本也。

（三）釋義爲目的的引文,難免使用正文以後之書籍。例如張平子《西京賦》注引杜預《左氏傳注》、劉逵《魏都賦注》、崔豹《古今注》。又如宋玉《風賦》注引司馬遷《史記》、許慎《說文解字》。

（四）略引原文。

【例】左太冲《蜀都賦》:驚浪雷奔。【注】枚乘《七發》曰:波湧而濤起,橫奔似雷行。

考卷三十四《七發》原文,"波湧而濤起"句與"橫奔似雷行"句之間,有四十餘句、百九十五字,注文略而不引。

王元長《永明九年策秀才文》:祥正而青旗肅事。【注】《禮記》曰:孟春之月,天子駕蒼龍,載青旗,躬耕帝籍。

《禮記·月令》篇中"孟春之月"與"天子"之間有六十四字,"天子"與"駕蒼龍"之間有八字,"載青旗"與"躬耕"之間有七十字。

以上兩例是略字較多的,還有略字少的。有些則在略引時對原文文字進行改動。例如卷四十吳季重《答魏太子箋》:"雖年齊蕭王,才實百之。"下注引卷四十二魏文帝《與吳質書》:"光武言,年三十餘,在兵中十歲,所更非一,吾德不及之,年與之齊矣。"改作"吾德不及蕭王,年與之齊矣"。此因略引原文而不得已改之,這種情況極少見,李善還是以不改原文文字爲原則。有關於此,下面（七）中詳細論述。

（五）依正文順序,改動引文之原順序。

【例】張平子《西京賦》:若夫翁伯濁質,張里之家,擊鐘鼎食,連騎相過。【注】《漢書》(板本下有"食貨志"三字,當誤。今據唐鈔本刪)曰:翁伯以販脂而傾縣邑,濁氏以胃脯而連騎,質氏以洒削而鼎食,張里以馬醫而擊鐘。

《漢書·貨殖傳》順序爲翁伯、質氏、濁氏、張里(《史記·貨殖傳》亦同),此處改爲翁伯、濁氏、質氏……等順序,使之與正文"翁伯濁質"一致。

張平子《東京賦》:睿哲玄覽。【注】《尚書》曰:睿作聖,明作哲。

《尚書·洪范》作"明作哲……睿作聖"。

（六）同時參引他書之正文與注文。

【例】張平子《西京賦》：小説九百，本自虞初。【注】《漢書》曰：虞初《周説》九百四十三篇。初，河南人也，武帝時以方士侍郎，乘馬，衣黃衣，號黃車使者。小説家者流，蓋出於稗官。

考《漢書·藝文志》，自"初，河南人也"至"號黃車使者"一段原是注文。可知，此注同時引用《漢書》正文及其注文。

曹子建《七啓》：故甘露（胡刻本誤作"靈"）紛而晨降，景星霄而舒光。【注】《史記》曰：天精明時，有赤方氣，與青方氣相連。赤方中有兩黃星，青方中有一黃星，凡三星合爲景星。其狀無常，常（板本脱一"常"字，據集注本補）出於有道之國。

《史記·天官書》云："天精而見景星，景星者德星也，其狀無常，常出於有道之國。"孟康注云："精，明也。有赤方氣，與青方氣相連。赤方中有兩黃星，青方中一黃星，凡三星合爲景星。"此注無疑同時引用《史記》正文與孟康注。

（七）絶不改動引文文字。正文與正文所依據的文獻原文字形不同，但音義相同，則附記其音義相同之因，或者另舉證據以明音義相同之原因，但絶不改動原文文字而引用。此又可分如下幾種。

（1）附記兩者音義相同之原因。

（a）附記"某與某古字通"。

【例】張景陽《詠史詩》：朝野多歡娛。【注】《孟子》曰：霸者之民驩虞如也。王逸《楚辭注》曰：娛，樂也。虞與娛，古字通用。

王元長《三月三日曲水詩序》：信可以優遊暇豫，作樂崇德者歟。【注】《孫子兵法》曰：人效死而上能用之，雖優遊暇譽，令猶行也。譽與（板本"與"作"猶"，誤。據胡克家説改之）豫，古字通。

（b）附記"某與某通"。

【例】劉越石《扶風歌》：惟昔李騫期。【注】《周易》曰：歸妹愆期，遲期有時。王肅曰：愆，過也。騫與愆通也。

曹子建《求通親親表》：禁錮明時。【注】《左氏傳》曰：申公巫臣奔晉，子反請以重幣錮之。杜預曰：禁錮（板本"錮"誤作"固"。據集注本改之。左氏成公二年傳注亦作"錮"）勿得（板本脱"得"字，據集注本補。《左傳正義》所引杜注亦存"得"字）仕也。錮与固通。

(c) 附記"某與某音義同"。

【例】左太冲《吳都賦》：卓犖兼併。【注】《西都賦》曰：卓（當作"逴"，據下注可知。卷二《西都賦》亦作"逴"）躒諸夏，兼其所有。卓犖與逴躒音義同。

(d) 附記"某與某同"。

【例】《吳都賦》：翹關扛鼎。【注】《列子》曰：孔子之（"之"字據集注本補）勁，招國門之關，而不肯以力聞。招與翹同。

(e) 附記"某與某古今字"。

【例】劉孝標《廣絕交論》：故王丹威子以檟楚。【注】《禮記》曰：夏楚二物收其威也。鄭玄曰：夏，榎也；楚，荊也。夏與檟古今字也。

(f) 附記"某某一也"。

【例】宋玉《神女賦》：毛嬙彰袂，不足程式；西施掩面，比之無色。【注】《慎子》曰：毛嬙先施，天下之姣也，衣之以皮倛則見者皆走，易之以玄錫則行者皆止。先施西施一也。

(2) 另求他證。

【例】左太冲《吳都賦》：造姑蘇之高臺，臨四遠而特建。【注】《越絕書》曰：吳王夫差，起姑胥之臺，五年乃成，高見三百里。《漢書》伍被曰：子胥云，見麋鹿遊姑蘇之臺。然姑胥即姑蘇也。

《古詩十九首》：奄忽若飈塵。【注】《爾雅》曰：飄飆（胡氏《考異》曰：飄當作飈，各本皆譌，飈飆即扶搖字，《釋文》可證）謂之猋。《爾雅》或作此飈。

王子淵《四子講德論》：況乎聖德巍巍蕩蕩，民氓所不能命哉。【注】《論語》子曰：大哉堯之為君也，蕩蕩乎民無能名焉，巍巍乎其有成功。《廣雅》曰：命，名也。

沈休文《齊故安陸昭王碑文》：而皇情眷眷，慮深求瘼。【注】《毛詩》曰：皇矣上帝，臨下有赫，鑒觀四方，求民之莫（各本作"瘼"，與下注"班固《漢書》引《詩》而為此瘼"不符，當誤。今據梁章鉅《旁證》之說改之）。班固《漢書》引《詩》而為此"瘼"（據陳喬樅《詩經四家異文考四》，今《漢書·敘傳》作"莫"，是傳抄者所改）。

正文作"瘼"，李善所見《毛詩》作"莫"，二本不同，故舉《漢書》所引

《詩》，說明《詩》又作"瘦"，與《文選》正文同。

（3）正文與引文用字不同且原因不明，則存疑，絕不以意改字。

【例】枚叔《七發》：出輿入輦，命曰蹷痿之機。【注】《呂氏春秋》曰：出則以車，入則以輦，務以自佚，命曰怡蹷之機。高誘曰：怡，至也，蹷機門內之位也。……枚乘引"怡蹷"而爲"蹷痿"，未詳乘之謬，爲好奇而改之。

張景陽《七命》：駕紅陽之飛燕。【注】紅陽飛燕，未詳。或曰，駿馬圖有含陽侯驃。疑含即紅聲之誤也。

（4）引文原注云"某當爲某"或"某讀曰某"，但直引原文，絕不依注文改字。

【例】沈休文《冬節後至丞相第詣世子車中詩》：誰當九原上，鬱鬱望佳城。【注】《禮記》趙文子曰：以從先大夫於九京。鄭玄曰：晉卿大夫之墓地在九原。京當爲原也（板本"九京"皆作"九原"，且無"京當爲原也"五字，此必經淺人竄改。今據集注本訂正）。

此詩正文作"九原"，《禮記》作"九京"，二者不同，《禮記·檀弓下》鄭注明言"京蓋字之誤，當爲原"，然李善仍從正文。

《西京賦》建玄戈（板本皆誤作"弋"。朱琦《集释》已有此説。唐鈔本作"戈"，據而改之），樹招摇。【注】《禮記》曰：招摇在上，急繕其怒。鄭玄曰：繕，讀曰勁，畫招摇星於其（《曲禮上》"其"作"旌旗"二字，疑"其"爲"旗"之壞字）上，以起居，（板本誤作"軍"，唐鈔本作"居"，與《禮記》及《七啓》注文所引一致。今據而改之）堅勁軍之威怒，象天帝也。

李善所引文獻與今本之間存在不少文字異同，且多次引用同一文獻而前後不同現象亦不少，因而早有人説李善引用文獻適當改動文字。既然如此，李善何必堅持上述（七）中的瑣細態度呢？改字説無充分根據，絕不可信。堅持李善改字説的人，或者僅據傳習至今的文獻而不考慮李善所依據的古本，或者未發現今存李善注經後人竄改。現舉出具體證據加以説明。

《西都賦》：前唐中而後太液。【注】《漢書》曰：建章宮，其西則有唐中數十里……。如淳曰：唐，庭也。

關於此注，高步瀛云："《漢書》見《郊祀志》，唐中作商中，注引如淳亦作商,蓋李氏依本文改。《史記·封禪書》作唐。"(《文選李注義疏》卷一)高氏所云甚謬。今本顏師古注《漢書》確作"商中",然而李善所據《漢書》自當作"唐中"。《後漢書·班固傳》注文亦作"唐":"前書曰:建章宮,其西唐中數十里。《音義》曰:唐,庭也。"大概唐初開始有此本《漢書》。李善所據《漢書》絕非顏師古本,其他證據亦可證明①,因而不能用顏師古本規正李善引文。況且王念孫已經指出顏師古本"商中"原是"唐中"之訛(《讀書雜志》卷四之五)。

王文考《魯靈光殿賦》:規矩應天,上憲觜陬。【注】《毛詩》曰:定之方中,作爲楚宮。

謝玄暉《和伏武昌登孫權故城詩》:卜揆崇離殿。【注】《毛詩》曰:揆之以日,作爲楚室。

江文通《雜體詩》注、王簡棲《頭陁寺碑》注亦引"《毛詩》曰:揆之以日,作爲楚室。"

上舉注文引自《毛詩·鄘風·定之方中》。今本《毛詩》"定之方中,作於楚宮,揆之以日,作於楚室",二"爲"皆作"於"。阮元《毛詩校勘記》曰:"案《正義》云:作爲楚丘之宮也,下句同。考此乃《正義》說經之義耳,非其本經字作爲也。序下《正義》云:而首章'作於楚宮,作於楚室'

---

① 今本《漢書·律歷志上》"太極玄氣函三爲一"(師古曰:函讀與含同),曹子建《七啓》注所引"函"作"含"(板本《文選》或作"分"或改作"函",皆非。今從集注本)。《中山靖王勝傳》"臣聞悲者不可爲累欷"(師古曰:累古累字。累重也,欷歔欷也),曹子建《求通親親表》注所引"累欷"作"噓欷"。《孫寶傳》"(侯)文曰:豺狼橫道",孫子荆《爲石仲容與孫皓書》注所引"橫道"作"當路"(《後漢書·張綱傳》"豺狼當路"李賢注曰:前書京兆督郵侯文之辭)。《揚雄傳贊》"惟寂寞,自投閣"(師古曰:今流俗本云"惟寂惟寞,自投於閣"),謝靈運《齋中讀書詩》注引作"惟寂惟寞,自投於閣"。《敘傳上》"始皇之末,班壹避墜於樓煩……當孝惠高后時,以財雄邊"(師古曰:班氏以多財而爲邊地之雄豪……今流俗書本,多改此傳"壹"字爲"懿",非也),班孟堅《幽通賦》注所引"壹"作"懿","邊"引作"北邊"(梁氏《文選旁證》云,《幽通賦》注引作"懿",當作"壹",誤)。以上數例足可證李善所據《漢書》非顏師古本。今人王重民《巴黎敦煌殘卷敘錄》第一輯卷二曰:"蓋有唐初葉,師古注未大行,蔡謨《集解》頗行於世。《索隱》、《正義》所徵,酈元、李善所引,均據蔡謨舊本。"

可證。《詩經小學》云：案《喪大記》注云：爲或作於，聲之誤也。李善《文選》注引'作爲楚宫，作爲楚室'，所謂以破引之。考文古本作爲，採《正義》。"今檢收錄古籍叢殘的敦煌本之《毛詩》殘卷，正是"作爲楚宫"、"作爲楚室"，與李善所引一致。《太平御覽》卷一百七十三"《毛詩》曰：作爲楚室"，亦作"爲"。據此可知，古時《毛詩》自有"爲"字本，李善也並未破引。又可知山井鼎《七經孟子考文》所引古本，亦非採用《正義》本（王先謙《詩三家義集疏》依據李善注所引，推測是齊韓詩，顯然錯誤）。

張平子《西京賦》：擘肌分理。【注】鄭玄《周禮注》曰：擘，破裂也。

高步瀛論此注曰："《周禮》鄭注見《考工記·㡛人》，擘作擗，豈李氏所據本作擘耶！抑以爲通假字也。"（《李注義疏》卷三）今案慧琳《一切經音義》卷七十九"擘傷"下："上音百，鄭注《考工記》云：擘，破裂也。《説文》：從手，辟聲也。"此處所引《考工記》注亦作"擘"，與李善注所引相同。可知當有"擘"字本《考工記》，此注亦絶非李善改引。

左太沖《魏都賦》：昏情爽曙。【注】《説文》曰：曙，旦明也。

謝靈運《從斤竹澗越嶺溪行詩》"猿鳴誠知曙"注以及枚乘《七發》"莫離散而發曙兮"注，皆引"《説文》曰：曙，旦明也。"

今檢《説文·日部》："睹，旦明也，从日，者聲"，"曙"爲新附字，釋作"曉也"。沈濤《説文古本考》"睹"字條："《文選·魏都賦》、謝靈運《越嶺溪行詩》、《七發》三注，引此字皆作睹，乃崇賢以今字易古字耳，非古本有曙無睹也。"與此相反，鈕樹玉則據李善所引，認爲有古本《説文》存在（鄭珍《説文新附考》亦云"曙"之古字爲"睹"），其《説文新附考》"曙"字條曰："瞿鏡濤云：李善《文選注》引《説文》'曙，旦明也'，凡屢見。疑古本《説文》本是'曙'字，後爛脱作'睹'。樹玉按，《博雅》有'曙'無'睹'，《玉篇》'曙'，適當《説文》'睹'字之次，其訓'旦明'之'睹'則在俗字中，瞿説當是。"比較沈、鈕二人之説，當從後説，前説不免臆斷之嫌。

以上四條針對的是，僅相信今傳原書而不考慮李善依據古本的李善改字説，對此進行了辯駁。下面針對一些人不知今存李善注經後人竄改而主張改字説，進行辯駁。

《西京賦》：逞欲畋鮫。【注】《説文》曰：鮫，捕魚也。

對於此注，高步瀛指出："《説文》鱻部曰：䲣，捕魚也。無鮫字，此李就正文改"(《李注義疏》卷二)。然而唐鈔本《文選》殘卷並無此引文。今本《文選》注中有此引文,可能是後人所加。因此,僅據今本《文選》主張李善改字説是不妥的。

《西京賦》:展季桑門,誰能不營。【注】《説文》曰:營,惑也。

胡紹煐謂此注"今目部:瞢,惑也,從目,熒省聲。按經典通作'營',善以'營'爲'營惑',故引《説文》'瞢'作'營'者,依正文改也"(《文選箋證卷二》)。然而唐鈔本《文選注》未引《説文》此語,因此僅據今本《文選》而斷定李善改動文字,這是不可取的。

沈休文《和宣城詩》:神交疲夢寐。【注】《説文》曰:交,會也。

胡紹煐謂"今《説文》,迓會也。按此,善順正文而改許"(《文選箋證》卷三十三)。但舊鈔本《文選集注》卷五十九下並無《説文》此語,此亦説明不能武斷主張李善改字説。

陸士衡《漢高祖功臣頌》:畯民效足。【注】《尚書》曰……又曰:俊民用章。胡克家曰:"《尚書》本作畯,善屢引爲俊者。畯與俊同,已具《奉答内兄希叔詩》,無妨其引作俊也。"(《文選考異》卷八)李善在前注説明"正文某字與注文某字同"之後,再出現相同的文字用例時則不具體説明[①],這一點正如胡氏所言。然而即使前面説明"正文某字與注文某字同",也絕不因正文某字而改動引文中的某字,因此胡氏所言"畯與俊同,已具《奉答内兄希叔詩》,無妨其引作俊也",不可信從。加之,集注本作"畯"而非"俊"。由此可見,今本《文選》注所見"俊"字是後人妄改,絕非李善之錯。

王子淵《四子講德論》:百姓徵彸,無所措其手足。【注】《方言》曰:徵彸,惶遽也……彸,章容切。

王筠《蛾術編》(卷下)曰:"王褒《四子講德論》'百姓徵彸',注引《方言》曰:'徵彸,惶遽也。'然《方言》'征伀遑遽也',《論》作'徵彸',李善即

---

① 如卷九《北征賦》"息郇邠之邑鄉"注,引《漢書》"豳鄉"且言"豳與邠同"。卷十《西征賦》"化流岐豳"注,引《史記》"立國於邠"且言"邠與豳同"。故卷四十六王元長《三月三日曲水詩序》"籥動邠詩"注,引"《周禮》曰:籥章掌土鼓豳籥。又曰:仲春擊土鼓歌豳詩,以迎暑也",而未説明"邠"與"豳"之同異。

改《方言》，以就之。此《選注》之通病也，知非刻訛者。《注》又曰：'㞞，章容切。'不爲征作音，是本作征也。"考集注本卷一百二十，正文及注文所引《方言》皆作"征㒶"，注文"㒶章容切"亦作"㒶章容反"（舊鈔觀智院本《文選》作"征㒶"，"㒶"字亦非彳旁）。可知，李善本正文與注引《方言》，原本皆作"征㒶"，今本《文選》由後人妄改。因之絕不可以説李善引用《方言》而妄改文字之類的話。至於"此《選注》之通病也"之語，使李善蒙上不白之冤。

上述論證表明，李善引用他書而妄改文字之説，不足相信。段玉裁曰："凡引古辭同字異者，必仍其字而爲之説，李善注《文選》，其例最善。"（《古文尚書撰異》卷十五）又，許巽行曰："經典同異，李氏自據各經師本文，隨《文選》所用而引之……校《文選》者，每不尋究，但據今時傳習之本，竄易李氏所引之文。"（《密齋隨録》）二人可謂崇賢之知己。

如上所述，李善引用他書時並未改動文字，但可能對字體做過改動，因爲注文中無一例辨别字體之正俗。桂馥指出"李善所引《蒼頡篇》、《三蒼》、《聲類》、《字林》諸書，多依隨《文選》俗字，非本書原文"（《札樸》卷七），或許言此。

（八）引用他書轉載之文時，記録其書名以明出處。

【例】江文通《雜體詩》：更以畏友朋。【注】《左氏傳》陳敬仲曰：《詩》曰"翹翹車乘，招我以弓，豈不欲往，畏我友朋"。

王元長《三月三日曲水詩序》：因流波而成次。【注】東陽無疑《齊諧記》：束晳對晉武帝曰（此十四字，板本皆脱，今據集注本補之）："《逸詩》云：羽觴隨流波。"

前一例中"《詩》曰"以下爲需要引用的部分，後一例"《逸詩》云"以下爲需要引用的内容，注文同時還標明其文獻出處。後人不明李善此一做法，往往刪去需要引用内容以外的部分，如板本在上舉後一例文字中刪去"東陽無疑"以下十四字，胡刻本在卷五十五《演連珠》注文中引用與上舉前一例相同的《左氏傳》文而刪去此三字，袁本、《四部叢刊》本則將"《左氏傳》陳敬中曰"七字改作一個"毛"字。此類引文，板本多有脱字。

此又涉及一個問題，即李善注引文與類書之間的關係。據卷五十九任彥昇《劉先生夫人墓誌》注"《皇覽·聖賢冢墓誌》注曰云云",可知至少利用《皇覽》且標明其書名。卷二《西京賦》"眭眱蠆芥"注:"《廣雅》曰:眭,裂也。《說文》曰:眱,目眭也。《淮南子》曰:瞋目眱眭。"一連引用多種文獻。此注與玄應《衆經音義》卷二十"眭眱"注文內容一致,有可能李善和玄應抄自同一類書(玄應《音義》作於顯慶中,詳情參考神田喜一郎教授《淄流二大小學家》,載《支那學》七之一),但李善未標明其類書名。此事關係到李善多大程度地利用類書,那些都是何種類書,因而是有趣且重要的話題,但我現在尚不明瞭其原委。

（九）正文與引文矛盾時,加以辨證。

【例】王元長《永明九年策秀才文》:訪游禽於絕澗,作霸秦基。【注】《韓子》曰:董閼于爲趙上地守,行石邑山中,深澗峭如廥,深百仞,因問其左右人曰:"嘗有人入此者乎?"對曰:"無有。""嬰兒盲聾狂悖(板本作'勃',今據集注本改。《韓非子·內儲說上》亦作'悖'),有入此者乎?"對曰:"無有。""牛馬犬彘,嘗有入此者乎?"對曰:"無有。"董閼于喟然大息歎(板本脫'歎'字,今據集注本補之)曰:"吾能治矣,使吾法無赦也,猶入澗之必死,則民莫敢犯,何爲不治?"《史記》曰:趙氏之先,與秦共祖。然則以其共祖故雖趙亦號曰秦。

趙景真《與嵇茂齊書》:昔李叟入秦,及關而歎,梁生適越,登嶽長謠。【注】《列子》曰:楊朱南之沛,老聃西遊於秦,邀於郊,至梁而過(集注本作"遇")老子,老子中道仰天歎曰:始以汝爲可教,今不教也。……范曄《後漢書》曰("曰"字依集注本補):梁鴻字伯鸞,扶風人也,東出關過京師,作《五噫之歌》曰:陟彼北邙(集注本作"芒",下"邙"字亦同)兮噫……然老子之歎,不爲入秦,梁鴻長謠,不由適越,且復以至郊爲及關,升邙爲登嶽,斯蓋取意而略文也。

（十）必引正文作者所依據的文獻。

（1）同一語句或者同一事件載於多种文獻時,取其中最接近正文之意者。

【例】潘安仁《寡婦賦》:四節流兮忽代序,歲云暮兮日西頽。【注】《毛詩》曰:歲聿其暮。

沈休文《鍾山詩應西陽王教》:於焉仰鑣駕,歲暮以爲期。【注】歲暮喻年老也。《韓詩》曰：蟋蟀在堂，歲聿其暮。薛君曰：暮晚也，言君之年歲已晚。

潘賦、沈詩皆有"歲暮"，李善引《毛詩》而注前者，引《韓詩》而注後者。究其原因，潘賦"歲暮"謂歲晚時節，與《毛詩》同義（《唐風·蟋蟀》鄭箋以爲是歲晚時節）；沈詩"歲暮"則有年老之意，與《韓詩》同義。換言之，分別引用與正文之意相合的文獻。

王元長《三月三日曲水詩序》：雜夭采於柔荑，亂嚶聲於鯀羽。【注】《毛詩》曰：桃之夭夭，灼灼其華。又曰：手如柔荑。又曰：鳥鳴嚶嚶。《韓詩》曰（板本"韓詩"二字作一"又"字，是後人妄改。今依集注本改之。《景福殿賦》注亦引《韓詩》及薛注，與此處所引同）：鯀蠻黄鳥。薛君（板本衍"注"字，今依集注本删之）曰：鯀蠻文貌。

此注前三條引《毛詩》，最後一條則另引《韓詩》及薛君，因爲《毛傳》"鯀羽"釋作"小鳥貌"，其義與正文用法不同，而《韓詩》薛君之解釋更符合正文之義。

顏延年《始安郡還都與張湘州登巴陵城樓作詩》：三湘淪洞庭，七澤藹荆牧……却倚雲夢林，前瞻京臺囿。【注】《説苑》曰：楚昭王遊於荆臺，司馬子期諫曰："荆臺左洞庭，右彭蠡。"荆或爲京。

應休璉《與滿公琰書》：是京臺之樂也，得無流而不反乎。【注】《淮南子》曰：令尹子暇請飲，莊王許諾。子暇具於京臺，莊王不往，曰：吾聞京臺者南望獵山，北臨方皇，左江右淮，其樂忘歸，若吾薄德之人，不可以當此樂也，恐流而不能自反。

顏詩、應書皆舉"京臺"之事，李善引《説苑》注顏詩，引《淮南子》注應書，使其與正文之義相合。

王子淵《四子講德論》：昔甯戚商歌以干齊桓。【注】《淮南子》曰：甯遬（板本誤作"越"。今依集注本）商歌車下，而桓公慨然而悟。

又：齊桓有管鮑隰甯，九合諸侯，一匡天下。【注】《説苑》鄒子曰：甯戚叩轅行歌，桓公任之以國政。

《淮南子》、《説苑》皆載有甯戚事，李善注分別引之。

同一事件見於多種文獻而有異同，則取可信者，不必與《文選》正文相同。例如陸士衡《漢高祖功臣頌》"奇謀六奮，嘉慮四迴"注云："《漢書》曰：陳平凡六出奇計，或頗秘之，世莫得聞。宋（集注本作'宗'）仲子《法言注》曰：張良爲高祖畫策六，陳平出奇策四，皆權謀非正也。然機之此言，有符仲子之説，未詳相承而誤，或復（'復'字依集注本補）別有所憑也。"雖然宋仲子所言與正文之語合致，李善並未徑引，而是先引用與正文不同的《漢書》。此又説明，李善在宋仲子語和《漢書》之間更信任後者（李善此注是否正確解釋正文之義，則另當別論）。

（2）正文作者所據原文出現異同，則取接近正文者引之。

【例】嵇叔夜《琴賦》：紹陵陽度巴人。【注】宋玉《對問》曰：既而曰：陵陽白雲，國中唱而和之者彌寡。然集所載與《文選》不同，各隨所用而引之。

《文選》所載宋玉《對楚王問》作"其爲陽春白雪，國中屬而和者，不過數十人"，與《琴賦》"陵陽"不同。因而李善特引宋玉集所載《對楚王問》。

江文通《雜體詩》：爾無帝女靈。【注】宋玉集云：楚襄王與宋玉，遊於雲夢之野，望朝雲之館有氣焉……王問：此是何氣也？玉對曰："昔先王遊於高唐，怠而晝寢，夢見一婦人，自云我帝之季女，名曰瑶姬。

此注所引爲《高唐賦》。李善不依《文選》而特採宋玉集，因爲"自云我帝之季女"《文選》作"曰妾巫山之女也"，與江詩"帝女"之語不合（梁氏《文選旁證》已有此説）。

（3）正文作者依據的原文有異説，則取正文作者所從之説。

【例】潘安仁《寡婦賦》：撫衾裯以歎息。【注】《毛詩》曰：抱衾與裯，寔命不猶。毛萇《詩傳》曰：衾，被也；裯，單被也。

曹子建《贈白馬王彪詩》：何必同衾幬。【注】《毛詩》曰：抱衾與裯。毛萇曰：衾，被也。鄭玄曰：裯，牀帳也。幬與裯古字同。

曹詩作"幬"，而"幬"之本義爲"帳"（《説文》巾部：幬，禪張也。《爾雅釋訓》：幬謂之帳），故李善作注不依《毛傳》（裯，單被也）而採鄭箋（裯，牀帳也）。李善大概由潘賦的用法認爲其從《毛傳》之説，由"幬"之用法判斷曹詩從鄭箋之説（《召南·小星》"抱衾與裯"，三家詩作"幬"，曹詩所依非《毛詩》而是三家詩）。

然而，李善原則上引用正文作者所依據的文獻，實際有不少没做到。例如漢人所依《尚書》恐爲今文《尚書》,李善却盡依僞孔傳本,魏詩並非皆依《毛詩》,李善却主要依據《毛詩》。大概李善注《文選》之際主要引用當時的通行本,而當時的通行本與正文用法有不同之處,李善最早且儘可能取引各種不同本,但當時學術不夠發達,李善關於四部書籍流傳的知識也不足,往往導致引用失當,也無方法解決。

(十一) 引文取其語而不取其義。

【例】謝宣遠《張子房詩》:聿來扶興王。【注】《毛詩》曰:聿來胥宇。孔安國《尚書傳》曰:聿,遂也。

注文所引《毛詩·大雅·緜》之文,鄭箋訓此曰"聿,自也"(《毛傳》未訓"聿"字)。此注解釋謝詩"聿來",依鄭箋説不得解,故未引鄭箋之説而另引孔傳。應該説《毛詩》僅是引證謝詩"聿來"之語。

陸士衡《弔魏武帝文》:豈不資高明之質,而不免卑濁之累。【注】《尚書》曰:高明柔克。高明謂日月也。

此引《尚書·洪範》之文,其傳曰"高明謂天"。今此注引《尚書》僅證實陸文之"高明",未引傳文釋義,另注"高明謂日月也"。

(十二) 同時引某書正文甲和正文乙之注。

【例】王元長《永明九年策秀才文》:肺石少不冤之人,棘林多夜哭之鬼。【注】《周禮》曰:外朝之法,左九棘,孤卿大夫位焉;右九棘,公侯伯子男位焉;右肺石,達窮民焉。鄭司農曰:肺石,赤石也;窮民,天民之窮而無告者(此注板本多有異同,今依集注本改之)。

此引《周禮》"秋官朝士"之文,鄭司農之注即大司寇注(今大司寇注係於鄭玄)。

陸士衡《豪士賦序》:而成王不遺嫌吝於懷。【注】《尚書》曰:武王既喪,管叔及群弟,流言於國,曰:"公將不利於孺子。"孔安國曰:成王信流言而疑周公。

此引《尚書·金縢》之文,孔傳亦是《金縢》之傳,但此非"武王既喪云云"之傳,而是"於後公乃爲詩以貽王云云"之傳文。

(十三) 一個正文語句只引一條文獻爲原則。李善爲一個正文語句作注,通常引用一條文獻進行印證和釋義。但有時會印證、釋義各舉不同文獻,或者一個語句的形式印證和内容印證各舉不同文獻。例如曹子建《七啟》"惠澤播於黎苗"注文中,引《國語》、《尚書》釋"黎"、"苗"之義,再引崔駰《七依》而證實正文語句之出處。又如傅季友《爲宋公修張良廟教》"淵流浩潓,莫測其端矣"注,引《吳都賦》而證實正文語句之出處,再引《黃石公記序》而證實張良懷有深慮。但這些並不違背原則。

原則之外,若有特別理由則引用多條文獻,如下面例子。

【例】曹子建《七啟》:採英奇於仄陋。【注】邊讓《章華臺賦》曰:舉英奇於仄(胡刻本誤作"側"。今依集注本、六臣注本改之)陋。《尚書》曰:明明揚仄陋。

陸士衡《漢高祖功臣頌》:所謂伊人,邦家之彥。【注】又曰(接上注《毛詩》):彼己之子,邦之彥兮。班固《漢書·王遵贊》曰:遵實赳赳,邦家之彥。

以上二例,並引正文所據之文及其原典。

鮑明遠《樂府(放歌行)》:豈伊白璧賜,將起黃金臺。【注】王隱《晉書》曰:段匹磾討石勒,進屯故安縣故燕太子丹金臺。《上谷郡圖經》曰:黃金臺,易水東南十八里,燕昭王置千金於臺上,以延天下之士。二説既異,故具引之。

陸士衡《挽歌詩》:死生各異倫,祖載當有時。【注】《周禮》曰:喪祝掌大喪,祖飾棺乃載。鄭玄曰:祖爲行始也,其序載而後飾。《白虎通》曰:祖者始也。始載於庭,輀車辭祖禰,故名祖載也。《白虎通》與鄭説不同,故俱(集注本作"詳")引之。

以上二例爲並舉異説者。

王元長《三月三日曲水詩序》:殷殷均乎姚澤。【注】《呂氏春秋》曰……又曰:舜陶於河濱,釣於雷澤,登爲天子,賢士歸之,萬人譽之,陳陳殷殷,無不戴悦。高誘曰:殷殷(板本皆脱一"殷"字,今依集注本補之)盛也。《吕氏春秋》曰:舜爲天子,輒輒啟啟,莫不戴悦。高誘曰:啟啟,動而喜貌也。殷殷,或爲啟啟,故兩引之。

正文"殷殷",他書或作"啟啟",難以判斷正誤,因而注文將"殷殷"、"啟啟"兩條皆引。

上述特殊理由之外,一句正文之注文通常引用一種文獻。今本《文選》注出現一句正文之注引用多種文獻且毫無理由的現象,懷疑是後人所加,如下面的例子。

鮑明遠《樂府(結客少年場行)》:垆壚懷百憂。【注】《楚辭》曰:貧士失職而志不平。又曰:惟鬱鬱之憂獨兮,志坎壚而不違。王逸曰:坎壚,不遇貌也。

此注引《楚辭》兩條,但前者與正文無關。原文爲"《楚辭》曰:坎壚兮貧士,失職而志不平(《九辯》)。王逸曰:坎壚,不遇貌也"二十三字,可能在後來轉寫時脱"坎壚兮"三字,後人又於"志不平"下面加"又曰"以下十五字(《九歎》)。今檢集注本卷五十六,正是"貧士"前有"坎壚兮"三字,無"又曰"以下十五字。

謝玄暉《觀朝雨詩》:既灑百常觀。【注】張景陽《七命》曰:表以百常之闕。《西京賦》曰:通天眇以竦峙,勁(似當作"徑")百常而莖擢。薛綜曰:臺名也。《爾雅》曰:觀謂之闕。

謝詩"百常觀"注引《七命》、《西京賦》兩條,但《西京賦》實爲後人所加。大概此注引《爾雅》,目的不是強調二者之不同,即謝詩作"百常觀"而注引《七命》作"百常闕",而是説明"觀"即"闕"。如是則"《爾雅》曰"以下七字,當接"《七命》曰云云"之後。考卷二《西京賦》,薛綜注曰"通天臺名",云"倍尋曰常",未云"百常臺名"。若百常爲臺名,《西京賦》則文義不通。也就是説,此注"《西京賦》曰"至"臺名也"二十二字由後人妄加。今檢集注本卷五十九下,正無此二十二字。

三　引文之記載法

(一)注文所引文獻只録書名而不記篇名、章名等小目爲原則。限於正文注解所需時,才同時記録小目。因需並記小目之例如下:

【例】鮑明遠《樂府(苦樂行)》:赤阪橫西阻。【注】《漢書·西域傳》:杜欽曰:又歷大頭痛小頭痛之("之"字,依集注本補)山。赤土身熱之阪,令人身熱無色,頭痛嘔吐。

王元長《永明九年策秀才文》:敬法恤刑,虞書茂典。【注】《尚書·虞書》曰:欽哉欽哉,惟刑之恤哉。

王元長《三月三日曲水詩序》：臣聞出豫爲象，鈞天之樂張焉。【注】《周易·豫卦》曰：先王作樂，殷薦上帝。

　　合觀正文圈點之句與注引篇名，可知特記篇名之原因。李注既有此義例，那麽今本《文選》注中妄自記録小目者，皆非李善原注。玆舉二例如下。

　　【例】張平子《西京賦》：若夫翁伯濁質，張里之家，擊鐘鼎食，連騎相過。【注】《漢書·食貨志》曰：翁伯以販脂而傾縣邑，濁氏以胃脯而連騎云云。

　　此注"食貨志"三字與正文無關，《食貨志》中無此内容，此爲《貨殖傳》所載。注中此三字爲後人妄加者，並非李善之舊。

　　馬季長《長笛賦》：掐（當作"搯"，下引《國語》及韋注"掐"字亦同）膺擗摽。【注】《國語》曰：無掐膺。韋昭曰：掐叩也，苦洽切。《魏書·程昱傳》曰：昱於魏武前忿爭，聲氣忿高，邊人掐之乃止。

　　段玉裁曰："《文選·長笛賦》'搯膺擗摽'，李善引《國語》及韋注而云，苦洽反。殊誤。苦洽切，當是掐字，從臽聲，爪刺也。下引《魏書·程昱傳》云云，是則從臽之掐，於搯膺毫不相涉也。"（《説文》搯字注）李善既引《國語》"搯膺"（見《魯語》）注正文之"搯膺"，不必再引《魏書》。況且正如段氏所言，《魏書》"掐之"與正文"搯膺"毫無關係。因此"《魏書·程昱傳》曰"以下二十三字，當是後人旁記文字誤入注文中者，絶非李善之引文。袁本、《四部叢刊》本正無此二十三字。（段玉裁所非難之"苦洽反"三字，其實亦非李善注文。）

　　（二）引用他文作注的語句再次出現，則不重引而只記"某已見上文"、"某已見某篇"。李善自述注例中，如下四條即屬此例。

　　（1）石渠已見上文。然同卷再見者，並云已見上文，務從省也。佗皆類此（卷一《西都賦》"又有天禄、石渠典籍之府"注）。

　　（2）諸夏已見《西都賦》。其異篇再見者，並云已見某篇。他皆類此（卷一《東都賦》"光漢京於諸夏"注）。案：（1）條記曰"同卷再見者，並云已見上文"，（2）條記曰"異篇再見者，並云已見某篇"，但異篇而同卷的情形本來就多，因而（1）與（2）有矛盾之嫌，（1）之"同卷"疑當作"同篇"。

（3）諸夏已見上文。其事煩已重見及易知者，直云已見上文，而他皆類此（卷一《東都賦》"内撫諸夏"注）。案：（3）與（2）看似相同，其實不同。（3）是指前篇已注語句在後面几篇中屢次出現時，第二次記作"已見某篇"，三次以後則僅記"已見上文"（如"諸夏"，《西都賦》中引《論語》而注，《東都賦》之首注曰："諸夏，已見《西都賦》。"之後則只記作"諸夏，已見上文"）。又，易解之處則第二次出現時直接記作"已見上文"，即便出現於異篇，也不記作"已見某篇"（如"甘泉"，《西都賦》中引《漢宮闕疏》而注，"建章"《西都賦》引《漢書》而注。此二語不難理解，故第二次出現於《東都賦》中，直接記作"建章、甘泉，已見上文"）。

（4）樂大已（'已'字據唐鈔本補之）見《西都賦》，凡人姓名及事易知，而別卷重見者，云見某篇，亦從省也。他皆類此（卷二《西京賦》"庶樂大之貞固"注）。案：（3）中"其事易知者，直云已見上文"與（4）中"事易知，而別卷重見者，云見某篇"，看似矛盾，但（3）指同卷再見者，（4）謂異卷再見者。

以上即是李善建立的"已見上文"、"已見某篇"之義例。然而今本《文選》中，隨卷數之增加"已見上文"漸多，"已見某篇"漸少。而且同一條注，一本作"已見某篇"，他本作"已見上文"，另一本則重出注文，這種現象並不少見（《南都賦》"隨珠夜光"下，胡刻本引《淮南子》及高誘注，袁本作"已見《西都賦》"，即屬此例。胡氏《考異》多次指出重出之誤，其實不宜過早斷定）。很可能經後人篡改，原注之義例被弄亂。《四部叢刊》本尤爲嚴重，全書僅見幾條"已見上文"、"已見某篇"，其餘皆重出注文，重出之注文又往往出現錯誤。例如：

卷二十八繆熙伯《挽歌詩》：安能復存我。【注】胡刻本作"生也存，已見上文"，《四部叢刊》本作"生也，《尸子》曰：其生也存"。《四部叢刊》本"生也"二字爲衍文。似根據某本之"生也存，以見上文"，復從陸士衡《樂府》之注重出"《尸子》云云"，誤將《尸子》曰"前面二字"生也"留下。

卷三十一江文通《雜體詩（陳思王贈友曹植）》：延陵輕寶劍。【注】胡刻本作"延陵，已見上"，《四部叢刊》本作"《吳都賦》曰：有吳之開國也，造自太伯，宣於延陵。端委至德，太伯也；高節克讓，延陵也"。

此詩擬曹植詩而作，其注當引曹植《贈丁儀》"思慕延陵子，寶劍非所惜"，現存集注本（卷六十一）即是。但《四部叢刊》本注直接引用與寶劍無關的《吳都賦》，不宜作"延陵輕寶劍"之注。這恐怕是根據"延陵已見上"本，以重出上注爲目的查找《文選》前篇，偶然發現"延陵"之句而妄自引用。

（三）引文開頭作"某曰"，則引用書名後不作"曰"。

【例】《國語》趙簡子難曰：雀入於海而作蛤，雉入於淮爲蜃云云（郭景純《遊仙詩》注）

《管子》桓公曰：夫鴻鵠有時而南，有時而北。（嵇叔夜《幽憤詩》注）

引文開始有"趙簡子難曰"、"桓公曰"，因而不作"《國語》曰""《管子》曰"，可能是爲避免贅述。此義例不知是李善自立還是傳抄者所爲，但貫穿於《文選》全書。庾元規《讓中書令表》注"《尚書》穆王曰：今命汝作朕股肱心膂"，梁章鉅認爲"此《君牙篇》之文，今《書》作'今命爾予翼，作股肱心膂'。注蓋約舉其詞，故《尚書》下無'曰'字"（《文選旁證》卷三十一）。其説不知注中此一義例，實屬謬見。

備注：本文所引《文選》正文及李善注，均以胡刻本爲底本。

（譯者單位：吉林師範大學文學院　南京大學文學院）

關於和刻本《文選》

——從版本看江户、明治時期的《文選》接受[①]

[日]芳村弘道　撰　金程宇　張淘　譯

序　言

  日本的《文選》接受開始於上代,歷史悠久,對漢文學産生過巨大的影響,此點毋庸贅言。特別是平安時代,編集《本朝文粹》即以《文選》爲標準,《枕草子》將《文選》與《白氏文集》並稱,都是作爲《文選》影響經常被舉出的實例。時代推移,即便到了江户時期,佔據傳統文學主流的仍然是漢文學,但此時《文選》所發揮的作用,似乎一直很少有人言及。在這種背景下,池澤一郎在《江户文人論——以大田南畝爲中心》(汲古書院,2000年)第二章"江户文人對《文選》的接受——從服部南郭到大田南畝"中論及了這一問題,尤其值得關注。南郭學習李善注,對《文選》達到了諳熟的程度,南畝則將《文選》用作自家藥籠之物,通過分析二人的文藻,可知江户時代《文選》的影響並未衰退。

  《文選》影響之大,不僅表現在上述兩位這種在江户文學史上佔有一

[①]　本文原載《學林》第三四號(2002年),後收入《唐代の詩人と文獻研究》(朋友書店,2007年)。

席之地的文人作家。筆者最近有機會讀到了元禄十六年(1703)紀州一位名爲圓通的僧侶所撰的《難華長塹心齋橋記》。文章記載了大阪著名的心齋橋的由來，並贊揚了架設者岡田心齋，其中很多地方以《文選》所收作品爲典故，來表現浪華的富庶①，筆者從而眞切感受到了這種熏染之深，得以再次確認：對於江户時代的操觚者來説，《文選》仍是必讀書。

在《文選》研究中，探討日本所藏舊鈔古槧所具有的高度學術價值固然重要，而回顧在其悠久的接受史中，近世以後流通着怎樣的版本也是很有意義的。斯波六郎曾著有《文選諸本的研究》（斯波博士退官記念事業會，1957 年；又見《文選索引》附録，1959 年），指出這個時期的版本有五臣李善注本和李善五臣注本，並分别舉出了兩種，其他則"雖閲過，但此稿不能盡收"（《例言》）。斯波先生可能是從重視唐代文選學系統的立場出發而作出了這樣的省略，筆者則斗膽從日本接受的視角出發，拾其所遺。雖然有志於諸本的全面調查，然而未見版本仍然很多。姑就已見本暫作報告，以待博雅指教。

一　江户時代前期的《文選》刊刻

1. 直江版《文選》

至江户時代(1603—1867)，出版事業逐漸進入了鼎盛時期，受上杉景勝的家臣直江山城守兼續之委託，京都要法寺用木活字刊行了六家

---

① 例如"爾乃厥田上上。寔爲地神皋膏腴"一句，出自卷二漢張衡《西京賦》的"爾乃廣衍沃野，厥田上上。寔爲地之奥區神皋"以及卷五九沈約《齊故安陸昭王碑文》中的"禹穴神皋"李周翰注"其地肥沃，故云神皋"。又"豐隆稠疊，賄貨纖麗"，係據卷四晉左思《蜀都賦》中的"賄貨山積，纖麗星繁"。"廛閈撲地，歌吹沸天"，全取卷一一宋鮑照《蕪城賦》之句。"駔者兼赢，求者不匱。爾乃販夫賈客，交易治産，雖不昏於作勞，邪赢優足恃"，係用《西京賦》之"駔者兼赢，求者不匱，爾乃商賈百族，裨販夫婦……何必昏於作勞，邪赢優而足恃"。

注本《文選》六十卷，這是日本最早的《文選》刊本。此本世稱直江版《文選》，作爲古活字版的名品而受到重視(1a)。此記號是《江户、明治期〈文選〉版本目錄》的整理號，係參考長澤規矩也著、長澤孝三編《和刻本漢籍分類(增補訂正版)》(汲古書院，2006年)而作成。卷末附"慶長丁未沽洗上旬八葽板行畢"刊記，可知排印完成於慶長十二年(1607)三月八日。從此版本看出的出版記載只有這些，但《羅山文集》卷五十四《五臣注文選跋》中有"此本近歲米澤黃門陪臣直江山城守某開版要法寺"的記載，可知刊行者和出版地。此外關於直江版出版一事，川瀨一馬在《古活字版之研究》(安田文庫，1937年。增補版，ABAJ，1967年)中詳細論述了以下幾點：使用的活字與要法寺圓智在慶長五年印行的《法華經傳記》等相同，上杉家曾爲此提供了有力的援助；存在無刊記本的試印本；刊行是在慶長十年九月以前着手的。

直江版《文選》附刻有南宋紹興二十八年(1158)明州司法參軍事兼監盧欽的跋語，顯然出自所謂的明州本。《經籍訪古志》卷六認爲足利學校所藏宋刊明州本即爲其直接底本，僅目錄部分是從元陳仁子校補的茶陵本補加的。另外島田翰在《古文舊書考》卷二中也持同樣的觀點，稱"蓋足利之書缺目錄，故依元陳氏本補之"。然而足利本中目錄完備，故不能認爲其爲直江版的底本，此兩説可以否定。神田喜一郎在《妙覺寺常住日典》(《東洋學文獻叢説》，二玄社，1969年；後收入同朋舍版《神田喜一郎全集》第三卷，1984年)中指出，直江版盧欽的跋語"僅第一行與第二行以下不同，特地排高一格，體式怪異"，"一望可知，直江版依據的肯定不是完整保存有盧欽跋語的明州本"，日典與直江兼續有交往，其舊藏明州本現藏書陵部，恰好缺佚盧欽跋語，而且缺少目錄，因此可能是直江版的底本。其推論值得肯定。

直江版的出現，使日本的《文選》文本結束了長期的鈔本時代，大幅向刊本時代轉變。直江版作爲這一劃時代的標志，具有重要意義。不過此本是無點本，只爲我們提供了五臣、李善六家注《文選》的正文和注文。寬永二年(1625)用活字重新排印了直江版(1b)。林羅山已經指出了慶長版的誤植很多，"特注中文字魚魯陶陰不少矣"(上述《五臣注文選跋》)，遺憾的是寬永版誤植、譌脱更甚。下面以卷首班固《兩都賦序》爲例,將足利本的影印本(汲古書院,1974年)與慶長、寬永兩本對照,以見一斑("　"表示該處是正文部分。上欄數字表示的是影印足利本的頁碼、行。又慶長本爲京都府立總合資料館所藏本,寬永本據立命館大學所藏先師高木正一先生舊藏本——寬永版的補配本)。

頁	行	足利本	慶長本	寬永本
八四	五	德澤不流詩頌都寢	○○	詩流
八五	四	興廢國	○	與
同	六	甘泉宮		耳
同	八	應劭已前年	○○曰已	○○曰已
同	九	改元焉	○(有描補)	爲
同	一○ "日月"	月	目
八六	四	"太子太傅"	○	傳
同	五	倪寬	○○	"倪"字脱
同	六	才	戈(貼紙片訂正爲"才")	戈
同	同	辭曰臣	○	巨
同	同	以修春秋	○	又
八七	一	以珠切	○	善
同	三	"炳彼永焉"	○	馬
同	四	彼皿切	血(削去點畫,描補修正爲"皿")	血
同	八	魯頌曰新廟	斷(削去點畫,描補修正爲"新")	斷
同	同	言其新廟	○	斷
同	九	如此謂相如	○	始
八八	四	"感懷怨思"	咸	咸

寬永版僅三葉半,却能找出這麽多的錯誤。雖屬稀見本,但屬於校

正不精的版本，可以説絕對不是善本。另外，由於現在已影印了作爲慶長版底本的明州本原刻之足利本，因此雖然慶長版在日本出版文化和《文選》接受的歷史上具有意義，但它作爲《文選》的校勘資料的價值可以说已經降低了。不過也有可以訂正足利本錯誤的地方，如上面校勘表中的第四條和末尾一條即是，但也可能直江版的底本已經訂正。這種訂正在書陵部所藏明州本中也時有所見，如果能確認直江版的字句和足利本不同，但與書陵部本一致的話，上面介紹的神田先生的推論就可以證實，不過現在尚未得到對校的機會，只好俟諸他日了（書陵部所藏明州本卷一、卷二兩卷是補抄的）。

直江版中散見着誤植之處，因此有不少傳本在欄外等處添有訂正的校記（如京都大學人文科學研究所本也有很多對誤植的訂正）。寬永版可能是爲了便於記載訓點，翻印的時候去除了行界。管見所及，带古點校記的寬永版有陽明文庫本和國會圖書館本（利用了微縮膠卷的覆印本）。兩本雖然在加訓上有些許繁簡差異，但都有"此文選六十卷以菅相公章長卿家本手自寫加朱墨點今日終其功者也／永正辛未（八年，1511）重陽前日諫議羽林郎"的跋文（國會圖書館本跋文見於 1989 年 11 月該館編刊的《國立國會圖書館所藏古活字版圖錄》書影），可以判斷是同一系統的訓點本。此識語中所見之"菅相公章長"是指永正六年從右大辨、文章博士、非參議任爲參議（唐名相公）的高辻（菅原氏）章長。"諫議羽林郎"即參議，兼任近衛中、少將，永正八年擔任參任（唐名相公）官職的人物有三條西公條、四辻公音、阿野季綱（據《新訂增補國史大系》第五十五卷"公卿補任"第三篇），這裏應該是指在和漢學兼優的父親三條西實隆的指導下勤奮學習的公條（時爲右近中將）。實隆的日記《實隆公記》卷四上（《續群書類叢》，完成會再版，1961 年）中永正二年二月五日條中記載："文選點今日始之，可爲日課之，由命中將了，高辻本借請之。"可知加點的開始時間。又卷五下同八年九月八日條中有"抑文選一部點今日相公羽林終其功，連年不懈而終以成就，誠勤厚可感々々"，則可知其完成大約經過了六年半的時間。特別是後者的記載，使上述跋文的内容得以確認，直接證明了陽明文庫本和國會圖書館本中所加的訓點是三條西公條從高辻章長本迻錄過來的菅家點的一種。

直江版的校記不僅包括古點，有時還過録《文選集注》中所收的"音決"等唐人注和日本王朝時代博士家"師説"，具有代替古鈔本的作用，也很珍貴。比如立命館大學所藏先師高木正一先生舊藏本卷四十阮籍《奏記詣蔣公》的類目"奏記"下中有"鈔於天子，曰奏。奏於三公曰記，（句逗據原本的朱點。下同）"，又補充文末"乞迴謬恩，以光清舉"的李周翰注："音決云案晉書无此八字，是昭明所益耳，又此八字在善本，師説爲異本。"《文選集注》殘卷中此部分現不存，有時迻録《集注》的九條家舊藏古鈔本中亦不見此注，故這些校記的資料性價值甚高，對《集注》的輯佚是必不可少的。

2. 和刻本《六臣注文選》

最早的訓點本《文選》，一直以來認爲帶有"慶安五壬辰(1652)仲春城南八幡/山下住佐野治左衛門梓行"的刊記(2b)。在《國譯漢文大成》文學部第二卷（國民文庫刊行會，1922年）的《文選解題》中，岡田正之早已提及了這一刊本，並舉出了慶安五年和寬文二年的六臣注本。此後是斯波六郎《文選諸本研究》的和刻本《文選》部分首先對"慶安板六臣注文選"進行了解説，接着舉出了"寬文板六臣注文選"。斯波先生認爲帶有寬文二年(1662)八尾勘兵衛友久、野田庄右衛門重周共同出版刊記的版本是"慶安5年板本的重刻，只不過改動了其刊記"。長澤規矩也大概是因爲斯波氏"重刻"二字的用語在版本學上缺少嚴密性[①]，修正爲"有寬文二年刊記的通行本不是慶安五年板本的重刻，一望即知，只要看框郭上下的邊欄，就能斷定從'寬文……'的刊記到卷末大題一行，全部都是剜去改刻的。即應是慶安五年刊寬文二年印本"，而將慶安五年本作爲原刻"初印本"影印出版（汲古書院，1975年。引文據書前《解題》。亦收録於《長澤規矩也著作集》第十卷）。

[①] 長澤規矩也在其所編著的《圖書學辭典》（三省堂發行，1979年）中將"重刻本"定義爲"曾經出版，又重新改刻後的版本。重刊本"，又在《圖書學參考圖録》第一輯中定義爲"僅將刊記改動，對正文沒有修改，僅看爲後印本，非補修本"（汲古書院，1973年，解説頁12）。

不過最近筆者得到了一部(2a)形態上與慶安五年本完全相同的刊本(參見後述《江户、明治時期〈文選〉版本目録》),其中有四點差異:① 無"慶安五壬辰……"刊記,② 尾題一行"六臣文選卷第六十大尾"無"大尾"二字,③ 大題刻於左框郭,④ "文選序"首葉前葉、第五行"李周翰"之"翰"字左偏旁誤爲"車"。慶安五年本卷末一葉未見重刻痕跡,而將大題移動一行,并將刊記置於最後一葉下面,這種修整應該是剜去所致。因此慶安本剜改了先前刊行的無刊記本卷末的部分地方,是將"翰"剜改修正的補刻本,可以做出它不是原刻初印本的判斷。① 慶安五年補修本印面清爽,而無刊記本更優,由此可稱爲訓點本《文選》的嚆矢。但是如果將無刊記本與慶安五年修本對照的話,後者版面損傷的地方很少,可推知無刊記本是慶安五年仲春前不久的時期内付梓的。江户初期的版本中無刊記本爲初印、早印的情况很常見②,和刻本《六臣注文選》也可視作是順應當時出版趨向的一個例子。

本版有剜改爲"寬文二壬寅歲正月吉日/書堂　山本平左衛門常知・八尾勘兵衛友久(省略所在地名)"刊記,再將尾題移至末行本的本子(2d)。還有刊年"寬文二壬寅歲正月吉日"和尾題如舊,但剜改書店名爲"書堂　野田庄右衛門重周・八尾勘兵衛友久(所在地名省略)"的版本(2e)。如長澤規矩也指出的那樣,這種剜改涉及了刊年和尾題,從上下邊欄的差異就可以明瞭。另外,即便是同樣有八尾、野田二肆連名刊記的聯合版中,也有剜去了從首册所收"文選姓氏"第三葉表的第六

---

①　訂正文字的地方只有"翰"字,其他地方未見,而這是開卷第一葉明顯的誤字,因此應該是只對這裏進行了修正。

②　《長澤規矩也著作集》第四卷所收《初印本和後印本》中認爲"江户初期有不少初印本没有刊記,而後印本中加上刊記"(汲古書院,1983年,頁210)。又第十卷《漢籍解題二》(1987年)的"和刻本經書集成"等處屢加舉例,如在《和刻本漢籍隨筆集》的《詩林玉屑》(頁192)中指出"雖然很多傳本中有寬永十六年刊記,但這條刊記是後印的時候加刻的,正如寬永版中有也類似的例子那樣,稀見的無刊記本屬於早印……"。在《圖解古書目録法》中也以《懷風藻》和《(標題徐狀元補注)蒙求》爲例,舉出圖版(前者83—85,後者86—89),對先行的初印本無刊記一事進行了解說(汲古書院,1974年,頁39、40)。

行至末行的小字雙行注部分的後修本(2f)。流通最多的是八尾、野田的聯合版,而八尾、山本的聯合版傳存甚少。後者由於傳本的稀少,較之前者,版面損傷甚少,可以推測其印行是在短期內進行的。

加上補修,八尾、野田的聯合版長期重印,後來板木轉到吉野屋林權兵衛手中,他僅將刊記的店名部分改爲"皇都書肆　林權兵衛發行(省略所在地名)"便印行了。① (2h)還有一種林權後衛在改書肆名前,保留八尾、野田二肆的聯名,在刊記"書堂"二字上方鈐上自家堂號"文泉/堂藏/板記"朱文方印而印行的版本(2g)。吉野屋權兵衛作爲發行伊藤家古義堂藏版書的書店而知名,其《六臣注文選》爲天理大學附屬天理圖書館古義堂文庫所藏,一事也饒有趣味,只是未詳伊藤家是何時藏儲此書的。與吉野屋的合作是享保年間(1716—1736)以後的事情②,假設是當時的話,吉野屋購得《六臣注文選》的板片也大約是同一時期。此後,似乎一直擁有版權,如後所述,秦鼎訓點的《李善注文選》

---

① 《六臣注文選》的板木這樣屢屢有人購買板片,其中一個原因是江戶前期京都的出版業界仍不安定。記載當時這種情況的資料,有研究國文學時經常引用的《元祿太平記》中的一節:"昨日前文臺(文臺屋中村治郎兵衛)所刻板片,今日改記牌記爲秋田(秋田屋山本平左衛門,或是大坂的秋田屋市兵衛),松(或爲松屋六兵衛)的櫃子(藤井乙男首注:"或爲收藏活字的櫃子")轉歸伊丹屋(伊丹屋吉右衛門)的藏庫。雖確是時之轉變,但決非與己無關。"(據講談社《評釋江戶文學叢書》第二卷藤井乙男《浮世草子名作集》,1970年影印本。又1974年貴重本刊行會《岩崎文庫貴重本叢刊〈近世編〉》第三卷影印了元祿十五年刊本)。順便提及,關於近世初期版本版種的鑒定,如果舉出實例的話,值得關注的論作有和田恭幸《圍繞近世初期版本的刊記》(國文學研究資料館文獻資料部《調查研究報告》第一九號,1998年)。

② 依據井上和雄《慶長以來書賈集覽》(彙文堂,1916年。現據1978年言論社影印本)中的"享保以後製本發賣堀川塾(伊藤)藏版的即此家,當時已號文泉堂"。又林權兵衛是與古義堂關係最密切的書肆,關於這點詳見中村幸彥《關於與古義堂藏板相關的文書》,中央公論社《中村幸彥著述集》第一一卷所收,1982年。又此論文中介紹了伊藤東涯爲林權兵衛扣除了租板費約壹貫四百匁,有享保二十一年(1736)三月借到的收據。

一般認爲是文化、文政（1818年四月改元）之交的刊本，其中一部附有林權兵衛《文泉堂藏書目録》（9a）。其《目録》載"文選　六臣注　六十一册"，可知從江户中期到後期曾經文泉堂林權兵衛藏板。但相較而言，林權兵衛本傳存較少。

順便提及，據《江户時代書林出版書籍目録集成》（井上書店，1962—1964年）所收《書籍目録》，明確記載爲"野田庄八尾"版的《文選》初見於元禄九年（1696）所刊《增益書籍目録大全》，亦收録於同書寶永六年（1709）和正德五年（1715）的補刻本中，但在享保十四年（1729）刊《新撰書籍目録》和相當於《同集成》最後所收寶曆四年（1754）的《新增書籍目録》連六臣注本本書的記載都不見蹤影。

現存載有寬文年間刊記的版本中還帶"寬文三癸卯歲（1663）/正月吉日梓行"刊記的版本（2c）。這個版本是只將慶安五年補修本刊記挖改的後印本，没有八尾、山本本以後所見的框郭上的缺損，可以認爲先於聯合版刊行。儘管如此，八尾、山本版所載的刊年要早一年，爲"寬文二壬寅歲正月吉日"，這點很值得懷疑。

現在有一個關於版本先後的問題，有兩種本子，雖然比林權兵衛本版面損傷更嚴重，明顯是後來印行的，但刊記中的書肆名却是以前的八尾、野田聯合署名。一種卷末附有"平安書肆植村玉枝軒儒書藏板目録"二葉，爲植村藤四郎本（2j）。另一種雖然末有"藏板目録"，但漫漶的程度與2j本没有大的差别（2i）。從刊記來看，後者2i本似乎是版權從林權兵衛再次移到八尾、野田兩肆的本子，前者植村本也可能是由八尾、野田兩肆購求板的本子。如上所述，林權兵衛本只是將刊記的書肆名部分進行了改動。與從八尾、野田首次共同印行開始的，從刊年一行全部進行改不同，林本的刊記部分，不用説有帶店名的刊年那行以及卷末大題的一行，框郭也與上面八尾、野田本相同。然而，這樣一來，書肆名應該被換作林權兵衛的刊記，後來印行的2i本和2j的植村本兩種完全恢復了八尾、野田本的原貌。由於看不到覆刻的痕跡，或者可能是重新補刻了除去的書肆名部分，替換爲原來的樣子。或者是林權兵衛原本就没有挖改刊記部分，在八尾、野田二店聯名的部分儘量不沾上墨跡，在空白的地方印上"皇都書肆　林權兵衛發行（省略所在地名）"（後揭2h的書影中書肆名接下來的"大尾"二字末畫缺筆,由此產生了這種想象)。或者還有別的方法,不易判斷。與上面舉出的寬文三年本刊記的問題相同,有待後考。如上所述,至文化末年,版權仍屬於林權兵衞,因此植村本印行時間,大概到了幕府末期(參見本章第二節 2 秦鼎的《李善注文選》)。

關於和刻本《六臣注文選》的底本,問題也很多。此本目錄首葉第四行中題有"明　新安吳勉學　重校",本文的行格是每半葉九行、行十八字,注小字雙行,與吳勉學校本相同,儘管如此,有時可見文字的異同。因此斯波六郎將和刻本視爲"以吳氏本爲本,加之若干校改"。斯波氏還推測吳本中所無的"文選姓氏"附錄在首冊是由於"從明王象乾文選删注中摘取的",但未言及序表三篇每半葉八行、行十五字這種行格不同的原因。對此長澤規矩也在《和刻本六臣注文選·解題》中持極其懷疑的態度:"與其説底本是吳本,不如推測説只有底本目錄是以吳本補配的,正文和序表是別的版本,至少可以推測,文字的異同是按照底本上所加朱筆校訂的文字。可以想象,在當時從事翻刻的學者中,恐怕還沒有校訂的技術。……恐怕,此慶安刊本上梓時,沒有將訓點移錄到底本中,而是將加點的明刊本作爲底本來使用的。很難斷定這個明刊本中是否有補配或者補抄,或者該明刊本就一定是吳勉學本。"在李善、五臣注的六臣本系統的明刊本中,與和刻本《六臣注文選》相同,行格爲每半葉九行、行十八字,注小字雙行的版本[①]中,目前能夠進行實

---

① 今據斯波六郎《文選諸本的研究》,舉出這個系統的版本有①崔孔昕校本②徐成位重校崔孔昕本③吳勉學重校本④潘惟時、惟德校刻本⑤蔣先庚重校本。只是立命館大學所藏橋本循先生舊藏本的⑤中冠有康熙二十四年(1685)蔣先庚自序,不是明版,因此⑤應該除外(恐怕斯波氏所用廣島大學藏本中缺蔣序,故被誤認)。②雖然是①的重校本,但往往删削注,從而呈現出別本的形態。因此斯波氏才省略了吧。剩下的三種應該是直系的關係,可以推測大概是按照①→④→③的順序相襲。但據范志新的《〈六臣注文選〉吳勉學本出潘本》(《文學遺產》2000 年第 4 期),可以明確④的刊刻在嘉靖三十年(1551)。如果基於斯波氏言及的刻工名和目錄第四行的剜改以及范説來推測的話,④在九行十八字本的明版《六臣(轉下頁)

查的不過只有萬曆六年(1578)徐成位對明崔孔昕本進行重校的本子（立命館大學所藏先師高木正一先生舊藏本，以下略稱徐本）以及吳勉學校本（帝冢山學院大學圖書館所藏本，以下略稱吳本）兩種，不知有八行十五字序表明版之存在。因此雖然值得探討，但認爲和刻本的正文、目錄用吳本，序表與"文選姓氏"同樣依據別本，則是穩當的。

　　如上所述，和刻本正文的行格雖然是九行十八字，但偶有與這一原則不合，顯得不自然的地方。例如卷二十一、四十三葉前葉、第一行，李周翰注末尾"暗也"二字刻在一行之後，有三字空格，接着是正文"蓐收清西陸朱羲將"八字，包括空格在内，爲一行十三字。看徐本和吳本，雖然没有刪注和譌脱，但李周翰注與之前的李善注之間有小字十八字的空格。和刻本大概是在上木的時候對這些進行了調整。還有卷四十七、三十三葉前葉、第五左行和第六行的雙行小字注有字間，爲十四字，與規範不同。其中也有徐、吳兩本中空格產生十三字的情況。和刻本應該是將這種情況按照上面例子進行了同樣的處理。①這樣如果字間的修整是在上梓的時候進行的話，對字句的校訂很有可能也是同時進行的。接下來舉出兩三個例子，來探討其可能性。

　　卷十九、四十二葉後葉末行至次葉首行的小字雙行注，和刻本作"善曰論語/子曰一日/克己復禮天下/歸仁焉"，其後有三字空格。徐本"子曰一日"四字爲空格，而移到了次葉，作"終一日則天下/之人皆歸於己"，吳本作"子曰一日"，其他與徐本相同。據斯波氏《文選諸本的研究》，明版六臣注本是基於元代陳仁子茶陵本，茶陵本淵源於宋版贛州本（兩本行格相同）。現在將四部叢刊影印贛州本和1991年華正書局影印明版茶陵本（"中央研究院"歷史語言研究所所藏本）進行對照，發現這裏的李善注與和刻本一樣，爲"善曰論語子曰一日克己復禮天下歸

（接上頁）注文選》之前，③是在④的板木上加以補版的萬曆中期的補刻本，①是④的萬曆初的重刻本，②是①的刪削本。又⑤是③的再次補刻本，應該稱爲清康熙二十四年(1685)修本。

　① 卷五二、四葉後葉、第一左、第二行右的小字雙行部分中也有二十一字的空白，這在徐、吳兩本中未見，但和刻本僅將空格框起來，未調整字間。

仁焉"，接着是五臣注"（一字空格）向曰言／能復於禮教以終一日則天下之人皆歸於己"。徐、吳本的錯誤是沿襲了兩本祖本的譌脱，在從茶陵本翻刻過來時，脱漏了"克己復禮天下歸仁焉（一字空格）向曰言／能復於禮教"十八字，銜接上了次行的"終一日則……"。和刻本在訂正李善注，使其復原這點上，優於徐、吳兩本，但没有補正吕向注的脱文。如果用了明版九行本以外的茶陵本和直江本等來進行校訂的話，當然不僅只會訂正李善注，也會補上吕向注的吧。没有這樣做的原因可能是，因爲只有耳熟能詳的《論語》中的文章，才能即使不與他本進行校勘，也能訂正這裏的李善注。這樣也是"當時從事翻刻的學者"可能進行的校訂。

接下來看看和刻本卷四三第六葉後葉第六行引用了《漢書》萬石君傳注之一節。其中作"如不如言者言者"，下面"言者"二字加方框。徐本作"如不能（二字空格）言者"，"言者"二字不重複。吳本除了"能"作"如"外，與徐本也相同。這個地方，《漢書》如此，贛州本、茶陵本亦作"如不能言者"，可知"言者"前没有必要留出二字的空格，吳本作"如"，亦誤。和刻本沿襲了吳本的誤字，因此顯示了二者的相承關係，和刻本的底本是吳本。又二字的空格中重複"言者"可能是爲了填補空格，使字面更好看，憑臆測來增補的。由於對這種處理還存有疑問，因此將下面二字用方框括起來，以表明不確定的意思。又在卷一八第八葉前葉第八行"此以／以勸君子"的第二個"以"字也加方框。贛州本、茶陵本中"以"字未重複，作"此／以勸君子"。徐本誤爲"此所／以勸君子"，吳本與和刻本相同，誤衍"以"字。這也表示了和刻本的確是依據的吳本，即使發覺了它的誤衍，也没有進行校訂，在文字上加上方框以表明不確定的意思。兩個加方框地方的文字，很有可能是和刻本在刊刻時加上的。而且，發現了這兩個例子的和刻本，沿襲吳本錯誤的事實，表明其底本很可能是吳本。雖然從幾個事例來輕率斷定不夠謹慎，但筆者不能採納長澤氏"當時從事翻刻的學者"不能進行文字校訂，以及吳本肯定不是底本的想像與推測，而贊同斯波氏的看法。

最後對和刻本《六臣注文選》的訓點略加附言。據《倭板書籍考》

（汲古書院《日本書目大成》第三卷所收，1979年）卷七，在本版正文中所加的"倭訓"屬於平安時代博士家的流派，"傳爲菅家古點"。但是，昭和三十四年八月《訓點語與訓點資料》第一二輯所收吉田金彥《宮内廳書陵部藏本六臣注文選的訓點》指出，這不是純粹的菅家點，而是採入了大江家之點。一個可能性是，這種"菅家之古點"的來源有可能是上面介紹的依據高辻章長家本的三條西公條的加點本。注的訓點不是古點，而是上木時新加上的。日本古傳的文選學歷經中世時代，一脈相承，反映在本版的訓點中，甚至於公開出版，這一點具有重要意義。由於和刻本《六臣注文選》的傍訓是古點系統，因此有時正文和李善、五臣的訓詁相齟齬，而與古來吸收中國失傳的選學書成果的"九條本"等舊鈔《文選》所附訓點一致，這點極爲值得注意，對此斯波氏《文選諸本的研究》和小尾郊一《寬文板的文選》（筑摩書房《世界文學大系》七四《文選》月報，1963年）已經論及。《文選》的訓點本在中世以前被認爲是秘本，僅在少數人中間傳鈔，但由於本版的梓行，爲被學人廣泛利用變得十分容易。在這一意義上，可以説本版比直江版的影響更大，學術意義更爲深遠。

3. 基於明王象乾本的刊本

《六臣注文選》篇幅很大，因此人們容易生發要簡便閲讀《文選》的願望。大概是爲了應對這種情況，刊行了四種基於明王象乾改編本的版本，並且流傳廣泛。最早的是慶安五年後僅僅兩年的承應三年（1654）出版的《文選刪注》十二卷（3a）。此本所用的底本是明版王象乾本，筆者雖無緣得見，但《藏園訂補邵亭知見傳本書目》卷一六上、頁四中有介紹："明王象乾刪注十二卷，摘六臣注列上方、行左右，音釋列下方，不間本文，以便記誦，寫刊極精。"然而和刻本僅保存了題注，上方、行間的注和下方的音釋都刪去了，只有正文，屬於改編本。題簽中的別書名"文選素本"正説明了此點。傍訓與上節和刻本《六臣注文選》的正文一致，很有可能是迻録了這些訓點。如上所述，和刻本《六臣注文選》

的首冊中所收"文選姓氏"是從王象乾本採用的,斯波六郎《文選諸本的研究》已指出了此點。

接下來,宇都宮遯庵參考六臣注本,在上層加上音義、校記的注,在貞享四年(1687)刊行了《文選刪注》的所謂頭注本,即《文選音注》十二卷(4a)。其中的傍訓似乎有幾處是遯庵新加上去的,不過基本上與六臣注本一致。比遯庵音注本,更多地增補《文選刪注》,元禄十一年(1698)出版了《評苑文選傍訓大全》十五卷(5a—e),以後又經常重刊。此本不只是在行間加入了短文的注,長文部分用イ、口、八等記號附加在正文的相關語彙的左邊,在上層加上注注釋,很明顯可知出自日本學者之手,只是不清楚是何人所作。不過這些注仍是從六臣注抄錄過來的。元禄十二年(1699)又刊行了《文選白文》十二卷(6a)。此本如書名所示,爲無點本。

基於王象乾本的刊行頗爲繁多,但《六臣注文選》却是唯一無刊記本以來的版本,未刊行過其它新版。其主要原因可能是出版商判斷該書是大部頭,因此價格很高[①],需求數量有限。還有可能是因爲要仔細閱讀六臣注,以致深刻理解《文選》的學人不多,接受少量的印刷訂貨,以及利用傳存本就足夠了。另外,還流傳着一種名爲《文選字引》的簡便參考書,多用於《文選》讀解,也可作爲六臣注本需求不多的一個要因。

《文選字引》是將《文選》中所見的漢字(但凡例云"童蒙使用何書皆可",亦收入《文選》以外的文字)按照筆畫排列,舉出字的音訓和所屬韻部,揭示包括其字在內的兩個字語彙的訓義、出處的字典。其出版商是購板印行了《文選刪注》的風月莊左衛門,希望出版與《刪注》併用的書

---

① 據《江戶時代書林出版書籍目錄集成》所收的《書籍目錄》,元禄九年刊正德五年修《增益書籍目錄大全》"野田庄八尾"舉出的《六臣注文選》"二百十匁",價格最高。相比之下《文選素本》"廿四匁"。順便提及,元禄九年原刊的同書是六臣注本,"百五十匁",但如果按照宗政五十緒《近世京都出版文化的研究》(同朋舍,1982年)頁一九表進行圓的換算,相當於十五萬圓。又《文選素本》爲"廿匁",即二萬圓。

籍。元禄九年（1696）《增益書籍目錄大全》刊行後，直到享保十四年（1729）《新撰書籍目錄》刊行，這期間的書籍目錄雖然登録了本書，但由於享保十九年（1734）大阪三書肆控訴其侵犯了版權，由此修正改版①，此後直到明治三年（1870），共十次重刻。此外，至幕末，弘化五年（1848）山崎美成出版了與四書五經的字典經合編校訂的《四書五經增補文選字引》。至明治初，此本亦被重刻，明治九年出版了銅版本。

二　江户時代後期以後《文選》的刊刻

1. 片山兼山的《文選正文》

如上所述，江户時代前半期相繼出版六種《文選》版本，如果將元禄十三年（1700）所刊《評苑文選傍訓大全》作爲最後的版本，以後八十多年間，未見刊刻新版。承蒙中野三敏先生雅教，這是由於當時書賈之間取締了對重刻、覆刻、類板的嚴格規定而產生的影響②。

---

①　圍繞本書的糾紛，《京都書林仲間記録》（ゆまに書房，1977年）第五册《京都書林行事・上組濟帳標目》載："（享保十九年寅）《文選字引》附四聲再板之際，大坂《字林集韻》提出訴訟，書簡往復多次。其後十月十八日，《字林》版權持有者赴京，訴諸公堂，當事人另有調停者，雙方關於《字引》四聲事達成和解。十月廿六日，謹呈。《字林》板元大野木市兵衛、吉文字屋市兵衛、津敦賀屋九兵衛（漢字標記依原文，以意附上句讀）。"（頁53）又《大坂本屋仲間記録》第八卷（1981年3月，大阪府立中之島圖書館）《鑑定録》（十七）載《文選字引》削除四聲事："享保十九年寅十月，附四聲再板之際，從四聲《字林》提起訴訟，訴諸公堂，《文選字引》將四聲悉爲削除。"

②　關於這種取締的實際情況可見前注所引《濟帳標目》凡例載"重刻、類板常見於書賈團體間，斷獄者援據舊例之際，其例雖可參往年記録，然年復一年，舊帳日積，無法快速查檢，以此之故，將元禄七年已來之案例，加以標目"，文獻上，可以追溯至元禄七年（1694）。另外，幕府於享保六年（1721）十一月出台了"諸商人、職業者須結成組織雲々"的法律公告（《御觸書寬保集成》2097），因此也被書（轉下頁）

經過了八十多年的空白期,在片山兼山去世兩年後的天明四年(1784),刊行了附有經他訓點的《文選正文》十二卷(7a),即所謂的山子點《文選》。此本也屬於王象乾的刪注本系統。文政十一年(1828)出版了久保謙的修訂版(7b),其父久保愛(號筑水)的跋文中記載了"學者是以東西南北一皆從之,無幾而前版磨滅",因此可見天明四年的山子點本引起了相當的反響。久保謙的修訂版在幕末也屢屢出版後印本、補修本(7c—h),至明治十四年(1881)刊行了整版(7i)活版(7j)兩種。這個修訂版,如筑水的跋文所述:"使兒謙重訂之,於是文字誤者,圈發失者,其譯紕繆者數千,盡改之以授剞厥氏。"雖然訂正了天明本在文字、四聲的圈點、送假名上許多錯誤,但偶爾也可見如卷五謝靈運《述祖德詩》其一"弦高犒晉師"句,在本文末加上"晉師當秦師。蓋似作者誤"(基於六臣注)的注語,卷六曹植《箜篌引》"生在華屋處"句,在書眉附上"五臣在作存"的校記。

　　片山兼山這位漢學者繼承了曾受教於荻生徂徠的太宰春臺的觀點,認為如果"倭讀"的話,應該用"音"讀書①,因此他所謂的山子點是從博士家的傳統脱却出來,而重視音讀。山子點《文選》盛行所產生的結果是,一舉消滅了本書古來的訓讀法,即所謂的"文選讀み"。山子點本成為《文選》訓讀史上劃時期的標志,值得特別一提。江户末期的嘉永五年(1825)刊行了平田豐愛的《新刻文選正文音訓》(10a),即在山子點本書眉加上音義的注,還出版了此本的後印本(10b)。明治十五年(1882)刊行了近藤元粹的《音釋訓點文選正文》十二卷(11),其中對注

(接上頁)賈們所認可,從而保障了這種決定所具有的公共效為。又組織書賈們的最大理由是,控制重刻、類板,保護彼此的利益,蒋田稻城《京阪書籍商史》(高尾書店,1929年)對此早有說明(頁9)。參照中野三敏《書誌學談義·江户的板本》(岩波書店,1995年)"付論　板株·求板"以及《京都書林仲間記錄》第六冊(ゆまに書房,1980年)宗政五十緒氏"解說"。

① 見太宰春臺《倭讀要領》(勉誠社,1979年影印本)。又關於春臺的訓讀法,詳見《倭讀要領》影印本的小林芳規的解說,石川洋子《太宰春臺的訓法》(《實踐國文學》第30號,1985年)。又村上雅孝《近世初期漢字文化的世界》(明治書院,1998年)序章第三節"近世訓讀史的概略"中也曾言及。

又進行增補。當然,這些訓點都是襲用了山子點。而在此本之前,天保二年(1831)三好惇對宇都宮遯庵《文選音注》的訓點、眉注進行剜改,出版了《校定文選音注》,其中的加點是採用山子點,並進行了修改。雖然記載了作家名,但將字變爲諱,受到《文選正文》的影響很大。

又《文選正文》筑水的跋文中記載:

> 古來所傳國刻文選正文若干,悉皆以國字,左右附注,如馬蚿之足。塾師授之,弟子受之。讀畢而不知歷代諸家之作。譬諸嫁媵買櫝,唯有勞無功而已。南郭老閔之,刻白文以授之。善則善矣。未讀而韞匵之,世遂無知之者。

稱服部南郭擔心附訓本《文選》帶來弊害,刊刻了白文本,但未能行世。南郭本雖然不能確認[①],但《文選正文》扉頁及卷一第二行中題有"南郭先生句讀"(不過修訂版扉頁中刪去了),所以不能否定它有可能存在。

然而全釋漢文大系《文選 一》(集英社,1974年6月)的"解説"中,小尾郊一明確指出了"日本的文選學,大體上是爲了閱讀理解先進國的原典,將之用於文章寫作,作爲教養之一而出現的"。現據近藤元粹《音釋訓點文選正文》自序,如果要讀"難讀"的《文選》,在敘述了這與培養閱讀能力有關後,又稱:

> 而故事成語,滿卷溢冊,不亦文林之良材哉。夫作文猶造家也。多致木材,而廣廈大樓,營之爲不難焉。故欲作奇文妙篇。非腹笥富於文字之材料,則安能有破天荒之技哉。而致其富。無如讀《文選》矣。

可以窺知,在漢詩文創作仍很興盛的明治前期,《文選》是"在文章

---

① 雖然可能是指元禄十二年版的《文選白文》,但未見記載表明與南郭有關。日野龍夫《服部南郭傳考》(ぺりかん社,1999年)中也未言及刊行《文選》。

上有用"的必讀書,這種看法似乎得到了繼承。而在此之前,近藤元粹編《大增補文選字引》,明治十三年(1880)一月在京坂同盟書房藏版的名義下,付諸銅版出版了(大阪、松村九兵衛等十二肆)。

最後想介紹一下被認爲是屬於《文選正文》系統的一個版本,極其罕見的近世木活字版的《文選》(8),即仙臺版。① 它是由仙臺輪王寺第二十九世大賢排印的,宮城縣圖書館藏卷五的一冊。其中未記刊年和序跋,又不知其他卷是否傳存,因此不清楚它是何時出版的,全卷是否刊行了,以及具有怎樣的出版意圖和經過。只不過從本卷從束晢《補亡詩》開始,到任昉《出郡傳舍哭范僕射》結束,篇題下的《四言並序》等小字注的排列方法,謝靈運《述祖德詩》其一末沒有久保謙補的小字雙行注,可以推測底本爲天明版的《文選正文》。輪王寺刊行了《佛道手引草》,其中有文政三年(1820)序,天保二年(1831)出版了《赤子養育勸進引》,因此《文選》也應該是文政、天保間付梓的吧。順便提及,同寺出版的《唐詩品彙》《唐詩拾遺》也是以木活字刊刻的(據 1982 年 1 月,仙臺市博物館《仙台的出版文化展出陳資料目錄》及 1985 年 3 月《宮城縣圖書館漢籍分類目錄》)。

2. 秦鼎的《李善注文選》

尾張藩儒秦鼎加點的《李善注文選》(9a)在文化年間(1804—1818)末期上梓。在舊屬《文選删注》,近屬《文選正文》流行的時候,刊刻唐代的注釋書《六臣注文選》以後屬首次。這本《李善注文選》是清葉樹藩基於汲古閣本李善注《文選》加以補注的版本②,覆刻本文(正文和小字雙

---

① 多治比郁夫、中野三敏編《近世活字版目錄》(青裳堂書店,1990 年)未著錄。雖有矢島玄亮《仙臺板的研究——仙臺出版史素描》(私家版,1962 年),但未見。

② 本文卷頭的書名雖然只題《文選》,但世稱《文選補注》或者海録軒本。何焯《義門讀書記》在書眉中採録了《文選》五卷的各條,這和批點用朱刷,是朱墨套印本。關於編撰者葉樹藩,詳見范志新《清代選學家葉樹藩考》(《文獻》,2004 年第 4 期)。

行注），書眉抄録六臣注和明孫鑛、清何焯和於光華等的評注，還有秦鼎本人作的注、校語。汲古閣本不夠精善，還有葉樹藩往往刪去李善注，本書的目的如果是重新提供李善注的話，那麼不得不説選擇底本失誤，但它作爲清代文選學的成果之一，介紹到日本，頗有意義。又秦鼎不僅採入了諸家的評注和校記，有時也附加自己的注解，這值得稱道。只不過他的注到底具有多大的獨創性和學術性，詳細的探討只能暫待日後。很遺憾，本版卷二一以後未刊行。

《和刻本漢籍分類目録　增補訂正版》認爲本版的初刻是文政元年（1818、四月改元）尾張片野東四郎等的共同刊行版。文政版爲東京大學總合圖書館（青洲文庫）所藏（9c），其版權頁中有刊語：

> 李善注文選讀本全部六十卷。內二十卷刻成。二十一卷至四十卷。近日嗣出。四十一卷至六十卷。亦已在刻。不出二年。必以全部。獻於四方。
>
> 文政紀元戊寅冬日。（返點、送假名省略）

在"發行書肆"後接連記載了"京都二條通　風月庄左衛門/同　堀川通　植村藤右衛門/同閑之町　林權兵衛/尾張名古屋　風月孫助/同　本町通　片野東四郎"五肆（末行的"片野東四郎"中捺有"永樂/屋記"白文方印）。風月庄左衛門曾經出版了《文選正文》（7a）等，風月孫助是名古屋書林之始的老鋪，原來相當於京都的風月的分店，即所謂風月庄左衛門的連鎖店。又植村藤右衛門和林權兵衛書肆，如第一節"2 和刻本《六臣注文選》"中所記的那樣，曾重印過《六臣注文選》。其版權頁連接記載的"發行書肆"感覺集結了江戶後期出版《文選》諸版最有實力的書店。恐怕《李善注文選》是尾張的片野刊刻的，不過由於當時各《文選》板權的關係，爲避免類板爭議，而發行了共同刊行版。此後應該與他店進行了調整，《李善注文選》變成由片野單獨印行，流通着不載五肆連記的刊記，而附以"尾陽東壁堂（永樂屋片野東四郎）製本略目録"的後印本（9d）。此外還流通着片野與靜觀堂美濃屋伊六二肆發行的後印本（9e）。

然而,《李善注文選》中有上述的文政元年刊記的版本,並非初刻。家藏無刊記本(9a),版權頁中有"發兌書肆　名古屋東壁堂",末尾附林權兵衛"平安　文泉堂藏書目録",是片野、林兩店的共同刊行版。這與無刊記的蓬左文庫所藏本(9b)以及五肆共同刊行版的東大本(9c)相比,9a 中卷一六第一葉前葉、後葉以及第二葉後葉(兩個地方)、第七葉前葉(兩個地方)、第一一葉前葉的頭注中可見墨格,但 9b、c 第一葉後葉的"孔安■"改爲"孔安國",第二葉後葉"注■"改"注非",第七葉前葉"■心"改爲"私心","■味"改爲"然昧"(其他的墨格全部都剜去,改爲空格)。又 9a 卷二〇尾大題爲"二十卷終",而 9b、c 作"文選李善注卷二十",又尾題的補刻除了卷八、一二外,各卷都有。因此,9b、c 是後修本,9a 片野、林的聯合版可視爲初刻。其刊刻大概是在文政元年不久前的一段時期。這就是爲什麽上面稱"文化年間(1804—1818)末期上梓的"的原因。

此本在書腦下方的框郭外有刻工名"中村永""中村三""中村六""彫工垣五郎""彫片野東四郎工ヒグチ""彫工伊澤又次郎"等(還有附在耳格的)。日本的刊本很少刻刻工名,因此是很罕見的例子①。再將家藏無刊記本(9a)和蓬左文庫所藏本(9b)、東大本(9c)進行對比的話,能發現 9b 和 9c 中删去了刻工名,而 9b 比 9c 保存的地方多。又片野單獨後印本(9d)與 9c 一樣,殘存了刻工名,上述墨格部分、尾題也相同。比片野單獨後印本(9d)和片野、美濃屋共同刊行版(9e),後者中有很多框郭和界綫的缺損。

由此,和刻本《李善注文選》的先後順序可知是,片野、林的共同刊行版爲最早,接着是加以補修的蓬左文庫本,五肆共同刊行版,片野單

---

① 中野三敏《書誌學談義·江户的板本》"刻工名"的説明中有"和本舊刊本的和刻本類幾乎完全是按照唐本來雕刻,到了江户時期,則完全不知此例。……私見的和本例子有寬政末年文晁模刻的《歷代名公畫譜》各頁,不是在板心,而在每頁的ノド,刻了立原任、君山、抱一等百十名"(頁 222)。又太田正弘《尾張出版文化史》(六甲出版,1995 年)的第五章"江户時代 三"第一節"雕工"中有所介紹,題爲"《李善注文選》中所見的'刻工名'"。

獨後印本，片野、美濃屋共同刊行版。最後印本的片野、美濃屋共同印行本在文字上没有什麼漫漶，因此《李善注文選》似乎不是那麼風行。

到了 9c 五肆共同刊行版，發行本書的不僅有林權兵衛，還加上了植村藤右衛門，文政元年（1818）時，植村似乎擁有了《六臣注文選》的板權。

三　僞刻延喜刊本《文選》卷五斷簡

清末派遣到日本的傅雲龍於光緒十五年（明治二十二年、1889），在東京編刊了《簣喜廬叢書》，其第三種覆刻了《文選》的斷簡。封面中有"景日本延喜梊本文選第五殘卷"。傅氏在《敘》中敘述了向之前在日本居住的陳榘借原本並"景而刊之"的過程。據陳榘《跋》，原本"紙本，高工部營造尺九寸八分，長一尺三寸"。本文上下墨欄，無界，只有卷五末尾二十行（每行十三字），爲零葉，曹植《送應氏詩二首》其二的本文七行，孫楚《征西官屬送於陟陽候作詩》十行，卷末大題"文選卷之五終"的一行"（空一行、空一格）延喜十三年二月五日（提行，空六格）良峯衆樹刊之"爲刊記二行。如果按照刊記，比被認爲是《文選》最古版的五代後蜀毋昭裔的五臣注本要早，保存了延喜十三年（913）刊行的古版的零葉。黎庶昌的識語高度評價了其資料價值："雖吉光片羽，足爲唐世槧本流行之證。"陳榘稱贊其爲"希世之珍"也在情理之中。又最近饒宗頤在《唐代文選學略述》（《敦煌吐魯番本文選》，中華書局，2000 年 5 月）中介紹了這個殘本，"日本之有《文選》殘卷刊本，在延喜十三年良峰衆樹所刊，時當五代梁乾化三年，即鳳曆元年，去唐六載耳……"

但是，在日本的出版史上，被認爲是最早出版的外典是室町時代正中二年（1325）的《寒山詩》，因此延喜刊本的《文選》很值得懷疑。川瀨一馬在《關於古書的僞妄》（《書誌學》復刊新三三、三四號，1984 年）中已經指出該《文選》爲僞刻，明確説過明治年間的西村兼文"利用古文書的紙背，稱爲唐刊，印刷妄補《文選》和《歸去來之辭》等，以欺好古之輩爲欣快"。與明治初期遊歷日本的楊守敬、黎庶昌一樣，陳榘也熱心地求購佚存書和中國没有的稀見刊本、寫本，大概是由於過份熱心，以至没有發覺爲僞妄吧。他在《文選》之後,向傅雲龍提供了有"大唐天祐二年"刊記的《歸去來之辭》,傅雲龍將其作爲"景唐刊卷子本陶文",亦編入《籑喜廬叢書》。《籑喜廬叢書》的"延喜栞本文選第五殘卷"和《歸去來之辭》都是基於西村兼文的僞刻,完全没有學術價值①。

　　到底西村兼文是依據什麽製作了《文選》卷五的零葉呢?關於這點,筆者再附加幾句,以結束此章。此零葉雖在卷五的末尾配有曹植的《送應氏詩》和孫楚的《征西官屬送於陟陽候作詩》,但它的編次不僅不屬於《文選》三十卷本和六十卷本,也不屬於明王象乾改編的十二卷本。而且《文選》常常用字來稱呼撰者,而此零葉的體例則不同,如"孫楚",是舉其名。擁有這兩個特徵的是十五卷本《評苑文選傍訓大全》(《文選正文》也是用作者的本姓名,但爲十二卷本,編次不同)。《傍訓大全》本卷五以曹植、孫楚詩結束,本姓名不是"孫子荆",而是"孫楚",而且文字也完全一致。《傍訓大全》是元禄十一年(1698)上梓的,還有後印本和十三年刊本,傳本甚多。西村兼文一定是用此本僞造了《文選》的零葉。

江户、明治時期《文選》版本目録

　　以年代順序排列,〔　〕内用略號表示目驗本所藏者(一覽表見後)。没有略稱的據《和刻本漢籍分類目録　增補訂正版》。

---

① 關於西村兼文的僞刻,羅振玉在《僇廬日札拾遺》(羅繼祖編《雪堂類稿》,遼寧教育出版社,2003年)中早已指出"田中君(文求堂田中慶太郎)言,傅氏所刻陶文等二種,乃其國人名西村兼文所僞造,以舊麻紙製之"。又葉德輝《書林清話》卷一"唐天祐刻書之僞"中也指出:"日本水野梅曉行箧中,有文選《歸去來辭》。卷尾刻'大唐天祐二年秋九月二日餘杭龍興寺沙門无遠刊行'一行。德清傅雲龍籑喜廬叢書中刻有此種殘本,黎庶昌跋盛稱之。據島田翰云,是彼國大坂西村某贋刻三種之一。三種者,一延喜十三年《文選》,一即《歸去來辭》,一忘其名。用寫經故紙,集寫經舊字活字擺印。水野所藏,正是此種。傅、黎當梯航四達之時,而猶受欺如此。"

1a 文　選　（增補六臣注文選）（直江版）六〇卷序目一冊　梁蕭統編　唐李善等注

慶長一二(1607)年刊（古活字）　〔京、立〕　特大三一冊

〔京〕新補淡黃白色封面（三〇・二×二一・〇釐米），四周雙邊（二四・九×一六・三釐米），有界，十行二十二字，注小字雙行。卷四以前時見古點系的墨筆訓點。

〔立〕後補砥石粉色雷文唐草封面（以朝鮮本封面改裝。三一・四×二一・四釐米），題簽"文選　幾之幾（墨書）"，卷一一八寬永版補配。有補寫。高木正一先生舊藏。

b 同　同　寬永二(1625)年刊（古活字）〔陽、國、人〕　特大三一冊

〔陽〕栗皮封面（二九・四×二一・八釐米），單邊（二四・〇×一七・二釐米）無界，十行二十二字，注小字雙行。

〔人〕深藍色後補封面（二九・六×二一・三釐米），澀江抽齋舊藏。

2a （六臣注）文　選　六〇卷序目一冊　梁蕭統編　唐李善等注　明吳勉學校

〔慶安?〕刊　〔家〕　大六一冊

淡茶色封面（二八・四×一九・五釐米），雙邊題簽"文選六臣注幾（隸書體）"。單邊（二一・七×一六・五釐米），無界，九行十八字，注小字雙行（至以下 2J 的版式省略）。

b 同　同（慶安五(1652)年修，京都：佐野治左衛門）〔相〕　大六一冊

京都武道專門學校舊藏。

c 同　同（寬文三(1663)年印）〔中・家〕　大六一冊

〔中〕桑茶色後補封面（二六・八×一九・四釐米）。後補題簽"文選　類目　幾幾（取二行）（墨筆）"。

〔家〕香色封面（二六・四×一九・三釐米）。雙邊題簽"文選六臣注　（隸書體）"。

d 同　同（後印，京都：八尾勘兵衛、山本平左衛門）〔龍〕　大六一冊

　　後補丁字茶色封面（二七・四×一九・七釐米），沙綾型文水色題簽"文選　幾幾（墨筆）"。缺序目、卷三、四、四三、四四、五三、五四

　　e 同　同（後印，京都：八尾勘兵衛、野田庄右衛門）　〔陽〕　大六一冊

　　枯草色封面（二七・二×一九・五釐米），雙邊題簽"文選六臣注幾（隸書體）"。

　　f 同　同（後修，京都：八尾勘兵衛、野田庄右衛門）〔立〕　大六一冊

　　砥石粉色封面（二七・四×一九・〇釐米），雙邊題簽"文選六臣注（僅首冊 2a 同樣有'序/目錄/姓氏'（隸書體））"。此後的 2 各本中"文選姓氏"第三葉表中均可見補修。

　　g 同　同（後印，京都：林權兵衛藏版印本）〔清〕　大三一冊

　　藍色押文毘沙門格子地卷龍雲文封面（二七・九×一九・一釐米），雌黃色雙邊題簽"文選六臣注（明朝體）"。

　　h 同　同（後印，京都：林權兵衛刊記改刻本）〔天〕　大六一冊

　　深藍色封面（二七・五×一八・九釐米），雙邊題簽"文選六臣注（明朝體）"。

　　i 同　同（後印，京都：八尾勘兵衛、野田庄右衛門）〔京〕　大五八冊

　　蛋黃色封面（二六・九×一九・〇釐米），雙邊題簽"文選六臣注（隸書體）"。

　　j 同　同（後印，京都：植村藤右衛門）〔大、人〕　大六一冊

〔大〕香色表紙(二六·九×一八·九鳌米),雙邊題簽"文選六臣注(隸書體)"。

〔人〕飴色押文菊花紋封面(二五·四×一八·八鳌米),雙邊題簽"文選六臣注(明朝體)"。

3a 文 選 刪 注 (文選素本)一二卷　明王象乾編
承應三(1654)年刊　　大一三冊

---

b 同　同(正德六(1716)年印,江户:萬屋清兵衛)　大一三冊

---

c 同　同(後印,風月庄左衛門)〔中、家〕大一三冊
〔中〕深藍色封面(二六·六×一九·四鳌米),雙邊題簽"文選素本　幾(楷書體)"。雙邊(二〇·二×一六·〇鳌米),無界,九行十九字。大尾有墨筆識語"右得菅家之批秘点書寫功成中有謬誤/則間加江家清家之考点以朱青紫綠/分別之而已更不可加私慮也/正德六年丙申　金田氏"。朱、墨筆、偶見藍筆附注加訓,然無紫、綠筆考点。故本書大概只是識語的迻錄。不過有的地方有轉記或本、イ本的校合。

4a 文 選 音 注 (鰲頭本)一二卷首一卷　明王象乾編　宇都宫遯庵注
貞享四(1687)年刊(風月莊左衛門)〔中、家〕大二一冊
〔中〕丁字茶色封面(二七·八×一九·四鳌米),雙邊飾內題簽"文選音注　幾(行書體)"。雙邊(二〇·〇×一五·二鳌米),無界,九行十九字。家藏本缺扉頁。

b 同 (鰲頭本)同　同(天保二(1831)年跋修、三好惇刪定、三好覃校)〔立〕　大一三冊
櫨色表紙(二五·四×一八·二鳌米),飾雙邊內題簽"校定(角書,明朝體)文選音注(行書體)幾"。雙邊(二〇·〇×一五·二鳌米)無界,九行一九字。存4a遯庵舊跋和原刊記。

5a（評苑）文選傍訓大全（鰲頭本）一五卷　明王象乾編　〔某氏〕注　〔龍〕

元禄十一（1698）年刊（江州青山：川添新左衛門；大坂：大田權右衛門）大一〇冊

藍色押文毘沙門格子地卷龍雲文封面（二六・三×一八・六釐米），雙邊題簽"評苑、改正（角書）文選旁訓大全（明朝體）"。單邊（二三・九×一六・五釐米），無界，一〇行二一字。無扉頁。

b同　同（後印，大坂：崇道堂大田權右衛門；京都：辻勘重良）　大一〇冊

c同　同（後印，京都：植村藤右衛門）　〔龍、京〕大一〇冊

〔龍〕藍色押文唐草文封面（二七・三×一八・九釐米），雙邊題簽"評苑、改點（楷書體、角書）文選傍訓大全（草書體）　幾幾（楷書體）"。單邊（二三・九×一六・五釐米），無界，十行二十一字。b本的求板本、大田、辻共同刊行版的刊記（a本刊記的書肆名"江州青山住　川添新左衛門"剜改爲"京三條通中嶋町/辻勘重良"）、附植村玉枝軒的藏板目錄。

〔京〕深藍色表紙（二六・九×二〇・四釐米）。

d同　同（後印，風月莊左衛門）　大一〇冊

e同　同　同　元禄一三（1700）年刊（京都：風月勝左衛門）〔立〕　大一〇冊

櫨色表紙（二六・七×一九・一釐米），雙邊題簽"評苑・？（不明）正（角書）文選旁訓大全　幾幾（明朝體）"。單邊（二三・五×一六・三釐米）無界，十行二十一字。版心下方刻"風月板"。元禄十一年本的覆刻本。

6a 文選白文　十二卷首一卷　〔梁蕭統〕編　明王象乾校
　　　　元禄十二(1699)年刊　　　　　　　　大六冊

　　b 同　同(後印,京都:風月勝左衛門)〔中、京〕　大六冊
　〔中〕深藍色封面(二七・六×一九・四釐米),單邊題簽"文選　幾幾"。單邊(二三・九×一六・八釐米),無界,十一行二十三字。

　　7a 文選正文　十二卷序目一冊　〔梁蕭統〕編　片山兼山點　葛山壽校
　　　天明四(1784)年刊(京都:風月莊左衛門)〔家〕　大一三冊
　　　白藍色封面(二八・二×一九・四釐米),雙邊題簽"文選正文　山子點　幾"。單邊(二二・七×一五・三釐米),有界,十一行二十三字。

　　b 同　　　同　同　久保謙重訂
　　　文政十一(1828)年刊(京都:風月庄左衛門)〔萩〕大一二冊
　　　藍色押文雷文地桐花文封面(二五・四×一七・八釐米),雙邊題簽"文選　山子點　幾"。單邊(二二・五×一五・一釐米),有界,十一行二十三字。

　　c 同　同(後印,象牙屋治郎兵衛等)　大一二冊

　　d 同　　同　嘉永三(1850)年刊(京都:風月庄左衛門;尾張:風月孫助)〔家〕　大一三冊
　　　淺葱色押文雷文地桐花文封面(二六・六×一八・五釐米),雙邊題簽"文選正文　山子點　幾"。單邊(二一・八×一五・一釐米),有界,十一行二十三字。

　　e 同　同(後印,大坂:伊丹屋善兵衛等)〔家〕　大一〇冊
　　　藍色素押雷文地桐花文封面(二一・九×一五・一釐米),雙邊題簽"文選　山子點　幾"。單邊(二一・九×一五・一釐米),有界,十一

行二十三字。缺序目、卷六。

　　f 同　　同（萬延元(1860)年修，大坂：秋田屋市兵衞等）　大一三冊

　　g 同　　同（萬延元(1860)年修，大坂：河内屋和助等）〔立〕　大一三冊

　　藍色押文毘沙門格子地卷龍雲文封面（二五・一×一五・三釐米），雙邊題簽"文選正文　山子點　幾"。單邊（二二・七×一五・三釐米），有界十一行二十三字。從墨附來看，刊記"萬延元庚申五月補刻"一行爲剜補。補刻葉的版面比原刻葉稍顯闊大，卷一首的校者名中缺"後學久保謙重訂"七字。版面的大小和校者名與 7a 一致，此葉爲覆刻天明初刻本的補版。此外卷三、四、七亦可見補刻葉。f、g 大概都是後印本。無扉頁。

　　h 同　　同（萬延二年印）　大一三冊

　　i 同　　同　　同　明治一四(1881)年刊（大阪：築城勇助、森本專助）〔中〕　大一三冊
　　藍色押文雷文地桐花紋封面（二五・二×一七・八釐米），雙邊題簽"文選正文　山子點　幾"。單邊（二一・六×一四・八釐米），有界，十一行二十三字。

　　j 同　　同　　同　明治一四(1881)年刊（活版，大阪：岡島眞七）〔中〕　中一二冊
　　淺葱色押文毘沙門格子封面（一八・五×一二・八釐米），雙邊題簽"文選正文　山子點　幾（寫刻體）"。雙邊（一五・二×九・七釐米），有界，十行二十一字。紅紙扉頁"明治十四年七月刻成（上層）片山兼山訓點/文選正文/浪華　同盟書樓藏版"。不僅是訓點，聲點亦爲活字刻。

8 文　選　　　存卷五　梁蕭統編　丹墀元校？刊（近世木活，仙臺：輪王寺釋大賢）〔宮〕　大一冊

香色封面（二六·六×一八·三釐米），單邊（二〇·九×一四·〇釐米），有界，十行二十字。版心白口，單黑魚尾"卷之五　（葉碼）"，上象鼻的"文選"下方有"藏板"。

9a（李善注）文選　　（鰲頭本）六十卷（卷二十一以下未刊）　唐李善撰　秦鼎點

〔文化末頃〕刊（名古屋：東壁堂片野東四郎；京都：文泉堂林權兵衛）〔家〕　大一〇冊

水色封面（二六·九×一八·一釐米），雙邊題簽"李善注文選　類目　幾幾"。雙邊（二一·六×一四·三釐米），有界，十二行二十五字，注小字雙行三十七字。版心白口，單黑魚尾"文選卷幾　（葉碼）"，上方有篇名，每卷首葉下方有"尾張秦鼎士鉉讀本"。卷二十末有"門人村瀨誨輔校字"。扉頁"尾張秦士鉉鉉先生讀本／李善注文選／發兌書肆　名古屋東壁堂"。末尾附錄有"平安　文泉堂藏書目錄"一張。首載李善《表》、昭明太子《文選序》，但無 b 本以下所收《文選讀本目錄》。無刊記本。

b 同　　　同（後修）〔蓬〕　大一〇冊

焦茶色押文魚鱗地向鯱文零散表紙（二九·二×一九·一釐米）封面，花邊"文選／八十九歲（？）觀瀾　印（"俊／德"）"（c 本以下表紙均同）。可能爲獻上本。雖無刊記，但《名古屋市蓬左文庫漢籍分類目錄》作"文政二年刊本"。

c 同　　　同（文政元（1818）年印，尾張：片野東四郎等）〔東〕大一〇冊

葡萄茶色押文雲形文封面（二六·〇×一八·〇釐米）。跋中有三行刊語，其中有"文政紀元戊寅冬日"的紀年，其後爲"發行書肆"五店連記。"多詩魔／精舍記"雙邊朱文長方印、"渡邊氏／圖書記"朱文長方印、

"青洲文庫"雙邊朱文長方印。

d 同　同(後印,永樂屋東四郎)〔家〕　大一○冊
　　黄色押文毘沙門格子花文封面(二六・○×一八・二釐米)。第九冊之前的每冊末附發行國書廣告,又卷二十末附《尾陽東壁堂(永樂屋東四郎)製本略目録》。無刊記本。

10a (新刻)文選正文音訓　(鰲頭本)一二卷　平田豐愛編　岡本壽茂等校
　　嘉永五(1852)年刊(一貫堂萬屋忠藏)〔中、家〕　大一三冊
　　深藍色封面(二六・六×一八・四釐米),雙邊題簽"校正、音訓(角書)新刻文選正文　幾"。單邊(二三・八×一五・九釐米),界十二行二十三字。上層有蕭統序、目録,蕭序中加注。

b 同　同(後印,和泉屋金右衛門等)　大一三冊

11 文選正文　(音釋訓點・文選正文)一二卷　梁蕭統編　近藤元粹(南州)音釋
　　明治十五(1882)年刊(大坂:川勘助等)〔家〕　大一二冊
　　黄色押文雲文地飛鳥文封面(二六・二×一八・三釐米),雙邊題簽"音釋、訓點(角書)文選正文　近藤元粹校定　幾"。單邊(二三・○×一五・六釐米),有界,十二行二十四字。紅紙扉頁"明治十五年二月出版(上層)伊豫近藤元粹校定/音釋・訓點(角書)文選正文/七書房發兌"。上層有蕭統序、目録、蕭序加注。

12 (標注)文　選　十二卷序目一冊　〔梁蕭統〕編　原田由己注
　　明治一五(1882)年刊(東京,水野幸)〔家〕　半一三冊
　　白群青色押文毘沙門格子封面(二二・八×一五・四釐米),雙邊題簽"原田/由己/校正・標注文選正文　幾"。四周雙邊(一九・二×一二・六釐米),有界,十一行二十三字。版心:下向黑魚尾間有"校正

標記"、"文選正文卷之幾　（葉碼）",下方"水野氏藏版"。紅紙扉頁"校正標注／文選正文(隸書)"。頭注自目錄開始(但只有兩條)。

　　　　所藏者略稱一覽
　　京……京都府立總合資料館　　　立……立命館大學
　　陽……財團法人陽明文庫　　　　國……國立國會圖書館
　　人……京都大學人文科學研究所　相……相愛大學相愛女子
　　　　　　　　　　　　　　　　　　　　短期大學圖書館
　　中……大阪府立中之島圖書館　　清……清水凱夫氏
　　龍……龍谷大學學術情報センタ　天……天理圖書館古義堂
　　　　一大宮圖書館　　　　　　　　　　文庫
　　大……大阪天滿宮　　　　　　　萩……萩原正樹氏
　　宮……宮城縣圖書館　　　　　　蓬……名古屋市蓬左文庫
　　東……東京大學總合圖書館青洲文庫　家……家藏

諸本序跋等

4a 宇都宮遯庵跋文

文選白文梓行之也久矣。然字畫模糊、訓點舛差者,不爲不多。故就加是正,並標音義。豈有他哉,欲便於彼習句讀者也。貞享丁卯(四年,一六八七)六月七日,宇〔都宮〕遯庵書。

4b 三好惇跋文

跋

文選音注傍訓,行世久矣。而厭於煩雜舛差亦不少矣。山子正文,則過於簡略。斯懲羹也,豈可施之於童蒙哉。於是乎余處其中,校諸群書,察諸字林,擇其音訓之正者,刪定授梓焉,欲便於彼習句讀者耳。觀者補其闕漏,正其不逮,豈但初學之弘益而已哉,亦吾輩之幸也。(提行)時(提行)天保二辛卯歲夏五月(大字),(提行)贊岐　芝玉三好惇識。

5a 凡例・識語

評苑文選傍訓大全

凡例

一凡本文字右作∥者地名

一凡字左作∥者年號

一凡字右作｜者姓名

一凡字左作｜者官名

一凡字右肩作○者押韻

一凡典故事跡者，其事煩，其文繁。故總舉之於全書巓頂。本文字左傍設○，以中存伊呂波一字者，皆其事，而使覽者以圜中字跡知之。

標揭典故事跡於全書巓者，竊效評苑之例。凡出於前者，更不復出於後（小字雙行注）。

一訓點，右從李善、左從五臣。而其下各著其人名一字，令讀者知其異同。凡古今之訓點，一一檢點其可否得失，間竊以己意，粗加鑪括，更從正。

一凡至意義訓詁，亦皆參採諸家，以各附本字傍。其言繁而煩者，但摘取其緊要，縮從易簡。粗而略者，尤條理其終始，伸令明爽。

一凡山河樓觀臺榭宮殿寺閣等，亦皆各著其傍。

一凡文字有舛差者，隨直正之。五臣本並異本其文字，有異同者，亦隨添書其傍。

識語

朱墨功既成，而爲從吾遊夾筴者，收諸架上牙籤中。亦時授童之來需，以擊其蒙云，豈謂肯獻之識者耶。（撰者未詳）

7d 久保愛（筑水）跋文

古來所傳國刻文選正文若干，悉皆以國字，左右附注，如馬眩之足，塾師授之，弟子受之，讀畢而不知歷代諸家之作。譬諸嫁媵買櫝，亦唯有勞無功而已。南郭服老閔之，刻白文以授之，善則善矣，未讀而韞匵之，世遂無知之者。唯吾山子執中譯之，有益學者，是以東西南北一皆從之。無幾，而前版磨滅，風月堂氏欲翻刻之。抑此書前版，雕刻既成，而後使吾友葛子福校之。雖有謬誤,難改正者有之,曲從以至今日。則請余校閲之,而余衰老多事,則一二閲之,而使兒謙重訂之,於是文字誤者、圈發失者、其譯紕繆者數千,改之以授剞劂氏。雖然蕭氏所選數十萬言,焉期不有少遺漏哉。乃其補闕拾遺,當俟後之學者矣。

　　文政癸未(六年,一八二三)冬十一月,信州久保愛識("君/節"印)

　　10a 平田豐愛序
　　文選音訓序
　　文選行於我(提行)邦也久矣。遊文之士,無不諷誦之者。是以五尺之童,必習讀之。然爲其書頗不易學焉,余嘗鈔集音訓,取今行善本,標之上方,藏之巾笥。書肆見之説,載肉滿簿而至,請上之梓。吾含杯曰,諾哉,因使從遊之士校之。既成授之,惟恐醉眼多魯魚之誤矣,覽者恕之可也云爾。(斷句據原文)

　　嘉永三年庚戌春
　　江都　平田豐愛撰("豐愛/之印"陰刻、"字/天(子字歟?)袁"陽刻,方印)

　　11 近藤元粹自序
　　學者能讀難讀之書,而易讀之書不足復讀也矣。文選,難讀之書也,而故事成語,滿卷溢冊,不亦文林之良材哉。夫作文猶造家也,多致木材,而廣廈大樓,營之爲不難焉。故欲作奇文妙篇,非腹笥富於文字之材料,則安能有破天荒之技哉。而致其富,無如讀文選矣。吾故摘録其音釋於正文之上層,以便閲讀,蓋亦欲使難讀者易讀焉而已矣。若其精且詳,則所謂六臣注者在焉。學者就而熟讀,能致材料之富與否,亦各在其人耳。(斷句據原文)

　　明治十五年(一八八二)二月,南州外史近藤元粹識　("近藤/元粹"陰刻、"純叔/氏"陽刻,方印)

附　記

　　首先對調查藏書時承蒙關照的陽明文庫名和修文庫長以及各收藏機構的相關各位表示深摯的謝意。對允許筆者進行複製和揭載書影的京都大學人文科學研究所、相愛大學相愛女子短期大學圖書館、大阪府立中之島圖書館、龍谷大學學術情報中心大宮圖書館、天理大學圖書館、宮城縣圖書館、東京大學總合圖書館的各位表示感謝。清水凱夫先生長期借覽其藏書；承神鷹德治先生不僅對吳勉學本《六臣注文選》有所指教，並惠贈其所藏《文選音注》。又承原内閣文庫長長澤孝三先生雅教，得知林權兵衛本《六臣注文選》之所在，宮城教育大學小田美和子先生惠寄宮城縣圖書館藏本照片，京都大學人文科學研究所梶浦晉先生也對筆者有關照，還借閱了萩原正樹氏的藏書，衷心對六位先生表示感謝。

　　本稿是在二〇〇一年十月在福岡大學舉行的日本中國學會第五十三回大會研究發表原稿上加以增補修訂而成的。主持人竹村則行先生和講評者富永一登先生對本論文有所指正，又舉辦方中野三敏先生也有指教，謹致以深摯的謝意。又本稿的部分内容曾於二〇〇〇年八月在長春舉辦的第四屆文選學國際學術研討會上發表，提出其概要的拙稿《江戶時代的〈文選〉刊本》收錄在《〈昭明文選〉與中國傳統文化》（吉林文史出版社，2001年）。又，拙論的部分内容載《廣西師範大學學報（哲學社會科學版）》第四〇卷第一期（2004年1月），題爲《日本江戶、明治兩代的〈文選〉版本簡介與目錄》。

（譯者單位：南京大學文學院）

《文選》挽歌詩考[①]

[日]一海知義 撰 俞士玲 譯

一

挽歌就是送葬歌。

梁昭明太子《文選》,在"樂府"類後、"雜歌"類前設有"挽歌"一類,載魏繆襲《挽歌》詩一首、晉陸機《挽歌》詩三首、晉陶淵明《挽歌》詩一首。比讀這五首詩,進而與當時題爲挽歌的其他作品比較,產生了一些有待檢討的問題:

其一,挽歌詩,如陸機的作品那樣,是用一連串三首作爲作品的完整形式嗎?何有此問?因爲,首先,陸機的三首詩並非各自獨立,而具有連作的構成。其次,陶淵明的詩文集里,也有三首《挽歌詩》(包括《文選》的一首),它們也不是分別被創作出來而偶爾留存的三首同類之作。倘若如此,那麼,繆襲的《挽歌詩》是否也是本來三首,而《文選》僅採錄了其中的一首呢?

---

① 本文原載京都大學《中國文學報》第十二冊,1960年。

其二,假如以上推測正確,那麼,取一連串三首形式的挽歌詩是何時產生的?經過怎樣的路徑可見其形式的固定呢?《文選》將"挽歌詩"置於"樂府"和"雜歌"之間,表明"挽歌"本來是和着旋律而唱的歌曲吧,可是,爲何附"詩"字於"挽歌"之後而稱"挽歌詩"呢?爲了瞭解這些,考查挽歌的源流,就有必要了吧。

第三個問題是,《文選》的"挽歌詩"與六朝時其它系列的挽歌詩既有不同,又葆有共性之處。其它系列的挽歌詩,是指如劉宋江智淵的《宣貴妃挽歌》、北魏温子昇的《相國清河王挽歌》(《初學記》卷一四同引)等。如題名所示,這些詩爲哀悼特定的個人而作,但《文選》的挽歌詩,不是以特定個人的死爲對象,似是以廣義的人類全體的死爲對象而作的。江智淵、温子昇等的挽歌,皆實有其事,並對他人的死作客觀地描繪,而《文選》的挽歌詩,偶爾插入從死者自身角度所見的死的描寫,至陶淵明的作品,已全篇都是由死者(作者自身)而作的死的描寫。如此特異的發想,也是值得探討的吧。

其次,《文選》所收三詩人的挽歌詩,雖具有共通的性格,然其中也必有繼承、發展和獨創之處。對於這些加以研討,是第四個問題。

又,在《文選》所收挽歌詩之外,有無同屬這一類型的挽歌詩留存呢?如果有,它們具有怎樣的形式和內容呢?

此外,陸機三首《挽歌》詩的排列順序,李善注本與六臣注本不同,哪種更符合其本來面目?又,陶淵明的三首詩,也有編次不同的版本,哪一个更佳等等,也包含了一些小的問題,乃至於圍繞着《文選》挽歌詩的一些疑問,都是我想要討論的。

二

《文選》所收挽歌詩,本來都是三首一連的構成嗎?爲了弄清這一推測,首先有必要對《文選》僅收一首的魏繆襲(186—245)的作品加以檢討。

生時遊國都，死没棄中野。朝發高堂上，暮宿黄泉下。白日入虞淵，懸車息駟馬。造化雖神明，安能復存我。形容稍歇滅，齒髮行當墮。自古皆有然，誰能離此者。

作爲繆襲的挽歌詩，並非只有《文選》僅引上列一首，明《古詩紀》之後的詩選也没有搜集其他作品，但初唐百科全書之一的《北堂書鈔》（卷九二）引有題爲《挽歌辭》的以下兩種佚文：

（一）令月簡吉日，啓殯將祖行。祖行安所之，登天近上皇。朝發高堂上，暮宿黄泉下。白日入虞淵，懸車息駟馬。
（二）壽堂何冥冥，長夜永無期。欲呼聲（一本作舌）無聲，欲語口無辭。

佚文（一）的第五句以下，與《文選》所載詩的第三句以下重合，但自"令月簡吉日"以下至第四句則既不見於《文選》所載挽歌詩，其韻腳（行、皇和下、馬）也與之不同。而佚文（二）的四句，也完全不見於《文選》，其韻腳（期、辭）既不同於《文選》詩，也不同於佚文（一）。

魏晉南北朝時代的挽歌，除了陶淵明《挽歌》詩第三首作爲爲數不多的例外之一，在一首詩中，都是不換韻的。倘若如此，被稱之爲繆襲作的《挽歌詩》，《文選》所引之外又有兩首，也就是説，合起來正好是三首。從這些詩的内容看，這三首是否是連作，因爲逸句數太少，尚不能遽定。

在魏繆襲到晉陸機之間，尚有一位今存挽歌詩的作者，他的挽歌詩，也是三首韻腳不同的詩，這或許也是個有力的暗示。晉傅玄挽歌詩如下，同樣爲《北堂書鈔》（卷九二）所引。

（一）人生尠能百，哀情數萬端。不幸嬰篤病，凶候形素顔。衣衾爲誰施，束帶就圞棺。欲悲淚已竭，欲辭不能言。存亡自遠近，長夜何漫漫。壽堂閑且長，祖載歸不還。
（二）人生尠能百，哀情數萬端。路柳夾靈輀，旐旟隨風征。車輪結不轉，百駟齊悲鳴。

（三）靈坐飛塵起，魂衣正委移。茫茫丘墓間，松柏鬱參差。明器無用時，桐車不可馳。平生坐玉殿，沒歸幽都宮。地下無漏刻，安知夏與冬。

第一、二首的第一、二兩句完全相同、第三首在第八句換韻等，表明了這些佚文在傳寫過程中產生了一些混亂吧。然而，僅依據三首詩韻腳不同，還不能判斷這是三首獨立的作品，而依據其內容，清楚地表明了它是一連串的作品。三首詩將人死到埋葬的場景一分爲三，以時間順序加以描寫。如果我們深味三詩，即可發現：第一首，是對從納棺到祖載（送葬時靈柩放上靈車）的詠唱；第二首送葬；第三首埋葬。

如果由此來看之前的繆襲三首挽歌詩，儘管它們只是斷片，却讓人產生它似乎也是這樣的構成的想法。也就是說，《北堂書鈔》所引"令月簡吉日，啓殯將祖行。祖行安所之，登天近上皇"，寫祖載；於是《文選》所選一首"朝發高堂上，暮宿黃泉下。白日入虞淵，懸車息駟馬"，寫送葬；又《北堂書鈔》所引"壽堂何冥冥，長夜永無期。欲呼舍無聲，欲語口無辭"，是埋葬後死者的絮語。

各挽歌詩，具有三首一連的構成，這一形式的完成，通過讀其後的陸機、陶淵明作品將愈加明晰。不僅在形式上，其內容——轉化爲死者自己的描寫的發想——在以上屬萌芽期的作品中都已可見到，如果閱讀其後陸機、陶淵明的詩，就可發現其更爲顯著的姿態。①

然而，在此之前，具有這一特殊構成的挽歌，何時發生，經由怎樣的路徑固定下來？下章再作考察。

---

① 北齊顏之推著《顏氏家訓·文章篇》曰："挽歌辭者，或云古者虞殯之歌，或云出自田橫之客，皆爲生者悼往告哀之意。陸平原（機）多爲死人自歎之言，詩格既無此例，又乖製作大意。"由此，我們至少可推定兩點：a. 代之以死者自歎的《文選》挽歌詩的發想，當時雖存在但並非普遍存在。b. 顏之推未讀過繆襲、傅玄挽歌詩。

三

　　如果先從結論説起,具有三首一連構成的挽歌的最早之例,就現存資料而言,實是前章所引的繆襲作品。不但如此,繆襲的挽歌詩,也是題爲挽歌的現存作品的最早之例,這一狀況,在進行大量的古典搜集的明代似已是如此,《古樂苑》(明梅鼎祚輯)卷一四説:"以挽歌爲辭者,實始繆襲。"

　　但繆襲的挽歌詩,只不過是現存作品中最古的。如《晉書·樂志》曰:

　　　　漢魏故事,大喪(天子喪禮,一説天子、皇后、太子喪禮)及大臣之喪,執綍者挽歌。

這一風習,在漢魏之後的晉朝,也繼受如儀,可從《文章流别論》著者摯虞的《挽歌議》一文中見出。[①]

　　關於上云漢代挽歌的内容,留待後述。從這一記事可知:所謂挽歌詩,本是配有旋律的實際可唱的歌曲,也就是樂府。梁劉勰《文心雕龍·樂府篇》亦云:"漢世鐃挽,雖戎喪殊事,而併入樂府。"而宋郭茂倩《樂府詩集》以下的樂府總集,將《文選》所收挽歌詩和其他題爲挽歌的作品連類放入"相和歌辭"之"相和曲"。相和歌辭,根據《宋書·樂志》所言,是"漢代歌曲,絲竹更相和,執節而歌"者,也就是合管絃樂而歌之歌。因此,《樂府詩集》相和歌辭"挽歌古辭"中,即作爲"元歌",載入了

---

① 《晉書·禮志》曰:"漢魏故事:大喪及大臣之喪,執綍者挽歌。新禮以爲,挽歌出於漢武帝役人之勞歌。聲哀切,遂以爲送終之禮。雖音曲摧愴,非經典所製,違禮設銜枚之義。方在號慕,不宜以歌爲名,除不挽歌。"對新禮,摯虞駁議曰:"挽歌因倡和而爲摧愴之聲,銜枚所以全哀,此亦以感衆。雖非經典所載,是歷代故事。詩稱'君子作歌,惟以告哀',以歌爲名,亦無所嫌,宜定新禮如舊。"於是,"詔從之",《晉書》的記事結束。

題爲《薤露》、《蒿里》的兩首短歌。

　　以上是宋代樂府專家的分類，然而，送葬時唱挽歌的風習，是何時留存的呢？而《文選》所收挽歌詩的作者們，當其寫作各自作品時，是以哪些作品作爲原型而加以考量的呢？

　　關於挽歌的起源，在與陶淵明差不多同時的時代，已是諸説並行。梁劉駿（孝標）在《世説新語·任誕篇》注中歸納諸説（引文見注）並作了介紹。①

　　一、漢初，田横自殺時，門人引柩掩飾悲傷而歌。以此作爲挽歌的最早之例，是《譙子法訓》之説。

　　二、以《莊子》"紼謳所生，必於斥苦"記事②作爲起源之説。

　　三、《左傳》哀公十一年"虞殯"語下注爲"送葬歌"的晉杜預説。

　　四、以《史記·絳侯世家》"周勃以吹簫樂哀"作爲挽歌起源之説。

　　介紹者劉孝標的趣味，與其説是探討挽歌的起源，勿寧説在討論喪禮中用樂之可否，所以他不評論以上四説的優劣，而我們當下的目的，也不是要詮釋挽歌的起源，我們的目的是：在《文選》挽歌詩作者的時代，作爲一般挽歌詩的前身，人們有怎樣的認識呢？

　　劉孝標在《世説新語》注中，最先列舉田横門人起源説，是因爲《世

---

①　《譙子法訓》云"有喪而歌者"，或曰："彼爲樂喪也，有不可乎？"譙子曰："《書》云'四海，遏密八音'，何樂喪之有？"曰："今喪有挽歌者，何以哉？"譙子曰："周聞之：蓋高帝召齊田横，至於屍鄉亭，自刎奉首，從者挽至於官，不敢哭，而不勝哀，故爲歌以寄哀音。彼則一時之爲也。鄰有喪，舂不相引，挽人銜枚，孰樂喪者邪？"

《莊子》曰："紼謳所生，必於斥苦。"司馬彪注曰："紼，引柩索也；斥，疏緩也；苦，用力也。引紼所以有謳歌者，爲人有用力不齊，故促急之也。"

《春秋左氏傳》曰："魯哀公會吳伐齊，其將公孫夏命歌虞殯。"杜預曰："虞殯，送葬歌。示必死也。"

《史記·絳侯世家》曰："周勃以吹簫樂喪。"

引録以上諸條後，劉氏接言："然則挽歌之來久矣，非始起於田横也。然譙氏引禮之文，頗有明據，非固陋者所能詳聞。疑以傳疑，以俟通博。"

②　此語不見於現行本《莊子》，宋王應麟收入《困學紀聞》卷一〇《莊子逸篇》中。

説》本文有這樣的片斷：

> 張驎（湛）酒後挽歌，甚凄苦。桓車騎（沖）曰："卿非田橫門人，何乃頓爾至致。"

桓沖的意思大概是：你又不是田橫的門人，爲什麽忽然這樣凄苦地唱着挽歌呢？文中的桓車騎即桓沖（328—384），比陶淵明稍年長，以上對話，是當時挽歌爲田橫門人起源説流布的又一佐證，而劉孝標所舉其它三種起源説，完全不見於當時其它文獻。田橫門人起源説又見於以下資料。

資料一，是晉崔豹《古今注》；資料二，沈約《宋書・樂志》，它完全因襲《古今注》之説。依據《古今注》，田橫門人所唱之歌，並非別的《薤露》、《蒿里》，它就是《樂府詩集》作爲挽歌"元歌"的這兩首歌曲。崔豹《古今注》曰：

> 《薤露》、《蒿里》並喪歌也，出田橫門人。……至孝武時，李延年乃分二章爲二曲，《薤露》送王公貴人，《蒿里》送士大夫庶人，使挽柩者歌此，世亦呼爲挽歌。（《文選》李善注引崔豹《古今注》）

説田橫門人之歌就是當世挽歌的第三條材料，是劉宋何承天《纂文》（《太平御覽》卷五五二引）的"《薤露》，今之挽歌"。

據《古今注》所引，我們引出由李延年整理的《薤露》、《蒿里》二曲吧。這二首曲子，是前引《晉書・樂志》所云漢代挽歌的一例，應該是沒有問題的。

薤　露
薤上朝露何易晞①，露晞明朝還復滋，人死一去何時歸。

---

① 《樂府詩集》分第一句爲"薤上露，何易晞"，爲兩行三字句，第二句的"還復滋"作"更復落"。又"薤露"這一歌題，見於宋玉對楚王問。聞一多曰："薤露之名，首見於此。"（《樂府詩箋》）關於《薤露》、《蒿里》二曲，菅谷軍次郎有題爲《薤露歌及蒿里曲》的論文（昭和二年《斯文》一）。

蒿　里

蒿里誰家地，聚斂魂魄無賢愚。鬼伯一何相催促，人命不得少踟蹰。

歌唱生命短暫的這些短歌，果真是《文選》所收挽歌詩的前身麼？兩相對照，我們還是頗爲猶豫的。但是晉宋文人確是這樣認爲的，上舉的若干資料已表明了這一點。不僅如此，未能成爲挽歌詩作者，也在自己的作品中頻繁使用"薤露"一詞，也間接地表明了這一點。陸機《挽歌詩》第一首云：

中闈且勿譁，聽我薤露歌。

時代稍後的北魏温子昇在《清河王挽歌》中曰：

何言吹樓下，翻成薤露歌。

又陶淵明《挽歌詩》第二首尾聯：

一朝出門去，歸來良未央。

或許可以認爲是想到了《薤露》古辭的結句"人死一去何時歸"而作的吧。

以上我們大致弄清了至少當時的文人一般都認爲漢初被稱作《薤露》、《蒿里》的歌曲是挽歌的源流。然而《薤露》、《蒿里》的直系子孫實際上別有所在，如云："曹植擬《薤露行》爲《天地》。"（《樂府詩集》卷二七引《樂府解題》），曹植的樂府《薤露行》即是《薤露》的直系子孫：

天地無窮極，陰陽轉相因。人居一世間，忽若風吹塵。願得展功勤，輸力於明君。懷此王佐才，慷慨獨不群。鱗介尊神龍，走獸宗麒麟。蟲獸豈知德，何況於士人。孔氏刪詩書，王業燦已分。騁我徑寸翰,流藻垂華芬。

此外,自曹操以下的魏晉詩人寫作了一些題爲《薤露》或《蒿里》的樂府,如題所示,這些詩都是將漢初《薤露》、《蒿里》作爲古辭而成的模擬之作,就其意味而言,它確是古辭的不二的直系子孫。但是,若從內容來看,《薤露》、《蒿里》古辭是自然的永遠回歸,是以死亡或人命的短暫爲對象的歌詠,而曹植的這一擬作,其首句借助於古辭的發想,但主題已轉化爲通過短暫的生命對社會的貢獻而使生命充實和燃燒,與《薤露》、《蒿里》就主題而言已大有不同。

另一方面,同樣以《薤露》、《蒿里》爲"元歌"而作的挽歌詩,只在"元歌"主題的同一方向上發展,不似曹植等模擬作品有所變化。也就是說,在對生命的短暫或曰對死本身的凝視並堅持以此爲主題這一點上,挽歌詩與古辭的姻親關係更爲深厚。但《薤露》、《蒿里》二曲,是七言或云以七言爲基調的歌曲,曹植等擬作是定型的五言並附加了新的主題,而《文選》的挽歌詩,可以說,既借助於定型並流行的五言形式,另一方面沿着古辭的母題發展並作爲自己的主題。

《薤露》、《蒿里》似是能歌唱的,挽歌詩也是樂府吧。如上所述,漢魏至晉,在王侯貴人的葬儀中,似乎確實唱着挽歌。南北朝的史書①、《洛陽伽藍記》②等,乃至唐代史書中,也有若干唱挽歌的記載。如《舊

---

① 進入南北朝後,關於挽歌的記錄,爲何以北朝爲多? 後世類書引《北史》的記事就有數條。

② 《洛陽伽藍記》中關於挽歌的記事有三條:卷四"沖覺寺"條,云皇族喪儀賜唱挽歌者一隊。同卷"法雲寺"條,載洛陽市北有住着經營喪儀物品和事務的社區,其中有以唱挽歌爲職業的男子。卷一"永寧寺"條,雖同樣是唱挽歌的記事,但此條也記錄了被唱的挽歌。而這一挽歌與後章涉及的陶淵明挽歌同樣是自挽的歌,此詩的發想也頗類似,因此,此詩可看作是接受《文選》挽歌詩的影響之作,但此詩不取陶淵明之前挽歌詩三首一連的形式。《洛陽伽藍記》卷一曰:"(莊)帝臨崩……作五言曰:'權去生道促,憂來死路長。懷恨出國門,含悲入鬼鄉。隧門一時閉,幽庭豈復光。思鳥吟青松,哀風吹白楊。昔來聞死苦,何言身自當。'至太昌元年冬……葬帝靖陵。所作五言詩,即爲挽歌詞。"

唐書》卷五二曰：

> （代宗皇后獨孤氏薨。）乃詔常參官爲挽歌，上自選其傷切者，令挽士歌之。

但這些挽歌，除一二例外外，都是哀悼特定的個人的死。那麼，與之性格有異的《文選》挽歌詩，也應該是能唱的吧。《樂府詩集》也將《文選》的挽歌詩放入相和歌辭，但《文心雕龍》入《樂府》者，僅有"漢世鐃挽"，《文選》也未將"挽歌"等之於"樂府"而收入其中，《文選》不僅通過分類表明此點，還特設"挽歌詩"之類，似表明了繆襲以下的挽歌，作爲歌曲而唱的性格越益稀少，而作爲誦讀的詩，即作爲知識人表達思想或情感的手段的詩正在逐漸定型。

四

前章我們探討了晉宋時的挽歌源流說：當時，以漢初歌曲《薤露》、《蒿里》爲挽歌前身說最爲有力；也涉及到時人所持的大致理由。但對從漢初的歌曲到三首一連的挽歌詩的變化的具体過程，尚不十分瞭明，我們更不具有弄清這一變化過程的方法。漢代四百年間，關於挽歌的資料如果說完全沒有也非事實，它至少有兩條記錄。

這些記錄提到了關於挽歌的其他問題①，討論這些，對當下瞭解《文選》"挽歌"的性格未必有直接的關連，但它們是在一般意義上瞭解挽歌而不可或缺的資料。

兩條材料和出自後漢學者應劭所著的《風俗通》，大而言之，都是將這些挽歌問題與當時的社會史或精神史合觀考量，因而並非是沒有意

---

① 關於傀儡與挽歌的關係，除孫楷第在《傀儡戲考原》中有若干涉及外，又有黃素《論傀儡與挽歌之關係》（《南國周刊》第九號）一文，未見。

義的，但以上的《風俗通》以下至晉宋的一些記録，如本章開頭所述，它對我們當下目的——關於《文選》"挽歌詩"的思考——並没有直接作用。因爲它們都是"唱挽歌事情的記録"，而不是對"被唱的歌"本身的記録。

但《譙子法訓》的斷片里可見顔延之題爲《挽歌辭》的一篇作品留存①，此首也不見於《古詩紀》以下的總集，而收録於《太平御覽》（卷五五二），當然，它是否是顔延之裸裎於酒肆而唱的挽歌，我們已不得而知了。顔延之《挽歌辭》曰：

　　令龜告明兆，徹奠在方昏。戒徒赴幽岕，祖駕出高門。行行去城邑，遥遥首丘園。息鑣竟平隧，税駕列巖根。

如題和内容所示，此首應該不是以特定的个人的死爲對象而作的，因此，可以説它是與《文選》所收挽歌詩同一系列的作品。但上引繆襲、傅玄挽歌詩，三首中分唱三個場景，此首則將兩個場景——祖載與送葬——在一首詩中合唱，顔延之的挽歌或者本來也具有三首一連的構成，而其它兩首散佚了吧？倘若如此，上詩不過是原來一首的斷片，後面應該還有一些詩句是詠唱最後場景（埋葬的場景）的吧。爲弄明此點，對三首一連構成的理由，有必要再作些分析。繆襲、傅玄的作品，完全是斷片式的佚句，作爲分析對象並不十分充分，因而駐足於作爲連作挽歌的完整形態的陸機《挽歌詩》三首，故想在下章提出討論。

五

陸機《挽歌詩》三首第一首：

---

① 晉干寶《搜神記》卷六中有大致相同的記事。

卜擇考休貞，嘉命咸在茲。夙駕驚徒御，結轡頓重基。龍輴被廣柳，前驅矯輕旗。殯宮何嘈嘈，哀響沸中闈。中闈且勿諠，聽我薤露詩。死生各異倫，祖載當有時。舍爵兩楹位，啓殯進靈輀。飲餞觴莫擧，出宿歸無期。帷衽曠遺影，棟宇與子辭。周親咸奔湊，友朋自遠來。翼翼飛輕軒，駸駸策素騏。按轡遵長薄，送子長夜臺。呼子子不聞，泣子子不知。歎息重櫬側，念我疇昔時。三秋猶足收，萬世安可思。殉殁身易亡，救子非所能。含言言哽咽，揮涕涕流離。

第二首：

流離親友思，惆悵神不泰。素驂佇輀軒，玄駟騖飛蓋。哀鳴興殯宮，迴遲悲野外。魂輿寂無響，但見冠與帶。備物象平生，長旌誰爲旆。悲風徽行軌，傾雲結流靄。振策指靈丘，駕言從此逝。

第三首：

重阜何崔嵬，玄廬竄其間。旁薄立四極，穹隆放蒼天。側聽陰溝涌，臥觀天井懸。廣宵何寥廓，大暮安可晨。人往有反歲，我行無歸年。昔居四民宅，今託萬鬼鄰。昔爲七尺軀，今成灰與塵。金玉素所佩，鴻毛今不振。豐肌饗螻蟻，妍姿永夷泯。壽堂延魑魅，虛無自相賓。螻蟻爾何怨，魑魅我何親。拊心痛荼毒，永歎莫爲陳。

到底像陸機，這是三首厚實的莊重作品。繆襲僅用"生時遊國都，死没棄中野"二句以生前死後的對比賦予死一般的意味，傅玄也只用"人生尠能百，哀情數萬端"兩句作總論性叙述，之後便移至對死作具體地描寫，而陸機詩，自開始到第十句"聽我薤露歌"作爲總序，自第十一句開始應用典故反復詠唱生與死的對比以及死的意味。

陸機三首詩具有這樣的構成：第一首，詠唱遠近奔湊的親朋圍繞死者、納棺結束後、歷某時而祖載的場景；以第二首，詠唱至野外送葬之途；至第三首，屍體埋於冢下，詩人轉化成了死者的身份發抒死者的感慨。圖示言之，即：一、祖載爲止，二、送葬，三、埋葬。繆襲《挽歌》詩上文被推測是以這一型態詠唱的，傅玄詩可以更明確推測是以這一型態進行三首連作的。

但在《文選》李善注本中，陸機三首《挽歌》詩的順序與本文所引不同，即第二首與第三首順序顛倒。但對我弄清《挽歌》詩三首連作的推測有利的理由是，現行《文選》李善注本的編次並非是不可改變的。我這樣説是有根據的。第一，本文引詩的第二首（《文選》李善注中的第三首）唱出的"流離親友思"，無疑是承第一首（這一首在李善注《文選》中也是第一首）的結句而來。這一頂針法在連作詩中偶有所用，作爲例證尚不十分恰切，而陶淵明《挽歌》第二首唱出的"在昔無酒飲"，也是承第一首結句"飲酒不得足"而來。

第二，《文選》六臣注本以及單行本《陸士衡集》此詩以及利用它們而編成的《詩紀》以下總集，此詩編次都與李善注本不同，是以本文所引的順序排列的。又《文選》古本之一的陸善經本，也與六臣注本的排列順序相同，陸善經本見於在我國流傳的《文選集注》。

以上兩條根據，都是就各詩內容的內在關連性而言的，如此説來，李善注《文選》本陸機《挽歌》詩三首的編次應該是有誤的吧。

各挽歌詩具有三首一連的構成，分唱納棺、送葬、埋葬三場景，或許與當時的禮家之説有關，但我不是禮學專家，故對之不能置喙，但從常識層面思考，挽歌不將人的死抽象化，捕捉喪儀中具體的事象極意描繪，則三首連作的形式，來分描死後不同的情形，無疑是最適宜的。

陸機現存若干題爲挽歌辭而與以上三首內容有異的《挽歌》詩斷片，這些也未被《詩紀》以下詩歌總集收錄，僅樂府選集《古樂苑》據《太平御覽》披露了一篇，在其注中，又引用了一些逸句，另外，《北堂書鈔》（卷九二）中也可找到若干斷片。現列舉如下：

（一）陸機《挽歌辭》曰：

> 魂衣何盈盈，旗旐何習習（A）。父母拊棺號，兄弟扶筵泣（A）。靈輀動轇轕，龍首矯崔嵬（B）。挽歌挾轂唱，嘈嘈一何悲（B）。浮雲中容與，飄風不能迴（B）。淵魚仰失梁，征鳥俯墜飛（B）。（《太平御覽》引）

（二）陸機《庶人挽歌辭》①云：

死生各異方，昭非神色襲（A）。貴賤禮有差，外相盛已集（A）。魂衣何盈盈，旗旐何習習（A）。念彼平生時，延賓陟此幃（B）。賓階有鄰跡，我降無登輝（B）。陶犬不知吠，瓦雞焉能飛（B）。安寢重丘下，仰聞板筑聲（C）。（《北堂書鈔》引）

（三）陸機《庶士挽歌辭》云：

陶犬不知吠，瓦雞焉能鳴（C）。安寢重丘下，仰聞板筑聲（C）。（同前）

（四）陸機《王侯挽歌辭》云：

孤魂雖有識，良接難爲符（B）。操心玄茫內，注血治鬼區（B）。（同前）

（五）陸機《士庶挽歌辭》云：

埏埴爲塗車，束薪作芻靈（C）。（《古樂苑》注引）

以上是可見於類書的陸機的其它挽歌詩斷句的全部。偶數句末所附羅馬字表示韻腳的異同。從中搜集同韻腳之句，如果據其內容再排列的話，變成了如下三篇作品：

---

① 此處"庶人挽歌辭"、其下"庶士（士庶）挽歌辭"，或"王侯挽歌辭"等的題名方法，與《古今注》"李延年乃分二章爲二曲，《薤露》送王公貴人，《蒿里》送士大夫庶人，使挽柩者歌此，世亦呼爲挽歌"有一定的關係吧？但未見附以此題的其它作品，故它們與連作的構成之間有無關係就不得而知了。

（一）死生各異方，昭非神色襲。貴賤禮有差，外相盛已集。魂衣何盈盈，旗旐何習習。父母拊棺號，兄弟扶筵泣。

（二）靈輀動轇轕，龍首矯崔嵬。挽歌挾轂唱，嘈嘈一何悲。浮雲中容與，飄風不能迴。淵魚仰失梁，征鳥俯墜飛。念彼平生時，延賓陟此幃。賓階有鄰跡，我降無登輝。陶犬不知吠，瓦鷄焉能飛。（孤魂雖有識，良接難爲符。操心玄茫内，注血治鬼區。？）

（三）埏埴爲塗車，束薪作芻靈。陶犬不知吠，瓦鷄焉能鳴。安寢重丘下，仰聞板筑聲。

哪一首也不是完整的詩，句與句之間的連接，或也有不妥之處，然而姑且如上整理來看，這裏似又是分詠納棺、送葬、埋葬三個塲面的詩。其中不少詩句的构成與載於《文選》的陸機《挽歌詩》三首中詩句相似，或者這些詩是陸機習作的一部分也未可知。但是，不管是習作還是完整作品的斷片，它們是三首一連的詩，從其内容看，大致是可以確定的。

六朝以及之前的時代，以三首一連爲挽歌，除以上所舉的繆襲、傅玄各一篇，陸機的兩篇之外，還有陶淵明一篇，從現存資料中再加搜集已非常困難，或許只有這些材料也未可知，但挽歌分詠喪儀的三塲面這一點，陸機以前的四篇也是完全相同的，這充分地表明了這一構成早已作爲一個種類而被沿襲並固定化了。

根據以上思路，有關前章所引顏延之《挽歌》辭一首，錄全其八句，再次加以討論。"令龜告明兆，徹奠在方昏。戒徒赴幽壑，祖駕出高門"是前半的四句，與繆襲《挽歌》詩第一首（這是我推定的）"令月簡吉日，啓殯將祖行。祖行安所之，登天近上皇"對照，可見其作句的相類似。顯然這是唱祖載即出棺之事的。後半四句："行行去城邑，遥遥首丘園。息鑣竟平隧，稅駕列巖根。"這是送葬的塲面。與陸機之前的挽歌不同，它在一首詩中雜詠了二個塲景，對此，我之前有兩個猜測：一、本來有三首，其他兩首散佚了麼？二、本來有一首，一些詩句脱落了。如前所述，假如這一時代的挽歌連作的構成已固定化，那麼第三種推測也就有了可能。三、前四句與後四句，本來是三首詩的第一首、第二首的一部分,是類書編纂者勉强將兩者捏合在一起而成了一首。如果以全篇的韻腳相同作爲理由,第三個推測或許將被否定,但因類書編纂者常從不同的詩歌摘句捏合使之看起來是一篇作品而改動韻字,現《北堂書鈔》所引陸機"瓦鷄焉能鳴"一句,即爲合捏合詩的韻腳而被改成"瓦鷄焉能飛"。

弄清以上三種推測孰正孰誤的資料早已不存在,雖然我本人認爲第三種推測或許更妥當,但下論斷則當謹慎。因爲三首連作的構成明確被固定化,是在陸機的作品中,但到陶淵明的三首《挽歌》詩,從内容方面看,這一構成的框架已經瓦解。顏延之是不是也是接受挽歌的三首一連的形式但突破其内容框架而創作的呢?即陶淵明的三首,第一首和第二首唱到出棺之事,第三首合唱了送葬和埋葬之事,如果根據陶淵明《挽歌》三首,以上三个推測無論如何都只能作爲推測,除了並列放置於此,别無他法。

同是劉宋詩人的鮑照,有題爲《代挽歌》詩一首,"代"與"擬"相同,都具有摹擬"元歌"而作的意味①,現列舉全篇如下:

　　獨處重冥下,憶昔登高臺。傲岸平生中,不爲物所裁。埏門只復閉,白蟻相將來。生時芳蘭體,小蟲今爲災。玄鬢無復根,枯髏依青苔。憶昔好飲酒,素盤進青梅。彭韓及廉藺,疇昔已成灰。壯士皆死盡,餘人安在哉。

這裏專取借埋葬後死者之口詠唱的姿態,如果按照挽歌詩三首連作的構成而言,此詩相當於第三首。鮑照或許有相當於第一首、第二首的作品

---

① 陶淵明的《挽歌》詩,在他的詩文集古本中,是題爲《擬挽歌辭》而收錄的。此點小川環樹教授已指出(岩波刊《中國詩人選集·陶淵明》跋)。宋代的批評家們(趙泉山、曾慥等)認爲此三首是作者臨死前之作,因此反對擬作説。但鮑照有一首題爲《代挽歌》的詩流傳,是否定宋批評家説法的證據之一。

也未可知。但與顏延之詩的情形相同,能够探明情況的資料也没有。①另一方面,鮑照此詩爲獨立一篇的推測也能成立。當然,這一推測可能更接近於真實,因爲鮑照是少數幾個詩文集能以大致完整的形態流傳的詩人之一,題爲《代挽歌》的作品,其詩文集中也僅載録這一首。

顏延之、鮑照的挽歌形式究竟是怎樣的呢?它們是《文選》所收《挽歌》詩同系列的作品吧?從其發想方式看,或許確是如此,但這一類型的挽歌中,三首一連的構成,在南北朝時已經瓦解了。

在此,我們將位於《文選》所收挽歌詩最後的也是連作形式的最後作品的陶淵明的《挽歌》詩,同所及之現有資料,列舉討論。

六

至此我們對挽歌形式方面已作了較多的討論,以下轉嚮對内容的考察,而爲究明挽歌在六朝詩中所佔據的位置,將挽歌與同它具有某種相似性的作品加以對照就顯得必要。如《七哀》、《臨終》等詩,《惟漢行》、《行路難》等樂府,以及直接或間接的以死爲主題的各種作品。對此的全面考察留待别文,在本文最後一章,我將以陶淵明作品爲基礎,考查其内容繼承、獨創兩個方面來結束本文。

陶淵明《挽歌》詩是頗有獨創性的作品,但是,如果没有繆襲以下至陸機等前人的作品,陶淵明詩也無從產生吧?首先,關注於此來讀讀陶淵明作品吧。

其 一

有生必有死,早終非命促。昨暮同爲人,今旦作鬼録。魂氣散

---

① 鮑照另有題爲《代蒿里行》的以下的一首:"同盡無貴賤,殊願有窮伸。馳波催永夜,零露逼短晨。結我幽山駕,去此滿堂親。虛容遺劍佩,實貌戢衣巾。斗酒安可酌,尺書誰復陳。年代稍推遠,懷抱日幽淪。人生良自劇,天道與何人。齎我長恨意,歸爲狐兔塵。"此或許是三首連作構成的第一首,與《代挽歌》是否是一對作品,現在避免下斷語。

何之，枯形寄空木。嬌兒索父啼，良友撫我哭。得失不復知，是非安能覺。千秋萬歲後，誰知榮與辱。但恨在世時，飲酒不得足。

  其　二

 在昔無酒飲，今但湛空觴。春醪生浮蟻，何時更能嘗。殽案盈我前，親舊哭我傍。欲語口無音，欲視眼無光。昔在高堂寢，今宿荒草鄉。一朝出門去，歸來良未央。

  其　三

 荒草何茫茫，白楊亦蕭蕭。嚴霜九月中，送我出遠郊。四面無人居，高墳正嶕嶢。馬爲仰天鳴，風爲自蕭條。幽室一已閉，千年不復朝。千年不復朝，賢達無奈何。向來相送人，各自還其家。親戚或餘悲，他人亦已歌。死去何所道，託體同山阿。

 這三首詩取一種新穎形式的挽歌詩連作的構成。與陸機以前的作品不同，它不是三個塲景在各自獨立的一篇中被分詠。第一首的納棺塲景，其結句"飲酒不得足"與次首的首句"在昔無酒飲"結附而繼至第二首，第二首中出棺即祖載被提起，這裏也以"荒草"一詞爲媒介，向第三首歌詠送葬過渡而去。因此，我以爲這三首是連作詩的内在關連性更爲明確，因此，取不同順序登載這三首詩的總集（《樂府詩集》、《古樂苑》等，譯者注：兩者順序是其三—其一—其二），與陸機挽歌詩順序（譯者注：兩者的順序是第一首—第三首—第二首）相比，由陶淵明詩順序排列所顯示出總集的疏漏，確實難逃非難。

 挽歌是連作的主張，作爲進一步強化的證據，不得不舉陶淵明《挽歌》詩第三首中"千年不復朝"這一句的反復。這一反復，在此傾注的某種感慨，是誰都能感覺到的吧。因此，不管它是同一句子的重複，或者説通過重複，在深入讀解這首詩時，要求片刻的停頓。換言之，它給予極輕的一種抵抗感。而實際上，那一停頓，它僅通過一句的重複，似乎並沒有要求必須停頓，重複不過是一種信號。詩的韻腳，在此發生了轉換。假如用音樂中的奏鳴曲形式來作比的話，"千年不復朝"以下可稱作是三首詩整篇的尾聲，重複在這一連作的歌中，如在奏鳴曲中，完成了被告知進入尾聲的作用。

當時的樂府或詩，在一篇中換韻是極普遍的，但是，這時連作的樂府，或者在張華、傅玄等現在可見的三篇連作的詩裏，換韻的詩似未見到。現存的陸機的挽歌詩，各篇也都是一韻到底、没有換韻的。倘若如此，陶淵明的第三首詩的換韻，就是他的獨創，可以説連作中一種新的形式産生了。但如上所述，連作構成本身，並非陶淵明獨創，但他對之加以些許安排，可以説其形式更具興味，但基本上繼承了以前的形式。

這樣的繼承的一面，在陶淵明詩句的表現上也顯露出來。如第二首描寫今酒不能嘗、手无法觸碰杯殽滿前的橫躺的死者，接著又唱到"欲語口無音，欲視眼無光"兩句，在這一詩中初見這一表現的讀者，雖然作爲對句它是極平凡，或者勿寧説正因爲如此，方能對其巧妙的描寫和嶄新的表現有所理解。清初卓越的文學批評家陳祚明稱揚道："'欲語'二句，奇語，古無此言者。"但是，我們知道，此語並非陶淵明獨創，我們想起前所舉傅玄《挽歌》(一)"欲悲淚已竭，欲辭不能言"，又同時的繆襲"欲呼舌無聲，欲語口無辭"，都有這樣的表現。但是，如果比較三者，陶淵明的詩句，可以説是同樣的近於反復的對偶，但並不平凡，即使如此，它也不能不被看作只是一種表現的沿襲。

再者，如果再舉第二首爲例，其言"今但湛空觴"、又"殽案盈我前"等看起來切實的表現，如小川環樹所指出，是多麼漂亮的詩句。但在與挽歌詩範疇相近的《七哀詩》中，被傅爲魏阮瑀所作詩，即有"佳殽設不御，旨酒盈觴杯"(《古詩紀》魏卷七)之句。這裏陶淵明雖將阮瑀的兩句通俗化爲數句，但其發想從阮瑀句借來則是明確的。這樣的例子别處也有，因爲從來的陶詩注釋者大都未注意及此，故在此將前人挽歌中所見類似之句，與陶淵明詩對照，舉例一示。

　　　　昔居寺民宅，今托萬鬼鄰。(陸機第三首)
　　　　昨暮同爲人，今旦在鬼録。(陶淵明第一首)
　　　　父母拊棺哭，兄弟扶筵泣。(《太平御覽》卷五五二陸機《挽歌辭》)
　　　　嬌兒索父啼，良友撫我哭。(同前)
　　　　朝發高臺上，暮宿黄泉下。(繆襲)

　　　　昔在高堂寢,今宿荒草鄉。（第二首）
　　　　出宿無歸期。（陸機第二首）
　　　　一朝出門去,歸來良未央。（同前）
　　　　茫茫丘墓間,松柏鬱參差。（傅玄第二首）
　　　　荒草何茫茫,白楊何蕭蕭。（第三首）

　　陶詩的注釋者古直,從《古詩十九首》、阮籍《詠懷詩》等又舉出了二三典據,因爲它們是不同系統的詩,在此不加考慮。
　　陶淵明《挽歌》詩三首中沿襲前人句子的頻度,在當時遠不能說是多的,而我們可能認爲是剽竊式的沿襲,在那個時代大量存在而不被介意,因而陶淵明的造句,其不平凡性就不能不被稱揚了。
　　陶淵明的不平凡,在他的獨創性本身方面被發揮出來。如第一首的後半,不知生前得失,不管是非,榮辱也要消解,就在喋喋不休地否定現世价值之時,詩句忽然一轉至"但恨在世時,飲酒不得足"。這一詠唱聚集的諷刺,換言之,其爽快程度,是陸機以前的挽歌詩不具備而爲陶淵明所獨創。
　　最初這首詩有"有生必有死,早終非命促"這樣達觀的言語,但是,它的達觀,並不是貫穿全篇的調子,第二聯,然後第三聯,詩意在直向引起悲哀的表現中下降。詩篇過半,歌唱中又有了一種達觀、悲哀毫無价值的心境,最後兩句,是接受這一屈折的結尾。這裏又有一個憤時嫉俗的屈折:活着時,飲酒不多。飲酒作爲唯一的价值而被歌唱的,或者可以晉張翰的"我有身後名,不如即時一杯酒"的名言作代表,因此,生命中珍視之物不復存在。但陶淵明的發想,不是從正面贊美酒,而是它的趣味性和其獨自性。這裏被歌唱的飲酒,早已不是作爲抽象化的、平均化的快樂的一般的飲酒,它是帶着生活味道的真實的飲酒。由於它是真實的飲酒,它的別的价值,就更大大地被貶低了。與此同時,不可否認的是,飲酒的真實性,也帶着一種故作滑稽的詼諧味。所以,儘管陶淵明用語平凡,仍然不可能是平凡的作家了吧。
　　在第三首末尾,就在埋葬了親友的人們各自走向了回家的路之時,"親戚或已悲,他人或已歌",唱出了如此非凡的發想,或者説多麼非凡的認識。也有注釋者將"他人""歌"解釋成"挽歌"的說法,這種解釋不免意思難通吧。關於此條,吉川幸次郎教授說:"親戚們尚葆有有餘的悲傷,但他人中已有人在愉快地唱歌了。"(《陶淵明傳》第40頁)這表現了陶淵明"對現實的可怜的清醒"。這兩句就應該這樣來讀吧。陶淵明別的詩,如一個人從人間消失了,誰注意到了麼?親人是不是一直在思念着他呢?陶淵明唱道:"奚覺無一人,親戚豈相思?"第三首即接續着"親戚或已悲"二句而來,結束全篇道:"死去何足道,托體同山阿。"這可以說是達觀了吧?但是,這三首詩的達觀,與其說它有這樣達觀的結尾,不如說是他根據對"他人亦已歌"的現實的凝視而加以傾吐本身更有意味吧,我想這也顯示了陶淵明的獨特性。

陶淵明許多詩也如此詩般詩語平易,之所以平易是因爲描寫的具體和不用故典。繆襲的挽歌使用了比較平易的語言,挽歌被看作最初是從民歌中起源的,也許就因此而以平易爲風格的吧。但是,對陸機的挽歌詩,如果沒有典故知識,就不能完全讀懂其詩了,從李善舉《儀禮》經文作爲典據對其開頭兩句進行注釋,就可以明白這一點。經過陸機的時代,不管合適與否,大部分詩人都沉湎於文字遊戲,在這樣的時代,陶淵明的標新立異,平易造語,就甚有意味。當然,陶淵明的《挽歌》詩,並非完全不用典故,"魂氣散何之"句,即沿用了《禮記·檀弓》語,對此,注者皆已指出,別的詩句也有不少沿襲前人之處。但是,在典據數量極少的情況下,詩不要求讀者在讀詩之前應知這些典故,這一情形,在被稱之爲挽歌的這一特殊的性格的詩中也起到一種作用。也就是說,解脫了對人去世的傳統的理解方法,自己的情感自由就變得可能。之前談到的陶淵明獨創的詩句,也是基於這一情形之上而被構想的。這也是不論陶淵明詩多數是平易的却是不平凡的理由之一。

陶淵明的獨創性,不是僅靠部分詩句的表現或發想而被顯示出來的,實際上,《挽歌》詩的全部,都是根據陶淵明的獨自的發想而產生的。他的詩是對自己的死奉獻出的挽歌。誠然,繆襲的挽歌裏,也唱到"造化雖神明,安能復存我",但全篇的語調,未必表明這是自挽的詩。之後陸機的詩,也是一個旁證。陸機的第三首也可見"人往有反歲,我行無歸年"這樣的詩句,但這是第一首"棟宇與子辭"、"呼子子不聞,泣子子不知"意義上的"我"。唐吕向（《六臣注文選》）也不過將此句注釋爲"假亡者之詞"，是轉換爲廣義的死者而吐出的語句。陶淵明的詩明顯與之不同，這裏詠唱的並非一般的亡者，而是作爲亡者的陶淵明本人。唐代注釋者已注意及此，《文選集注》採録的陸善經注以"此詩自送"四字注釋此詩。

　　自身站在死者的立場來歌詠死這一構思，作爲傳統已存在，陶淵明則一步步地以此構思貫徹全詩。詩人自身與作爲被歌詠對象的死者的距離，乍一看極短，或許可以説完全没有距離，但是，距離是作爲更嚴肅的東西存在於兩者之間。作爲對象的死者，必然是不容選擇自身的，詩進而却要抛開這些並觀察它，這樣另一個自我的存在就成爲必要，這一構思，是將作爲生者的自己作爲一種緩衝以抗拒下意識裏潛在的事物。如果讀者從這首詩中感覺到了陸機以前的挽歌中所缺乏的某種詼諧，那麽，産生詼諧的原因之一，必須是詩人抛開了各個對象的距離，從這樣做的詩人的姿態中産生出了詼諧。在此，陶淵明就有了作爲詩人、作爲思想者的深度。挽歌詩中這一獨特的構思不但是靈機一動而成的。我曾説過："在虚構的世界裏，再現自己内心的傷痛，爲此，是需要某種强韌的精神的。對於大致以平静的語句詠詩的陶淵明，以平静的語句詠詩其實只是他的一面，而這使他的詩成爲有深味之物。"（《中國詩人選集——陶淵明》第 18 頁）陶淵明的《挽歌》詩的特異，不外是在虚構的世界裏編入自己的死並加以凝視，而我們知道，他的應該説是自挽詩配對的作品——《自祭文》，更是在此之前未見其例的散文作品。

　　陶淵明决不是在文學形式上發揮獨創性而産生劃時代影響的詩人。不論是上舉的《自祭文》，還是《五柳先生傳》、《形影神詩》、《止酒》等，也都是獨創性的作品，然如《挽歌詩》三首所示，事實上，它們也多多少少包含繼承的一面。雖然如此，其在形式上的獨創，不得不認爲是在當時被看作是孤立存在的這些内容打碎了形式的邊界，新内容是他的新形式産生的原因。《挽歌》詩三首也表明了這一點。

（譯者單位：南京大學文學院）

蕭統與蕭綱

——支撐《文選》與《玉臺新詠》之編纂的文學認識①

[日]大上正美　撰　吳正嵐　譯

  代表了六朝文學的兩大文集——《文選》與《玉臺新詠》，恰成對照。《文選》收錄了更令人思考人生的作品，《玉臺新詠》收錄了更艷美的、感官性的作品。前者由不滿於當時文學思潮的文學認識所支撐，後者由擁護、指導當時文學思潮的文學認識所支撐。與劉孝綽等屬官編纂《文選》的是蕭統，命徐陵編纂《玉臺新詠》的是其弟蕭綱。

  昭明太子蕭統(501—531)字德施，梁朝的開國者武帝蕭衍的長子。兩歲立爲太子，未及帝位，三十一歲卒。《文選》之外還編纂了一些文學作品，現已不存。以《文選序》爲首，《答湘東王求文集及詩苑英華書》、《陶淵明集序》、《答晉安王書》等篇章都反映了他的文學認識。

  简文帝蕭綱(503—551)字世纘。武帝第三子，蕭統同母弟。兄卒後，立爲皇太子。侯景之亂後，在父親死去的同時即位，不久遭廢並被毒死。他自身亦作爲優秀的創作者，率領以徐摛、徐陵、庾肩吾、庾信父子等人爲核心的文學集團，使得宮體詩大爲流行。他的文學認識，可從以《誡當陽公大心書》爲首的諸如《與湘東王書》、《答張纘謝示集書》等篇中窺見。

---

  ①　本文譯自作者《中國文學論考》第Ⅱ章《魏晉南北朝文學論》。(汲古書院，1987年)

蕭統《文選序》：

> 至於記事之史、系年之書，所以褒貶是非、紀別異同。方之篇翰，亦已不同。若其贊論之綜緝詞采、序述之錯比文華，事出於沉思，義歸乎翰藻。故與夫篇什，雜而集之。

蕭綱《誡當陽公大心書》：

> 汝年時尚幼，所闕者學。可久可大，其唯學歟？所以孔丘言吾嘗終日不食，終夜不寢，以思，無益，不如學也。若使墻面而立，沐猴而冠，吾所不取。立身之道，與文章異。立身先須謹重，文章且須放蕩。

一　蕭統的"沉思翰藻"

在《文選序》中，蕭統明確了選錄作品的標準。正如經子"蓋以立意爲宗，不以能文爲本"，不被認爲是文學作品一樣，由此亦可知"能文"與否是其標準。在前文所引片段中，蕭統認爲，史書與"能文"的篇翰（文學作品）有別，而贊論序述的內容出於作者的深沉思索，同時又具有美的文學表現，能夠被視爲文學作品。在此，蕭統表達的不只是對於史書的看法，而且是對文學的基本認識。在以"能文"爲前提的同時，他以"沉思"和"翰藻"兩方面或曰兩者關係爲依據來思考文學。

今若暫且將"沉思"和"翰藻"兩方面置換爲內容與修辭，則與"文質彬彬"的文學認識相重合。

> 夫文典則累野，麗亦傷浮。能麗而不浮，典而不野，文質彬彬，有君子之致。吾嘗欲爲之，但恨未逮耳。（《答湘東王求文集及詩苑英華書》）

這可説是《論語・雍也》篇之"文質彬彬,然後君子"以來的傳統立場。蕭統將文與質置換爲麗和野,以麗而不浮、典而不野爲理想。對於這一文質兼用的調和美,鍾嶸在《詩品》中也試圖以"詞彩"與"氣骨"等相對的評語加以具體的判斷。與此相適應,這一古典文學論,似乎是從梁代文學的一般狀況出發、以糾正偏於"文質"之"文"的文學狀況爲目的之傳統認識出發的主張。當前的目的並非攻擊"野"。從以"能文"爲前提的蕭統和梁代文學的普遍狀況來看,"野"不是考慮的對象。問題似乎在"浮"的一面。

不言而喻,齊梁之際的文壇是由沈約的聲律美所統領的。他斷言文學的標準是"若前有浮聲,則後須切響。一簡之内,音韻盡殊;兩句之中,輕重悉異"(《宋書・謝靈運傳論》)。正是由於人工的聲律美如此受重視,甚至到了"質"無人論及的程度,才形成了蕭統文質兼用的古典觀點。"文質彬彬"的主張本身並未越出中國傳統觀念的範圍,未能至於改變從詠物詩到宫體詩的輕靡詩風,但蕭統是從古典中尋求規範來完成《文選》編纂的。《文選》不收當世者的作品,也是這種一以貫之的精神的體現。

那麼,至於説只是《文選》編纂這一事業具有意味、其主張不包含有意義的批評意識的話,我認爲不一定如此。再次回到引文。問題是"沉思"的意味内容及其與"翰藻"的關係。

"沉思"一語,在《文選》中能找到"悲情觸物感,沉思鬱纏綿"(陸機《赴洛道中作》)之類,作爲詩歌語言的用例。那是與文學創作相關的運用,與陸機《文賦》的"耽思"、"凝思"等接近吧:

> 其始也,皆收視反聽,耽思傍訊,精騖八極,心遊萬仞。
> 罄澄心以凝思,眇衆慮而爲言。

李善將"耽思"釋爲"靜思"。"耽思"和"凝思"都是指使得心靈澄靜、思緒展開、等待和接受想象力的到來的姿勢和時間。"沉思"也是與之相近的辭彙吧。本來是作品構思中的沉思、語言選擇中的沉思都可以説的行爲,沉思這一集中的姿勢和濃密的時間,必定激發出作者的思想感情。

關於這一點，吉川幸次郎進一步指出，"不單是美文，是作爲沉思之當然的、或曰必然的歸結的美文"、"作爲前提的具有深沉思索的作品，於是其當然的歸結是作爲翰藻表現出來的作品"。很明顯，吉川氏解釋爲不只是"文質彬彬"並稱。總之，探究了在兩者的關係上，表現爲何物、美文爲何物的問題。我認爲，不單是將兩者分爲内容與修辭、認爲兩者相互結合爲佳，而是應該立足於兩者的關係、分析文學爲何物。可以認爲，將隱密於現實人生中的作者的思想感情表達出來、而且將其作爲表現而自立，這才稱得上是真正的文學作品。

從《文選》選錄的實態中可以清楚地看出這一點。鈴木修次認爲："在《文選》中，比較重視阮籍、郭璞、陶潛等探求人生問題的詩人的作品而加以收錄。"還有，不僅僅是數量上，高橋和巳指出《文選》"相對優待那些詩人在生涯的轉折中創作的作品"。

以陶淵明爲例，有八首詩和一首辭入選。對於一位在當代不過是二流詩人的田園詩人來說，可以説是選錄得較多的。所選取的作品，也是描繪了淵明獨特的世界的（隱士、貧士、挽歌、菊、酒、對異書的浪漫興味等）最好的篇什，現在看來也令人敬佩。日日"手不能釋"（《集序》）地愛好陶詩，以至撰寫其傳記、編纂其文集、寫作其序文的蕭統，不只是所謂愛好者。可以認爲，其中貫穿的批評態度是：圍繞生涯中的歸田這一轉捩點，以《歸去來辭》爲軸心，將之前的出仕與歸田的煩悶都收於其中，試圖與作者的人生交鋒。

《集序》云"此亦有助於風教也"，斥《閑情賦》爲"白璧微瑕"。有時蕭統有道學氣的言論，這也是由於其與"文"相對，更強調"質"的意圖吧。他認爲，文學在以"能文"爲前提的同時，又與作者人生中的深沉思索和現實有着不可分割的聯繫。

二 蕭綱的"文章放蕩"

由文章標題可知，蕭綱的文章是對第二子當陽公大心所述的家誡。

據《梁書·大心傳》，大心封當陽公是在蕭綱立爲太子的次年、中大通四年（532）。從全文的文脈來説，對被譽爲"幼聰明、善屬文"的大心，在引用《論語·衛靈公》的同時，決不是作爲處世着眼點、而是激勵其爲了成爲合格的統治者而學習。相應地，在此闡述文學論並非主旨，但在這一場合下，對比地引用"文章放蕩"論，正最爲激進地表達了蕭綱的文學認識。

"放蕩"一語，正如《文選》中的用例"情放志蕩，淫樂未終"（曹植《七啓》），是指情志得以舒展地、充分地發揮。比如東方朔（《漢書》本傳）、曹操（《三國志·魏書·武帝紀》）、阮籍（《世説新語·任誕》篇注引《竹林七賢論》）、劉伶（《世説新語》文學篇注引《名士傳》）、嵇康（《晉書傳》）等人物品評對"放蕩"的運用，表明其意味着決不爲規則所束縛的過度奔放。蕭綱把這一條作爲文章的着眼點，與立身必須謹重的立場截然區別開來。"立身"中不可談及"放蕩"，而文章中持以謹重便已經不可能是文學了。

此外，蕭綱還著有《與湘東王書》一文，批判那些模仿謝靈運、裴子野的文人。在此，他熱切地主張"吟詠情性"才是文學的緊要課題。正如林田慎之助氏所指出的，蕭綱所主張的，是否定《毛詩大序》中的道義拘束和政治效用的"吟詠情性"，這也是鍾嶸《詩品》所強調的觀點。

順便説一下，蕭綱所攻擊的裴子野有"自是閭閻年少，貴遊總角，罔不擯落六藝，吟詠情性"（《雕蟲論》）一説，對"吟詠情性"加以批判。這也説明放棄六經的"吟詠情性"是梁代的普遍現象。

於是在蕭綱這裏，必須放蕩情性、加以吟詠，更加徹底化了。換言之，試圖將"吟詠情性"的尺度放在"放蕩"的如何過度中，才是在認真繼承"吟詠情性"這一由陸機到鍾嶸的六朝文學課題的同時、將其更進一步的蕭綱的突出之處。

然而，六朝文學是在曹丕"蓋文章，經國之大業，不朽之盛事"（《典論·論文》）這一文學自立宣言——文學具有與政治（現實）相匹敵的意義的評價中開幕的。這也是必須從文學本身出發把文學作爲問題的六朝文學認識的前提。蕭統把"能文"作爲前提的基礎中包含了這一觀念。我認爲，這一前提的徹底化的歸結，不外乎是蕭統的二元論。我認爲，現實與表現在始終不能相容的狀態下走向二元論，是文學産生危機的趨勢。而這一固定的二元論的出現，一方面是喪失了"詩言志"之"志"的詩人個別的問題，更多的，不外乎是已經使得"志"只可能等於"野心"的捲入權力之爭的旋渦的政治立場的責任，無法將其尖銳地、震撼地切入的思想着眼點的問題。這是另外一個問題了。在此，與蕭統試圖整體地把握現實與表現的關係的姿態（那是稍微有些曖昧的、不那麼激進的）相比，完全拒絶現實立場而只想把握表現着眼點的蕭綱的姿態則是徹底的。

那麼，蕭統爲什麼會走向這樣的現實與表現决無關聯的固定二元論呢？

首先，顯而易見的是，對蕭綱來説，現實的內容是局限於"立身"的，那是始終強調"謹重"的。對於把"治者"的處事態度作爲問題，行走於從晉安王走向皇太子、然後是簡文帝的道路上的蕭綱來説，現實不外乎就是如此吧。但是，與活生生的現實的傾軋、其中糾葛着的生的全部，能否用"立身"一詞來概括呢？一般説來，文人的决不能完全把捉，是不言自明的吧。相應地，這是向兒子説明統治者的心理狀態的文章，由此也可知，此説未超出"治者"這一個別立場的言論的框架，很大程度上不具備作爲一般文學的批評認識的普遍性的要素。反過來説，這意味着，將現實局限於"立身"、應當儘可能地"謹重"的看法，反映了立足於自身現實的蕭綱的誠實。將現實着眼點加以擱置而談論文學的口吻中，當然也看不到蕭綱的苦惱。因爲，所謂苦惱，是現實立場強加的東西。總之，蕭綱在此出人意料地承認自己的"現實"的闕如。由此可以確認的蕭綱的誠實，既不是他的名譽也不是其他什麼，但是，可以認爲，從這一意味也可以看出，"文章放蕩"論是反映了蕭綱的全部人格的言論，這一點留在記憶裏，也是有意味的。

但是，在此也有兩點不可忽視。其一，雖然勉強謹重是出於"立身"的着眼點，但迫使人謹重的現實也可以視爲自身的文學的現實。禁欲、自制越強，希求解放的"放蕩"作爲文學現實就會越發活潑潑地而來，但蕭綱並没有捕捉到這樣的結構。蕭綱的作品中没有撲面而來的衝擊力的主要原因，當是這一點。比如，劉楨以"職事相填委，文墨紛消散"二句開頭的雜詩等，是顯示上述構造的佳例。試圖準確表現被山積的文書忙殺的現實，正是吐露了對現實的另外一側的清靜世界的嚮往。

另外一點是關於日常不應局限於"立身"。其中應當有喜怒哀樂的情感、被細節震動的生活的一個個場面的展開。這一日常的感性也才應當是現實。由此可以窺見，圍繞"立身"的蕭綱的現實感頗爲觀念性，只是保住了作爲治者的公的一面。

將這一點作爲處世着眼點來考慮的話，上述情況説明了蕭綱完全拒絶文學、試圖作爲現實主義者艱難地活下去。與其相對的蕭統，似乎稍稍容易地把文學現實帶到處世立場上。《梁書》本傳有以下記載：蕭統在宮中廷園遊賞之際，番禺侯進言"此中宜奏女樂"，對此，蕭統不作答，但言"左思《招隱詩》詠曰：何必絲與竹，山水有清音"。這無疑表現了蕭統自身的教養和人品的高尚，但又不僅僅是如此。顯露出試圖將文學現實作爲現實（處世）着眼點來發揮作用的事實。

回過頭來想想，如果不得不追問賦詩在文學中究竟是怎樣重要的東西，那能否將之與吟詠什麼這一問題截然分開呢？前文中我將其定位爲文學産生危機的趨勢，也是出於這一疑問。在蕭綱那裏，具體是怎樣的性情放蕩，而今考察其實態就可以明白。不言而喻，是輕靡的、艷麗的，被稱爲宮體詩的世界。宮體詩接受了詠物詩中沈約等人的推進音律美的嘗試，進一步走向描繪輕艷世界的方向，賦予其發揮過度放蕩的性情的一面。

還有，提倡吟詠放蕩情性的蕭綱，與其兄蕭統一樣，深愛陶淵明文（《顔氏家訓》文章篇）。《顔氏家訓》是將其與劉孝綽的愛好謝朓相對照的，但乍看之下，蕭綱與淵明没什麼聯繫。但是，從蕭統將淵明詩評爲"跌蕩"（集序）這一點推測，在吟詠作爲順應本然之生的情性這一點上，他將淵明詩理解爲"放蕩"，從而寄託了深刻的共鳴，這樣的臆測未必是誤讀吧。不過，蕭綱的關心重點傾向於輕艷的宮體詩。正因爲將必須"謹重"與現實立場擱置，結果當是更加激烈地把所謂宮體詩的輕艷世界作爲唯一的文學現實、很大的根據。

三 "述幽志"

　　蕭統編纂《文選》後,中大通三年(531),在三十一歲的英年去世,晉安王蕭綱立皇太子。在十八年的皇太子時代裏,蕭綱的文學主張得到了强硬的、鮮明的展開。上述"文章放蕩"的言論是如此,令徐陵編纂《玉臺新詠》也是這一時期的事情(《大唐新語》卷三)。這一選集是鮮明地接受了蕭綱的文學認識的卓著成果。《玉臺新詠》貫徹的是不同的方針,被認爲很可能意識到《文選》的存在。

　　太清二年(548)八月,太平之眠被打破,侯景亂起,三年(549)三月最終台城陷落。五月,武帝蕭衍在幽閉般的狀態中結束了八十六歲的生命。次日蕭綱即位,但只是名義而已。不久太寶二年(551)八月廢位,被幽閉於永福省,二個月後的十月被毒殺。其年四十九歲。

　　《梁書》本紀中,關於幽閉中發生的事情,記録了"題壁"一事。其中之一的《自序》云:

> 有梁正士蘭陵蕭世纘,立身行道,終始如一。風雨如晦,雞鳴不已。弗欺暗室,豈况三光。數至於此,命也如何。

《梁書》又載"又爲《連珠》二首,文甚淒愴"。"風雨"云云,乃《詩經·鄭風·風雨》中的二句,毛序認爲歌詠的是思念於亂世中亦不改節度的君子。"不欺暗室"是比喻在他人見不到的地方也持身以正。"立身與行道"方面絲毫無愧,而今只是接受命運,"其中包含了至死保持慎獨君子之面目的高邁的精神氣魄"(林田慎之助)。姑且認可《自序》的説法的同時,其他史書的記載也引起我的注意。《南史·梁本紀》下中,自序前後的文章稍詳:

> 帝自幽縶之後,賊乃撤内外侍衛,使突騎圍守,墻垣悉有枳棘。無復紙,乃書壁及板鄣爲文。自序云:"……"又爲文數百篇。崩

後,王偉觀之,惡其辭切,即使刮去。有隨偉入者,誦其《連珠》三首,詩四篇,絶句五篇,文並凄愴云。

《資治通鑑》梁紀卷二十亦記有"無復侍者及紙"。田中謙二氏云:"作爲風格輕靡艷麗的宮體詩的先驅之一、著名的皇帝詩人,而且又是幽囚之身,對於他來説,紙和侍者才越發不可或缺,將兩者並列的表現,雖然是瑣事,但還是很少見,正因爲如此給人新鮮感。"(《資治通鑑》中國文明選1)。這一揭示十分尖鋭和刺激。如果不擔心脱離田中謙二氏的解釋,在此,侍者=現實、紙=表現的置換是可能的,被現實與表現兩方面拒絶了的蕭綱,而今在此成爲了嘲笑的對象吧。

"立身"(現實)與"文章"(表現)的兩個立場幸福地分離的狀態下,將與人生(現實)不相涉、澄澈到底的放蕩文學不斷推進的蕭綱,在其生命的最後階段,侍者=現實的着眼點、紙=表現的着眼點,都被侯景=現實所剥奪了。

其時蕭綱在自序中表示,他誠然、繼續重新立身,繼續作爲謹重的君子自尊地自持着。這一點確實如此吧。但這裏最值得注意的,是在"無侍者,無紙"的狀態下,而且是在"壁與板鄣"上書寫的行爲。森野繁夫氏認爲"是否自己的文章觀從根子上被動搖了,是否感受到了'吟詠情性'的窮極處存在的'靈魂的呼喊',都是難以判斷的問題"。但是,這不得不説是從自己胸臆中迸發出的吧。没有紙也無妨,在壁與板鄣上書寫的數百篇之多的詩句。由於"辭切",被侯景心腹王偉從心底裏憎惡。王偉的隨從瞞着王偉偷偷背誦需要的詩句。流傳下來的僅十篇,人人皆譽爲"凄愴"的作品。以上都清楚地説明,蕭綱在等待最後日子的兩個月左右的時間裏,第一次接連寫作與人生交鋒的作品,於是其表現切入了他人的現實生活。

在此,我認爲,完全拒絶與人生相涉的蕭綱,在被侯景毒殺的瞬間,其文學的無力、存在的無意味呈露出來。這一看法不是試圖貶低蕭綱的"文章放蕩論"。兩者的很大差異、其中的諷刺意味,正是高度評價了蕭綱文學的真意味。不只是與真實人生相涉的文學的出現而已。第一次直面與"立身"相異的現實,於是對於那沉重的現實(不言自明的是,沉重的現實或沉重的人生,只要狀況調整好的話,任何人的面前都會實現,但由此而來的表現上的契機,看似很近但實際上距離很遠),作爲表現者正確地、直接地加以面對。在保持自負的同時,受到壓力般寫出了《述幽志詩》(《廣弘明集》卷三十)。在立身和文章兩方面都被拒絕的時刻,蕭綱反而更把文字視爲必要。他憑藉着語言而站立起來。有生以來第一次自己站在現實面前的時候,語言成爲了必要。

在這樣的情況下,應該説正是長年對文學的過度關聯給予的力量。一味追求放蕩的努力決不是毫無意義。捨棄現實立場、如此激進、執拗地向表現立場傾斜,才有可能憑藉語言而站立。換言之,正因爲以"余七歲有詩癖,長而不倦"自負,才會在死前有對詩的狂執和着迷。蕭綱的文學認識的真正意義是,以激進的方式令人想到,啓示了表現與現實的關係、與現實交鋒的文學,對一個文人來説,就是什麽時候在表現方面嶄露頭角。

這一關係到了庾信時,原封不動而更加顯著。被杜甫譽爲"庾信文章老更成"(《戲爲六絶句》其一)的後半生的庾信,表現再次回到原點。這一點更令人預感將文學產生危機的趨勢垂直切斷,走向健康的文學道路。由沈約的平仄而形成的音律美的齊整,爲近體詩做好了準備,這一點衆所周知;與之稍稍有所不同的是,可以説庾信的文學也爲唐代文學的到來奠定了基礎。於是,可以認爲,死前一瞬間的蕭綱,也確實具有一定的文學史意味吧。我認爲,由於《文選》給予後世的無法估量的巨大影響,蕭統的名字留在了人們的記憶裏;與此相同,我們從蕭統的"文章放蕩論"回到文學的根源,能夠學到很多東西。

【參考文獻】
　　鈴木修次《魏晉六朝時代的文學認識》,《東京教育大學文學部紀要》52,1965年
　　林田慎之助《中國中世文學評論史》,創文社,1979年
　　森野繁夫《六朝詩的研究》,第一學習社,1976年
　　森野繁夫《簡文帝的文章觀》,《中國中世文學研究》第五號,1966年

小尾郊一《昭明太子的文學論》,《廣島大學文學部紀要》27卷1號,1967年

船津富彦《昭明太子的文學意識》,《中國中世文學研究》第五號,1966年

岡村繁《文選序》(譯注),中國古典文學大系54《文學藝術論集》,平凡社,1974年

岡村繁《〈文選〉編纂的實態與編纂當初的〈文選〉評價》,《日本中國學會報》第三十八集,1986年

清水凱夫《〈文選〉編纂的周邊》,《立命館文學》第三七七、三七八合併號,1976年

吉川幸次郎《〈文選〉三事》,全譯漢文大系《月報》8集英社,1974年

高橋和巳《詞華集的意味》,《高橋和巳全集》第十二卷,河出書房新社,1978年

興膳宏《艷詩的形成與沈約》,《日本中國學會報》第二十四集,1972年

興膳宏《〈玉臺新詠〉成立考》,《東方學》第六十三集,1981年

阮元《書梁昭明太子〈文選序〉後》,《揅經室三集》卷二,《四部叢刊初編》集部

朱自清《〈文選序〉"事出於沉思,義歸乎翰藻"說》,《朱自清古典文學論文集》上,上海古籍出版社,1980年

李嘉言《試談蕭統的文學批評》,《文學評論》1961年第2期

謝康、周貞亮《昭明太子和他的〈文選〉》,《近代文史論文類輯》,學生書局,1971年

周作人《文章的放蕩》,《周作人隨筆抄》,東京文求堂,1939年

(譯者單位:南京大學中國思想家研究中心)

再論《文選》與《文心雕龍》之關係[①]

[日]清水凱夫　撰　　金程宇　張淘　譯

一

　　我曾經對《文選》和《文心雕龍》的影響關係進行過調查和研究，1984年發表了《〈文選〉與〈文心雕龍〉的關係》(《古田教授退官記念論文集》)。接着於次年1985年發表了《〈文心雕龍〉對〈文選〉的影響——關於散文的研究》(《學林》第五號)，並於1987年發表了《〈文選〉與〈文心雕龍〉的關係——關於韻文的研究》(《立命館文學五百號記念論文集》)，全面闡明了兩書的影響關係。這三篇論文(載研文出版社版《新文選學》)的結論是：儘管表面上的確可以見到兩書間的類似評論，但這終究只是表面上的相似，從根本上看，兩書基本的文學觀是完全不同的，《文選》編纂幾乎未受到《文心雕龍》的影響。

　　對於這個結論，近幾年，福建師範大學教授穆克宏先生連續發表了几篇論文進行"商榷"，這些論文結集爲《昭明文選研究》(人民文學出版社)，於1998年12月出版。在穆先生該書的敘述中，日中著名學者都

[①]　本文原載《學林》第三二號(2000年)。

認爲兩書間存在顯著的影響關係，似乎只有筆者一個人認爲不存在影響關係，穆先生全面否定了拙論，仍按過去的主流説法，斷定《文選》的編纂受到了《文心雕龍》的深刻影響。①

---

① 四、《文選》與《文心雕龍》的關係問題（頁84）

這個問題，研究者亦有不同看法。統而言之，不同看法有兩種：

1. 大多數研究者認爲《文選》受到《文心雕龍》的影響。駱鴻凱認爲："昭明選文，或相商榷。而《劉勰傳》載其兼東宫通事舍人，深被昭明愛接；《雕龍》論文之言，又若爲《文選》印證，笙磬同音。是不謀而合，抑嘗共討論，故宗旨如一耶。"（《文選學·纂集第一》，中華書局1941年3月三版）

有的研究者也指出："據《梁書·劉勰傳》記載，劉勰曾任蕭統的東宫通事舍人之職，蕭統對比自己長三十多歲的劉勰'深愛接之'。另據《梁書·昭明太子傳》所載，蕭統'引納才學之士，賞愛無倦。恒自討論篇藉，或與學士商榷古今，間則繼以文章著述以爲常'。這些'才學之士'，無疑是包括劉勰在内的。所以，在蕭統編選《文選》時，劉勰不一定親自參加了商榷，但是蕭統受到《文心雕龍》一書很大的影響，則是可以肯定的事實。"（莫礪鋒《從〈文心雕龍〉與〈文選〉之比較看蕭統的文學思想》，《古代文學理論研究》第十輯，上海古籍出版社，1985年6月出版）

《文選》對《文心雕龍》的影響，主要有兩方面：一是文體分類方面，一是作品選錄方面。關於文体分類，我曾説過："蕭統《文選》分文體爲三十七類，即賦、詩、騷、七、詔、册、令、教、策文、表、上書、啓、彈事、箋、奏記、書、檄、對問、議論、辭、序、頌、贊、符命、史論、史述贊、論、連珠、箴、銘、誄、哀、碑文、墓誌、行狀、弔文、祭文⋯⋯《文選》的文體分類是總結了前人文體研究的成果，根據時代的需要提出來的，它在中國古代文體發展史上佔有重要的地位。⋯⋯至於劉勰《文心雕龍》中的文體論，是我國古代文體論發展的高峰。《文心雕龍》五十篇，其中文體部分佔二十篇，評論文體三十三種，即詩、樂府、賦、頌、贊、祝、盟、銘、箴、誄、碑、哀、弔、雜文、諧、讔、史傳、諸子、論、説、詔、策、檄、移、封禪、章、表、奏、啓、議、對、書、記。如果再加上《辨騷》篇所論述的'騷'體，則爲三十四種。各種之中，子類繁多，分析十分細緻，實集我國古來文體論之大成。蕭統《文選》的文體分類，正是在前人的基礎上發展而來的。它特別是受到《文心雕龍》文體論的啓發，比較周密、細緻，在中國古代文體發展史上做出了自己的貢獻。"（穆克宏《蕭統〈文選〉三題》，首屆昭明文選國際學術討論會《昭明文選研究論文集》，吉林文史出版社1988年6月出版）

關與作品選録，王運熙説："《文選》選了不少的賦，在這方面的看法和劉勰接近。《文心雕龍·詮賦》篇按照題材把賦分爲京殿苑獵、述行序志、草區禽族、庶品雜類等幾類，這種分類名目及其次序和《文選》基本上是相同的。於先秦（轉下頁）

(接上頁)兩漢的賦,《詮賦》篇舉了十家'英傑',他們是:(省略)。《文選》對這些作家作品,除荀卿、枚乘外,其他作家都已入選,並選了他們其他的賦。荀卿《賦篇》的確文采不足,枚乘則漏選了更有代表性的《七發》。《詮賦》篇提出魏晉的'賦首'八家:(省略)《文選》除徐幹、袁宏兩人外,其他六家賦也都選錄了。"又說:"《文心雕龍》所肯定贊美的各體文章的代表作家作品,常爲《文選》所採錄。現在我把《文心雕龍》上編各篇所肯定的作家作品名目見於《文選》者寫在下面:(一)《文心雕龍‧頌贊》篇:揚雄《趙充國頌》、班固《漢書》的贊。(二)《銘箴》篇:班固《封燕然山銘》、張載《劍閣銘》。(三)《誄碑》篇:潘岳的誄、蔡邕《陳仲弓碑》、《郭林宗碑》。(四)《哀弔》篇:潘岳的哀文,賈誼《弔屈原文》、陸機《弔魏武帝文》。(五)《雜文》篇:宋玉《對楚王問》、東方朔《答客難》、揚雄《解嘲》、班固《答賓客戲》;枚乘《七發》、曹植《七啓》;陸機《弔魏武帝文》。(六)《論說》篇:賈誼《過秦論》、班彪《王命篇》、李康《運命篇》、陸機《辨亡論》;李斯《上秦始皇》、鄒陽《上吳王書》、《獄中上書自明》。(七)《詔策》篇:潘勖《魏王九錫文》。(八)《檄移》篇:陳琳《爲袁紹檄豫州》、鍾會《檄蜀文》;司馬相如《難蜀父老》、劉歆《移書讓太常博士》。(九)《封禪》篇:司馬相如《封禪文》、揚雄《劇秦美新》、班固《典引》。(十)《章表》篇:孔融《薦禰衡表》、諸葛亮《出師表》、曹植的表、羊祜《讓開府表》、劉琨《勸進表》、庾亮《讓中書令表》。(十一)《書記》篇:司馬遷《報任少卿書》、楊惲《報孫會宗書》,孔融、阮瑀、應璩的書信,嵇康《與山巨源絕交書》,趙至《與嵇茂齊書》。"(《蕭統的文學思想和〈文選〉》,《中國古代文論管窺》,齊魯書社1987年3月出版)

日本學者也有持此種看法,如興膳宏氏在《文心雕龍》(《世界古典文學全集》25)的"總說"中說:"現在看一下蕭統編輯的美文集《文選》,就發現,其中收錄的作品有相當多一部分是劉勰在各篇中提到的作品。我想這大概是劉勰的批評對《文選》的編者決定作品的選擇起了重要作用。"此外,戶田浩曉氏的《文心雕龍》(《中國古典新書》),大矢根文次郎氏的《〈文心雕龍〉、〈詩品〉、〈文選〉的一二個問題》(《早稻田大學教育系學術研究》11)以及森野繁夫氏的《六朝詩的研究》第五章(2)《以昭明太子爲中心的"古體派"》等都有論述《文心雕龍》對《文選》之影響的內容。

2. 日本學者清水凱夫認爲,《文心雕龍》對《文選》沒有影響。(省略)

五《文選》與《文心雕龍》的關係問題(頁111)

關於《文選》與《文心雕龍》的關係問題,中外研究者幾乎一致認爲,《文選》受到《文心雕龍》很大的影響。中國著名學者、文選專家駱鴻凱說:"昭明選文,或相商榷。而《劉勰傳》載其兼東宮通事舍人,深被昭明愛接;《雕龍》論文之言,又若爲《文選》印證,笙磬同音。是豈不謀而合,抑嘗共討論,故宗旨如一耶。"(《文選學‧纂集第一》)日本著名漢學家、《文心雕龍》專家戶田浩曉說:"可以說,劉勰的《文心雕龍》對《文選》的編纂,具有深刻的影響。關於這一點,從《梁書‧劉勰傳》'昭明太子好文學,深愛接之(劉勰)'一語中即可想見。兩書對文學作品的分類方式極爲相似,從《文心雕龍》所列舉的作品多爲《文選》採錄這一事實來看,這一點也是不容否定的。"(《文心雕龍研究》第五章)這些意見都是具有代表性的,也是大家所同意的。

清水凱夫對此有不同的看法,他認爲《文心雕龍》對《文選》沒有影響。

但是，學術研究終究不是按少數服從多數的方法決定的，最終應該按實事求是的精神來解決。並且，早有郭紹虞先生（《〈文選〉的選錄標準和它與〈文心雕龍〉的關係》，載1961年11月5日《光明日報》，收入《照隅室古典文學論集》下編）的論文，與拙論同樣明確否定了兩書的影響關係，如果無視這一事實的話，多少有些過於片面之嫌。

文選學會會長曹道衡先生爲《昭明文選研究》撰寫了序文，似乎對穆先生指出《文選》選錄作家130人中見於《文心雕龍》者五分之四這一統計數字，以及《文選》選錄作品中約百篇在《文心雕龍》中得到評論的發現，特別予以贊賞。曹會長判定"這個統計數字十分有力，證明了同一時代的人，其文學觀總有許多相近和相似之處"，並且激動地寫道"要得出這個數字，非熟精《文選》和《文心雕龍》二書者不能辦"，對穆說進行了充分肯定。①

---

① 梁代昭明太子蕭統所編選的《文選》一書，是我國現存最早的一個文學總集。（省略）……這次他的大作《昭明文選研究》脱稿以後，囑我寫序，我自覺在《文選》方面，研究很少，但作爲老朋友，又不應推辭。因此得以先讀爲快。我個人覺得，克宏兄這部大著，和過去一些關於《文選》研究的著作不同。過去的學者限於當時的歷史條件，很少涉及海外學者的著作，尤其對別人的研究成果很少提到，只是闡述自己的看法。在這裏，特別要提到的是關於日本學者清水凱夫先生的意見。和克宏兄一樣，我和清水先生也是同行好友，並且在多次學術會議上一起與會，互相切磋，頗得教益。在學術問題上，我和清水先生也有許多相同或類似的看法，例如關於《文選》編定年代的推測，大體上是一致的。但是關於《文選》的編者問題，正如同克宏兄一樣，我和清水先生還存在着不同的看法。關於劉孝綽曾經在《文選》的編纂中起過重要的作用，這一點不論是克宏兄或我，都是同意的。但《文選》的成書是否和蕭統沒有太大關係，主要出自劉孝綽之手，則頗可商榷。至少，《文選》的序言，明確地説"余監撫餘閒"云云，分明是蕭統的口吻。這樣他對《文選》的内容至少應該負責，如果像清水先生説的那樣，選錄不少作品都是針對梁武帝的，並且意存譏刺，那問題就比較複雜了。我們知道，蕭統是個孝子，丁貴嬪死後他如此地哀毁，又如何容得別人這樣含沙射影地攻擊他父親？尤其是推定《文選》的編定在大通元年（527）以後，《南史》所載的"蠟鵝事件"已經發生，蕭統還敢擔當這個責任，是很難想象的。（當然，我對《南史》之説也有些懷疑，但總不會全無依據。）

然而，《文選》的編纂問題如果局限於它出於何人之手，畢竟是次要的。重要的問題還在於它是根據什麽原則編定的。從來的文學總集，都是根據一定的文學觀點，由一定的編者來決定其選錄某些作品，不選某些作品。這個選錄標準一般是由編選者的文學觀來決定的。然而正如一個人不可能完全自由地選 （轉下頁）

（接上頁）擇自己的世界觀一樣，也不可能完全擺脫他的時代和傳統影響來選擇其文學觀。因此，同一時代的文學家，其文學觀點總或多或少地有其相同或類似之處；同時又由於各人的教養與經歷等等因素的不同而多少會有所區別。因此在研究《文選》編纂者的文學觀時，斷言其全同於當時某一作家或完全不同於某一作家，都未必合乎事實，至於説編纂者能任意地出於個人愛憎等等非文學原因而取捨某些作品，恐怕都難以令人信服。在這裏，我個人過去的一些看法，現在看來就很難成立。例如我爲了證實劉孝綽曾經參加過《文選》的編纂工作，所以舉出了徐悱的《古意酬到長史溉登琅琊城》，以及劉孝標的《廣絶交論》等作品，認爲其入選與劉孝綽有關，顯然是一種臆測，因爲劉孝標的《廣絶交論》刻畫當時的人情世態真是入木三分，不愧爲南朝文的壓卷之作；徐悱的詩，正如克宏兄所説，是"一首有文有質的佳作"，決非由於劉孝綽徇情才入選的。相反地，如果劉孝綽没有參加《文選》的編纂工作，那麽蕭統和他周圍的學士們也同樣地可以把它們録入《文選》。用這種方法來論證《文選》和劉孝綽的關係不免失之牽强。

同樣地，在論證《文選》編纂者的文學思想時，我也不同意把他們和《文心雕龍》截然對立起來，却又認爲他們和沈約完全一致。因爲據《梁書·劉勰傳》載，劉勰曾將《文心雕龍》就正於沈約，沈約對此頗爲欣賞，"謂爲深得文理，常陳諸几案"。如果《文選》編者的文學思想和沈約一致，那麽，是否與劉勰完全相反，就大可研究了。在比較兩位古人的文學思想時，抓住他們的片言隻語，就此斷言某甲與某乙相同，又與某丙相反是比較容易的，但這樣能否得出科學的結論，却又很成問題。例如：清水先生認爲《文選》的選録標準是依據沈約《宋書·謝靈運傳論》，因爲沈約提到的名篇，在《文選》中幾乎全部入選。其實沈約所提到的作品與《文選》相同主要是由於這些作品的成就最爲突出。正如克宏兄所説：

> 因爲《傳論》所論爲歷代著名作家和名篇佳作，而《文選》"略其蕪穢，集其精英"，所選亦爲歷代著名作家和名篇佳作，它們不謀而合是完全可以理解的。

這顯然完全合乎事實。更使我感到心折的是，克宏兄指出：

> 《文選》選録的作家一百三十人，見於《文心雕龍》者五分之四。《文選》選録作品，在《文心雕龍》中指出篇名的大約有百餘篇。

這個統計數字十分有力，證明了同一時代的人，其文學觀總有許多相近和相似之處。但要得出這個數字，非熟精《文選》和《文心雕龍》二書者不能辦。

克宏兄研究《文選》多年，頗多精闢之見。他所論到的涉及《文選》的體例、文體分類、版本、編者及成書年代，還專門爲蕭統編了年譜，用力之勤，在我們同輩研究者中實爲罕見。他的許多見解，都是長期深入研究的結果。

關於《文選》之學，我過去涉足甚少，近年來才開始進行一些研究，但距離深入的理解，還有不少差距。在閲讀克宏兄大著以後，覺得深有教益，因此拉雜地寫了上述的意見。

最後，還要聲明的是，我認爲學術問題本應各抒己見，朋友之間的切磋琢磨，本含有互相討論的内容。在本文中，曾經對清水先生提出了一些不同的意見，這些意見未必都對，還請克宏兄和清水先生指正。（《昭明文選研究》曹道衡序）

曹會長還在此序的末尾，表達了"曾經對清水先生提出了一些不同的意見，這些意見未必都對，還請克宏兄和清水先生指正"的希望。

我雖然絶對算不上是熟讀《文選》和《文心雕龍》者，但從前在寫拙論的時候，已經試着對《文選》中選錄的作者、作品和《文心雕龍》中評論的作者、作品的關係進行過相當詳細的調查和分析，因此對這種關連在某種範圍内已經把握了解到了一些確切的信息。根據調查結果的數據，上述穆先生的統計數字存在明顯的誤解，因此關於這個問題筆者認爲很有必要再對穆説進行"商榷"。

首先討論穆克宏先生指出的《文選》選錄作家130人中的五分之四見於《文心雕龍》，以及約百篇左右的篇名見於《文心雕龍》是否符合事實，並且細心檢討和訂正他對拙論進行商榷的諸點，再次從與以前不同的角度出發，重新探究兩書的影響關係，以作爲對曹會長要求的回答。

二

如果將實際的調查結果製成下表，就能立刻意外地發現事實顯然是：《文選》選錄的作家130人中見於《文心雕龍》的只有84人（65%），並没有達到五分之四，並且《文心雕龍》中出現的《文選》選錄作品的篇目只有81篇，相當於全收錄篇數的17%（《魏都賦》、《吳都賦》、《蜀都賦》作爲《三都賦》計作一篇）。

穆先生是如何根據《文心雕龍》得出上述統計結果的呢？如果假設《文選》選錄的晉朝以前全部作家102人上加上宋朝的顔、謝二人（實際上雖有顔延年之名，但未見謝靈運其名）成爲104人的話，正好相當於五分之四。恐怕穆先生是根據自己的感覺和印象，完全堅信《文心雕龍》對晉以前的所有作家都進行了評論，不知不覺中放棄對《文心雕龍》進行嚴密的調查，才最終得出了這個統計結果的吧。即便並非如此，也没有理由忽略《文選》選錄的104人中45人未見於《文心雕龍》評論的這一事實。

《文選》選錄作家、作品名和《文心雕龍》中批評的作品、作家名一覽表

文人名	篇數	作品名
周秦代	十五(14)	
卜子夏(商)	一	毛詩序
屈平(原)	五	離騷經、九歌、九章、卜居、漁父
宋玉	七	風賦、高唐賦、神女賦、登徒子好色賦、九辨、招魂、對楚王問
荊軻	一(0)	歌
李斯	一	上秦始皇書
前漢	四十二(22)	
高祖(劉邦)	一(1)	歌
武帝(劉徹)	三(0)	詔、賢良詔、秋風辭
淮南王(劉安)	一(0)	招隱士
賈誼	三(3)	鵩鳥賦、過秦論、弔屈原文
韋孟	一(1)	諷諫詩
枚叔(乘)	三(1)	七發八首、上書諫吳王濞、重諫舉兵
鄒陽	二(1)	上書吳王、於獄中上書自明
司馬長卿(相如)	七(4)	子虛賦、上林賦、長門賦、上書諫獵、喻巴蜀檄、難蜀父老、封禪文
東方曼倩(朔)	二(1)	答客難、非有先生論
司馬子長(遷)	一(1)	報任少卿書
李少卿(陵)	二(0)	與蘇武三首、答蘇武書
蘇子卿(武)	一(0)	詩四首
孔安國(子國)	一(0)	尚書序
楊子幼(惲)	一(0)	報孫會宗書

續表

文人名	篇數	作品名
王子淵(褒)	三(1)	洞簫賦、聖主得賢臣頌、四子講德論
楊子雲(雄)	六(4)	甘泉賦、羽獵賦、長楊賦、解嘲、趙充國頌、劇秦美新
劉子駿(歆)	一(1)	移書讓太常博士
班婕妤	一(0)	怨歌行
作者未詳	一(0)	古樂府三首(飲馬長城窟行[君子行]、傷歌行、長歌行)
作者未詳	一(0)	古詩十九首
後漢	五十二(18)	
班叔皮(彪)	二(2)	北征賦、王命篇
朱叔元(浮)	一(0)	爲幽州牧與彭寵書
傅武仲(毅)	一(0)	舞賦
班孟堅(固)	一(5)	西都賦、東都賦、幽通賦、答賓戲、典引、漢書公孫弘傳贊、漢書述、高紀贊、述成紀贊、述韓彭英盧吳傳贊、封燕然山銘
崔子玉(瑗)	一(0)	座右銘
張平子(衡)	六(2)	西京賦、東京賦、南都賦、思玄賦、歸田賦、四愁詩四首
馬季長(融)	一(1)	長笛賦
史孝山(岑)	一(0)	出師頌
王文考(延壽)	一(1)	魯靈光殿賦
蔡伯喈(邕)	二(2)	郭有道碑文、陳太丘碑文
曹大家(昭)	一(0)	東征賦
孔文舉(融)	二(1)	薦禰衡表、論盛孝章書
禰正平(衡)	一(1)	鸚鵡賦
潘元茂(勖)	一(1)	冊魏公九錫文

續表

文人名	篇 數	作 品 名
阮元瑜(瑀)	一(0)	爲曹公作書與孫權
應德璉(瑒)	一(0)	侍五官中郎將建章臺集詩
陳孔璋(琳)	四(1)	答東阿王箋、爲曹洪與魏文帝書、袁紹檄豫州、檄吳將校部曲文
劉公幹(楨)	五(0)	公讌詩、贈五官中郎將四首、贈徐幹、贈從弟三首、雜詩
繁休伯(欽)	一(0)	與魏文帝箋
楊德祖(修)	一(0)	答臨淄侯箋
王仲宣(粲)	九(1)	登樓賦、公讌詩、詠史詩、七哀詩二首、贈蔡子篤詩、贈士孫文始、贈文叔良、從軍詩五首、雜詩
三國時代	五十五(11)	
武帝(操)	一(1)	樂府(燕歌行、苦寒行)
文帝(丕)	七(2)	芙蓉池作、樂府二首(燕歌行、善哉行)、雜詩二首、與朝歌令吳質書、與吳質書、與鍾大理書、典論論文
陳思王(植)	三(2)	洛神賦、上責躬應詔詩表、責躬詩、應詔詩、公讌詩、送應氏詩二首、三良詩、七哀詩、贈徐幹、贈丁儀、贈王粲、又贈丁儀王粲、贈白馬王彪、贈丁翼、樂府四首(箜篌引、美女篇、白馬篇、名都篇)、朔風詩、雜詩六首、情詩、七啓八首、求自試表、求通親親表、與楊德祖書、與吳季重書、王仲宣誄
吳季重(質)	三(0)	答魏太子箋、在元城與魏太子箋、答東阿王書
繆熙伯(襲)	一(0)	挽歌詩
應休璉(璩)	五(1)	百一詩、與滿公琰書、與侍郎曹長思書、與廣川長岑文瑜書、與從弟君苗君冑書
李蕭遠(康)	一(1)	運命篇
曹元首(冏)	一(0)	六代論
何平叔(晏)	一(1)	景福殿賦

續表

文人名	篇數	作品名
嵇叔夜(康)	六(1)	琴賦、幽憤詩、贈秀才入軍五首、雜詩、與山巨源絕交書、養生論
阮嗣宗(籍)	三(0)	詠懷詩十七首、爲鄭沖勸晉王箋、奏記詣蔣公
鍾士季(會)	一(1)	檄蜀文
諸葛孔明(亮)	一(1)	出師表
韋弘嗣(曜)	一(0)	博奕論
晉代	一二五(18)	
應吉甫(貞)	一(0)	晉武帝華林園集詩
傅休奕(玄)	一(0)	雜詩
成公子安(綏)	一(0)	嘯賦
向子期(秀)×	一(1)	思舊賦×
劉伯倫(伶)	一(0)	酒德頌
羊叔子(祜)	一(1)	讓開府表
杜元凱(預)	一(0)	春秋左氏傳序
皇甫士安(謐)	一(0)	三都賦序
趙景真(至)	一(1)	與嵇茂齊書
張茂先(華)	六(1)	鷦鷯賦、勵志詩、答何劭二首、雜詩、情詩二首、女史箴
何敬祖(劭)	三(0)	遊仙詩、贈張華、雜詩
司馬紹統(彪)	一(0)	贈山濤
傅長虞(咸)	一(0)	贈何劭王濟
棗道彥(據)	一(0)	雜詩
孫子荆(楚)	二(0)	徵四官屬送於陟陽侯作詩、爲石仲容與孫皓書
夏侯孝若(湛)×	一(0)	東方朔畫讚

续表

文人名	篇　数	作品名
石季倫(崇)	二(0)	王明君詞、思歸引序
潘安仁(岳)	九(1)	藉田賦、射雉賦、西征賦、秋興賦、閑居賦、懷舊賦、寡婦賦、笙賦、關中賦、金谷集作詩、悼亡詩三首、爲賈謐作贈陸機、河陽縣作二首、在懷縣作二首、楊荊州誄、楊仲武誄、夏侯常侍誄、馬汧督誄、哀永逝文
潘正叔(尼)×	四(0)	贈陸機出爲吳王郎中令、贈河陽、贈侍御史王元貺、迎大駕
歐陽堅石(建)	一(0)	臨終詩
左太沖(思)	七(4)	三都賦序、蜀都賦、吳都賦、魏都賦、詠史八首、招隱詩二首、雜詩
張季鷹(翰)	一(1)	雜詩
陸士衡(機)	九(4)	歎逝賦、文賦、皇太子讌玄圃宣猷堂有令賦詩、招隱詩、贈馮文羆遷斥丘令、答賈長淵、於承明作與士龍、贈尚書郎顧彥先二首、贈顧交阯公真、贈從兄車騎、答張士然、爲顧彥先贈婦二首、贈馮文羆、又贈弟士龍赴洛二首、赴洛道中作二首、吳王郎中時從梁陳作、樂府十七首(猛虎行、君子行、從軍行、豫章行、苦寒行、飲馬長城窟行、門有車馬客行、君子有所思行、齊謳行、長安有狹邪行、長歌行、悲哉行、吳趨行、短歌行、日出東南隅行、前緩聲歌、塘上行)挽歌詩三首、園葵詩、擬涉江採芙蓉、擬青青河畔草、擬明月何皎皎、擬古詩十二首(擬蘭若生朝陽、擬青青陵上柏、擬東城一何高、擬西北有高樓、擬庭中有奇樹、擬明月皎夜光)、謝平原内史表、豪士賦序、漢高祖功臣頌、辨亡論上、辨亡論下、五等諸侯論、演連珠五十首、弔魏武帝文
陸士龍(雲)	四(0)	大將軍讌會被命作詩、爲顧彥先贈婦二首、答兄機、答張士然
張孟陽(載)	三(2)	七哀詩二首、擬四愁詩、劍閣銘

續表

文人名	篇數	作品名
張景陽(協)	三(0)	詠史、雜詩十首、七命八首
張士然(悛)	一(0)	爲吳令謝詢求爲諸孫置守冢人表
李令伯(密)	一(0)	陳情事表
束廣微(晳)×	一(0)	補亡詩六首
曹顏遠(攄)	二(0)	思友人詩、感舊詩
王正長(贊)	一(0)	雜詩
郭泰機	一(0)	答傅咸
木玄虛(華)	一(0)	海賦
劉越石(琨)	四(1)	答盧諶詩併書、重贈盧諶、扶風歌、勸進表
盧子諒(諶)	(1)	覽古、贈劉琨併書、贈崔溫、答魏子悌、時興
郭景純(璞)	二(0)	江賦、遊仙詩七首
庾元規(亮)	一(1)	讓中書令表
干令升(寶)	二(0)	晉紀論晉武帝革命、晉紀總論
孫興公(綽)△	一(0)	遊天臺山賦
桓元子(溫)	一(0)	薦譙彥表
袁彥伯(宏)×	一(0)	三國名臣序贊
殷仲文(仲文)×	二(0)	南州桓公九井作、解尚書表
謝叔源(混)×	一(0)	遊西池
王康琚	一(0)	反招隱詩

注：黑體加斜體字表示《文心雕龍》未加評論的作家，如"蘇子卿(武)"。
　　黑體加粗體字表示《文心雕龍》雖然舉其名，但對其在《文選》中選錄的作品未加評論，如"荆軻"。
　　明朝體標準體表示《文心雕龍》有評論的作家，如"卜子夏"。
　　明朝體斜體表示《文心雕龍》未對其加以評論的作品，如"招隱士"。
　　楷書體表示《文心雕龍》有評論的作品，如"毛詩序"。

原本人們看到《梁書·劉勰傳》的記載中有《文選》的編撰者昭明太

子愛接劉勰（"昭明太子好文學，深愛接之。初，勰撰《文心雕龍》五十篇，論古今文體，引而次之"），又看到劉勰所撰的《文心雕龍》論述"古今文體"，是一部體系性的文學評論書，因此大家很容易產生先入爲主的觀念。在此基礎上，再發現《文心雕龍》中評論的有相當多是《文選》中選錄的詩文和文人，因此很難避免地會覺得兩書存在深刻的影響關係。當然，在對文學作品等進行鑒賞和研究時，這種感覺非常重要。但是，僅僅只憑印象和感覺的話，就像人感覺到了太陽是在圍繞着地球轉，卻決不會認識到地球是在自轉的同時，也在圍繞着太陽公轉這個事實。因此，在對《文選》和《文心雕龍》的影響關係進行科學的論述時，當然要儘可能地在進行客觀調查分析後，再慎重地下結論。

在實際進行了具體的調查後，如上述一覽表所示，《文選》選錄的晉代作家44人中，14人（劉伶、杜預、皇甫謐、何劭、棗據、石崇、歐陽建、張俊、李密、王贊、郭泰機、木華、桓溫、王康琚）之名未見於《文心雕龍》，《文選》選錄的從周至晉的所有作家102人中有45人（44%）之名未見於《文心雕龍》。

此外，即使是《文選》中選錄的作家，並且在《文心雕龍》中有舉出具體名字進行批評的晉代作家30人中，如果研究其中的具體的批評情況，實際地舉出《文選》選錄作品進行評價的只有12人，僅佔半數以下（向秀、羊祜、趙至、張華、潘岳、左思、張翰、陸機、張載、劉琨、郭璞、庾亮）。

其中，《文心雕龍》舉出具體篇名，並有肯定性傾向評價的作家作品，僅有下述10人，16篇：

1. 羊祜的《讓開府表》①
2. 趙至的《與嵇茂齊書》②
3. 張華的《鷦鷯賦》③
4. 潘岳的《西征賦》④
5. 左思的《三都賦（蜀都賦、吳都賦、魏都賦）》⑤、《詠史》⑥
6. 陸機的《文賦》⑦、《漢高祖功臣頌》⑧、《辨亡論》⑨、《演連珠》⑩、《弔魏武帝文》⑪
7. 張載的《七哀詩》⑫、《劍閣銘》⑬

8. 劉琨的《勸進表》⑭
9. 郭璞的《遊仙詩》⑮
10. 庾亮的《讓中書令表》⑯

1. 羊祜

① 及羊公之辭開府(《讓開府表》),有譽於前談。庾公之讓中書,信美於往載。序志聯類,有文雅焉。(章表篇)

2. 趙至

② 趙至敘離(《與嵇茂齊書》),乃少年之激切也。至如陳遵占辭,百封各意。禰衡代書,親疏得宜。斯又尺牘之偏才也。(書記篇)

3. 張華

③ 逮晉初筆札,則張華爲俊。其三讓公封,理周辭要,引義比事,必得其偶,世珍鷦鷯(《鷦鷯賦》),莫顧章表。(章表篇)

③ 張華短章,奕奕清暢,其鷦鷯寓意,即韓非之說難也。(才略篇)

4. 潘岳

④ 潘岳敏給,辭自和暢,鍾美於西征(《西征賦》),賈餘於哀誄,非自外也。(才略篇)

5. 左思

⑤、⑥ 左思奇才,業深覃思,盡銳於三都(《三都賦》),拔萃於詠史(《詠史》),無遺力矣。(才略篇)

6. 陸機

⑦ 夫美錦製衣,修短有度,雖玩其采,不倍領袖,巧猶難繁,況在乎拙。而文賦(《文賦》)以爲榛楛勿剪,庸音足曲,其識非不鑒,乃情苦芟繁也。夫百節成體,共資榮衛。萬趣會文,不離辭情。若情周而不繁,辭運而不濫,非夫熔裁,何以行之乎。(鎔裁篇)

⑦ 又詩人綜韻,率多清切,楚辭辭楚,故訛韻實繁。及張華論韻,謂士衡多楚,文賦亦稱知楚不易,可謂銜靈均之聲餘,失黃鍾之正響也。(聲律篇)

⑦ 昔陸氏文賦,號爲曲盡,然泛泛纖悉,而實體未該,故知九變之貫匪窮,知言之選難備矣。(總術篇)

⑦ 詳觀近代之論文者多矣:至於魏文述典,陳思序書,應瑒文論,

陸機文賦,仲洽流別,宏範翰林,各照隅隙,鮮觀衢路。或臧否當時之才,或銓品前修之文,或泛舉雅俗之旨,或撮題篇章之意。魏典密而不周,陳書辯而無當,應論華而疏略,陸賦巧而碎亂,流別精而少功,翰林淺而寡要。又君山公幹之徒,吉甫士龍之輩,泛議文意,往往間出,並未能振葉以尋根,觀瀾而索源。不述先哲之誥,無益後生之慮。(序志篇)

⑧ 及魏晉雅頌,鮮有出轍,陳思所綴,以皇子爲標。陸機積篇,惟功臣(《漢高祖功臣頌》)最顯。其襃貶雜居,固末代之訛體也。(頌贊篇)

⑨ 至如李康運命,同論衡而過之。陸機辨亡(《辨亡論》),效過秦而不及。然亦其美矣。(論説篇)

⑩ 自連珠以下,擬者間出。杜篤賈逵之曹,劉珍潘勖之輩,欲穿明珠,多貫魚目。可謂壽陵匍匐,非復邯鄲之步。里醜捧心,不關西施之顰矣。唯士衡運思,理新文敏,而裁章置句,廣於舊篇,豈慕朱仲四寸之璫乎。夫文小易周,思閑可贍。足使義明而詞淨,事圓而音澤,磊磊自轉,可稱珠(《演連珠》)耳。(雜文篇)

⑪ 禰衡之弔平子,縟麗而輕清。陸機之弔魏武(《弔魏武帝文》),序巧而文繁。降斯以下,未有可稱者矣。(哀弔篇)

7. 張載

⑫ 孟陽七哀(《七哀詩》)云:漢祖想枌榆,光武思白水。此正對之類也。凡偶辭胸臆,言對所以爲易也。徵人之學,事對所以爲難也。幽顯同志,反對所以爲優也。並貴共心,正對所以爲劣也。(麗辭篇)

⑬ 魏文九寶,器利辭鈍。唯張載劍閣(《劍閣銘》),其才清采,迅足駸駸,後發前至,勒銘岷漢,得其宜矣。(銘箴篇)

8. 劉琨

⑭ 劉琨勸進(《勸進表》),張駿自序,文致耿介,並陳事之美表也。(章表篇)。

9. 郭璞

⑮ 景純艷逸,足冠中興,郊賦既穆穆以大觀,仙詩(《遊仙詩》)亦飄飄而凌雲矣。(才略篇)

10. 庾亮

⑯ 及羊公之辭開府,有譽於前談。庾公之讓中書(《讓中書令表》),信美於往載。序志聯類,有文雅焉。(章表篇)

但是,即便是上述含肯定性傾向的評價中,劉勰也並不只是全面予以高度好評。如張華③《鷦鷯賦》的評論,對於世評只"珍鷦鷯"的情況,劉勰甚感不滿,認爲應該高度評價張華的章表,"其三讓公封,理周辭要,引義比事,必得其偶"。然而《文選》的撰者却只選錄了世評所珍的《鷦鷯賦》,而未採錄一篇劉勰高度評價的張華章表。

此外,即便是陸機的《文賦》,劉勰一面予以肯定,一面又指出其值得否定的一面,如評價其"可謂銜靈均之聲餘,失黄鍾之正響也"(《聲律篇》)、"然泛泛纖悉,而實體未該"(《總術篇》)、"各照隅隙,鮮觀衢路"(《序志篇》)、"巧而碎亂"(同前)。因此很難認爲《文心雕龍》是完全肯定《文賦》並對其進行了高度評價的。相比之下,《文選》則在"賦"的部分專門設立了"論文"部,特別只選錄了陸機的《文賦》一篇,以示彰顯。

並且,對於陸機的⑧《漢高祖功臣頌》,劉勰批評它在當時雖然最有名,但其實質"褒貶雜居",評價爲"固末代之訛體也",很明顯有貶斥的傾向。針對陸機的《弔魏武帝文》,也有較低的評價:"序巧而文繁。降斯以下,未有可稱者矣"。《文選》則將這兩篇作品作爲晉代唯一優秀的有代表性的"頌"及"弔文"予以選錄。

其他還有張載⑫《七哀詩》,只是將其作爲被評爲"劣"的"正對"的一個例子來記載,劉勰絕對沒有對這首《七哀詩》加以高度評價。雖然只是一部分,但因爲《七哀詩》的對句法可見到"劣"的地方,所以應該算作批判性的評價。

根據上述分析研究的結果,上述 16 篇中,《文心雕龍》舉出具體的作品名,並給予了肯定性評價的,只有 11 篇:1. 羊祜的①《讓開府表》、2. 趙至的②《與嵇茂齊書》、4. 潘岳的④《西征賦》、5. 左思的⑤《三都賦(蜀都賦、吳都賦、魏都賦)》⑥《詠史》、6. 陸機的⑨《辨亡論》⑩《演連珠》、7. 張載的⑬《劍閣銘》、8. 劉勰的⑭《勸進表》9. 郭璞的⑮《遊仙詩》、10. 庾亮的⑯《讓中書令表》。

《文選》選錄的晉代詩文,合計 125 篇。《文心雕龍》給予了肯定性評價的只有 11 篇(8.8%),不到其十分之一。這個數據從統計學來看,很難肯定兩書之間有深切的影響關係,甚至是一個可以表明兩者影響關係稀鬆的數據。

此外,《文心雕龍》舉出《文選》選錄篇名並加以評價的 12 位作家中,還有像向秀、張翰這樣完全是否定性評價的例子。若夫君子擬人必於其倫,而崔瑗之誄李公,比行於黃虞,向秀之賦嵇生(《思舊賦》),方罪於李斯,與其失也。雖寧僭無濫,然高厚之詩,不類甚矣。(指瑕篇)

至於楊班之倫,曹劉以下,圖狀山川,影寫雲物,莫不纖綜比義,以敷其華,驚聽回視,資此效績。又安仁螢賦云"流金在沙",季鷹雜詩(《雜詩》)云"青條若總翠",皆其義者也。(比興篇)

陸機園葵詩(《園葵詩》)云,庇足同一智,生理合異端。夫葵能衛足,事譏鮑庄,葛藟庇根,辭自樂豫。若譬葛爲葵,則引事爲謬。若謂庇勝衛,則改事失真,斯又不精之患。(事類篇)《文心雕龍》舉出了《文選》所選錄的此二人的作品,並進行了明確的批評。即嚴厲地批評向秀的《思舊賦》,"向秀之賦嵇生,方罪於李斯,與其失也";對張翰的《雜詩》和陸機的《園葵詩》,也指出其在"比興"或"事類"用法上的缺點,屬於否定性評價。雖然《文心雕龍》中有這樣明確的批判性評價,《文選》還是全部選錄了這三篇作品。向秀《思舊賦》和張翰的《雜詩》、陸機的《園葵賦》這樣的例子,當然應該作爲影響關係稀鬆的根據來統計和處理。

將這種例子一律簡單地作爲證明存在影響關係的要素來計算,可以肯定的是,根據這種杜撰的統計法,不僅不能得出正確的結果,而且必然會産生錯誤的結果。

根據以上分析研究的結果,即使是《文心雕龍》舉出具體《文選》選錄作品篇名的作家,在一一研究其具體評價後,可以明確地作爲證明存在影響關係的根據的,決非如穆先生指出的那樣佔大多數,而應該只是少數。

三

上一節主要研究了《文選》中選錄的晉代文人中,《文心雕龍》舉出了哪些作品篇名及其具體的評價。此外,《文選》選錄的晉代文人中,《文心雕龍》雖然的確列舉了作家其名並加以評價,但有些文人未具體舉出《文選》選錄作品的篇名,僅有評價。對這些文人的批評,大多或是舉出與《文選》選錄作品完全不同的詩文來予以好評,或是完全不評價具體作品,僅就各人的風格和理論加以品評。這種文人總計十八人,即晉代應貞、傅玄、成公綏、司馬彪、傅咸、孫楚、夏侯湛、潘尼、陸雲、張協、束晳、曹攄、盧諶、干寶、孫綽、袁宏、殷仲文、謝混。為將對這十八個人的評論作為檢證兩書影響關係的有無及深淺的要素,首先還是有必要分析、探究《文心雕龍》對他們的具體評價。

因此下面將《文心雕龍》與上述18人相關的具體評論列舉如下,以探究其與《文選》影響關係的有無和深淺。

西晉

×應吉甫(貞) 一 晉武帝華林園集詩

時序 應(貞)、傅、三張之徒,孫、摯、成公之屬,並結藻清英,流韻綺靡。(十)

才略 吉甫文理,則臨丹成其采。嵇康師心以遣論,阮籍使氣以命詩。殊聲而合響,異翮而衡飛。(十)&(×)

序志 君山公幹之徒,吉甫士龍之輩,泛議文意,往往間出,並未能振葉以尋根,觀瀾而索源。不述先哲之誥,無益後生之慮。(十&一)

×傅休奕(玄) 一 雜詩

樂府 逮於晉世,則傅玄曉音,創定雅歌,以詠祖宗。(十)&(×)

史傳 故張衡摘史班之舛濫,傅玄譏後漢之尤煩,皆此類也。(*)

才略 傅玄篇章,義多規鏡。長虞筆奏,世執剛中。並楨幹之實才,非群華之韡萼也。(十)

程器　傅玄剛隘而詈臺,孫楚狠愎而訟府,諸有此類,並文士之瑕累。(一)

○ 成公子安(綏)　一　嘯賦

詮賦　太沖安仁,策勛於鴻規。士衡子安,底績於流制。(十)

時序　岳、湛曜聯璧之華,機、雲標二俊之采,應、傅、三張之徒,孫、摯、成公之屬,並結藻清英,流韻綺靡。(十)

才略　成公子安選賦時美,夏侯孝若具體而皆微。(十)

×司馬紹統(彪)　一　贈山濤

史傳　若司馬彪之詳實,華嶠之準當,則其冠也。(十)&(×)

×傅長虞(咸)　一　贈何劭王濟

奏啓　若夫傅咸勁直,而按辭(彈劾文)堅深。劉隗切正,而劾文闊略。各其志也。(十)&(×)

議對　晉代能議(議論文),則傅咸爲宗。(十)&(×)然仲瑗博古,而銓貫有敍。長虞識治,而屬辭枝繁。

才略　傅玄篇章,義多規鏡。長虞筆奏,世執剛中。並楨幹之實才,非群華之韡萼也。(十)&(×)

×孫子荊(楚)　二　徵四官屬送於陟陽侯作詩、爲石仲容與孫皓書

才略　孫楚綴思,每直置以疏通。摯虞述懷,必循規以溫雅。其品藻流別,有條理焉。(十)&(×)

程器　傅玄剛隘而詈臺,孫楚狠愎而訟府,諸有此類,並文士之瑕累。(一)

×夏侯孝若(湛)　一　東方朔畫讚

才略　成公子安選賦時美,夏侯孝若具體而皆微。(一)

×潘正叔(尼)　四　贈陸機出爲吳王郎中令、贈河陽、贈侍御史王元貺、迎大駕

銘箴　王濟國子,引廣事雜,潘尼乘輿,義正而体蕪。凡斯繼作,鮮有克衷。(一)

△陸士龍(雲)　四　大將軍讌會被命作詩、爲顧彥先贈婦二首、答兄機、答張士然

定勢　又陸雲自稱"往日論文，先辭而後情，尚勢而不取悅澤，及張公論文，則欲宗其言"。夫情固先辭，勢實則澤，可謂先迷後能從善矣。（＊）

鎔裁　至如士衡才優，而綴辭尤繁。士龍思劣，而雅好清省。及雲之論機，亟恨其多，而稱"清新相接，不以爲病"，蓋崇友於耳。（＊）

章句　陸雲亦稱"四言轉句，以四句爲佳"。觀彼製韻，志同枚賈。（＊）

養氣　是以曹公懼爲文之傷命，陸雲歎用思之困神，非虛談也。（＊）

時序　岳、湛曜聯璧之華，機、雲標二俊之采，應、傅、三張之徒，孫、摯、成公之屬，並結藻清英，流韻綺靡。（＋）

才略　士龍朗練，以識檢亂，故能布采鮮淨，敏於短篇。（＋）&（×）

序志　君山公幹之徒，吉甫士龍之輩，泛議文意，往往間出，並未能振葉以尋根，觀瀾而索源。不述先哲之誥，無益後生之慮。（＋）&（－）

〇張景陽（協）　三　詠史、雜詩十首、七命八首

明詩　平子得其雅，叔夜含其潤，茂先凝其清，景陽振其麗。（＋）

才略　孟陽景陽，才綺而相埒，可謂魯衛之政，兄弟之文也。（＋）

×束廣微（皙）　一　補亡詩六首

諧讔　潘岳醜婦之屬，束皙賣餅之類，尤而效之，蓋以百數。（－）

×曹顏遠（攄）　二　思友人詩、感舊詩

練字　曹攄詩稱"豈不願斯遊，褊心惡呦呦"。兩字詭異，大疵美篇，況乃過此，其可觀乎。（－）

才略　曹攄清靡於長篇，季鷹辨切於短韻，各其善也。（＋）&（×）

東晉

〇盧子諒（諶）　五　覽古、贈劉琨併書、贈崔溫、答魏子悌、時興

才略　劉琨雄壯而多風，盧諶情發而理昭，亦遇之於時勢也。（＋）

×干令升（寶）　二　晉紀論晉武帝革命、晉紀總論

史傳　干寶述紀，以審正得序。孫盛陽秋，以約舉爲能。（＋）&

(×)
　　時序　其文史則有袁、殷之曹、孫、干之輩，雖才或淺深，珪璋足用。
（十）
　　才略　孫盛干寶，文胜爲史，準的所擬，志乎典訓，戶牖雖異，而筆彩略同。（十）&（×）
　　×孫興公（綽）　一　遊天臺山賦
　　明詩　袁孫（綽）已下，雖各有雕采，而辭趣一揆，莫與爭雄。（一）
　　誄碑　及孫綽爲文，誌在於碑誄。（十）&（×）
　　才略　孫綽規旋以矩步，故倫序而寡狀。（一）
　　△袁彥伯（宏）　一　　三國名臣序贊
　　明詩　袁（宏）孫已下，雖各有雕采，而辭趣一揆，莫與爭雄。（一）
　　時序　其文史則有袁（宏）、殷之曹、孫、干之輩，雖才或淺深，珪璋足用。（十）
　　才略　袁宏髮軫以高驤，故卓出而多偏。（一）
　　×殷仲文（仲文）　二　　南州桓公九井作、解尚書表
　　才略　殷仲文之孤興，謝叔源之閑情，並解散辭體，縹渺浮音。雖滔滔風流，而大澆文意。（一）
　　×謝叔源（混）　一　　遊西池
　　才略　殷仲文之孤興，謝叔源之閑情，並解散辭體，縹渺浮音。雖滔滔風流，而大澆文意。（一）
　　〇 是指有可能想象存在影響關係的文人
　　× 是指很難想象存在影響關係的文人
　　△ 是無法判斷的文人
　　（十）是《文心雕龍》中給予肯定評價的事例
　　（一）是《文心雕龍》中給予否定評價的事例
　　（十）&（×）是《文心雕龍》中給予肯定評價，但沒有被《文選》選錄的事例
　　（十）&（一）是《文心雕龍》一部分給予肯定評價，一部分給予否定評價的事例
　　（＊）是《文心雕龍》沒有直接對詩文進行相關的評價的事例

先來談一下應吉甫。《文選》選録了其《晉武帝華林園集詩》，但《文心雕龍》中的評論只是爲了説明晉代人才豐富，而將其與傅玄、張載、張協、張亢、孫楚、摯虞、成公綏並列，評價他們"結藻清英，流韻綺靡"，没有關於《晉武帝華林園集詩》選録標準的具體評論。不僅如此，《文心雕龍》高度評價的"吉甫文理，則臨丹成其采"中的"臨丹賦"，在《文選》中被忽視而未選録。因此，不管有多少評論中舉出了應吉甫的名字，都很難想象存在影響關係。

關於傅玄也是如此。《文選》雖然選録了其《雜詩》，但《文心雕龍》的評論中完全未提到選録《雜詩》的標準是什麽。如果將《文心雕龍》對傅玄的評價作爲選録作品的標準，當然會以"傅玄曉音，創定雅歌，以詠祖宗"的批評爲標準，選録"樂府"作品中"詠祖宗"的部分。或者因爲"傅玄篇章，義多規鏡。長虞筆奏，世執剛中。並偵幹之實才，非群華之韡萼也"這種高度肯定性的評價，來作爲選録傅玄"篇章"的標準。但是，《文選》似乎未注意到這些，在具體選録"篇章"時感到困惑，難以樹立確切的標準。不管怎麽説，實際上《文選》選録的不是"篇章"，而是"雜詩"，因此，肯定不是按照這個標準來採録的。從這點來看，上述《文心雕龍》對傅玄的評價顯然未被《文選》採録，因此也很難將它作爲證明兩書存在影響關係的根據。

《文選》中的"雜詩"除傅玄的作品外還收録了12篇，可見對其之重視，而《文心雕龍》引張翰雜詩的一句"青條若總翠"，只不過是來作爲引人注目的比喻例子，而且由於對這個比喻的使用方法反而有批判性的反響，因此仍然很難將之作爲從張翰詩中選録《雜詩》的根據。

正如上述一覽所表明的那樣，很難以之想象兩書之間有影響關係的例子，不僅只是應吉甫、傅玄，還有司馬彪、傅咸、孫楚、夏侯湛、潘尼、束皙、曹攄、干寶、孫綽、殷仲文、謝混，18人中佔到了13人。

《文心雕龍》"司馬彪之詳實"和"其冠"的評價是在評論"史傳"，但《文選》完全未在"文"的範疇裏收入其作品，不僅如此，反而採録了他的《贈山濤》。另外，《文心雕龍》對傅咸的評價是他屬於"按辭（彈劾文）"、"議（議論文）"、"筆奏"傑出的人，但《文選》只選録了他的五言詩《贈何劭王濟》。《文心雕龍》對孫楚的評價並不是特別高，稱其"綴思，每直置以疏通"，而對摯虞的評價要更高。但《文選》沒有採錄摯虞的《文章流別志論》，反而選錄了孫楚的《徵四官屬送於陟陽侯作詩》、《爲石仲容與孫皓書》，很難想象這是以《文心雕龍》的評論爲標準的。還有《文心雕龍》對夏侯湛、潘尼、束晳、殷仲文、謝混的評價都是否定性的，《文選》不可能將這些作爲選錄他們在各文體中的優秀作品的標準。此外，《文心雕龍》總是將干寶與孫盛放在一起評論，對他們的"史傳"評價相同，但《文選》只是採錄了干寶的史論，完全沒有選錄孫盛的作品。而關於孫綽，《文心雕龍》明明是對他的"碑誄"進行評價，《文選》却選錄了與此完全不同的文體《遊天臺山賦》。這些不用説，都不能證明兩者存在影響關係。

另一方面，《文心雕龍·才略篇》明確贊賞了成公綏，稱"成公子安選賦時美"，在《詮賦篇》評價他"底績於流制"，因此《文選》的編者在選錄其《嘯賦》時，可能是以此作爲基準的。又，《文心雕龍》在《才略篇》褒揚張協的才能"孟陽景陽，才綺而相垺，可謂魯衛之政，兄弟之文也"，《明詩篇》贊賞張協的詩"平子得其雅，叔夜含其潤，茂先凝其清，景陽振其麗"，《文選》採錄了他的五言詩《詠史》、《雜詩十首》、《七命八首》，因此也可能是受到了《文心雕龍》評價的影響。還有《才略篇》評價盧諶"劉琨雄壯而多風，盧諶情發而理昭，亦遇之於時勢也"，這是針對與劉琨的贈答詩而言的，因此也能想象是《文選》在選錄《贈劉琨併書》等詩時的標準。但是，僅憑這些就說有可能還太早，沒有證據表示兩者間存在切實的影響關係。而且，能想象出這種可能性的文人事例，18人中僅有上述三人。

上面對《文選》選錄的晉代作家四十四人中在《文心雕龍》中有批評的30人的具體評論，進行了分析和研究。結果是，《文心雕龍》舉出了具體篇名並予以肯定評價的有10人，沒有舉出作品名且評價是否定有3人，只有這13人才能證明《文心雕龍》可能對《文選》的選錄產生了影響。這不到《文選》選錄的晉代所有作家44人的三分之一，相當於29.5%。而且在《文選》選錄的晉代全部詩文共125篇作品中，《文心雕龍》給予肯定評價的共11篇，不到十分之一，僅相當於8.8%。從這些數量來判斷，可以判定穆先生在對拙論的"商榷"中指出的數字本身是錯誤的，其結論是不當的。《文心雕龍》和《文選》兩者不過是表面上相似而已，本質上的影響關係很小。可以得出之前拙論的結論是妥當的。

又，雖然筆者對晉代以外按作家來區別的《文心雕龍》的具體評價的分析和研究也已經完成，但限於篇幅，這裏只能割愛，僅將《文選》中採錄作家作品數量最多的晉代作爲代表性的例子來報告。

（譯者單位：南京大學文學院）

敦煌唐寫本《文選》解説[①]

[德]施米特 撰 徐美德 譯

敦煌寫本 F242a，即下文所謂 WX/F242a（《亞洲研究所基金會中國敦煌卷子説明》，莫斯科 1963 第 1 卷頁 571—572，No.1452），是《文選》已散佚的一個版本的片段。它産生於 684 年或者 705 至 709 年之間，因爲它避了唐初四帝的諱，即唐高祖淵（見 139、142 行，618—626 年在位，下同）；太宗世民（31、42、60、75 及 19、33、74、82、120、121 行，627—649）；高宗治（行數不明，650—683）；中宗顯（89、90、102 行，684 及 705—709）。[②]《文選》一書在《隋書·經籍志》[③]及編纂者蕭統本人[④]原本是分爲 30 卷的，注者李善（約 60 歲，689 年卒）及公孫羅（與李善同時）把每一卷分爲二卷，遂成 60 卷。WX/F242 與原本（譯者按，即 30 卷本）相符[⑤]，因爲殘卷把在李善本分别作爲 19 卷結尾與 20 卷開頭

[①] 本文原載《柏林威森查夫頓研究院東方研究中心論文集》，1968 年，第 14 卷第 3 期，頁 481—488。

[②] 685—704 年是武則天的統治時期，尤其是她已改國號爲周，所以不避唐諱。而由她製作的"武周新字"在這個寫本中一個都没有。

[③] 《隋書》卷三五，縮印百衲本二十四史，1958 年，頁 20a。

[④] 《文選序》，《文選》，國學基本叢書，1936 年，1959 年重印。頁 2，13 行。

[⑤] 與産生於 7 世紀的由翟林奈（Lionel Giles）編號爲 7284 的一個寫本類似，見《大英博物館所藏敦煌中國卷子目録》，1957 年，頁 243 右。

的張華《勵志詩》與曹植《責躬》並爲一卷。而狩野直喜在他的一篇文章（即《唐鈔本文選殘篇跋》，《支那學》1929 年第 5 卷第 1 號）中也已經發現了這一問題（見蘇聯科學院《人文研究所集刊》1930 年第 2 期，頁 135—144）。

毫無疑問，注家的意見應該引起我們的強烈興趣。注釋產生於不同時代人之手，有些注釋比《文選》本身還要古老。

F242a 的第三首詩是韋孟(179 年前後，這也是他的學生楚元王劉交的卒年)的《諷諫》。"臣瓚案：逸，放也。""貌，陵貌也。"見寫本 62—63 及 89 行，"案"是注家表明自己的見解。① 李善也採納了這兩條注解。② 相應的是"臣瓚曰"，"曰"本來是表示引用他人的意見。③ 可以肯定的是，瓚注過《漢書》。瓚的注釋中提到他的前輩學者，如服虔、孟康等。在東晉時人們還知道臣瓚的姓氏。他還引用過的《茂陵書》及《祿秩令》，在西晉時已經亡佚。所以可以推斷，他大概卒於三世紀下半葉。④ 劉峻（462—521）《類苑》以爲就是于瓚，而酈道元（卒於 527 年，40 多歲）《水經注》又以爲是薛瓚。不過劉峻是個將軍而不是文人，于瓚在庾翼（305—345）的麾下，而薛瓚却沒有留下任何痕跡。而更早的姚察（533—606）在他的《訓纂》中認爲可能是傅瓚。傅瓚與荀勖（卒於 289 年，約 80 歲）曾同校《穆天子傳》⑤，此書在 280 年左右從魏襄王（卒於前 296 年）墓中發掘的竹書中也有發現，而我們的臣瓚又特別喜歡引用它。⑥

---

① 這裏自然只出現名字，通常作爲一個人的替代，例如白（李白）、師古（顏師古）等等，所以"臣"在這兒並不是一個姓。

② 見《文選》頁 410，12 行及頁 411，11 行。

③ 在這兒出現了姓氏：鄧＝鄧先生，見寫本 95—96 行，准確的是鄧展（《文選》頁 412，1 行）。這個特例可以作如下的解釋，瓚的姓氏已經被遺忘了。

④ 肯定的是，他（見寫本 60 行）還引用過（如李善在《文選》頁 412，11 行）晉武帝（265—290）時任職的劉昭的言論。

⑤ 事實上是作爲皇家圖書館的"校書郎"，就像其他朝臣一樣，"臣"是對自己的謙稱。

⑥ 見《前漢書·敘例》，《四部備要》本。參看《史記》第一冊《序》，《四部備要》本，頁 3a。

F242a 的第二首詩是謝靈運(385—433)《述祖德》。注者還不是很確定。有可能是作者自己，就像他自注《山居賦》一樣。① 而我們的臣瓚再高壽，也不可能活到四世紀上半葉。序引用了《晉義熙已來新集目錄》三卷②中的傳記材料，丘淵之撰③，他曾仕於劉宋④。根據引文，他提到某某按，却沒有給出名字。這可能是蕭統(501—531)自己或者是他的十個助手。

F242a 的第四首詩是張華(232—300)《勵志》。注者(見寫本 107—109、112—113、126—128、129—131、140—142 和 148—151 行)有六段按語，與臣瓚不同，因爲他沒有留下姓名。這個名字前面已經出現過。他提到了一條可能是源自《淮南子》⑤的注釋(見寫本 114 行)，並發表了自己的見解⑥。然後他(見寫本 136—137 行)針對"耒"(《文選》413 行第 7 行)提到顏監⑦，而顏監肯定至少引用過同一個詩人(譯者按，指張華)的另外一首詩⑧，且(見 129—131 及 140—142 行)注"蒱

---

① 見《文選注所引書目引得》，哈佛燕京學社引得系列 No.26，北京 1935 年，頁 80 右，V/08234 條。

② 全稱如此。見《新唐書》卷五八(頁 16b)及《舊唐書》卷四六(頁 27b)，縮印百衲本二十四史，1958 年。

③ "淵"字，因爲避諱，敦煌寫本把它稍作變形，而兩《唐書》都改作"深"字。

④ 《隋書》卷三五，13a，3(魏徵〔580—643〕等撰《隋書》卷三五(頁 13a)也以"深"替代"淵")，又見《新唐書》卷六〇(頁 5a)。《丘淵之集》中沒有避諱。

⑤ 《淮南子》，《諸子集成》本第七冊，1954 年，頁 160。

⑥ 即寫本 107—109 行，從大儀到冊從，全部源自《白虎通》(見《叢書集成初編》0239 冊，頁 234)，然後他又引用了緯書《考靈曜》(不是出自《尚書》，而是河圖，參看李善本《文選》頁 412)作爲補充。或者見 112—113 行從"熠燿"到"飛也"的全部(很少見的"其"字見下文)。

⑦ 有人認爲顏監就是注《漢書》的顏籀，字師古(581—645)，即使在《文選注所引書目引得》頁 76 左二者有互參，但是顏師古的官階不是簡單的一個"監"字，而是秘書監，所以二者不可能是一個人。而且 30 卷的版本在蕭統(501—531)以後是不帶注的。

⑧ 即《鷦鷯賦》，見《文選》頁 282。

盧"以及"土積"(《文選》413頁第4及第8行)時引用了江邃及其《文釋》①,順便説一句,江邃還是《雜詩》(20卷)的編者②。這是280年從魏襄王墓中發現的③、又像在李善以前散逸的相當古老的《管子》④及《尸子》⑤的某個版本的一部分,不過很難確定是哪一年。至少《勵志》是産生在300年以前⑥,280年以後⑦。江邃大約生活在450年左右。⑧顏監與顏見遠(卒於502年)是不是一個人呢?⑨ 注是不是詩人自己作的呢? 按語至少是最後才出現的,在他的背後可能又隱藏着編者(501—531)本人。

F242a以曹植作於233年的《上責躬應詔詩表》(獻詩卷)結束。注

---

① 見於《舊唐書》卷四七(頁21a)及《新唐書》卷六〇(頁13a)、卷五九,頁9b(這兒作《釋文》)。而李善在《文選》頁605對於猛虎的解釋引用過此書。

② 書名見《隋書》卷三五,頁21a。

③ 李善在《文選》頁413第5行高度概括的引述,通過他(見寫本129—131行)證明是汲冢叢書中的《弋射書》第四卷的一節。

④ 見《文選》頁605,7—8行。

⑤ 他還不知道,"土積成嶽,則梗枏豫章生焉"(見《尸子》卷二,頁5b,《四部備要》本。李善在《文選》頁413以及頁155有二個完全不同的版本)屬於《勸學篇》。

⑥ 詩人卒於300年。

⑦ 蒲且(《列子·湯問》、劉安〔卒於前122年〕的《淮南子·人間》、劉向〔前80至前9年〕的《説苑·説叢》及在《文選》41頁第8行的張衡〔78—139〕,1世紀前後的桓譚《新論》),張華作"捕盧",他應該看過《弋射書》(見注22)的原本,那裏也像其他許多銘文一樣(例如高本漢《漢文典》的第46號,l,x,y)大致會加一個"虎"字,因而(見《漢文典》69號b到c及h)很容易被誤解爲缺筆的"盧"。

⑧ 他的《雜詩》在梁代還流傳。它還見於劉宋人的著作,如張敷、袁淑(408—453)、嚴均(卒於459年)、宋明帝(465—472年在位)、劉和及一個無名氏,最後才是比較早期的荀綽(卒於四世紀初)。見《隋書》卷三五,頁21a。

⑨ 監(當然還有看守及其他的意思)與見遠是一致的,就名與字之語義關係看,比如丘與仲尼,仲是第二的意思,尼是山東曲阜的一座山(見《史記》卷四七,縮印百衲本二十四史,1958年,頁1b),即孔夫子。或如郊即孟郊(751—814,詩人)與東野。李善在《文選》頁412第13行上左引到詩人顏延年,即顏延之(384—456),這個引語有可能實際上是源自顏監。

者與臣瓚一樣屬於無名氏,有兩次按語(見 162—163 行及 169 行)似乎與《勵志》相同。在自己的看法前又引用些前人的看法(如 162—163 行的"聲,罪也")。

那麼,蕭統是從哪裏擇出這些詩的呢?

韋孟《諷諫》毫無疑問是出自《漢書》①,現今最爲詳細的注釋,也就是臣瓚的注②,而且其書③還可能被蔡謨(281—356)在四世紀初的大動蕩中帶到了東晉的建康。通過此在 F242a 中《諷諫》可能被解釋爲原本就是該書的一部分。同時臣瓚的確還引用過應劭(卒於 195 年?)(見寫本 54—55、58、61、63、65、88—89、95—96 行)、如淳(魏〔220—265〕人)(見 85—86 行)、鄧展(200 年左右)(見 95—96 行)和張揖(魏太和博士,即 227 至 232 年)(見 86 行及 88—89 行的《廣雅》)等《漢書》相當早的注家。④

《述祖德》可能出自 19 卷本的《宋臨川內史謝靈運集》⑤,而獻詩中的《責躬應詔詩》應該出自 30 卷本的《魏陳思王曹植集》⑥。

《勵志》則當出自西晉司空張華 10 卷本的《張華集》⑦,不過不是直接的,而是間接地來源於至少兩個詩文選⑧。九章結構相同的部分,說到結

---

① 見《漢書》卷七三,縮印百衲本二十四史,1958 年,頁 888 下—889 下。

② 這兒可以比較後來的注家顏師古(581—645)的《漢書》注,《四部備要》本,《序例》,頁 1b,5—6 行。

③ 參看同上書,尤其是頁 1b,10f;及宋祁(998—1061)說,參看尤其是頁 4b,12—5a,1 行。

④ 見相應的地方,頁 3b,5—6 行(也可以參看《隋書》卷三三,頁 1a,7 行),4a,10 行及 4a,1 行和 4a,4—5 行。

⑤ 《隋書》卷三五。鄭樵(1108—1166)還見過它。見葉笑雪《謝靈運詩選·前言》,1957 年。

⑥ 見《隋書》卷三五,頁 4a。

⑦ 見《隋書》卷三五,頁 5b。在宋代(參看《宋史》卷二〇八,頁 1b,7 行,縮印百衲本二十四史,1958 年),至少還有一部分保存了下來。可能已經有注。

⑧ 江邃的選本,從名字來看,一定包含了其他作者的散文與韻文,顏監的文選就像那個時代的許多其他人一樣,每個人的領域可能只限於詩、賦。

構，他們可以分爲相同的兩節，並且通過押韻來顯示，在最後還帶有數字。① 在每個相應的數字前都有一個"其"②字（即屬格與指示詞）。這個字通過按語，並引用晉呂忱③的《字林》作爲證據，有相對冗長的解釋（見寫本 112—113 行）。"其"字這樣的使用方法，這裏還是第一次出現。而在《文選》的後半部分，相對來說比較頻繁④，而前面（即《文選》頁 412 前）却一次也没有。對於《文選》的編者來說，可能是借此隱藏其個人的觀點。

李善（？—689）是除了他的同時代人公孫羅以外第一個真正意義上的比較全面的注家⑤，不過公孫羅的著作早已失傳⑥，而之前只有音（即對生僻字或破音字給出讀音）⑦、義（對一些難字詞的語義上的解釋）⑧及音義⑨，此外還有鈔⑩作爲原始版本仍在流傳。他們最顯著的特

---

① 《文選》頁 412 第 10 行"流"字後即第一章；14 行"舍"字後即第二章；頁 413 第 2 行"矩"字後即第三章；第 3 行"質"字後即第四章；第 5 行"深"字後即第五章；第 7 行"殷"字後即第六章；第 10 行"聲"字後即第七章；第 12 行"裏"字後即第 8 章、頁 414 第 3 行"人"字後即第九章。

② 出現了其一至其九，就像其他的注釋一樣，當然是用的小一號字。

③ 此書首先在《隋書》卷三二，頁 32a 中被列出。在張華的另外一篇即《鷦鷯》中人們也發現（即《文選》，頁 283,1 行）了一條出自剛才提到的字書的評論。

④ 見《文選》，頁 419 第 13 行（潘岳一首 16 章詩之下）或者頁 452 第 14 行（顔延之一首 9 章詩之下）。

⑤ 像"段生"（見《文選》，頁 408）"已見上"或者像"清塵"（見《文選》，頁 409）"已見《懷舊賦》"（頁 336）這樣一類的説明，在 F242a 既没有碰到，也没有介紹。

⑥ 著録於《新唐書》卷六○（頁 13b）及《舊唐書》卷四七（頁 20a）。

⑦ 最早的來源見《隋書》卷三五（頁 20b）及卷七五（頁 11b）《蕭該傳》（600 年左右），其他的見狩野直喜（如上引，頁 137f）列出來的目録的第 4（和 12）及第 6 條，即公孫羅和許淹。另外一個在 685 至 704 年間寫成的《文選音》，參看周祖謨《漢語音韻論文集》，1957 年，頁 9—17。

⑧ 單獨的釋義書還没有明證。

⑨ 關於曹憲（600 年左右，105 歲），最早的來源見《新唐書》卷六○，頁 13b，其他的見狩野直喜（如上引，頁 137f）所列目録第 5 及 11 條，即道淹，一個僧人（可能就是許淹，見倒數第二條説明）和李善。

⑩ 狩野直喜在如上所引文中列出兩個，一個出自公孫羅，一個出自無名氏。參看他所列目録第 9 及第 10 條，頁 137—138，F242a 大概也屬於這一類。

徵通過對四個代表性的書進行詳細研究後而變得十分清晰。

蕭統(501—531)對每首入選的詩——有的出自單行本①,有的出自某家文集②,有的出自別人的選集③,還有的有其他來源④——對於前人的注釋,如果存在的話,一併予以採納。對於他認爲有必要的地方,加上自己的看法。有時,他也填補了一些空白。簡短的説一句,他也加工過某些詩,但他的這個工作却不那麼一致⑤。真正意義上的《文選注》是夾注,而不是章節附注。

最後並不是最少,我要衷心感謝亞洲研究院列寧格勒分院熱心的L. N. Menšikov 的允許,我才能夠查閱寫本并對其加以評論。

譯者後記:柏林洪堡大學 Dr. Annette Schmiedchen 幫我在該大學圖書館找到這篇論文並且予以複印,陳亮師兄幫我找到了 F242a 的電子本,而哥廷根友人 Niklas Gritzmann、Wolfgang Süßenberger 及 Lars Neuser 在德語理解方面,老同學章琦在文獻校覈方面均給予了無私的幫助,在此深表謝忱。

(譯者單位:德國哥廷根大學)

---

① 就像班固(卒於92年)《幽通賦》,參看《新唐書》卷六〇(頁12b)和《舊唐書》卷四七(頁20b)。
② 像《述祖德》及《獻詩》分別來源於謝靈運及曹植。
③ 如張華的《勵志》出自江邃的選本。
④ 像仍然保存在那裏的韋孟《諷諫》來自《漢書》。
⑤ 例如,他也像李善一樣,沒有把"臣瓚按"改爲"臣瓚曰"。

《文選》英譯本前言(選譯)

[美]康達維　撰　劉歡萍　譯

一　蕭統的生平與《文選》的編纂

　　無論是在文學創作領域,還是在相對嶄新的文學批評和學術領域,梁代都是一個文學活動頻繁的時代。自梁朝的締造者蕭衍(廟號武帝,464—549)開始,梁代皇室對文學的方方面面始終保持着強烈的熱情。文士和學者們被邀請到位於京城朝廷與各藩國府邸中,其中很多地方形成了文學俱樂部(或沙龍),它們通常以蕭氏宗室成員爲首。①

　　梁初最重要的文學群體之一是以蕭統爲中心的。蕭統生於西元

---

　　①　有關梁代文學集團的研究,可參見森野繁夫《梁初的文學集團》,《中國文學報》21,1966年10月,頁83—108;森野繁夫《梁代文學集團——以太子蕭綱集團爲中心》,《日本中國學會報》20,1968年,頁109—124;馬約翰(John Marney)《梁簡文帝》,特懷恩(Twayne),1976,頁60—75。

501年9月,是蕭衍的長子。① 母親丁令光(485—525),西元498年,蕭衍鎮守襄陽(今湖北襄陽市)時納爲貴嬪。② 蕭統出生後半年有餘,蕭衍奪取帝位,成爲梁朝君主。③ 當蕭衍對齊政權發動政變時,蕭統與母親繼續留在襄陽。等到京城建康(今南京的南部)平定,蕭衍受禪,母子倆立即被招至京都,賜居顯陽殿。④ 蕭衍即位第一年十一月甲子吉日(502年12月24日),立蕭統爲皇太子。⑤

作爲確定的皇太子,蕭統在嚴格的督導下接受教育。自幼年起,皇帝就委派飽學之士,擔任太子的太傅、掌記室、掌書記和秘書。五歲之前,蕭統都生活在顯陽殿,所有侍從入值於永福省。⑥ 兩部正史本傳都記載蕭統自幼聰慧,兩歲(虛三歲)就開始讀《孝經》、《論語》,四歲(虛五歲)即能背誦"五經",八歲(虛九歲)於壽安殿中誦講《孝經》,"盡通大義"。⑦ 儘管正史文士傳中早慧的事跡比比皆是,但那些故事却可能是

---

① 見《梁書》卷八,中華書局,1973年,頁165;《南史》卷五三,中華書局,1975年,頁1307。有關蕭統的生平資料主要來源於這兩部正史的本傳。另有兩部年譜:周貞亮《梁昭明太子年譜》,載《文哲季刊》1931年第2卷第1期,頁145—178;胡宗楙《昭明太子年譜》,載《夢選樓叢稿》(1932),此書筆者尚未見。關於蕭統生平的專業性著作稍次的還有謝康《昭明太子評傳》,載《小説月報》第17卷,增刊(1922年6月)。又載臺灣學生書局編輯部編《昭明太子和他的〈文選〉》,臺灣學生書局,1971年,頁1—20。

② 見《梁書》卷七,頁160;《南史》卷一二,頁339。

③ 蕭衍登基的具體日期是501年4月30日;見《梁書》卷二,頁33;《南史》卷六,頁183。

④ 見《梁書》卷七,頁160;《南史》卷一二,頁339。

⑤ 見《梁書》卷二,頁38;《南史》卷六,頁186。

⑥ 見《梁書》卷八,頁165;《南史》卷五五,頁1307—1308。蕭統東宮官屬任職年表,參見何融《〈文選〉編撰時期及編者考略》,《國文月刊》第76期,1949年2月,頁22—25。

⑦ 見《梁書》卷八,頁165;《南史》卷五三,頁1308。

真實可信的,至少尚無反證。①

506年7月22日,蕭統五歲(虛六歲)時,正式入居東宮,東宮是皇太子的正式住処。② 在東宮的最初幾年,蕭統的老師之一沈約(441—512),大概是當時朝廷上最受尊敬的詩人學者。③ 不過,蕭統最親密的老師則是禮學專家徐勉(466—535),皇帝派他來東宮專門負責太子的事務。"太子禮之甚重,每事詢謀。"④蕭統宣講《孝經》大義時,正是徐勉擔任"執經"一職。隨後不久,他被認爲是太子"極親賢"的人,這爲他贏得了"時譽"。⑤ 徐勉有清廉仁愛之名,常拿出自己的部分俸禄接濟貧寠親族。⑥ 儘管史料中没有明確記載,可以想見,蕭統的種種善舉受到了其師的影響。

老師們傾心向學,對年輕的太子應該不會毫無影響,正是在這段時期,蕭統開始培養起了自己對於學術的興趣。讓他癡迷的一件事情是搜集珍貴的寫本,他的弟弟蕭綱(503—551)這樣描繪他對書籍的狂熱:

---

① 關於文才早慧的傳統主題,可參見傅漢思(Hans H. Frankel)《唐代文士:一部綜合傳記》(*T'ang Literati：A Composite Biography*)收入芮沃壽(Arthur F. Wright)、杜希德(Denis Twitchett)主編《儒家人格》(*Confucian Personalities*),斯坦福大學出版社,1962),頁81。

② 見《梁書》卷八,頁165;《南史》卷五三,頁1308。

③ 沈約似乎自507年左右至510年期間任職於東宮,參見《梁書》卷一三,頁235;《南史》卷五七,頁1412;何融文,頁23。沈約與蕭衍曾同爲竟陵王蕭子良(460—494)幕下"八友"。蕭子良西邸位於雞籠山(今南京西北部),它是衆多詩人、學者的活動中心。在蕭氏倡議與資助下,多達千卷的類書《四部要略》於此編成,參見《南齊書》卷四〇,中華書局,1972年,頁698;《梁書》卷一,頁2;何融《齊竟陵王西邸及其學士考略》,《國學月刊》第77期,1949年3月,頁22—25。蕭衍委派沈約爲其子的老師,我猜想這既是因爲他欣賞沈氏的學識,也因爲他們從前關係親密(參看《梁書》卷一三,頁233;《南史》卷五七,頁1411)。504年,蕭統誦講《孝經》時,沈約是兩位師傅之一。參看《梁書》卷二五,頁378;《南史》卷六〇,頁1479。

④ 《梁書》卷二五,頁378;《南史》卷六〇,頁1479。

⑤ 《梁書》卷二五,頁378;《南史》卷六〇,頁1479。

⑥ 見《梁書》卷二五,頁383;《南史》卷六〇,頁1483。當被問起爲何這樣時,徐勉回答道:"人遺子孫以財,我遺之以清白。"

群玉名記,洛陽素簡,西周東觀之遺文,刑名墨儒之旨要,莫不殫兹聞見,竭彼綈緗。總括奇異,徵求遺逸,命謁者之使,置籯金之賞。惠子五車,方兹無以比;文終所收,形此不能匹。①

萧統的首批藏品之一是約十歲時他的堂弟萧范(502—552)贈送的一部古本《漢書》,此本號稱是班固"真本",紙墨亦古,字體也非同尋常,非隸非篆,而是一種"龍舉"體的古字。② 得到這部寫本之後,萧統立刻命令學士劉之遴(478—549)、張纘(499—549)、到溉(477—549)、陸襄(480—549)將其與通行本《漢書》進行對勘。劉之遴隨後呈遞了一份報告,詳述二本存在的大量重要差異。③ 經由種種類似的努力,東宮藏書逐漸增至約三萬卷。④

儘管年紀輕輕,在東宮的學術、文學活動中,萧統似乎已經扮演了積極的角色。515年,萧統行冠禮(十五歲),此禮正式承認他已成年⑤,隨後,其父便命他全權負責一系列事務,包括閱讀奏章、裁斷刑獄及任

---

① 《昭明太子集序》,見《昭明太子集》,《四部備要》本,頁3。

② 這部書最初是由萧琛(478—529)於502年左右發現的,當時他正任職於宣城(今安徽宣城)。萧琛將書贈給萧範。見《梁書》卷二六,頁397;《南史》卷一八,頁506;馬約翰,《梁簡文帝》,頁71。

③ 見《梁書》卷四〇,頁573;《南史》卷五〇,頁1251。

④ 見《梁書》卷八,頁167;《南史》卷五三,頁1310。在梁代,這個藏書規模似乎比較可觀。505年,文德殿共有藏書23106卷。參看阮孝緒(479—536)《七錄》,《全梁文》卷六六,載嚴可均(1762—1843)編《全上古三代秦漢三國六朝文》,中華書局,1959年,頁1815。一些私家藏書規模亦頗可觀,沈約聚書2萬卷(見《梁書》卷一三,頁242;《南史》卷五七,頁1412),張纘亦有2萬卷(見《南史》卷五六,頁1388)。萧統的堂兄萧勱(活躍於520年左右)聚書3萬卷(見《南史》卷五一,頁1263)。整個東宮藏書在萧綱任太子時繼續擴充,552年,當侯景叛軍攻入宮廷時,全部被付之一炬(見《南史》卷八〇,頁1999)。

⑤ 冠禮於515年1月1日舉行,其時萧統13歲(虛歲15歲)。見《梁書》卷八,頁165;《南史》卷五三,頁1308。

命太子官屬等①。《梁書》明確指出東宮対一時名賢是如何具有吸引力的：

> 引納才學之士，賞愛無倦。恒自討論篇籍，或與學士商榷古今；閑則繼以文章著述，率以爲常。于時東宮有書幾三萬卷，名才並集，文學之盛，晉、宋以來未之有也。②

東宮也是一個佛教活動中心。和他的父親一樣③，蕭統也是一位虔誠的佛教信徒，遍覽衆經。爲深入探求佛法，他在東宮内起建了慧義殿，用以招引名僧講道、談論佛理。蕭統自己也參與這些討論，且"自立二諦、法身義"④。

他的佛教信仰，還有早年受到慈悲的徐勉的教導，使蕭統有了強烈的同情心。當審理刑獄時，他以減免刑罰尤爲寬大著稱。⑤ 暴雨或大雪時節，他會差遣心腹侍從去京城的里巷村莊給貧民分發稻米。他還以自己的庫存絲布製成衣裳，冬季裏悄悄施予窮人。對於那些無力治喪的人家，蕭統則爲之準備棺槨。他非常仁愛慈悲，據説每當聽聞人們遭受賦税與徭役之累時，"輒斂容色"⑥。他極爲痛恨繁重的徭役，以致有一次他甚至呈遞奏疏，反對他父親敕令徵募民衆於吳興郡（今浙江吳

---

① 見《梁書》卷八，頁167；《南史》卷五三，頁1310。
② 《梁書》卷八，頁167。《南史》（卷五三，頁1310）的表達幾乎完全相同。
③ 關於蕭衍的佛教信仰，參見森三樹三郎《梁の武帝》，平樂寺書店，1956，頁134—169。
④ 見《梁書》卷八，頁166；《南史》卷五三，頁1308。蕭統關於"二諦"即"俗諦"與"真諦"的論解，見於道宣（596—667）編撰《廣弘明集》卷二四，《四部備要》本。關於"法身"的論解，見於《廣弘明集》卷二四。
⑤ 見《南史》卷五三，頁1308。
⑥ 所有這些事跡均列舉於《梁書》（卷八，頁168）與《南史》（卷五三，頁1310—1311）。又見於蕭綱《昭明太子集序》，《昭明太子集》，頁2。

興)修建漕渠①。

不幸的是,這位天才、和善的人並不長壽。他最終死於二十九歲,這緣於一樁离奇的事件。531年4月,蕭統及其隨從在東宮後池遊玩。太子乘着一葉小舟駛向塘中採摘蓮花,突然,一位同舟的宮女搖蕩船身,太子被拋入水中。雖然侍從們救起了他,蕭統還是受了重傷。② 害怕引起父親擔心,蕭統命侍從勿談此事,僅僅以"寢疾"聞。③ 當武帝下旨查問病情時,蕭統親手寫信回應。隨着病情惡化,侍從們懇求禀告皇帝,但他再次回絕了,説:"云何令至尊知我如此惡!"最終,5月7日,病情加劇,立即告知皇帝。然而,皇帝未及趕到東宮,蕭統已經去世了。④

蕭統卒諡昭明太子,葬於531年6月21日。皇帝詔詩人王筠(481—549)創作一篇哀辭。⑤ 是年6月27日,冊命蕭綱爲皇太子。⑥ 依照慣例,正史中的蕭統傳以他的著述資料結尾:

> 所著文集二十卷;又撰古今典誥文言,爲《正序》十卷;五言詩之善者,爲《文章英華》二十卷;《文選》三十卷。⑦

這些著述中如今唯一見存的是《文選》。⑧ 上文所引的這段文字保存在

---

① 蕭統的奏疏呈遞於530年3至4月間,見於《梁書》卷八,頁168—169;《南史》卷五三,頁1311。

② 《南史》(卷五三,頁1311)提到太子"動股",似乎是其受傷的委婉説法。我尚未理解它的確切意思。

③ 《梁書》(卷八,頁169)僅僅提到此次事件的這一方面,並沒有記述整個划船事故,或許是爲了迴避任何有損蕭統聲譽的事情。

④ 見《南史》卷五三,頁1311—1312。

⑤ 這篇哀冊文存於《梁書》卷八,頁169—171。

⑥ 見《梁書》卷四,頁104;《南史》卷八,頁229。

⑦ 《梁書》卷八,頁171。又見《南史》卷五三,頁1312。

⑧ 現存的《昭明太子集》(五卷)是明代重新輯録的作品集,其中有一些誤收的作品。參見紀昀編撰《四庫全書總目》卷一四八,藝文印書館,1969年,頁37—38。

《梁書》和《南史》中，它是提及這部極著名的中國選集的僅有材料，這一點可能與人們的期望正好相反。關於《文選》的編者、編纂時間以及編纂過程等問題，人們只能做一些推測。①

所有提供《文選》編纂信息的文獻資料都是較爲晚近的，不過，有一點意見是一致的，即蕭統並非以個人之力編成此書。率先提到蕭統有合編者的是日本僧人空海（774—835），他在《文鏡秘府論》中引述無名氏之語："至如昭明太子蕭統與劉孝綽（481—539）等撰集《文選》，自謂畢乎天地，懸諸日月。"②另一則更晚的文獻是12世紀的《中興書目》，它提到蕭統的合編者是"何遜（？—約518）、劉孝綽等"③。

考慮到爲這樣一部巨著挑選、編輯與纂集材料工作任務繁重，那麽認爲蕭統編纂這部選集有助手的看法就不足爲奇了。這其中劉孝綽的名字最爲注目也非意外，因爲他是蕭統最親密的朋友。他是齊代著名詩人王融（469—493）的外甥，王融是最早在詩歌中試用聲律的詩人之一④。507年，劉孝綽擔任安成王蕭秀（475—518）記室，隨之赴藩。回京（約510年）後，曾兩度任太子官屬，均掌東宮書記。⑤ 此後某個時間，約522年左右⑥，他又回到東宮任東宮管記⑦。

這一時期，蕭統開始對文學産生濃厚興趣。他的大多數閑暇時間

---

① 關於《文選》的編纂，參見何融"《文選》"一文，頁22—28；孫克寬《昭明文選導讀》，《書目季刊》1967年第1卷，頁49—59；古田敬一《〈文選〉編纂者及其時間》，載《小尾博士退休記念中國文學論集》，第一學習社，1976，頁363—378；清水凱夫《文選編纂之周邊》，立命館377(1976)，頁207—227。

② 空海《文鏡秘府論》，人民文學出版社，1975年，頁163。

③ 出自王應麟《玉海》卷五四。何遜是這一時期的著名詩人，其卒年很可能早於《文選》編纂。參見何融"《文選》"一文，頁26。筆者懷疑此處提到他是因爲他與劉孝綽的文學著作一同受到欽慕，在梁代，其作品通常被並稱爲"何劉"。見《梁書》卷四九，頁693。

④ 見《梁書》卷四九，頁690。

⑤ 見《梁書》卷三三，頁480。

⑥ 見何融"《文選》"一文，頁24。

⑦ 見《梁書》卷三三，頁480；《南史》卷三九，頁1011。

是由劉孝綽、王筠、殷芸(471—529)、陸倕(470—526)、到洽(477—527)等學士相伴度過的。① 這些人皆曾一度任職東宮。沈約曾推薦王筠，認爲王筠詩在當時無人能及②；陸倕則是蕭衍稱賞的詩人之一，蕭衍曾命他創作兩篇銘文，這兩篇銘文後來由蕭統收入《文選》③。蕭統常與他的五位同伴遊宴於宮中花園，尤其是玄圃。④ 當他在園中散步時，一手執着王筠的衣袖，一手撫着劉孝綽的肩頭，説："所謂'左挹浮丘袖，右拍洪崖肩'。"⑤

不過，其中最受恩遇的當屬劉孝綽，蕭統曾以多種方式表達對他的愛重。例如，蕭統新建樂賢堂，圖畫知名學士肖像於其中，首先命畫工畫劉孝綽之像。⑥ 蕭統推賞劉氏還表現在委任他編輯自己的作品，這其實是東宮學士都企望的差事。⑦ 蕭統對其他幾位文友的欽敬也幾乎不下於此，527年，到洽與年高德劭的明山賓(443—527)一時俱逝，明山賓曾於6世紀20年代初任蕭統官屬。⑧。二人卒後，蕭統作敕令如下：

> 明北兖(明山賓)、到長史(到洽)遂相係凋落，傷怛悲惋，不能

---

① 王筠本傳見《梁書》卷三三，頁484—487；《南史》卷二二，頁609—611。殷芸本傳見《梁書》卷四一，頁596；《南史》卷六〇，頁1489。陸倕本傳見《梁書》卷二七，頁401—403；《南史》卷四八，頁1192—1193。到洽本傳《梁書》卷二七，頁403—405；《南史》卷二五，頁680—681。

② 見《梁書》卷三三，頁484；《南史》卷二二，頁609。

③ 見《梁書》卷二一，頁402；《南史》卷四八，頁1193。兩篇作品是《新刻漏銘》與《石闕銘》，作於507年、508年，載《文選》卷五六。

④ 見《梁書》卷三三，頁480；卷三三，頁485；《南史》卷三九，頁1011。《南史》卷二二(頁610)也提及他們在玄圃的遊宴，殷芸名字作殷鈞(484—532)。

⑤ 見《梁書》卷三三，頁485；《南史》卷二二，頁610。蕭氏此處引述的是郭璞(276—324)《遊仙詩》(《文選》卷二一)。"浮丘"、"洪崖"是兩位仙人的名字。

⑥ 見《梁書》卷三三，頁480；《南史》卷三九，頁1011。

⑦ 同上。這部文集編於521年，劉孝綽序見《昭明太子集》，頁4—5。

⑧ 其傳記見《梁書》卷二七，頁405—407；《南史》卷五〇，頁1243—1244。

已已。去歲陸太常（陸倕）殂歿，今兹二賢長謝。陸生資忠履貞，冰清玉潔，文該四始，學遍九流，高情勝氣，貞然直上。明公儒學稽古，淳厚篤誠，立身行道，始終如一，儻值夫子，必升孔堂。到子風神開爽，文義可觀，當官莅事，介然無私。皆海内之俊乂，東序之秘寶。①

　　雖然東宫學士中惟有劉孝綽被特別地作爲《文選》的合編者之一提及，但猜測其他成員也曾參預其中，不會太過離譜。例如，何融在他1949年發表的關於《文選》編纂的文章中，試圖證明最爲重要的角色是劉孝綽與王筠，殷芸、到洽、明山賓及張率（475—527）等人協助，張率是陸倕與劉孝綽兩人的同事。②《文選》編成時間尚不能確知，但它必定後於516年，因爲卷54所收劉峻《辯命論》很可能作於這個時間前後。③ 最有可能的編集時間在普通年間（520—526），這一時期正是那些推測的蕭統合編者在東宫任職的時候，也是作品收入《文選》的三位作家劉峻（522年卒）、徐悱（524年卒）、陸倕（526年卒）相繼離世的時期。根據唐代的一則資料，蕭統《文選》遵循不録存者的原則。④ 因此，即便編纂工作早在普通年間就已開始，它最終編成可能不會早於526年。

　　雖然可以十分肯定《文選》編成於東宫，但也有一種由來已久的觀

---

　① 　《梁書》卷二七，頁404—405。
　② 　見何融"《文選》"一文，頁27。
　③ 　何融"《文選》"（頁26）指出劉氏作《辯命論》是在其未被選爲類書《華林遍略》參編者之後，而《遍略》系516年開始編撰。見《南史》卷四九，頁1220，卷七二，頁1782—1783。
　④ 　晁公武（12世紀）《郡齋讀書志》（廣文書局，1966年）卷二〇引竇常（756—825）語云："統著《文選》，以何遜在世，不録其文，蓋其人既往，而後其文克定，然則所録皆前人作也。"不過，竇氏的話有點錯誤，何遜卒年早於西元520年。儘管有這點錯誤，竇常聲言蕭統不録存者的原則似乎與《文選》的整體内容是相一致的，《文選》就没有收録蕭統所欽敬的更年輕的梁代詩人王筠的作品。

點認爲編纂地點不在京城，而在襄陽（屬湖北）。宋代王象之（約1196年中進士）撰寫的地理著作《輿地紀勝》中提到襄陽一處古跡，有一棟名爲"文選樓"的建築，注文根據古老的"圖經"稱，昭明太子曾在此編輯《文選》。"圖經"又說蕭統曾在此地召集十位學士，即劉孝威（約496—549）、庾肩吾（約487—551）、徐防、江伯操、孔敬通、惠子悦、徐陵（507—583）、王囿、孔爍、鮑至，爲其編輯《文選》。這個群體被稱作"高齋學士"。① 儘管這一傳統觀點影响甚廣，流傳久遠，但它毫無史實根據。② 一些清代學者以及博學的《文選》專家高步瀛③都表示將蕭統與襄陽聯繫起來的那份文獻是被誤讀的。除出生的頭幾個月外，蕭統並不曾在襄陽。不僅如此，襄陽是雍州的首府，自523年至526年間，它處於蕭統的弟弟蕭綱的統轄下④，因而，這個稱作"高齋學士"的學者團體正是屬於蕭綱而非蕭統。關於這點，《南史》提供了證據：

（庾肩吾）在雍州被命與劉孝威、江伯摇、孔敬通、申子悦、徐

---

① 王象之《輿地紀勝》卷八二，文海出版社，1962年。其中有徐防、江伯操、孔敬通、惠子悦等人的傳記資料。

② 楊宗時修《襄陽縣志》卷一(1874年，頁20—23)詳細描述了這一傳統觀點的歷史由來。12世紀前，文選樓的名字尚未得到證實。1182年7月，官員齊慶胄重建了這棟閣樓，此樓上有唐代書法家李陽冰以篆體題的四字橫額"山南東道"。齊氏將這棟樓名爲"文選樓"，很顯然，他相信襄陽是《文選》的編纂地這一傳統觀點。一位名叫陳琪的人寫了篇《文選樓記》，記述當時齊氏的複建工程。至南宋淳祐年間(1241—1252)襄陽守臣程士元又在街市上複建此樓。明代，樓名變爲鐘鼓樓，後又題"昭明文選樓"，嘉靖(1522—1566)初，又改題"鎮南樓"，魯鐸《鎮南樓記》一文記載了這些變化。不過，此樓仍然與蕭統聯繫在一起，萬曆(1573—1619)初，知府萬振孫在樓北面題寫"昭明樓"。明末此樓再燬，很快清初官員趙兆麟又重新修建，定其名昭明臺，並作《昭明臺記》。

③ 見《襄陽縣志》卷一（頁22—23）楊宗時、陳大文兩人的評論。高步瀛的評論見《文選李注義疏》（作於1929；直隸書局，1937年；廣文書局，1966年），頁1。

④ 見馬約翰《梁簡文帝》，頁28。

防、徐摛、王囿、孔鑠、鮑至等十人抄撰衆籍,豐其果饌,號高齋學士。①

雖然《南史》與"圖經"中對十學士名字的敘述略有不同,但很顯然,兩書所指的是同一群體。毫無疑問,他們實際上統屬於與兄長一樣沉迷於文學與學術的蕭綱。②

二　梁代的文學背景與蕭統的文學觀念

在中國文學史上,齊梁(479—556)是最富新變的時代之一。人們特別留心文學的技巧,在詩歌方面,這引起了對於聲律的種種試驗,在散文方面,導致了對於駢儷的着意培養。針對詩歌當中聲調、韻律的使用,聲律學家們首次開始建立相應的規範。首倡"新變"的是當時第一流的詩人們:沈約、謝朓(464—499)和王融。他們的詩體風格對聲調平衡和韻律的關注細緻入微,在齊代永明年間(483—493)十分盛行,故被稱作"永明體"。最早且最客觀地描述他們的活動的是蕭子顯(489—537),他是史學家,也是著名的詩人。

永明末,盛爲文章。吳興沈約、陳郡謝朓、琅邪王融以氣類相

---

① 《南史》卷五〇,頁1246。又見馬約翰《梁簡文帝》,頁65。
② 位於江蘇鎮江南郊的招隱寺內有一座增華閣,也聲稱是蕭統編纂《文選》之地。《錦繡中華彩色珍本》中收入此樓的一幅照片,地球出版社,1975年,頁45—46。一些方志也記載蕭統曾在此地山間遊玩並在這裏學習。見樂史(930—1107)《太平寰宇記》卷八九,金陵書局,1882年,頁7;元代脱因、俞希魯編《至順鎮江志》卷九(1332年;1919年重印,丹徒陳氏木刻本),頁16;高龍光(17世紀)編、朱霖(18世紀)重修《重修鎮江府志》卷二〇(1683年;1750年重修),頁7—8;繆潛《招隱山志》(1925年木刻本),卷二頁1、4,卷三頁5。《招隱山志》特別提到蕭統在增華閣編纂《文選》。

推轂。汝南周顒(?—485)善識聲韻。約等文皆用宮商①,以平上去入爲四聲,以此製韻,不可增减,世呼爲"永明體"。②

對於韻律的精雕細琢,進而關注措辭的精巧細緻,這使得永明體詩人有了矯揉造作的名聲。《梁書》與《南史》都曾論及這一特徵:

> 齊永明中,文士王融、謝朓、沈約文章始用四聲,以爲新變,至是轉拘聲韻,彌尚麗靡,復踰於往時。③

梁代前期,這種由永明詩人倡導的韻律、風格的新變,依然具有影響。雖然蕭衍自己並非聲調新變的擁護者④,但他也不反對沈約及其效仿者從事他們的藝術。"麗靡"被指爲永明詩歌的特質,很可能是指那些大量存在的精細描摹性質的作品,這類作品,人們稱之爲"詠物詩"⑤,這類詩在沈約、王融、謝朓這類詩人的别集中佔絕大多數。舉個例子,沈約有一首短詩描繪衣領上的紋繡:

---

① 關於這一時期聲律新變的研究,可參看:詹鍈《四聲五音及其在漢魏六朝文學中之應用》,《中華文史論叢》第 3 輯(1963 年),頁 163—192;郭紹虞《再論永明聲病説》,《中華文史論叢》第 4 輯(1963 年),頁 157—182;夏承燾《四聲繹説》,《中華文史論叢》第 5 輯(1964 年),頁 223—230。

② 《南齊書》卷五二,頁 898。關於這段文字,有個稍微擴展的版本,見《南史》卷四八,頁 1195。有關永明文學的極爲詳細的研究,見網祐次《中國中世文學研究——以南齊永明時代爲中心》(新樹社,1960)。

③ 《梁書》卷四九,頁 690;《南史》卷五〇,頁 1247。又見馬約翰《梁簡文帝》,頁 82。

④ 參見《梁書》卷一三:"(沈約)又撰《四聲譜》……高祖(蕭衍)雅不好焉。帝問周捨曰:'何謂四聲?'捨曰:'天子聖哲是也。'然帝竟不遵用。"(頁 243)又空海《文鏡秘府論》(頁 31—32)中有一段相似的談話,只是對象是另一位朝臣。

⑤ "詠物詩"包含描寫天象(日、月、天氣、節令以及諸如此類)、動物、植物以及諸如樂器、書寫工具、日常用品等物的詩歌。有關"詠物"的内涵可參看網祐次《中國中世文學研究——以南齊永明時代爲中心》,頁 152—166。

> 纖手製新奇,刺作可憐儀。縈絲飛鳳子,結縷坐花兒。不聲如動吹,無風自裊枝。麗色儻未歇,聊承雲鬢垂。①

整個梁代,這樣的文學試驗未曾中斷。6世紀30年代,"麗靡"的詩風在蕭綱的東宮流行起來,蕭綱則以"宮體詩"的庇護人著稱。② 有人認爲,這種新變是對古典的不合法的背離,對此,一些新變者甚至起而爲之構築理論化的辯解。例如,蕭子顯在《南齊書·文學傳論》一文中,就力辯文學新變對於杜絕陳腐、孕育佳作極其必要:

> 習玩爲理,事久則瀆,在乎文章,彌患凡舊。若無新變,不能代雄。建安一體,《典論》短長互出。潘(247—300)、陸齊名,機、岳之文永異。江左風味,盛道家之言,郭璞(276—324)舉其靈變,許詢(活躍於358年左右)極其名理,仲文(?—407)玄氣,猶不盡除,謝混情新,得名未盛。顏(384—456)、謝竝起,乃各擅奇,休(活躍於464年左右)、鮑(約412—466)後出,咸亦標世。朱藍共妍,不相祖述。③

---

① 《領邊繡》,見徐陵編《玉臺新詠》卷五,世界書局,1962年,頁29。
② 徐摛(472—551)號稱是"宮體"的創立者,他是蕭綱的老師、徐陵的父親。徐陵曾編撰極爲著名的宮體詩選集《玉臺新詠》。見《梁書》卷三〇,頁446—447;《南史》卷六二,頁1521。雖然6世紀30年代前尚未有"宮體"之名,但它至少早在宋代就已形成。參見林文月《南朝宮體詩研究》,《文史哲學報》第15期(1966年),頁407—417。林氏認爲(頁419—433)宮體的主要特點是輕視含蓄;具有現實性及客觀性;風格"輕艷",尤爲注重詞藻及文字的巧妙運用;爲娛樂消遣而作;缺乏嚴肅性。它關涉的主題多是女性與愛情,也包括詠物詩以及描寫宮廷生活的篇章。另可參看葉日光《宮體詩形成之社會背景》,《中華學苑》第10期,1972年,頁111—178;繆文傑(Ronald C. Miao)《宮體詩:宮廷對麗靡及愛情的態度》(*Palace-Style Poetry: The Courtly Treatment of Glamor and Love*),載繆文傑編《中國詩歌與詩學研究》(*Studies in Chinese Poetry and Poetics*)卷一,漢學研究資料中心(Chinese Materials Center),1987年,頁1—42。
③ 《南齊書》卷五二,頁908。

儘管看起來，新變似乎已是廣泛共有的興趣，針對他們所認爲的"新體"的有害質素，幾位重要的詩人兼批評家還是表達了強烈的反對意見。率先向永明詩人之聲調理論發難的諸人，其一即《詩品》的作者鍾嶸（？—518）。① 在《詩品序》的第三部分，鍾嶸点出王融、沈約、謝朓作爲罪魁禍首，認爲他們給詩歌的韻律施與了過多的限制：

> 王元長（王融）創其首，謝朓、沈約揚其波，三賢咸貴公子孫，幼有文辯。于是士流景慕，務爲精密，襞積細微，專相陵架。故使文多拘忌，傷其真美。余謂文製，本須諷讀，不可蹇礙，但令清濁通流，口吻調利，斯爲足矣。至平上去入，則余病未能；蜂腰鶴膝，閭里已具。②

和鍾嶸一樣，裴子野（469—530）對這股文學的新趨勢也持有異議。他是一個受人尊敬的學者群體的核心。這些學者比較保守，有着強烈的古典情懷，劉之遴（478—549）就是其中一員，他是一流的青銅與古字

---

① 《詩品》的創作時間尚不確定，據《南史》鍾嶸本傳（卷七二，頁1779），沈約曾斷然拒絕鍾氏的"求譽"，等到513年沈約死後，鍾嶸撰著《詩品》駁斥沈約的詩論。不過，近來學者們認爲《詩品》的主要動機並非報復沈約。參看［德］衛德明（Hellmut Wilhelm）《談鍾嶸及其〈詩品〉》（*A Note on Chung Hung and His Shih—p'in*），載周策縱編《文林：中國人文研究》（*Wen—lin: Studies in the Chinese Humanities*），威斯康辛大學出版社，1968年，頁111—120；柴非凡《鍾嶸詩品與沈約》，《中外文學》第3期（1975年），頁58—65。《詩品》是梁代的作品這點毫無問題，因爲鍾氏提到一些詩人時是冠以梁代官銜的。不過，還無法確定作於梁代何時。就撰著時間問題的簡短討論，可參看葉嘉瑩與王健（Jan W. Walls）《鍾嶸〈詩品〉中的詩歌批評理論、標準與實踐》（*Theory, Standards and Practice of Criticizing Poetry in Chung Hung's Shih—p'in*），載繆文傑編《中國詩歌與詩學研究》卷一，頁43—44。

② 見《詩品注》，陳延傑注，1927年，開明書店，1964年重印，頁9。"蜂腰"、"鶴膝"是沈約提出的作者應當避免的八種聲律錯誤中之兩種。參看空海《文鏡秘府論》，頁184—189。

專家,據説,他"好屬文",作品"多學古體"①。此外,對於裴子野的描述亦與此類似,且出自同樣的兩部文獻:

> 子野爲文典而速,不尚麗靡之詞,其製作多法古,與今文體異。②

以詞語"典"來形容裴氏的作品很可能是因爲他忠實於古典的理想,即強調一種内容重於形式的嚴肅、簡樸的文風。③ 自劉宋末年以來,衆多文士就已經十分無視古典的規範了,對此,裴氏的内心十分不安。在一篇題爲《雕蟲論》的文章中,裴氏痛斥新變者們沉迷於文學的外在特性而忽視它的道德内涵④:

> 自是(宋末)閭閻少年,貴遊總角,罔不擯落六藝,吟詠情性。學者以博依爲急務,謂章句爲專魯,淫文破典,斐⑤爾爲功。無被於管弦,非止乎禮義;深心主卉木,遠致極風雲。其興浮,其志弱,

---

① 見《梁書》卷四〇,頁574;《南史》卷五〇,頁1251。其他與裴子野有關聯的人物有:劉顯(481—548),也是位古字專家(見《梁書》卷四〇,頁570—572;《南史》卷五〇,頁1239—1241);顧協(470—542),尤爲精通"草木"、"禽獸"及文字(見《梁書》卷三〇,頁444—446;《南史》卷六二,頁1519—1520);阮孝緒,是位隱逸的目録學家(見《梁書》卷五一,頁739—742;《南史》卷七六,頁1893—1896)。

② 見《梁書》卷三〇,頁443;《南史》卷三三,頁867。

③ 參見蕭綱對裴氏詩歌風格的批評,他在寫給湘東王蕭繹(508—554)的信中説:"裴氏乃是良史之才,了無篇什之美。……裴亦質不宜慕。"《梁書》卷四九,頁691)

④ 這一論題來源於揚雄(前53年—18年)《法言》卷二(《四部備要》本)中的一段話:"或問:'吾子少而好賦?'曰:'然。童子雕蟲篆刻。'俄而曰:'壯夫不爲也。'""雕蟲"後來成爲一種貶義的術語,指"麗靡"的文學特點。論著參見:林田慎之助《裴子野〈雕蟲論〉考證——六朝復古文學論的構造》,《日本中國學會報》20,1968年,頁125—139;馬約翰《裴子野:梁代的一種'雕蟲'文學批評》,《亞洲研究論文精選》第一卷,亞洲研究學會西部協會,1976),頁161—171。

⑤ 見《論語·公冶長》。

巧而不要,隱而不深。①

正如引文所示,復古主義的裴氏看不到創新者的作品有什麼價值。不過,他的立場比較極端,也有一些人雖然對"新體"的某些方面心存不滿,但並不全然拒斥。這些被稱作"折衷派"②的人試圖在古典規範與新變中尋求一種平衡。持這種觀點的最爲雄辯的發言人是《文心雕龍》的作者——劉勰。在此書的最後一章,劉勰闡明全書的寫作主旨,清楚地表明了他欲調停兩種極端的願望:

　　同之與異,不屑古今,擘肌分理,唯務折衷。③

就新變的問題,劉氏指出他不贊成衆多文學試驗者正在發生的新趨向。在他眼中,文學的風格正由遠古的簡單、質樸發展爲華麗、雕飾,整個過程充滿了"訛"與"新"這兩種質素:

　　從質及訛,彌近彌澹。何則?競今疏古,風味氣衰也。今才穎之士,刻意學文,多略漢篇,師範宋集,雖古今備閱,然近附而遠疏矣。夫青生於藍,絳生於蒨,雖踰本色,不能復化。……故練青濯絳,必歸藍蒨,矯訛翻淺,還宗經誥。④

此段表明就文學新變自身而言,劉勰並不完全反對。他以顏色爲喻,青色與絳色優於它們提煉之前的原色,以此類推,文學直接源於經典,它也應高於經典本身。"然而,正如欲求純淨的青色,必須訴諸靛藍,欲求精煉的文學,也必須訴諸經典,或與經典分享共同的原始基礎。劉勰所

---

① 見李昉等編《文苑英華》卷七四二,中華書局,1966年。
② 見周勛初《梁代文論三派述要》,《中華文史論叢》第5輯(1964年),頁195—200。尤其是頁198—200、204—207。
③ 《文心雕龍注》卷一〇,頁727。
④ 《文心雕龍注》卷六,頁520。

反對的,是派生的派生,是求青於青,而不是求青於藍,也就是説,他所反對的,是作家將晚近的作品當做範本,而這些晚近的作品並未以某種基本的方式體現出經典的價值。"①因此,新變只有建立在經典範型上才合理:

> 若夫鎔鑄經典之範,翔集子史之術,洞曉情變,曲昭文體,然後能孚甲新意,雕畫奇辭。昭體故意新而不亂,曉變故辭奇而不黷。若骨采未圓,風②辭未練,而跨略舊規,馳騖新作,雖獲巧意,危敗亦多。③

爲解決新變產生的弊端,劉勰提出了"通變"的理論。④ 劉勰認爲文學的發展由"常"與"變"兩種質素構成,前者爲文類的基本規則以及傳統慣例,後者爲不同的作家可能引發的不同的風格新變。就劉勰而言,文學演變是無法迴避的,甚而是令人愉快的,只要這種新變遵循既有規範:

> 變則其久,通則不乏。趨時必果,乘機無怯。望今制奇,參古

---

① 吉伯斯(Donald A. Gibbs)《〈文心雕龍〉的文學理論》(*Literary Theory in Wen-hsin Tiao-lung*),華盛頓大學博士論文,1970年,頁22。

② 關於"風"這一概念的"諷勸"之意,可參看吉伯斯《關於風的筆記:中國文學批評中的術語"風"》(*Notes on the Wind: The Term Feng in Chinese Literary Criticism*),載巴克斯鮑姆(David C. Buxbaum)、牟復禮(Frederick W. Mote)編《通變:中國歷史與文化》(*Transition and Permanence: Chinese History and Culture*),香港中國書店,1972年,頁285—293。

③ 《文心雕龍注》卷六,頁514。

④ 劉氏的"通變"概念很可能來源於《易經》之"大義",後者運用兩個同一類別的概念"通"、"變",來描繪變化是如何成爲自然進程的一部分:"神農氏没,黄帝、堯、舜氏作,通其變,使民不倦。神而化之,使民宜之。易窮則變,變則通,通則久。"《周易》卷八,《四部備要》本。

定法。①

　　儘管劉勰的觀點在他的時代廣爲人知是毫無疑問的，但很難確定它對蕭統產生了多大程度的影響。衆所周知，約511—517年間，劉勰曾經擔任蕭統的東宮通事舍人。他繼續留任此職位遲至520年，即便有時身兼他職。據《梁書》記載，"昭明太子好文學，深愛接之"②。劉勰、蕭統二人就文學的問題必有討論，遺憾的是，文獻對此未能留下隻言片語。此外，關於蕭統是否讀過《文心雕龍》，亦是史無明文。儘管劉著的撰寫時間尚存爭議③，但即使是有可能的最晚的成書時間，也早於《文選》。而且我們有理由推定，蕭統在其豐富的東宮藏書中有機會閱讀此書。

　　要想確認《文心雕龍》與《文選》之間存在直接的影響關係雖然還存在困難，不過有幾位學者還是試圖將劉勰文論體系的種種方面與蕭統的文學思想作比較。例如，周勛初將蕭統劃歸劉勰"折衷派"的一員。④周氏闡明，蕭統也試圖在"趨新派"與"守舊派"之間建立一種折衷立場，這點和劉勰一樣。對於風格問題，蕭氏曾這樣評論：

　　　　夫文典則累野，麗亦傷浮，能麗而不浮，典而不野，文質彬彬，有君子之致，吾嘗欲爲之，但恨未逮耳。⑤

他所指斥的"典"很可能是指裴子野及其仿效者們的風格，而對"麗"的

――――――――
　　①　《文心雕龍注》卷六，頁521。
　　②　見《梁書》卷五〇，頁710。《南史》（卷七二，頁1781）也有相似的陳述。就這一時期劉氏的活動，可參看吉伯斯《文心雕龍的作者劉勰》，《華裔學志》29（1970—1971），頁124—131。
　　③　《文心雕龍》可能早在南齊末年（502年前）就已完成，或者遲至520年劉氏與蕭統有聯繫的時候。綜述各種可能的創作時間，可參看吉伯斯《文心雕龍的作者劉勰》，頁127—131。
　　④　周勛初《梁代文論三派述要》，頁204—209。
　　⑤　《答湘東王求文集及〈詩苑英華〉》，《昭明太子集》卷三。

譏刺不太明晰,但極可能是針對永明詩人的。蕭統從未明確地評論過這一群體,但是很明顯,他並不持有與之相似的輕薄趣味。例如,他對陶潛(365—427)格外推崇,但批評其《閑情賦》對一位美麗女子不加掩飾的情色描寫是"白璧微瑕"①。不僅如此,蕭統個人詩集中也幾乎沒有類似於他弟弟的"宫體"。② 實際上,年輕的蕭統以言行端謹而著稱,通常會戒絶聲色之樂(或許這也是那次事故對他而言如此窘迫的原因)。《梁書》與《南史》均曾提及,有一次,他和幾位宫廷學士泛舟於東宫後池,番禺侯建議此中適宜演奏女樂。蕭統没有直接回答,而是吟詠了左思(約 250—約 305)《招隱詩》中的兩句:"何必絲與竹,山水有清音。"③番禺侯只好尷尬地收回建議。史書接下來説,蕭統在離開皇宫的二十餘年裏,"不畜聲樂",而且對他父親賜予的太樂女妓毫無興趣。④

雖然這些枝枝節節的資料或許具有某些啓發性,但要想真正瞭解蕭統主要的文學思想,還必須回到《文選》及其序言本身。這篇幾乎全用優美的駢儷文體寫成的序言非常重要,它試圖爲"文學"劃定界限,尤其是對於進入選集的各種文體而言。提到"文"時,蕭統並未將自己限定在這個單一的術語之中。正如人們所看到的,他在總集的書名上使用了"文"字,不過,蕭統筆下的"文"字並不總有"文學"的意義,它似乎常常意指"文字"(writing)或者"圖紋"(pattern)。序言的開頭幾行追

---

① 《陶淵明集序》,《昭明太子集》卷四:"白璧微瑕者,惟在《閑情》一賦,揚雄所謂'勸百而諷一'者。"

② 林文月(《南朝宫體詩研究》,頁 436)鑒别出僅有三篇宫體詩爲蕭統創作,即《三婦艷》(《昭明太子集》卷一)、《林下作妓詩》(《昭明太子集》卷二)、《擬古》(《昭明太子集》卷二)。不過,《林下作妓詩》、《擬古》兩作很可能是蕭綱的作品,參看徐陵《玉臺新詠》卷七(頁 46)、卷九(頁 63),它們列於蕭綱名下。這些作品錯誤地歸爲蕭統,很可能是由於一些作品集將作者的名字僅寫作皇太子,因而被視作蕭統而非蕭綱的作品。類似的討論,可參看馬約翰《梁簡文帝》,頁 193,注釋 4。蕭統現存詩歌的主題大多數是與佛教有關。

③ 《文選》卷二二,頁 3。

④ 《梁書》卷八,頁 168;《南史》卷五三,頁 1310。

溯了"文"的起源,相對文學來説,它更關注的是文字與文化的來源:

> 式觀元始,眇覿玄風。冬穴夏巢之時,茹毛飲血之世,世質民淳,斯文未作。逮乎伏羲氏之王天下也,始畫八卦,造書契,以代結繩之政,由是文籍生焉。《易》曰:"觀乎天文,以察時變;觀乎人文,以化成天下。"文之時義遠矣哉!①

儘管人們翻譯幾處"文"字可能不盡相同②,但很顯然蕭統是以廣義的"圖紋"來理解"文"的,無論它是指刻寫在木頭上的記號,還是指星際的"天文"。就此而言,他的"文"的概念與劉勰在《文心雕龍》第一章中所闡明的"文"的概念有相似性。③ 不過,在序言的大部分地方,蕭統着重突出的並非"文"的形而上的、宇宙論的意義,而恰恰正是其狹義的"純文學"概念。因此,他提到"騷人之文",以及他稱作"三言八字之文"的詩歌形式。④ 這裏的"文",可以解釋爲純粹的"作品"之意。不過,我們也可以從特定的六朝意義上的"文"(有韻之文、詩歌)出發,把它理解爲與"筆"(質樸之文、無韻之文、散文)相對的概念。⑤

---

① 《文選序》,頁1。
② 例如,海陶瑋(Hightower)《〈文選〉與文類理論》(頁518)將最後一行的"文"字譯作"pattern";劉若愚《中國文學理論》(頁26)則譯作"literature"。
③ 劉勰將"文"看作是天文、文化、文字、文學、紋飾,而這所有的一切都源於"道"。參看施友忠《文心雕龍》(*The Literary Mind*),頁8—13;吉伯斯,*Literary Theory*,頁40—55;劉若愚《中國文學理論》,頁21—25。
④ 《文選序》,頁2。
⑤ "文"、"筆"有多種詮釋。劉勰(《文心雕龍注》卷九,頁655)將"文"釋爲有韻之文,"筆"釋爲"無韻者"。"韻"是理解爲"押韻"抑或更廣義的"諧音",這點並不明晰。清代的駢文擁護者阮元(1764—1849)力辯"韻"在梁代既指韻腳的使用,也指聲調和諧的關注,他認爲散文作品與詩歌一樣也以"韻"爲特徵。因此,阮氏主張蕭統將其選擇限於"文"(韻文)而非"筆"。參看《揅經室續集》卷三,《四部叢刊》本。不過,阮氏似乎忽視了《文選》中出現了很多劉勰歸爲"筆"的文體(例如奏啓、書牘、論説)。因此,《文選》關涉於文、筆之區別,這一點似乎並不確定。

除"文"之外,蕭統還運用了一些實質上彼此同義的術語來指稱收入《文選》中的那些特別類型的作品,如"篇章"、"篇翰"、"篇什"、"翰藻"。所有這些詞語都可以寬泛地理解爲"美文學"①,它所表達的概念接近於"純文學"。蕭統聲明《文選》要排除某些重要的作品類別,這使得"純文學"的概念益發凸顯出來。例如,解釋緣何不錄著名的戰國、西漢辯士的言辭時,蕭統宣稱它們的"事"異於"篇章"。與之相似,"記事"、"繫年"的史書相較"篇翰"而言,"亦已不同"。然而從另一方面看,參與構成史書結構的某些文類,諸如"贊"、"論"、"序"、"述",因爲它們"事出於沉思,義歸乎翰藻",所以儘管它們來源於史籍,也仍然能納入"篇什"。②

遺憾的是,蕭統並沒有解釋何爲"沉思"、"翰藻",因而他的構想遭受了大量的批評和詮釋。③ 無論這些術語隱含何種文學價值的概念,人們總會誤解蕭統的評論,猜測他將一些文體排除在《文選》之外,就是鄙棄這些文體。例如,談到辯士與傑出的政治家的雄辯之辭時,他指出它們的"美辭""金相玉振"④。因此,顯而易見,他承認其中所有的美學價值。至少就言士論辯和歷史紀事來説,他似乎重在強調它們在某種形式上"異"於(但不必劣於)他稱作"篇章"、"篇翰"、"篇什"的事物。正如郭紹虞所指出,所有這三個詞語都是"指單篇文學作品"⑤。蕭統之

---

① 見海陶瑋《〈文選〉與文類理論》(*The Wen Hsüan and Genre Theory*)頁530。
② 《文選序》,頁2—3。
③ 民國學者章炳麟(1868—1936)是批判蕭統選文標準最激烈的一位,他指出:"且'沉思'孰若莊周、荀卿,'翰藻'孰若呂氏、淮南?"見《國故論衡》,《章太炎先生所著書》第二卷,上海古書流通處,1924年,頁40。朱自清(1898—1948)則試圖證明蕭統與劉勰所運用的術語"事"、"義"意義相同,劉勰在"事類"一章曾將"古事與成辭"(事)的功能解釋爲闡明"義與理"。(參看《文心雕龍注》卷八,頁614—615;施友忠《文心雕龍》,頁202—203)朱自清還聲稱"翰藻"主要意指古事與比類的大量引用,它正是《文選》所收的贊、述、史論的特點。參看《〈文選序〉"事出於沉思,義歸乎翰藻"說》,《文史論著》,太平書局,1962年,頁88—101。
④ 《文選序》,頁3。
⑤ 郭紹虞《中國歷代文論選》,頁294。又見駱鴻凱《文選學》(1937年;臺灣中華書局,1963年,頁15)關於"篇什"的注釋。

所以決定排除這兩類作品,另一可能的原因是,它們難於摘選。很明顯,正是這個原則讓蕭統決定放棄節錄經典,對這些經典他給予了極高的頌揚:

> 若夫姬公之籍,孔父之書,與日月俱懸,鬼神爭奧,孝敬之準式,人倫之師友,豈可重以芟夷,加之剪截?①

我們必須牢記蕭氏的主要目的是編纂一部文學"選本",他的工作在於揀選最適宜選錄的作品。至少就經典而言,也許還應該包括辯辭與史書(即敘述性散文),他覺得可能很難在摘選的同時不損害作品的整體性。從某種意義上說,《文選》沒有如《文心雕龍》一樣闡述一種全面的文學觀,後者涵蓋了所有的作品類型,包括經典、緯書、史書及諸子。更確切地說,《文選》是一個更爲適度的構想,將其自身限定在"選集文學"上,意指詩歌與散文中的"篇"有其獨立於更爲龐大的作品的特有存在方式。②

---

① 《文選序》,頁2。
② 關於不錄"辭與故事"的準則,海陶瑋有如下評論:"摒棄史書與軼事文學中的故事、說辭,是因爲它們太長且隨處可得。不過,序、頌以及諸如此類的文體,篇幅短小而且可以從上下文中分拆出來,他就從這些文獻中加以採錄。"見《中國文學專題:概覽與書目》(*Topics in Chinese Literature: Outlines and Bibliographies*),哈佛大學出版社,1962年,頁46。實際上,蕭統沒有說他剔除這些作品是因爲它們"太長且隨處可得",海陶瑋將"繁博"理解爲"太長"(在《文選序》的譯文中,他將之譯爲"extremely numerous"。見《文選與文類理論》,頁530),我則認爲它描述的是說辭的特點(錯綜複雜且範圍廣泛)而非它的數量。我同意小尾郊一的意譯,他抓住了這個術語的基本意義:"內容複雜、範圍廣泛。"見小尾郊一、花房英樹譯《文選》七卷,《全釋漢文大系》冊26—32(集英社,1974—1976),1:53。我也不同意海陶瑋所謂"易得"是摒棄說辭的另一理由。事實上,蕭統(《文選序》)的確提到過這些作品可以從各種各樣的文獻中獲得:"蓋乃事美一時,語流千載。概見墳籍,旁出子史。"不過,他絕非明確聲明由於它們易得而不錄入《文選》。這幾句的要旨似乎正在表達對傑出的"賢人、忠臣、謀夫、辯士"的"事"、"語"的普遍贊賞。

作品的存在方式是蕭統選集的考慮因素之一,指明這一可能性後,我也不希望忽視美學標準的重要性。蕭氏曾明晰地將文學的藝術性當做決定性的因素加以考慮,正是這一標準使他擯棄了哲學著作:

> 老莊之作,管孟之流,蓋以立意爲宗,不以能文爲本。①

此外,正是"翰藻"這一品質,把諸如"贊"、"論"這類文體,從其原所從屬的史書當中區分出來。蕭統也認爲,娛樂是文學的重要功能之一。例如,他將人們從不同的體裁中獲得的種種樂趣,與從樂器、衣飾中獲得的形形色色的享受相提並論:

> 衆製鋒起,源流間出。譬陶匏異器,並爲入耳之娛;黼黻不同,俱爲悅目之玩。②

和劉勰一樣,蕭統也承認隨着時間的推進,文學演進的自然趨勢是變得愈加華麗、繁瑣。爲闡明此點,他用了一個類比,即大輅由簡樸的手推車發展而來,冰是由水變化而來的:

> 若夫椎輪爲大輅之始,大輅寧有椎輪之質;增冰爲積水所成,積水曾微增冰之凜。何哉?蓋踵其事而增華,變其本而加厲;物既有之,文亦宜然。③

蕭氏在這段中提到的種種變化與複雜性,其實是指各種各樣的文學形式所經歷的發展過程。他利用序言的大部分篇幅羅列一些體裁的名字,他並不像劉勰那樣試圖將體裁的源頭追溯到經典上。例如,劉勰在

---

① 《文選序》,頁2。
② 《文選序》,頁2。
③ 《文選序》,頁1。

其重要的一章《宗經》中,就《文心雕龍》所收的大多數文體類別的原型,作了如下的斷言:

> 故論説辭序,則《易》統其首;詔策章奏,則《書》發其源;賦頌歌讚,則《詩》立其本;銘誄箴祝,則《禮》統其端;紀傳銘檄,則《春秋》爲根。①

與這種爲一種體裁確立其經典源頭最相近的是蕭氏關於"賦"的評論,他將"賦"溯源至《詩經》的"六義":

> 至於今之作者,異乎古昔,古詩之體,今則全取賦名。②

蕭統提到的"古詩之體"是指詩"義"之"賦",即以"鋪陳"爲技巧而不運用比喻的語言。雖然蕭統表達了"賦"體與詩義之"賦"相關因而成爲"古詩之體"的這一普遍觀念,與此同時,他也承認隨着體裁的發展,它獲得了與詩分離開來且不再稱作"詩"而是"賦"的特性。就此而言,他的觀點與劉勰的完全相同,劉勰在《詮賦》章中解釋"賦"如何獲得"獨立":

> 然賦也者,受命於詩人,拓宇於《楚辭》也。於是荀況《禮》、《智》,宋玉《風》、《釣》,爰錫名號,與《詩》畫境,六義附庸,蔚成大國。③

誠然,這裏對蕭統文學思想所作的概觀只是吉光片羽式的。正如我們曾看到的,蕭統主要關注的是界定文學選集,因而,我們不應奢求

---

① 《文心雕龍注》卷一,頁22。
② 《文選序》,頁1。參見班固《兩都賦序》(《文選》卷一,頁1):"或曰:賦者,古詩之流也。"
③ 《文心雕龍注》卷二,頁134。

他像劉勰一樣建構一套全面的文學理論。蕭統的觀點完全可能和劉勰在其五十篇作品中闡明的觀點一樣,源於審慎的思維與周密的分析,只不過缺乏深入的詮釋。我們只能假定的是蕭統缺少理論興趣,而更關心爲其選集挑選傑作並編纂之類的實踐性工作。

(譯者單位:南京大學文學院)

評康達維英譯《文選》第一卷[①]

[加]白潤德　撰　許淨瞳　譯

　　碰到如此優秀卓異的作品,對我這樣一個駒驣一樣性情的評論者而言,是頗有些混合的快樂的。簡要的説,這是一本應該立即被每一個對前現代中國文學有嚴肅興趣的學者擁有的書。一旦獲得,它將是此人藏書中最常參考咨詢的書之一。
　　《文選》的重要性無需强調。例如:任何鑽研唐詩的人都將注意到,與經典和《史記》一樣,這些收入《文選》的作品是文學寫作使用典故和標準辭彙的主要來源。[②] 爲了理解典故中提到的某篇文章,我們經常需要回到原始出處,常常需要用英文引述來源,作爲討論《文選》以後作品的一部分。提及經典,我們有理雅各和某些稍後的翻譯。沙畹和華兹生從各自的角度,使《史記》的大部分變得易得易讀,但是,《史記》中最常被引用的那些部分是相對不難的。但是《文選》一直有問題,既有的某些篇目的翻譯,在可用性、精確度、語言風格以及文本和語文學問題的處理上呈現極大的不同。當然,有很大一部分篇章,可以引述查赫(康達維將自己的譯本題獻給這位學者),但是我們許多人,大部分讀者

　　[①]　本文原載《哈佛亞洲學報》第44卷,第1期,1984年,頁249—257。
　　[②]　我忽略了《楚辭》,因爲《楚辭》的大多數更重要的篇章也同樣收録在《文選》中。

和學生，沒有足夠的德文能力，不能令人滿意地做到這一點。當然，查赫並沒有完成整部作品的翻譯，且全無注釋。海陶瑋、霍克思、馬瑞志、魏理和其他學者對不同篇章曾有過優雅的英譯，但是這部選集中的大部分篇目，除了原文，仍是不可接近，而那又是怎樣的原文啊！由於文本訛壞，某些字句只用過一次，即使並沒有特別的問題，《文選》也常常艱澀難讀，雖然在中國文學傳統中一直是主要的文本，而在西方學界却最没有得到充分重視。

這個不愉快的境況隨着康達維教授的翻譯肯定會得到改變。他帶着足夠的自信接近這個課題（他先前關於漢賦的研究足以證明他的自信是合理的），他着手进行一部完整的十卷本《文選》的英譯，這是第一卷。此外，他決定不是簡單地對通行文本作注釋和翻譯（這本身就是一個巨大工程，現有的日文翻譯，特別是小尾郊一和花房英樹的工作，極大地減輕了他的負擔），而是決心直面《文選》中所有文本和語言難點，並向我們詳盡闡明（一般來說是成功的）他是如何處理的。這樣一個課題對學問、耐性和精力都有極高的要求。人們大概會有這樣的共識，如果學界有人有能力處理這些難題，這個人就是康達維教授。

顯然，第一卷已爲後續諸卷設定了極高的標準。它包括帶有長篇注釋的前言；《文選》前六卷的翻譯，每一頁都有大量注釋（總長度遠遠超過翻譯本身）；本卷出現的作者的傳記介紹；還有一份很長的參考書目和索引。

前言討論了蕭統的生平和他對《文選》的編輯，更詳細介紹了各體選本的早期歷史，《文選》的内容，其文本傳統的歷史以及現存與《文選》相關的前現代和現代學術成果。整個前言使我想起曾經聽過的一個學生爲政府出版物辯護時說的話："他們可能不是輕鬆讀物，但他們是官方的真理。"這篇前言不是一個引人入勝的故事，而是包含大量信息，大多數信息很難在別處獲得並且對恰當理解翻譯和注釋是必不可少的，整篇前言清晰暢達，令人欽佩。

翻譯當然是本書的中心，並且它在各個方面都是典範。康達維教授之前的研究經驗使大家期待譯文有很高的精確度。反復抽樣檢查，也提不出一行人們能夠合理爭議文本誤讀的地方。作者明確說明，他的目標一開始就是信，而不是達或雅，但事實上，他的翻譯並不是平淡乏味的淵藪，大量的精力和想象力投注其中，不僅成功地傳達了原文的文學感覺，而且表達了詞語獨具特色的許多節奏和愉悅。甚至左思《三都賦》這篇京都賦中冗長沉悶之作，譯文也不乏魅力和尊嚴。隨着這項系列譯著的進展，肯定會有其他譯者的某些單篇譯作仍然是一些讀者的第一選擇，但是康達維的譯本值得尊敬和關注。

如果注釋不能脫離翻譯而存在，它至少與完成的譯作同等重要。這本書注釋難懂的詞，評論版本問題，並確認人物、地點、事件和自然界名物，其精確、徹底及富博都值得稱贊。譯注鑒別無數的鳥獸、草木和礦物，困難之大，令人氣餒，康達維教授承認受到薛愛華的影響，他竭盡全力去解決他們，儘可能提供通行的科學名詞，在檢視證據之後，偶爾也記錄下容易混淆或有待確定之處。注釋中堆積着大量經由許多乏味疲倦的工作搜集而來的勞動成果，這些成果在未來許多年中將使我們的工作輕鬆且容易許多，另一方面，由於它設置了具有挑戰性的標準，也使我們自己未來的努力更加困難。這些注釋中所注的語辭和所引證的作品，被製作成索引，讀者在閱讀其他文本時，如果需要快速參考，簡便易得。（不過，應該指出，索引常常只列出第一次討論該條目之處，讀者若要找某詞的所有用例，仍要參考日文《文選索引》）

作為系列著作的第一卷，本書應得到兩類不同類型的評論和保留意見：一類是指出本卷中那些輕微的瑕疵，出版者在稍後重印時可以加以改正，購買此書者亦可親手改正；另一類則有關全書的特點，無論好壞，第一卷已設定標準，並將在隨後各卷中沿用。我將首先處理後一類問題，尤其著重討論兩點。

我相信，第一個需要評論的特點，是一個提供表揚而非責備的機會，但是它可能引起爭論，故需特別注意。康達維教授溫和地責備一些他之前的翻譯者沒有使用清朝學者關於《文選》的大批研究成果，確實，任何人讀他的前言和注釋，都會感到他非常瞭解清代文獻學家的貢獻，這也極大地提高了他工作的價值。大多數這些貢獻以文本校訂的方式呈現，康達維教授在其注釋中逐一討論，從中採納了許多。他沒有討論的是由這樣一個兼收並蓄文本引起的一般理論問題。它很可能使我們回想起詹森博士關於他的莎士比亞校正本的思考,尋思是否有一條更好的途徑,可以不用"全面打開古老的文本,嘗試哪裏有縫隙,可以透進光亮"。事實上,這可能不行。儘管莎士比亞著作的早期版本可能有瑕疵,但它們本質上與莎翁是同時代的,從一開始就被印刷出來,後來的編輯全都可以用到。西方經典作品提供了一個更接近的模式,但是仍然不是真正的相似。雖然西方經典之古老性常常可與《文選》的内容相比,但它們大部分以有限而持久的手抄本形式傳遍了中世紀,這些手抄本的發現和傳播皆是印刷術在西方普遍應用之後或之前不久。相反,《文選》恰好由於它完美的聲望,在第一份印刷本出現以前,必定以數量龐大的手抄本形式至少傳播了五個世紀。關於其早期手抄傳統我們幾乎一無所知,亦無法接近所有早期印刷文本;也不能確立已知手抄本傳統和現有的印刷本之間的聯繫。這並不意味着不可能根據近年來由文頓・迪爾靈提出的文本分析的嚴密步驟,確立一個"邏輯原型"①,但是這確實意味着這樣一個原型可能和蕭統的原始文本只有一點遥遠的關係,更別提《文選》中所包含的不同單篇作品的原始文本了。結果,研究《文選》文本的學者要不斷地全面權衡在他之前的學者的證據和觀點,在每一處需要的地方進行校正,作出判斷。儘管不可能得到一個所有人都認同的最好的選集文本,但這不是說審視文本問題不那麼重要。康達維教授翻譯的特別力量在於他直面這個麻煩,而不是採納那種司空見慣却基本上不負責任的權宜做法,只簡單地根據諸如《四部叢刊》本或其他相對較優的版本來翻譯。遇有疑點,他對先前學者提出的各種異文和校訂詳加討論,並說明取捨理由。這個過程通常能得出一個完全令人信服的結論;即使沒有結論,它至少也為文本傳統提出的特定問題提供了一個最可靠的方案。

這本書另一個無處不在的特點,代表了一種有效性的喪失,令人可

---

① 見他的《文本分析的原理與實踐》(加利福尼亞大學出版社,1974年)。我已經完成並且希望很快出版的一篇論文,將展示迪爾靈的方法何以能夠應用於中國文本傳統。

惜,如果稍微小心一點思考,這原是可以避免的。這指的是書中從頭到尾使用中文拼音。這將使普通讀者感到迷惑,例如本科生和其他領域的學者,當他們同時參考相關的標準譯作,如馬瑞志所譯《世説新語》以及現有的其他人翻譯的《文選》篇目,最後還有有關這個時代的《劍橋中國史》相關卷次。這個領域的專家們可能並無許多不便,但是我們必定遺憾,如果威妥瑪式拼音方案因其對非專家而言頗爲不便而要被抛棄,它却不被一些對我們更有用的東西取代。《文選》,特別是進行此處可見的文獻學的精確分析時,有大量的罕見字形和稀有寫法。如果康達維教授對所有這些字都拼寫出來,能夠表達整個語言,而不是僅僅三分之二,那該有多麼有用啊。這絕不是災難,但却是錯失良機。無論如何,拼音的使用導致經常不恰當的翻譯(如陝西譯爲 Shaanxi)、不詞(如道教譯作 Daoism)和前後不一致。後者在地理名詞裏特別應該注意。Peking(北京)作爲地名,本來可與 Naples(那不勒斯)、Munich(慕尼黑)相提并论,却被 Beijing 取代,等等。中華人民共和國以外的地名,其用法也有特色。全書從頭到尾用"Taibei(臺北)",學者在臺灣出書也用拼音標注其名字,這恐怕不會是學者自身的喜好,也不是我們圖書館目錄裏能夠找到的樣子。另一方面,我們發現,對英文和中文的出版物都使用"香港"(Hong Kong)而不是"香港"(Xianggang),也許反映了福克蘭群島事件後英國的樂觀主義。小一點的例子是注中提到的"揚子"(Yangzi),這指的是 Yangtse,略加思考,就足以透露這一做法的前後矛盾。如果我們要用英語,那麼 Yangtse 是一個詞語,也是這樣拼寫的;如果我們要選擇中文形式,那麼就根本不是"揚子",而是長江(確實,"揚子"在譯文中被稱爲"江")。也許這些是小問題,但是看到這些混淆在一個已經足夠複雜的領域裏增添雜亂,沒有給任何人帶來可以想象的利益,並且減弱了現有作品的實用性,還是讓人困擾的。

對附錄資料有一些較小的顧慮,也可以在此表達一下。處置參考書目,對像本書這樣卷帙浩繁的著作來説一直是個問題(兩個極端的例證,不妨參看李約瑟《中國科學技術史》及鮑曼《民國人物傳記辭典》)。每卷末尾各設一個詳盡的參考書目,需要許多重複勞動(及由之而起的花費,特別是中、日兩種文字的大量使用);但把所有參考書目留到最後一卷或附卷，又減少了參考書目的實用性。另一方面，如果後續各卷的參考書目只列前面各卷未列的條目，那麼，我們就總是要從一卷跳到另一卷以尋找我們需要的材料。類似的問題也出現在有關作者傳記的説明中。本卷中只有張衡、班固和左思的傳記，大概後續各卷將不再重複，即使這幾家的作品在那些卷中仍有出現。最終結果也將是同樣的前後來回，將大量時間花在找尋中。假設注釋已正常提供足夠的書目資訊，能夠據以找到所引證的大多數作品（並且這些注釋一部分已編入索引），我不禁想，鑒於這一著作的永久價值，並考慮到巨大的花費，不如把這些索引編得全面一些，同時將詳盡的參考書目和傳記文字置於最後一卷，這樣可能會更好。列舉經常引用的文本和翻譯，只佔用三頁半的篇幅，則可以每卷都列一次，成本很小。

參考書目本身有一個不方便的特點，對前現代中文作品而言，需要選擇版本。這主要是基於作者個人的藏書，像我們大多數人的藏書一樣，都是把六七十年代的各種臺灣版本，例如由世界書局出版或收錄在《四部備要》中的書放在一起。如果只是偶爾使用一下，那裏常常有足夠的文本（尤其是前者創造了一些非常便利的精品），但想要永久性參考，則相當不能令人滿意。我發現京都大學圖書館（包括人文科學研究所）的資料也不足以評價注釋中引證書目的準確性，要完成這項工作，還得上街找到一家有臺灣背景的書店。我強烈地建議隨後各卷的引證要參考一般漢學圖書館裏隨時可得的標準叢書。

偶爾需要表示古代發音而採用的拼寫系統，沒有地方可以鑒定，但是看起來似乎是原封不動的高本漢的"古漢語"體系（雖然高本漢的音位學專業著作全部沒有列在參考書目中）。考慮到本書其他地方可以看到對文學作品採取藝術的視角，這是一個令人吃驚的疏忽。高本漢的語音構擬體系，早就被體現了對史料有更好理解的其他理論所取代，而且高本漢旨在構擬西元600年左右的發音，對本書選錄的作品來説，不僅體系過時，而且時代差錯。

考慮到本書有大量的細節，如果沒有印刷錯誤或其他前後不一致處，那可能很令人驚訝。以下所列，不是爲了提供翻譯者疏忽的證據，而是對他已經做到的高度細緻的贊美。這個統計是提示性的而非窮盡式的,它是仔細閱讀全部文本和大量隨機抽查的結果。總的來說,本書引證精確,水準之高,值得特別稱贊。

頁 88,行 147:應該用柯迂儒《戰國策》修訂第二版譯本。

頁 124,行 216—217:anarchronism 當作 anachronism。

頁 184,行 63—66:43.1786 當作 43.1786—87。

頁 184,行 80:B. 20a 當作 B. 19b—20a(其他引用大致給了前後頁碼)。

頁 246,行 70:Xig 當作 Xia。

頁 312,行 26:應該指出,習鑿齒《襄陽耆舊記》一段引文,未見於此書最完整的版本即《心齋十種》本(這類信息在注釋中通常是據其他來源來引證的)。在同一個注釋裏,22.3478 當作 22.3479。

頁 382:L.128 當作 L.126。這一類細微錯誤也出現在其他幾處,不過都只能引起片刻的混淆而已。

頁 496,注釋 93:Zhe said 當作 She said。

頁 497,注釋 95:Gyodai 當作 Gyokudai。

頁 523,注釋 388:Bilin langguan 我建議改作 Bilinlang guan。

頁 547,斯波文庫條,應當注意(並且遺憾的是)《文選索引》的臺灣翻印本不包括原版很有價值的附錄。

頁 587,江州條:L.353n 之前的頁碼 366 脫漏。

頁 619,左欄最後一行:Yan Yun 當作 Yang Yun。

最後要補充的是,本書印製非常之好。印刷錯誤極少,編排相當方便(雖然前言注釋應該排爲當頁腳注,而不是埋沒於書的後面)。不過,我願提議,未來各卷的裝訂應更牢靠些。書評用書,必須承認,由於在郵局手中耽擱了太多時間,不利於書的健康,收到時裝訂綫已開裂。像本卷這樣既厚重又要長時間使用的書(特別是以這樣一個令人驚訝的價格出版的書)應該做的足夠結實,才能經久耐用。然而,即便定價如此,我仍要極力催促所有學生去買正版(而不是盜版)。如果有一個課題值得我們全力支持,那麽這本書就是。

(譯者單位:南京大學文學院)

《文選》中的"歲暮"主題新探

[美]雷久密 撰 章琦 譯

"歲暮"主題會使我們想到暮年時分,陽氣衰退讓位於陰,一個新的時期即將到來,不過即使回溯到《詩經》裏的中國古典詩歌,"歲暮"主題也能穿越時空的界限,在文本中表現得相當普遍。[①] 甚至缺乏中國古代文學知識的讀者,也能理解作者關於韶華易逝的感喟和萬物有盡的領悟,無論這種領悟源自仕途生涯還是日常生活。由於無法療救衰老的現實,也不能解除衰老的恐懼,在中國傳統中,文學成爲人們的靈丹妙藥,聊以抵抗歲月對生活和生計的必然侵蝕。在逆境裏堅定不移,堅持原則以及清正廉潔就是儒家堅忍精神針對歲暮現狀建立的有力回應。

與此同時,那些克己復禮的具體意象也被權威地奠定起來。尤其值得注意的是,常青樹成爲面對逆境時堅韌不拔的經典象徵:"歲寒然

[①] 選擇這一特殊課題,實在要感謝康達維教授給予我的漢學訓練,在他寶貴學養的指導下,我完成了關於張協的碩士論文(《秋、雨、致仕:論張協〈雜詩十首〉》,1986年),並且在博士論文裏以潘岳和陸機爲研究對象(《潘江陸海:論三世紀詩人潘岳和陸機的詩歌創作》,1990年),兩篇論文都是在華盛頓大學完成的。借此機會,我由衷地祝願老師健康長壽、生活幸福。

後知松柏之後凋也。"①當然，士大夫也是如此——如果真正奉行了儒家的根本原則，他雖不能長生不老，却能永遠爲後人所銘記。

歲暮、深秋以及其他所有相關體驗，須通過長期生活和長久忍耐方可習得。這些學習模式均爲消極的回饋，在概念上具有宿命論的色彩。通常，文學的張力與季節變化緊密相關。殘花或落葉預示着衰老、死亡和憂鬱，這個主題司空見慣。遇秋而悲，這一刻板的文學手法似乎來源於《楚辭》中宋玉的挽歌。在中國的文學記憶中，所有反映秋季的作品裏，首屬宋玉這篇辭賦直接或間接地表達了悲秋情感的最强音：

　　悲哉，秋之爲氣也！蕭瑟兮草木搖落而變衰。憭慄兮若在遠行，登山臨水兮送將歸。②

然而，當新的話語不可避免地產生時，即便約定俗成的主題，也會有突破常規的表現。在中國中古時代的早期，常規的悲秋主題得以精巧地改頭換面，對於新興的文學語言來説非常重要。這一時期的詩人抒發個人胸臆，以應對獨特的環境與場合。他們打破常規，開拓了新的詩歌領域。我們將會把目光聚焦在《文選》裏一些頗具煽動性的例證上面，諸如潘岳（247—300）、陸機（261—303）和張協（？—307?）的詩歌。他們的作品一改對秋季的消極回饋，代之以積極的、自由的回應。在他們有關歲暮主題的詩歌中，我們發現這些純文學來源於對秋季出人意料的思考，秋天給予作者靈感，使他們充滿活力，獲得了身心的自由。

早期的慣例注定被重新定義，已樹立的寓意深遠的權威遭遇挑戰，並不是令人驚訝的事情。文學的實驗激發了重新探求的動力，重新探求又反過來激發文學進一步轉變，並且衍生出新的文學記憶資源。正是這種實驗給我們帶來了潘岳、陸機和張協的作品，在他們的作品中，

---

① 《論語》第9篇，第28條。
② 這段廣爲人知的《九辯》第一篇開頭，被認爲出於宋玉（西元前三世紀早期）之手，是最早"界定"秋季的重要文學作品。《楚辭補注》卷八，《四部備要》本，頁1—2。

有很多主題關於失敗和幻滅,關於死亡的恐懼和悲痛的心情,這些主題改變了以往的平淡無奇,變得富有創造力。創新是西元三世紀末期詩壇的標志,太康年間宣導的文學實驗就是明證。① 在和詩友們的密切交流下,潘岳和陸機的創新技巧得到發展。賈謐(?—300)是西元三世紀九十年代賈妃家族頗有權勢的成員,在他的支持下西晉王朝聚集了一個文人集團,潘岳和陸機加入集團,並在藝術上獲益尤多。② 這個集團被稱作"賈謐二十四友",即使它不是有史以來最早的"文學沙龍",也堪稱早期文學沙龍之一。③

在上述三位元詩人的作品中,對於常規的悖反是精心選擇、目的明確的,作品的重要內涵是將兩個毫不相關的文學取向整合在一起:一個是對儒家固有模式的重新考查,另一個是對《莊子》第一篇《逍遙遊》理想的堅決信奉④。前者需要你忍耐,後者帶給你自由。兩種手段都成爲了達到逍遥、挫敗幻滅與憂慮的靈感源泉,這些理想反映在西元三世

---

① 在文學史上,西元三世紀末期通常被稱爲太康年間,這個名稱由晉朝第一個統治者晉武帝(司馬炎,265—289 在位)最後一段統治時期(280—289)的年號而來。

② 賈謐,原名韓謐,過繼給外祖賈充(217—282)並繼承了他的爵位。賈充是賈南風(?—300)的父親,而賈南風在西元 290 年成爲晉惠帝(290—306 在位)的皇后。

③ 《晉書》卷四〇,中華書局,1974 年,頁 1173。張協不在賈謐集團成員的正式名單之中,但張協和他兩個兄弟都是當時文人領袖潘岳和陸機的親密附屬,張協與該集團有過文學切磋是毫無疑問的。反復評估太康文學,可以得出一份總結性質的名單,他們是"三張二陸兩潘"(現代的有些文學史家把張華(232—300)代替張亢,作爲三張之一,實在是風馬牛不相及)。這個集團的存在使得潘、陸和他們的同道參與官廷裏的文學活動成爲可能。仔細檢視他們的文獻資料,不難發現他們既在公開流傳的著作中,又在相對個人私密的文本裏熱忱地從事主題和形式的實驗。

④ "今子有大樹,患其無用,何不樹之於無何有之鄉,廣莫之野,彷徨乎無爲其側,逍遥乎寢臥其下"。《莊子集釋》卷一,世界書局,1894 年,1982 年重印,頁 21。

纪到五世纪的哲学论辩之中。

　　对儒家常青树的新探通过葵花得以实现——这种植物在三世纪文学的辞彙表裏还算不上著名的意象，而且缺乏令人信服的象徵力。这株不常青的植物变得像松柏一样，被饰以坚忍、歷寒不凋的品质。当葵被用作坚韧不拔的象徵时，它并不常青的事实著实令人备受打击。依靠灵感设想未必真实的秋天意象，潘岳、陆机和张协也延续了庄子"逍遥游"的理想。"逍遥游"这种表述不见於其他文献，是《庄子》本身固有的，《庄子》用精确或接近精确的语言刻意为之，意欲唤起对"纯真"自由的联想，尤其是关於命运的自然轨跡。这两种创新的结合，产生了各种与秋天相关的联想，它们激发灵感、令人满足，完全取代了那些遗憾、痛苦和忧鬱的消极情绪。

　　从本质上说，对自由理念的追求允许有这样一种文学情调——从不可能引起灵感的秋季素材中获取灵感。然而，现有的诗歌主题是保守的，它需要遵循一定的社会规范，诗人们只好重新回到更为常规的诗意空间：即面对逆境时表现出忠贞和美德的主题，这些主题需要采用更典型的悲秋背景。在文学领域，该创作理念相对後起，但是它迅速盛行，并佔据主导地位。因此，在探讨那些从死亡或从死亡恐惧中逃离、解脱的主题时，诗人们经常使用岁暮的季节性意象来释放他们纯粹的欢乐。

　　从对传统悲秋主题的悖反，转而向葵花灌输儒家的坚忍品格，在《文选》收录的作品中，陆机、潘岳、张协的文学创新非常引人瞩目。三位作家裏面，只有潘岳忠实地记载了他短暂隐居的时期。赋闲期间，他住在洛河河畔鞏县的家族庄园，该处所位於皇都洛阳以东（今河南省境内）。除了服丧期外，潘岳在《秋兴赋》和《闲居赋》中敘述的两段隐居时期都具有重要意义。

　　创作《秋兴赋》反映出他对政治生涯的觉醒，行文中充满了因不受西晋朝廷重用而沮丧的情绪。《闲居赋》是在失落感较少的情况下完成的，作品表现了选择致仕後自由恬淡的心境。两篇作品分别代表了潘岳青年和壮年时期对相同主题的看法，故应作共同研究。《秋兴赋》展现的是已过而立之年，仕途坎坷，但又不愿臣服於幻灭的男性形象。後一篇作品,不出所料,提出了更爲深思熟慮的觀點——五十歲的潘岳態度知足,但也更順從於失敗。

兩篇賦作篇幅較長,以下列出的是每篇作品的序言及與正文對應的段落。

潘岳《秋興賦》①
[序,節選]

僕野人也,偃息不過茅屋茂林之下,談話不過農夫田父之客。攝官承乏,猥厠朝列;夙興晏寢,匪遑底寧。譬猶池魚籠鳥,有江湖山藪之思。於是染翰操紙,慨然而賦。于時秋也,故以《秋興》命篇。

[末 節]

且斂衽以歸來兮,忽投紱以高厲。耕東皋之沃壤兮,輸黍稷之餘稅。泉湧湍於石間兮,菊揚芳於崖澨。澡秋水之涓涓兮,玩游儵之澣澣。逍遥乎山川之阿,放曠乎人間之世。優哉游哉,聊以卒歲。

潘岳《閑居賦》②
[序,節選]

太夫人在堂,有羸老之疾,尚何能違膝下色養,而屑屑從斗筲之役乎③。於是覽止足之分,庶浮雲之志④。築室種樹,逍遥自得。池沼足以漁釣,春稅足以代耕。灌園粥蔬,供朝夕之膳;牧羊酤酪,以俟伏臘之費。孝乎惟孝,友于兄弟,此亦拙者之爲政也。乃作《閑居賦》,以歌事遂情焉。

---

① 見《文選》卷一三,上海古籍出版社,1986年,頁585—590。
② 見《文選》卷一六,頁697—707。
③ 《論語》第13篇第20條:(子貢)曰:"今之從政者何如?"子曰:"噫!斗筲之人,何足算也。"
④ 《論語》第7篇第16條:(子曰:)"不義而富且貴,於我如浮雲。"

[末　節]

　　昆弟班白，兒童稚齒。稱萬壽以獻觴，咸一懼而一喜。壽觴舉，慈顏和。浮杯樂飲，絲竹駢羅。頓足起舞，抗音高歌。人生安樂，孰知其佗。退求己而自省，信用薄而才劣。奉周任之格言，敢陳力而就列①。幾陋身之不保，尚奚擬於明哲。仰衆妙而絶思，終優遊以養拙。

　　就潘岳的仕途而言，他在仕與隱之間表露出一種矛盾。這一困境在他感到政治生涯的失敗、需要自我調節時有所緩和。不管怎樣，在他對隱居生活的描述中，這種緊張狀態明顯消失了。取而代之的是他隱居期間表現出的態度，儘管隱居的時間很短暫。潘岳的態度是一種完全的心滿意足和對命運的逆來順受。此外，《秋興賦》打破了悲秋詩的傳統，以令人振奮的方式呼應了自足的心情。《秋興賦》和《閑居賦》裏，對自然天命的信奉皆秉承了"逍遥遊"的理想。從謀求仕進的約束中解脫出來，潘岳内心的喜悅躍然紙上。

　　在《閑居賦》中，潘岳寫實與寫景的技法得到了充分發展。既展現他作爲一位淳樸農民，勤儉節約、善於持家的個人細節，又刻畫他土地上真實存在、並非虛構的草木牲畜，潘岳描繪了一幅相當現實的莊園圖景。除了細緻地呈現一家人鄉村生活的寧靜景致外，潘岳又對田園風光保持着獨具個性的熱愛。這也是他最後一篇揭示歸居閑適的作品。幾年後潘岳的夫人和幼女意外去世，他以哀悼爲主題，創作了繼《閑居賦》之後唯一具有個性的詩作。這三首題爲"悼亡"的詩歌成爲里程碑式的作品。不過值得注意的是，潘岳在表現"啓夕兮宵興"和"悲絶緒兮莫承"時又採取了更爲常規的悲秋主題模式。②

　　不再爲朝廷效力的潘岳，在賦中並沒有說明自己已經獲得的成就，

---

①　《論語》第 16 篇第 1 條：周任有言曰："陳力就列，不能者止。"
②　拙作《潘岳作品中的悼亡藝術：論〈哀永逝文〉》，《美國東方學會會刊》1994 年，第 114 卷，第 3 期，頁 409—425。

他因追求安閑自得的生活而放棄了政治抱負,"終優遊以養拙"。這與典型歸隱詩裏所標舉的思想形成鮮明對比,因爲那種思想最注重飛黄騰達、功成名就和全身而退。同樣,張協在一首歸隱詩中也認爲,崇高的理想只有遠離朝廷才能完美實現。《文選》收録了張協的十首無題詩,其中吟詠田園之樂的第三首同樣營造出悖離傳統的秋景。① "逍遥遊"的精神即使没有明確地表達出來,也已包含其中。

張協《雜詩》之三②

  金風扇素節,丹霞啓陰期。騰雲似湧煙,密雨如散絲。寒花發黄采,秋草含緑滋。閑居玩萬物,離群戀所思。案無蕭氏牘,庭無貢公綦③。高尚遺王侯④,道積自成基。至人不嬰物,餘風足染時。

  文中影射了那些積極入世,却遭人恥笑,未能贏得名譽與官位的歷史人物。這裏,張協告訴我們,遠離朝政才是實現聖人儒家理想的最好途徑,所謂"高尚遺王侯"。

  張協帶着明顯的愜意來表現他的隱居生活,傳達了與秋天有關的宇宙學、氣象學和植物方面的意象。他以能引發不同感覺的意象細緻入微地創造出季節的氛圍。不是詳述秋天的蕭條,而是以描繪鮮活與荒涼色彩的視覺對照,來贊美秋天的流光溢彩。張協對"素"字的使用援引了五行中的"金"和色彩中的"白"這兩大概念,兩者在中國的宇宙學説中都指代秋天。"素節"的意象與季節中"陰"的時期,即少"陰期"

---

  ① 這十首保存在《文選》裏的詩作有助於鍾嶸(?—518)將張協列爲上品。見《詩品注》,開明書店,1964年,頁15—17。

  ② 《文選》卷二九,頁1379。

  ③ 蕭氏指蕭育,貢公指貢禹。他們是身處西漢的一對摯友,以互相推薦對方爲官聞名當時。見《漢書》卷七八,中華書局,1975年,頁3290。

  ④ 《易經》第十八《蠱卦》:"不事王侯,高尚其事。"《周易注疏》卷三,見阮元(1764—1849)合刻《十三經注疏》,新文豐出版公司,1978年重印,頁6。

形成了鮮明的反差。秋分一過,少陰開始超越少陽,到冬至那天達到了它的頂點,成爲"太陰"。明暗交錯的荒涼襯托出菊花金色的光輝——菊花被稱作"寒花"無疑與秋季有關,另外,草木在雨水的滋潤下變得茂盛豐饒。所有這些意象都強調了視覺、嗅覺和觸覺上的感官愉悅。對讀其他以秋天傳統景物入詩的作品,張協這首詩的技巧顯然更爲突出。選集編者和文學史家在《文選》所收張協十首詩作中,唯獨對此首青眼有加,主要是歸功於他創造性地描繪了秋天。①

不過,張協的詩歌也表現出一絲輕微的不安,那是隱居生活所帶來的離"群"索居的感受。與張協的詩作不同,潘岳的《秋興賦》與《閑居賦》沒有一點渴望合群的跡象。事實上,在思考融入群體的志向時,潘岳認爲自己缺少積極的願望:"苟趣捨之殊途兮,庸詎識其躁靜?"(《秋興賦》)據《老子》第二十六章"靜爲躁君"②,潘岳把合群的志向比作"躁",而把自己缺乏這種積極的願望比作"靜"。正是這種思想觀念和精神狀態,投射在潘岳和張協的秋隱時期。

秋天爲避世隱居的潘岳、張協提供了詩歌靈感,這種靈感在陸機《歎逝賦》和《園葵詩》的秋季氛圍中同樣存在,它引發了一種思想,讓陸機從死亡的恐懼和死亡本身裏解脫出來。前一篇作品創作於西元300年,爲悼念賈謐集團一些被處死的同道,包括潘岳和張華在內。這些人的罹難使陸機的內心受到強烈震撼,震撼最大的可能是張華的噩耗,因爲他是第一個在皇都提攜陸機的人。289年,吳國被征服不久,陸機和他的弟弟陸雲(262—303)動身北上,被迫爲西晉朝廷服務。剛到洛陽時,張華曾經友待過他們。潘岳和張華的處決與統治者——司馬氏家族各個派系成員的權力紛爭密切相關。③ 在這段被後人稱作"八王之亂"(300—306)的政治鬥爭時期,陸機至少加入了其中的兩個派系,這足以讓他感受到死到臨頭的恐懼。在《歎逝賦》中,陸機試圖驅散這種憂慮,賦中設計的

---

① 其中第一、二、四首見《文選》卷二九,頁1378—1380。
② 《老子》第二十六章:"重爲輕根,靜爲躁君。"經部,頁25(《四部備要》本)。
③ 他們因與賈后合謀偽造文書、矯詔廢黜並隨後殺害儲君司馬遹(?—300)而被處以極刑。拙作《潘江陸海》,頁84—87。詳見附錄年表。

解決方法與潘岳賦類似,都是棄官歸隱,而並非自尋了斷。

陸機《歎逝賦》①
[末　節]

　　痛大暮之同寐,何矜晚以怨早?指彼日之方除,豈茲情之足攪?感秋華於衰木,瘁零露於豐草。在殷憂而弗違,夫何云乎識道。將頤天地之大德,遺聖人之洪寶。解心累於末跡,聊優遊以娛老。

與他總體上蒼涼的文學面貌不同,陸機對《莊子》的借鑒是積極樂觀,令人耳目一新的。以陸機的樂府詩和擬古詩爲例,詩作充滿了常規的秋季意象,反映諸如孤獨和離別之類的主題。②《歎逝賦》將生命和名譽描述爲"天地之大德"、"聖人之洪寶",這是陸機後期作品中表現出來的最爲宏偉的抱負。

　　陸機的同道在西元300年被處死,爾後不到一年,陸機自己的生命也受到嚴重威脅。他因從屬於陰謀篡奪皇位而未遂的派系,被處以極刑。另兩個派系的領袖爲陸機求情,證明他的清白,陸機得以"減死徙邊"。時來運轉,朝廷宣布大赦天下,陸機在服刑之前就被赦免了流放的罪責。③於是,陸機成爲了司馬穎(?—306)的幕僚。司馬穎是解救陸機的兩個領袖之一,他的勢力相對較強。陸機創作了兩首《園葵詩》,以示對重獲新生的感激。在這兩首詩中,他把葵花作爲朦朧的隱喻,來表現"孤身寄北蕃"的境遇。利用這種隱喻,他甚至直截了當地描寫葵在"高墉"的庇護下得以幸存,以此向司馬穎表示恰如其分的敬意。

　　歷史上,葵與烹飪有關而不被文學認同,所以陸機的以葵爲譬是一

---

　　①　見《文選》卷一六,頁727。
　　②　關於陸機擬古詩的探討,可參見拙作《獨創的模擬技法:論陸機對漢代古詩的模擬》,見柯睿和康達維主編《早期中古文學、文化史研究——馬瑞志、侯思孟紀念文集》,美國唐史學會,2003年,頁117—148。
　　③　陸機和另外九人被指控參與起草司馬倫(?—301)用來篡位的假禪文。拙作《潘江陸海》,頁108—111。詳見附錄年表。

次全新的嘗試。① 在陸機的遣詞造句中,這種隱喻的獨創性與儒家的常青樹聯繫在了一起。葵被改造成常青樹的角色,它面對逆境時的堅忍不拔變得廣爲流傳。讓我們簡要地探討下"葵"——我把它譯成"mallow"(錦葵屬)——這種花的屬性。葵是許多錦葵屬多年生植物的總稱,其中包括芙蓉和蜀葵。② 向日葵科與菊科植物的俗名相同,因此中國古典文獻中的"葵"曾被錯誤地譯爲"向日葵"。這種誤譯不僅落入了現代漢語用法的窠臼,同時也將一種"新大陸"的植物移植到古代中國的語境之中。葵還有另一個可供選擇的名字——"吳葵"。這是針對一種高莖開花植物——蜀葵(蜀葵屬薔薇)的取名方式而言。③ 葵從吳地移植到"北園""孤生",好比對陸機本人的恰當隱喻。雖然我們無法確定陸機生活的年代是否已經存在"吳葵"之名,但這一名稱很可能來源於純文學,下面引用陸機的詩歌爲證。

陸機《園葵詩》之一④

種葵北園中,葵生鬱萋萋。朝榮東北傾,夕穎西南晞⑤。零露垂鮮澤,朗月耀其輝。時逝柔風戢,歲暮商猋飛⑥。曾雲無溫液,嚴霜有凝威。幸蒙高墉德,玄景蔭素葰。豐條並春盛,落葉後秋

---

① 錦葵屬植物曾被形容爲"古代中國最重要的葉菜"。唐代以後,葵的流行程度逐漸下降,乃至被視爲野草。張光直編《中國文化中的食物》,耶魯大學出版社,1977年,頁91。

② 蜀葵屬和芙蓉屬的植物品種,其花朵很相似。它們都有突出的長長的雄蕊,伸出花瓣之外。湯瑪斯·埃弗雷特《紐約插圖植物園藝百科全書》卷六,加蘭出版社,1981年,頁2115—2116;唐納德·惠曼《惠曼園藝百科全書》卷三六,麥克米倫出版公司,1971年,頁530。

③ 還有另一個可供選擇的名字是蜀葵。博恩·里德《1956,〈本草綱目〉裏的中國藥用植物》,南天書局,1936年,1982年重印,頁275。

④ 《文選》卷二九,頁1369—1370。

⑤ "穎"字的使用暗指司馬穎。

⑥ "商猋"一詞可以解釋爲"商調"之風,在"宮商角徵羽"五個相關詞語(五音)中,商指代秋天。

衰。慶彼晚凋福,忘此孤生悲。

陸機《園葵詩》之二①

翩翩晚凋葵,孤生寄北蕃。被蒙覆露惠,微軀後時殘。庇足同一智②,生理合異端③。不若聞道易,但傷知命難。

陸機這兩首詩裏都出現了"晚凋"一詞,它化用了松柏"後凋"的表達方式。但葵並不能像常青樹那樣在嚴寒中存活。詩中,葵幸存下來並且枝繁葉茂,甚至能捱過霜凍,但這僅僅是因爲"高墉"的保護和雨露的澤溉。有了這些培養介質,葵能夠熬過秋風霜雨,乃至在開花期過去很長一段時間後才開始凋零。在《歎逝賦》中,陸機"感秋華於衰木"。他將死前的階段命名爲"歲暮"時,懷着贊美而不感傷的情緒。與葵花相類似,他度過了本該辭世的時期而幸存下來。④

儘管陸機死裏逃生,但他仇敵的權勢却不斷增長,摯友們一再敦促他返回南方。從詩歌記載中可以判斷,陸機的内心一直因遠離故土而

---

① 見逯欽立《先秦漢魏南北朝詩》,《晉詩》卷五,中華書局,1983年,頁690—691。陸機兩首《園葵詩》中的第二首没有收入《文選》。這首詩有一部分保存在《文心雕龍》(《文心雕龍注》第8册,卷三八,商務印書館,1960年,頁616)和《藝文類聚》卷八二,上海古籍出版社,1982年,頁1417。

② "同"字,《藝文類聚》本作"周"。此從《文心雕龍》本。這兩句詩涉及到《左傳》中兩段不同的文字。第一段爲"鮑莊子之智不如葵,葵猶能衛其足",《春秋左傳注》,成公十七年,中華書局,1981年,頁899。第二段是樂豫所説的"葛藟猶能庇其本根",《春秋左傳注》,文公七年,頁557。陸機用儒家思想評價葵的特性時,用"庇"不用"衛"。

③ 《文心雕龍》本作"合異",而《藝文類聚》本作"各萬",卷八二,頁1417。

④ 西元279—282年,潘岳在河陽爲官,任期短暫但經歷坎坷。在一篇表現這段從政經歷的賦作中,潘岳賦予石榴樹以常青樹的特徵。當深秋遍野蕭條之時,惟有石榴樹還保留着樹葉和果實——它是"後凋"思想的體現。《全晉文》之《河陽庭前安石榴賦》,見嚴可均編《全上古三代秦漢三國六朝文》卷九二,中華書局,1987年,頁1。

備受折磨,如今的吳地在某種意義上也與那個曾經強盛的吳國相距甚遠。雖然他表示難以接受吳國的没落態勢,並且後來又北上爲官,但令人百思不得其解的是,陸機在北方局勢同樣變得動蕩不安時也未曾返回吳地。① 陸機開始認識到"知命難",但没有設法做任何改變。

　　此外,儘管與死神擦肩而過,陸機似乎在司馬穎的庇護下有了安全感,不再擔心會受到迫害。有人這樣猜測,與早年在洛陽的文學立場相反,陸機此時已經接受了效力北方的現狀。更爲重要的是,在南方州郡擔任無關緊要的職務,雖説安全,但無法實現入主内閣的雄心壯志。事態有了諷刺性的轉變,陸機因司馬穎幸免於難後的第二年,正是司馬穎本人,聽信宦官讒言,以謀反大逆罪處死陸機。其時陸機領兵作戰,遭受重創,這一站不住腳的罪名由此產生。42歲的陸機從容赴死,他對自己死期將至的預言終成現實。②

　　陸機能從死亡的恐懼中解脱出來,並且慶祝自己劫後餘生,却無法接受吳國的衰亡。他北上爲官,與故國的滅亡密切相關;身處異地,又不斷地回想起吳國遭受的燬滅性打擊。與陸機相反,潘岳能够感知歷史潮流,坦然面對自己無力回天的現狀,努力地追求着仕途上的成功。然而,當他用詩歌反映自己人生中的特殊事件時,我們却可以發現,潘岳並不能擺脱喪妻的痛苦。因此,陸機的仕途與潘岳的痛苦,這些事例藴含着更爲典型的歲暮主題。他們的詩作,也選擇了適當的情境來遵循傳統的表現方式。潘岳和陸機重新回到傳統的空間來表現悲秋主題。在上述例證中,對莊子"逍遥遊"觀念的借鑒違背了社會的禮儀,並且二人都不能從忠貞和美德的原則中尋找到愉悦和輕鬆。陸機在反映仕途的詩作裏,絲毫没有背叛故國的意圖;潘岳在悼念亡妻的作品中,更加不願顯露品行的缺失。

---

　　① 《晉書》卷五四,頁1473;拙作《潘江陸海》,頁112。詳見附錄年表。
　　② 司馬穎寵幸的宦官孟玖,陰謀編造罪名,陷害陸機致死;孟玖的弟弟孟超是陸機麾下的小都督,他的叛變使陸機的軍隊元氣大傷。孟玖將陸機的戰敗説成是一種叛國行爲,於是司馬穎立即下令處死陸機。《晉書》卷五四,頁1480。詳見附錄年表。

恰恰相反，正是僅僅在尋求解脱的時候（解脱的目的既有個人失敗的焦慮，又有死亡的恐懼），他們才能有所感悟，從而信奉莊子的理想。另外，在秋季繁茂的語境中，他們提供了關於歸隱和死亡的振奮人心的文學視角，這些視角迄今爲止不爲傳統文學所知。明顯矛盾的文學元素如此完美地融合起來，偉大的傳統帶來了新興的自由。憑藉《文選》中潘岳、陸機和張協作品的創新，"歲暮"主題的新探成爲文學永恒的記憶，並以它自身的方式演進爲一種特殊的文學主題。

附　録

潘岳和陸機：西元 300—303 年間與"八王之亂"有關的大事年表

西元 300 年

1 月 8 日——2 月 6 日（陰曆 299 年 12 月）：賈南風（？—300）皇后，即惠帝（司馬衷，290—306 在位）的皇后命令潘岳起草一份文書，假借太子司馬遹的口吻，要求惠帝退位。賈后圖謀，一旦司馬遹被廢，就扶植侄子賈謐（？—300）爲新一任儲君。

賈后又設計讓司馬遹謄抄這份文書，其時司馬遹被灌醉，不覺内容有詐。於是產生了司馬遹筆跡的逼宫文書。

注：這一時期潘岳和賈家關係密切。他在 299 年被任命爲黄門侍郎。

2 月 6 日：因爲司馬遹手寫了逼宫的文書，惠帝定他謀反之罪；司馬遹被貶爲庶人並囚禁於金墉城。

4 月 27 日：賈后矯詔處死司馬遹；司馬遹很快被殺。

5 月 7 日：賈家派系失勢；賈后被貶爲庶人（5 月 13 日處死）；張華（232—300），當朝司空，早年提携陸機者，亦被處死。賈謐，宫廷文學集團——"賈謐二十四友"的發起人，"自盡"。潘岳和陸機成爲賈謐集團的詩人領袖。

5 月 8 日：司馬倫（？—301）矯詔自封爲相國、都督中外諸軍事。

注：司馬倫任命陸機爲相國參軍。

6月12日:司馬臧被立爲皇太孫。

8月31日—9月29日(陰曆8月):司馬允(?—300)和司馬晏(?—310)在洛陽城外被司馬倫的軍隊擊敗。司馬允處死,司馬晏被剝奪了吳王的封地,不過在301年司馬倫垮臺後,他又官復原職。潘岳和賈謐文學集團另一位著名成員石崇(249—300),以串通司馬允和司馬晏密謀反叛朝廷的罪名逮捕。潘岳和石崇都是司馬倫謀士孫秀(?—301)積怨已久的政敵。石崇、潘岳和潘家三族,包括潘岳的老母,全部遇害。

11月3日:惠帝新立羊獻容爲皇后,羊氏與孫秀有着家族淵源。

西元301年

2月3日:司馬倫和孫秀草擬一道虛假的詔書脅迫惠帝禪位;司馬倫篡奪了皇位。

注:301年,陸機在司馬倫幕下爲中書郎。

2月4日:惠帝被遷往金墉城軟禁,名義上尊稱爲"太上皇"。司馬倫廢黜皇太孫司馬臧,新立自己的親生兒子司馬荂爲皇位繼承人。

2月11日:司馬倫殺了司馬臧。

4月:司馬冏(?—303)、司馬穎(?—306)和司馬顒(?—306)調動兵力共討司馬倫。司馬倫被俘,孫秀被誅。

5月31日:惠帝復位。

6月1日:司馬倫被賜自盡。司馬冏以參與起草假禪文的罪名,將陸機和其他九人打入死囚。此時司馬冏在政治上大權在握。司馬穎和司馬晏爲陸機求情;陸機得以"減死徙邊"。在動身去流放地之前,陸機又幸遇大赦(或者是8月5日的大赦,或者是10月4日第二次大赦,並且"原徙邊者")。陸機在司馬穎手下參大將軍軍事。

7月:司馬尚(?—302)被立爲皇太孫。

西元302年

5月7日:皇太孫司馬尚去世。

7月6日:司馬覃(?—307)被立爲皇太子。

西元303年

1月26日(陰曆302年12月):司馬冏被司馬乂(?—303)打敗並

遭斬首。司馬乂成爲都城洛陽的政治首腦。司馬穎駐兵鄴都,任命陸機爲平原内史。

　　8月29日—9月27日(陰曆8月):司馬穎與司馬顒共伐司馬乂於洛陽。在年初任命陸機爲平原内史之後,司馬穎此時又强迫陸機接受前鋒都督、前將軍的官職領軍作戰。陸機麾下的小都督孟超不受節制,並致書其兄孟玖誹謗陸機"持兩端,軍不速決"。孟玖是司馬穎頗爲寵幸的宦官。

　　11月3日:由於孟超的兵變,陸機只能率領殘餘部隊作戰,在洛陽城外慘敗於司馬乂。陸機手下衆多部將被俘、被殺,不過陸機全身而退。

　　11月4日左右:孟玖譖言,陸機戰敗實爲謀反之象。司馬穎大怒,下令處死陸機。

　　11月5日左右:陸機遇害於軍中。他的兩個兒子陸蔚和陸夏,亦同被害。陸機的弟弟陸雲(262—303)遭到連坐,其友人在司馬穎面前極力請命,證明陸雲清白。在司馬穎重新考慮寬宥陸雲之前,孟玖"催令殺雲";陸機的另一個弟弟陸耽,也被處死。

(譯者單位:南京大學文學院)

道別:中國中古前期的誄文轉變

[美]高德耀 撰 何維剛 譯

對於大多數時代的大部分人來説,生命經常被描繪成一個弧形:一段從呱呱墜地的嬰兒到最終被人忘却的旅行。而過早結束旅行,無疑是一場悲劇。歷史學家與精算師們告訴我們,這一弧形的持續性隨着時間的推移而不斷波動着。在西元二、三、四世紀時,死亡的恐怖已大量呈現在中國人民的眼前。水患、饑荒與疾疫對他們造成的損害,各個時期幾無間斷的戰争不但帶來了暴力,也給士兵、百姓以及各色地位高低不同的人們提早帶來了死亡。難怪這個時期的某些宗教文獻都包含對於未來的啓示和憧憬。①

文學對這種情況下的憂鬱心態的反映也隨時而遷變。在這個朝代

---

① 柏夷(Stephen R. Bokenkamp)在其爲譯本《靈書紫文上經》(一般認爲這是楊羲〔330—386?〕寫定的啓示著作之一)所撰前言中指出:"從漢朝末期開始,相信宇宙循環已經達到最低點並且世界就要崩燬的信仰逐漸增多。"參見柏夷《早期道教經典》(*Early Daoist Scriptures*),加利福尼亞大學出版社,1997年,頁296。這種日益迫近的天啓觀念可參見柏夷在頁345—346的翻譯。

中,有一系列詩歌直接涉及了生命的短暫。① 但我們也可以找到爲數更多的其他特定題目都與死亡的威脅相聯繫。舉例而言,藉由不朽的聲名以克服死亡的這個想法,較早表現在《左傳》與司馬遷《報任安書》中廣爲人知的段落,同時也出現在曹丕《典論・論文》、曹植《與楊德祖書》與其他作品之中。② 另外一種對於死亡威脅的反映是及時行樂的心理狀態,在著名的《古詩十九首》中的一些詩歌中,在包括建安時期的公宴詩在內的其他詩篇,在某些書信中都有所體現。③ 有一封著名的書信中寫到:

> 昔年疾疫,親故多離其災。徐陳應劉,一時俱逝,痛可言邪。昔日遊處,行則連輿,止則接席,何曾須臾相失。每至觴酌流行,絲竹並奏,酒酣耳熱,仰而賦詩,當此之時,忽然不自知樂也。謂百年已分,可長共相保,何圖數年之間,零落略盡,言之傷心。頃撰其遺文,都爲一集,觀其姓名,已爲鬼錄,追思昔遊,猶在心目,而此諸

---

① 例如傅玄《挽歌》,見逯欽立輯校《先秦漢魏晉南北朝詩》第一冊,中華書局,1983年,頁565。關於死亡主題的詩歌,可參看鈴木修次《漢魏詩研究》,大書館,1967年,頁494—496;郭秀華、高培權編纂《歷代哀祭詩詞精華二百首》,陝西人民出版社,1997年。

② 舉例而言如佚名的《長歌行》,收錄於[梁]蕭統編纂、[唐]李善注《文選》(中華書局,1971年,卷27,頁16b—17a);曹植《薤露行》,收錄於趙幼文編纂《曹植集校注》卷三(人民文學出版社,1984年,頁433—434),以及陳琳的無題詩,收入逯欽立編纂《先秦漢魏晉南北朝詩》(第一冊,頁368)。

關於博取名聲的問題,可參看康達維《芟除繁蕪 採摘孔翠:中國中古早期的總集》(*Culling the Weeds and Selecting Prime Blossoms: The Anthology in Early Medieval China*),收錄於《中國疆域重建中的文化與權力》(*Culture and Power in the Reconstitution or the Chinese Realm*),頁208。

③ 關於建安公宴詩,可參看拙作《曹植的宴會詩》,《中國文學》6 (1984),頁1—32。

子，化爲糞壤，可復道哉？①

縱使曹丕在這段文字中明言，他和他的朋友們未能預知這段不幸的悲劇將降臨在他們身上，但是，對於幸福與生命本身一瞬即逝的本質的意識，以及對於時代的真正的痛苦與艱難的描寫，在建安時期的作品中却是太常見，以致被人忽視。檢視曹丕信中強烈的情感，或許我們可以説，在中國中古前期，就如同赫伊津哈論到歐洲中世紀時説的："有比現在還有更加鮮明的輪廓。在憂傷與喜悦、好運與厄運之間的距離，也會比我們體會到的大得多。"②正是他們對於死亡的非常敏鋭的意識，使建安文人對他們涉及公宴與行旅的作品賦予很高的價值。③ 文學研究者經常提到建安時代詩歌中現實主義的特色，這指的是作品中所描寫的艱苦與悲痛，而這些作品正是這樣的歷史環境中創作出來的。衆所周知，過於簡單化，甚至近乎昏昧地確定一個時代的精神特徵，其風

---

① 此段摘録自曹丕的《與吳質書》，參見蕭統《文選》卷四二，頁9，這條材料亦見於《三國志》裴松之注引魚豢《魏略》中，略有異文，參見陳壽《三國志》，中華書局，1962年，頁608。參看傅思（Lois Fusek）《曹丕的詩歌》（*The Poetry of Ts'ao P'i*〔187—226〕），耶魯大學博士學位論文，1975年，頁73；侯思孟（Donald Holzman）《公元三世紀初的中國文學批評》，《亞洲研究》28.2，1974年，頁123；繆文傑《東漢末年的文學批評》（*Literary Criticism at the End of the Eastern Han*）《東西方文學》16，1972年，頁1031；拙作《曹植的宴會詩》，頁4—5。關於作爲編者的曹丕，可參看康達維《芟除繁蕪 採擷孔翠》，頁203；傅思《曹丕的詩歌》，頁93。

② 參見赫伊津哈（Johan Huizinga），中世紀的秋天，羅德尼·佩頓（Rodney J. Payton）及烏尔里希·馬米奇（Ulrich Mammitzsch）譯，芝加哥大學出版社，1996年，頁1。

③ 宴飲的嗜好被劉勰拈出作爲建安詩歌的一個特色。他寫道："文帝陳思，縱轡以騁節……並憐風月，狎池苑，述恩榮，敘酣宴。"參見范文瀾《文心雕龍注》卷二，人民文學出版社，1978年，頁66。

險是很大的①；但在某種程度上，中古前期也確實是一個悲痛與憂鬱的時代②。

還有另外一個與時代的危險與死亡的威脅有所關連的主題，即是關於身體的不朽。在中古前期，相信不朽是可能的已經有了相當長的一段歷史。即使這種信仰並非被普遍支持（有時甚至特別被抵制），但它也不算罕見。在詩歌中最早表現不朽觀念的見於《楚辭》，然而這個主題却更爲普遍地用於藝術與碑銘之中，到了中古前期，這一主題在遊仙這一類詩歌作品中復興了。當然，也有可能一直有人創作這類詩歌，只是我們因爲對於相關文學記載的認識有限，進而覺得遊仙詩似乎是早先這類主題的復興。究竟這些中古前期詩歌是來自宗教信仰，還是來自民間對於不朽的信仰，是一種逃避現實的諷喻手段，還是一種政治抱怨，抑或只是一個主題的歧變，這是一個不斷有人要問的問題，而問題的答案因詩人的不同、作品的不同而會有所不同。③ 不管詩人們實際的想法爲何，這些詩歌部分地反映了人們對於死亡這個觀念越來越關注這麼一種思想狀態。④

最後，也有些詩歌圍繞着世間繁華過眼即逝的主題。中國關於這一主題的最好的詩篇，是後來才出現的。但是，舉例而言，三世紀前後却有一組以"三良"爲題的組詩——"三良"是秦穆公的三位臣子，在西

---

① 關於這問題的爭論可參看珀金斯（David Perkins）《文學史可能嗎》（*Is Literary History Possible?*），（約翰·霍普金斯大學出版社，1992年），尤其是第5、6兩章的部分。

② 參看徐國榮《先唐誄文的職能變遷》，《文學遺產》2000年第5期，頁16、19。

③ 關於曹植詩歌中有與《離騷》相似的政治寓意的觀點，可參看[清]丁晏《魏陳思王年譜》，載丁晏《曹集銓評》（修訂本），文學古籍刊行社，1957年，頁216；邱鎭京《曹氏父子詩論》，文津出版社，1973年，頁34—35。侯思孟（Donald Holzman）認爲曹氏部分而非全部遊仙詩有政治寓意，參看侯思孟《曹植和神仙》（*Ts'ao Chih and the Immortals*），《亞洲專刊》，第3輯1.1，1988年，頁15—34。

④ 例如，參看康萍《論魏晉遊仙詩的興衰與類別》，載鄭騫編《中國古典文學論叢》第一卷詩歌之部，中外文學月刊社，1976年，頁201—214。

元前620年秦穆公去世時陪葬而死。① 雖然這些探討世間榮華結局之類主題的詩歌並不僅局限於第三世紀,我們却很難定論說,這些詩歌乃是因應着那個時代的特殊情勢而產生的。但是,懷古以及隨之而來的燬滅感却清楚地與這些中古前期的詩人心靈攸關。

除了曹丕的《與吳質書》,目前爲止討論到的文體與作品,在涉及死亡主題時,在觀念和現實上都有着些微的差距。可是也有一些作品比這些作品更直接地關注死亡。早在二至三世紀,那些文學體裁就已存在,實際上,其功能就是追悼最近逝去的個體生命。這類哀挽文體包括了誄、哀、碑、墓誌、弔文以及祭文。② 其中最爲知名的誄文作家爲曹植和潘岳。在接下來的論述中,我將首先探討誄文這一文體及其至中古前期的發展過程,接着聚焦在曹植的三篇誄文,試圖說明這個文體的特色所在,展現出曹植如何以不同的手法去處理他的主題,同時適應文體的需要,並且指出這三篇作品展示了風格的發展。最後,我將考察潘岳的誄文,並且闡發潘岳其他作品與其誄文之間的聯繫關係。

雖然誄文擁有相當長的歷史,實際上漢代以前並沒有可靠的作品例證留存下來,存世的曹植之前的作品也相對很少。③ 在《周禮》中,誄被認爲是"大喪"的一部分——"大喪"是用於諸侯、后妃以及太子的喪

---

① 關於這些詩歌,參看拙作《讀曹植的〈三良詩〉:詠史詩還是登臨詩?》(*On Reading Cao Zhi's 'Three Good Men': Yong shi shi or Deng lin shi?*),《中國文學》11,1989年,頁1—11。

② 可參看康達維翻譯《文選》卷一《京都賦》,普林斯頓大學出版社,1982年,頁46—47。當然,也完全可能以其他形式去書寫個人的死亡,其中最爲著名的作品當爲潘岳《悼亡詩》。

③ 文體史的研究包括褚斌傑《中國古代文體散論》,北京大學出版社,1990年,頁418—419;福井佳夫《中朝文體論——誄について》,《中國中世文學研究》14期,1979年,頁1—21;鄧國光《〈周禮〉六辭初探》,《中華文史論叢》第51輯,1993年,頁137—158。

葬儀式。據說它由大祝撰寫，並由大史朗誦。① 大祝負責起草各類不同的官方文書，包括誄文在內。鄭玄（127—200）注引鄭衆（約 5 B. C.—A. D. 83）的解釋，謂"此皆有文雅辭令，難爲者也。故大祝官主作六辭"②。雖然《周禮》反映的是一個理想的官僚政治，它也保留了一些重要的而零碎的資訊，有助於我們去探查誄這一文體的歷史。有些學者會將各類文體的起源上溯自大祝或其他負責起草人員的各式不同作品③。鄧國光認爲這些作品在中國抒情文學創作史上佔有重要地位，並且認爲大祝所作六辭爲：

> 不同現代觀念的政府公文或公告。"六辭"具有强烈的愛憎烙印，表現主子的感情。於是，在"六辭"的基礎上啓韌的後世各種軍國文誥，無不體現抒情的性質，而政治文誥亦成爲抒情文學的文體，這是在西方文學觀念影響下的現代治中國文史學者所不能瞭解的。④

我們是否完全明白《周禮》與其實際操作之間的關係，並進而對大祝作品在各文體發展史上的地位進行評判，在我看來，這一點還是不清楚。當然，若考慮到《周禮》的成書時代，我們便不會對《周禮》中存在着各類

---

① 參見《周禮注疏》3.16b，25.8a，26.15b，載阮元《重刊宋本十三經注疏》，藝文印書館，1960 年。亦可參看羅泰（Lothar von Falkenhausen）《中國古代祖宗祭祀中"文"的觀念》（*The Concept of Wen in the Ancient Chinese Ancestral Cult*），《中國文學》18，1996 年，頁 9。

② 參見《周禮注疏》25.8b，也可參見鄧國光《〈周禮〉六辭初探》，頁 137。鄧國光談到，唯有文墨曉暢並能靈活遣用文辭的人才適合撰寫文辭，而根據《周禮》，這意味着祝比史更有能力勝任。

③ 參看鄧國光《〈周禮〉六辭初探》，頁 138。鄧氏也引錄了劉師培《文學出於巫祝之官說》。

④ 鄧國光《〈周禮〉六辭初探》，頁 140。

文體感到訝異。①。而且，縱然鄧國光的論述無疑地在於試圖進行改善、鼓勵學者們多去關注較少研究的文體，我却不知道研究中國文學史的嚴肅學者是否一定不能理解超出純文學文體範圍的文學，我也不知道他們在研究中對詩歌與小説的重視，是否一定只能倚靠西方的文學概念才能實現。

最早對於誄的重要評論見於《墨子》，其論誄的功能云："誄者，道死人之志也。"②我認爲，這是指人一生的行事德行。③ 在《荀子》中，我們讀到，包括誄文在內的各式喪葬作品，其目的乃在於"敬傳其名"④。但若要瞭解人們如何看待誄文這麼一種文體，仍有必要來看一些批評家與選家的意見。曹丕《典論·論文》言："銘誄尚實。"⑤而稍晚的陸機《文賦》則談到："誄纏綿而悽愴。"⑥而摯虞的《文章流別論》則云：

> 詩頌箴銘之篇，皆有往古成文，可放依而作。惟誄無定制，故作者多異焉。見於典籍者，《左傳》有魯哀公爲孔子誄。⑦

不足爲奇的是，中古前期對於誄文的評論範圍廣泛，大多數已包含在

---

① 關於《周禮》的年代，可參看鮑則岳（William G. Boltz）《周禮》，載魯惟一（Michael Loewe）編輯的《中國古代典籍導讀》（*Early Chinese Text: A Bibliographical Guide*），古代中國研究學會及加利福尼亞大學東亞研究所，1993年，頁 24—29。

② 見《墨子·魯問》，參見［清］孫詒讓著《墨子閒詁》卷一三，《新編諸子集成》第六冊，世界書局，1978 年，頁 285。

③ 徐國榮《先唐誄文的職能變遷》，頁 16。

④ 參見王先謙撰《荀子集解·禮論》卷一三，《新編諸子集成》第二冊，頁 246。

⑤ 參見蕭統《文選》卷五二，頁 7。

⑥ 參看蕭統《文選》卷一七，頁 4。

⑦ 參見［宋］李昉等《太平御覽》第四冊，中華書局，1995 年，頁 596。參看約瑟夫·艾倫（Joseph Roe Allen III）《摯虞〈文章流別論〉：翻譯與簡評》（*Chih Yü's Discussions of Different Types of Literature: A Translation and Brief Comment*），Parerga 3，1976 年，頁 33。

《文心雕龍》之中,《文心雕龍》引用了《禮記》與其他典籍:

> 周世盛德,有銘誄之文①。大夫之材,臨喪能誄②。誄者,累也。累其德行,旌之不朽也③。夏商已前,其詳靡聞。周雖有誄,未被於士④。又賤不誄貴,幼不誄長⑤,在萬乘則稱天以誄之⑥。讀

---

① 《後漢書・種岱傳》:"變聞岱卒,痛惜甚,乃上書求加禮於岱。曰:'……《周禮》盛德,有銘誄之文……。'"參見[南朝宋]范曄《後漢書》卷五六,中華書局,1965年,頁1829。

② 《詩經・鄘風・定之方中》毛傳所列"大夫九能",其一為"喪紀能誄","君子能此九者,可謂有德音,可以為大夫"。同首詩中另有一句"升高能賦",這句最著名的話亦見於《漢書・藝文志》。至於後一種資格,可參看康達維《漢代的鋪採之文:揚雄賦研究》(*The Han Rhapsody: A Study of the Fu of Yang Hsiung*, 53 B.C.—A.D. 18),劍橋大學出版社,1976年,頁12—13。

③ 《禮記・曾子問》云:"賤不誄貴,幼不誄長,禮也。"參見《禮記正義》卷一九,頁7(《十三經注疏》本)。鄭玄注:"誄,累也。誄列生時行跡,讀之以作諡。"

④ 士,賀凱將之翻作"servicemen",其身份地位較卿與大夫為低。參見賀凱(Charles O. Hucker)《中國官制辭典》(*A Dictionary of Official Titles in Imperial China*),斯坦福大學出版社,1985年,頁5200。《周禮》云:"小喪賜諡。"鄭玄注認為這是屬於卿與大夫的喪儀。參見《周禮注疏》卷二六,頁15。同書亦曾提及(卷二六,頁17):"卿大夫之喪,賜諡讀誄。"前文已述,誄文的起草似乎皆出自大祝之手,可參見《周禮注疏》卷二五,頁8。亦可參看羅泰《中國古代祖宗祭祀中"文"的觀念》,頁9—10。

⑤ 參看《禮記》卷一九,頁7。

⑥ 《禮記正義》卷一九:"唯天子稱天以誄之,諸侯相誄,非禮也。"《白虎通義》:"天子崩,臣下之南郊告諡之。"參看《白虎通德論》A.153,程榮《漢魏叢書》本,吉林大學出版社,1992年。雖然《白虎通》的這句話引錄自《禮記・曾子問》,然而曾祖森已指出,它實際上並不見於今傳通行本中,縱使《禮記・曾子問》鄭玄注引用了與此相類似的一段。《禮記》謂"誄",《白虎通》謂"諡",無疑表示二者在早期有緊密聯繫。《說文》中將"誄"注為"諡",也說明瞭二者的關連性。參看段玉裁《說文解字注》卷三,黎明文化事業公司,1978年,頁31。亦可參看汪受寬《諡法研究》,上海古籍出版社,1995年,頁22、43—44;徐國榮《先唐誄文的職能變遷》,頁17。

誄定諡,其節文大矣。自魯莊戰乘丘,始及於士①。逮尼父卒,哀公作誄。觀其憖遺之切,嗚呼之歎,雖非叡作,古式存焉②。至柳妻之誄惠子,則辭哀而韻長矣③。暨乎漢世,承流而作。揚雄之誄元后,文實煩穢④,沙麓撮其要,而摯疑成篇⑤,安有累德述尊,而闕略四句乎!杜篤之誄,有譽前代。吳誄雖工,而他篇頗疏。豈以見

① 在這次事件中,魯莊公作誄以紀念的士名爲縣賁父,參看《禮記正義》卷六,頁17。此處"賁"字或應讀作féi,參看《漢語大字典》,第3卷,湖北辭書出版社、四川辭書出版社,1995年,頁3631。

② 《左傳》哀公十六年:"公誄之曰:旻天不弔,不憖遺一老,俾屏余一人以在位,煢煢余在疚。嗚呼哀哉!尼父,無自律。"其中"不憖遺一老"亦見於《毛詩·十月之交》。事實上,和誄文有相似之處者除了《毛詩·十月之交》外,尚有《節南山》及《閔予小子》,由此推測應當爲仿作《詩經》的句子。參看楊伯峻《春秋左傳注》卷二,復文圖書出版社,1986年,頁1698。

③ 這裏所提到的事件應當發生於西元前七世紀末前後,其故事與誄文都收錄在舊題劉向《列女傳》。參看[清]梁端《列女傳校注》卷二,頁7(《四部備要》本)。"韻長"的英譯爲"Rhyming extended",意指它在用韻上較先前列舉的誄文更爲寬泛。參看周振甫《文心雕龍注釋》,人民文學出版社,1981年,頁130注。

④ 劉師培與徐國榮皆不同意此説,二人皆認爲劉勰的評價並不關乎誄文本身,而是針對揚雄曾贊頌且效力於篡位者王莽一事。參看劉師培著、羅常培抄錄《誄碑篇口義》,載周康燮《文心雕龍選注》,龍門書店,1970年;徐國榮《先唐誄文的職能變遷》。誄文收錄於[清]嚴可均校輯《全上古三代秦漢三國六朝文》卷一,中華書局,1991年,頁421。關於揚雄爲王莽所牽累的相關爭論,可參看康達維《揭瓿:揚雄〈劇秦美新〉的文學再認識》(Uncovering the Sauce Jar: A Literary Reinterpretation of Yang Hsiung's "Chü Ch'in mei Hsin"),載芮效衛(David T. Roy)及錢存訓(Tsuen-hsuin Tsien)編輯《古代中國:早期文明研究》(Ancient China: Studies in Early Civilization),香港中文大學出版社,1978年,頁229—252。

⑤ 《漢書》曾引用《元后誄》:"太陰之精,沙麓之靈,作合於漢,配元生成。"參見[漢]班固《漢書》卷九八,中華書局,1962年,頁4035。沙麓是一座山,地屬今之河北,臨近元后的家鄉。此處所提及的"元"與"成",乃指漢元帝與漢成帝。元后逝於西元13年,較其丈夫與兒子都活得長。

稱光武而改盼千金哉！傅毅所製，文體倫序①，孝山崔瑗，辨絜相參②，觀其序事如傳，辭靡律調，固誄之才也。潘岳構意，專師孝山，巧於序悲，易入新切，所以隔代相望，能徵厥聲者也。至如崔駰誄趙，劉陶誄黃，並得憲章，工在簡要③。陳思叨名而體實繁緩，文皇誄末，旨言自陳，其乖甚矣。若夫殷臣誄湯，追褒玄鳥之祚；周史歌文，上闡后稷之烈④。誄述祖宗，蓋詩人之則也。至於序述哀情，則觸類而長。傅毅之誄北海，云白日幽光，霧霧杳冥⑤，始序致感，遂爲後式。景而效者，彌取於工矣。詳夫誄之爲制，蓋選言錄行，傳體而頌文，榮始而哀終。論其人也，曖乎若可覿；道其哀也，淒焉如可傷。此其旨也⑥。

我並不打算去一一詮釋劉勰關於他所列舉的不同作家們創作的誄文的觀點。不過從這段材料以及其它史料，可以明確瞭解誄文及其創作環境乃是隨着時間而改變。如果我們相信早期的禮儀文獻，周朝的誄文，至少那些官方的誄文，皆是由在地位較高者爲地位低下者所作；而由大祝假手爲貴族所作的誄文，一般都會被認爲出於天子之手。然而在爲

---

① 傅毅《明帝誄》，見歐陽詢等纂《藝文類聚》卷一二，中華書局，1965年，頁239。

② 孝山爲蘇順（約卒於西元一世紀末）的字，撰有《和帝誄》。崔瑗亦有同題誄文，見歐陽詢《藝文類聚》卷一二，頁240。

③ 無一尚存。

④ 此處所提到的"湯"指商朝開創者成湯。據傳說，商朝的世源自於簡狄吞下了一顆玄鳥的蛋，隨後懷孕並生下契，也就是成湯的祖宗。參照［漢］司馬遷《史記》，中華書局，頁1959，卷3，頁91。一首有關商朝的起源與其開創者成湯的重要詩歌見於《詩經·商頌·玄鳥》）。此處的"文"則指周文王，即周朝開創者武王的父親。根據《毛詩·生民》，后稷是一個傳說中善於農業的英雄，並且可能是周朝王室的祖宗。詩中以他爲主題。

⑤ 此二句出自傅毅《北海靜王興誄》，見歐陽詢《藝文類聚》卷四五，頁807—808。亦可參看嚴可均《全上古三代秦漢三國六朝文》第一冊，頁707—708。關於第二句的異文，可參看周振甫《文心雕龍注釋》卷一二（頁226）以及范文瀾《文心雕龍注》卷三（頁213）。

⑥ 參照周振甫《文心雕龍注釋》卷一二，頁219—220。

天子作誄文時，因爲人間並沒有比天子地位更高的人，故會訴諸上天之名以解決問題。在現存的早期誄文中，魯哀公爲孔子誄，如果是可信的，它便符合了在上位者爲在下位者作誄的傳統要求。然而，柳下惠妻子所作之誄文，萬一它也同樣可信，就應當是年代更早的，但却違反了由上位者爲下位者作誄的規則。① 儘管它保留了禮儀文獻中所見誄文與諡號之間的聯繫，它却只是一個非官方誄文與授予私諡的例子。②

暫且拋開柳下惠誄的問題，我們可以清楚瞭解周朝常規的做法在漢朝時已出現改變。如前所述，一些漢朝的著名作家，諸如揚雄和傅毅等人，就曾爲統治者作過誄文。杜篤爲吳漢作誄則是一個有趣的案例。當吳漢去世時，皇帝曾傳詔學養深厚的朝臣爲之作誄。作得最好的一篇出自杜篤之手，而杜此時正身陷囹圄等待處決。杜篤的死刑宣判因此減輕。③ 不同的作家爲同一位死者撰寫誄文，也還有其它的例子。而且，在東漢時期，授予私諡之事逐漸增多，可能造成誄文的數量與之同步遞增。④ 在西元四世紀後，所有傳統上對於誄文的苛刻要求幾乎全部消失，所以，當西元 377 年郗超卒時，"貴賤爲誄者四十餘人"⑤。將此事與杜篤的例子並觀，似乎可以指出，不論誄文表達的情感如何真誠，競賽的成分很可能已成爲創作這類作品的重要因素。

在總結各種有關誄文體的早期評注觀點之前，先概括描繪該文體的形式特性，是有益的。漢朝以及中古前期的誄文都是標準的四言句式，

---

① 這條材料的真實性已被廣泛地被懷疑。可參看周振甫《文心雕龍注釋》（頁 129）、龔必錕《文心雕龍全譯》（貴州人民出版社，1992 年，頁 134）。另可參照劉師培《誄碑篇口義》（頁 79）。

② 參看汪受寬《諡法研究》，頁 202。柳下惠本爲展氏，名獲，表字禽，一字季。柳下本爲他的食邑，而後他將之作爲自己的姓；惠則是誄文中所給予的諡號。

③ 參看班固等撰《東觀漢記》卷一八（《四庫全書》本，頁 1)，范曄《後漢書》卷七〇，頁 2595。杜篤《大司馬吳漢誄》見於歐陽詢《藝文類聚》卷四七，頁 834。

④ 參照劉師培《誄碑篇口義》，頁 79。

⑤ 《世説新語》劉峻注引何法盛《中興書》。參照余嘉錫箋疏，周祖謨等整理《世説新語箋疏》卷一七，上海古籍出版社，1993 年，頁 642。

偶數句押韻,並且都有序文。① 其典型韻腳爲數次換韻式。在一些誄文中,序文也是四言押韻的。誄序記錄逝者的卒日以及世系。② 誄文是正式而且古雅化的,一方面是由於其四言韻律,一方面是因爲誄文引用《周易》、《尚書》、《詩經》等早期經典文本。但是,我們必須強調,在中古前期,四言句式本身根本算不上古雅。雖然我們習慣於強調五言句式的發展,但四言句式依然在當時相當普遍、甚至可能佔有主流地位。如果我們將誄、賦以及其他韻文皆算是詩的別體,這個論點就更加可以成立。③

縱使不同的評論者強調不同的特性,我們依然對誄的內容與形式抱有某種期待。墨子認爲誄文的功能在於傳述死者平生的志向,荀子則認爲誄文旨在使死者的聲名保持不朽。這兩個目的在後來的誄文中依舊存在。就如我們所看到的,曹丕尚實,而陸機則着重淒愴。從曹丕界定這個文體的語境來看,他應該也認同誄文當使用樸質的語言。④不同誄文作品在形式上的差異性顯然使摯虞感到混淆,他看似無法明確地去界定這一文體。但他注意到了曹丕與陸機二人文本所表現出的差異:"尚實"、"纏綿"、"淒愴";陸機並無一字提及傳記,曹丕也隻字未及情感。在某種程度上這些特性實則都已體現於作品之中,事實上也是如此,那麼,摯虞似乎有所抱怨又有什麼奇怪的呢?這是一位選家遇到一份固執的材料時所發出的聲音。然而這並非僅是一個學者面對混淆抽手而去的案例,將其與曹丕及陸機的文字合觀,這其實是誄文轉變的一個清楚標志,在這個轉變中,個人哀痛的情感的表達比起過去變得越來越重要了。⑤

就劉勰而言,他更着重該文體的頌贊傾向。但是,劉勰對頌贊傾向可能影響到逼真這一點未置一詞,儘管他可能也很贊賞逼真。劉勰進

---

① 亦可參看康達維《文選》,頁46—47。
② 亦可參看劉師培《誄碑篇口義》,頁80。
③ 亦可參看林德威(David Prager Branner)《中國駢文中的音調韻律》(*Tonal Prosody in Chinese Parallel Prose*),《美國東方學會會刊》123.1,2003年1—3月,頁97。
④ 曹丕認爲:"蓋奏議宜雅,書論宜理,銘誄尚實,詩賦欲麗。"
⑤ 參看徐國榮《先唐誄文的職能變遷》,頁19。

一步提出,簡明清晰對誄文十分重要,並且十分贊賞潘岳作品中所表現的豐富的哀傷情感。① 至於劉勰在討論誄文時對於曹植的批評,我們將到後面再討論。曹植實際上留下了對於誄文體的簡要評論。他試圖將誄文與形式相類似的銘文區別開來,他在《上卞太后誄表》中如此寫道:"臣聞銘以述德,誄以述哀。"②簡而言之,誄文是有多方面用途的:誄文被用於儀式的舉行,至少在最初的時候,是喪葬儀式的一部分,並且與諡號的授予相關連;誄文敘述死者生前的事跡,主要帶有頌贊的意味;誄文還具有表達的功能,其中所表達悲傷不僅是真誠的,也有助於贊頌的計劃。在魏晉時期,這種表達功能成了眾多誄文的核心③,但仍必須強調,真實在誄文中佔有極端重要的成分,我們從其他來源、包括官方傳記等材料中所獲知的某人的生平事跡,往往和其誄文中所描述的內容有著極大的吻合。最後一條應當注意的是:雖然我們多是從批評家或作家的角度來關注誄文,但並未提及其對於死者的影響,但有一點是明確的,由於死者的沉默,誄文難以緊密地與其連結。但我們似乎可以合理地認為,只要是在社會上有一定身份地位的人,無論男女,都能期待在死後會有人作誄頌贊他們生前的德行。除了是儀式的一部分,這類作品還承諾,一個人在面對必然到來的死亡時,會有一個令人安慰的預期。

　　誄文中個人情感的流露越來越多,抒情性與文學性與日俱增,曹植對此是有責任的。④ 至今仍有八篇當為曹植所作的誄文保留下來:三

---

① 亦可參照劉師培《誄碑篇口義》,頁79;雷久密《潘江陸海:論三世紀詩人潘岳和陸機的詩歌創作》(*River and Ocean: The Third Century Verse of Pan Yue and Lu Ji*),華盛頓大學博士學位論文,1990年,頁292—293。
② 參見趙幼文《曹植集校注》卷三,頁417。
③ 參看徐國榮《先唐誄文的職能變遷》,頁18。
④ 徐國榮《先唐誄文的職能變遷》,頁17。關於曹植純詩歌的作品中加入的個人情感,可參看蔡宗齊(Zong-qi Cai)《抒情變化的模式:早期中國五言詩歌的意境與表現》(*The Matrix of Lyrical Transformation: Poetic Modes and Self-Presentaion in Early Chinese Pentasyllabic Poetry*),密歇根大學中國研究中心,1996年,頁95—146。

篇作於建安時期，兩篇作於黃初時期，三篇作於太和時期。他們分別是（一）《光祿大夫荀侯誄》，今只存有殘本，荀彧爲曹植的父親曹操十分信任的臣子，此篇作於西元212年荀彧過世時。（二）《王仲宣誄》作於西元217年王粲因疾疫去世之時。（三）《武帝誄》於建安末期曹操駕崩後作①。（四）《任城王誄》作於西元223年曹植的兄長曹彰過世之時。（五）《文帝誄》作於西元226年曹植兄長曹丕去世之時。（六）《大司馬曹休誄》作於西元228年，今僅存殘本。（七）《卞太后誄》，卞太后爲曹丕、曹彰與曹植的生母，此篇作於西元229年卞氏過世之時。（八）《平原懿公主誄》，乃是曹植爲其侄孫女、即是曹丕之子曹叡（206—239；即明帝，226—239在位）的女兒所作，作於西元231年。其中最主要的三篇乃是爲王粲、曹操與曹丕所作的誄文作品。三篇誄文看來都是真實可信的。② 第一篇是《王仲宣誄》（換行處表示換韻）：

    王仲宣誄並序③
  建安二十二年，正月二十四日戊申，魏故侍中關內侯王君卒。嗚呼哀哉！
  皇穹神察，哲人是恃。如何靈祇，殲我吉士④?
  誰謂不痛⑤? 早世即冥。誰謂不傷? 華繁中零。

---

 ① 曹操死後才接受了諡號，因此這篇題目可能稍後才加上。參看趙幼文《曹植集校注》卷一，頁199—200。張可禮認爲誄文既然寫到喪葬儀式，應作於曹操葬後不久，但這並非是必要條件（《三曹年譜》，齊魯書社，1983年，頁171）。
 ② 傅漢思（Hans. H. Frankel）《曹植作品中的真僞問題》（*The Problem of Authenticity in the Works of Ts'ao Chih*），載陳炳良等編《馮平山圖書館金禧紀念論文集》（*Essays in Commemoration of the Golden Jubilee of the Fung Ping Shan Library*〔1932—1982〕），馮平山圖書館，香港大學，1982年，頁189、200。
 ③ 誄文文本參看《文選》卷五六，頁21—25。亦可參看趙幼文《曹植集校注》卷一，頁163—173。
 ④ 可參照《毛詩·秦風·黃鳥》："彼蒼者天，殲我良人"。
 ⑤ "痛"字見於五臣本《文選》，參見《六臣注文選》卷五六，中華書局，1987年，頁27。

存亡分流,夭遂同期。朝聞夕没,先民所思①。何用誄德？表之素旗。何以贈終？哀以送之②。

遂作誄曰：

猗歟侍中,遠祖彌芳。公高建業,佐武伐商③。爵同齊魯④,邦祀絶亡⑤。流裔畢萬,勛績惟光⑥。晉獻賜封,於魏之疆。天開之祚,末胄稱王⑦。

厥姓斯氏,條分葉散。世滋芳烈,揚聲秦漢。

會遭陽九⑧,炎光中矇⑨。世祖撥亂,爰建時雍。三台樹位⑩,

---

① 參看《論語》：“朝聞道,夕死可矣。”曹植亦曾在《文帝誄》中引用。
② 參見《孝經注疏》卷九,頁 2（《十三經注疏》本）。
③ 畢公高爲周文王之子,並且輔佐周武王擊潰商朝,畢爲其封邑。參見司馬遷《史記》卷四四,頁 1835。
④ 《康王之誥》（《尚書注疏》卷一九,頁 1）提及畢公也是東方諸侯的領袖。王肅疏云：“畢公代周公爲東伯,故率東方諸侯。”（卷一九,頁 2）曹植此處所提到的“齊”和“魯”乃是指爵位可同太公望與周公旦相提並論,齊是太公望的封邑,魯則是周公旦的封邑。太公望、周公旦與周武王之間的關係可參看司馬遷《史記》卷四,頁 120。
⑤ 指其後裔失去采邑並且淪爲平民。參看司馬遷《史記》卷四四,頁 1835。
⑥ 西元前 660 年畢萬幫助晉獻公佔領了耿、霍、魏,並且得到魏做爲賞賜。參看《左傳》閔公元年;《國語·晉語》;司馬遷《史記》卷四四,頁 1835。
⑦ 司馬遷云：“卜偃曰：‘畢萬之後必大矣。萬,滿數也;魏,大名也。以是始賞,天開之矣。’”（《史記》卷四四,頁 1835）《左傳》閔公元年亦有與此極相近的文字。關於王姓的起源,可參看李善注《文選》卷五六,頁 22。亦可參看趙幼文《曹植集校注》卷一,頁 166—167。
⑧ 關於陽九災難循環,參看康達維《文選》,頁 374。
⑨ 指因爲王莽篡權引起王位空缺,造成漢朝統治及與其相連繫之火德的中斷。
⑩ 至少在東漢時期,三臺這個星宿的名字經常被用來指示漢朝的最高官員三公。關於星宿和官僚政治之間的關係,參看康達維《文選》（頁 464）以及齊思敏 (Mark Csikszentmihalyi)《摹仿黄帝：黄老的理論與實踐（前 181—184）》(*Emulating the Yellow Emperor: The Theory and Practice of Huanglao, 181—184 BCD*),斯坦福大學博士學位論文,1994 年,頁 240—241。齊思敏探究了關於三臺地位的各種不同觀點,及其與天上和帝國政府之間一致性的關係（頁 234—242）。

履道是鍾。寵爵之加,匪惠惟恭。自君二祖①,爲光爲龍②。僉曰休哉,宜翼漢邦。或統太尉,或掌司空。百揆惟釐,五典克從③。天靜人和,皇教遐通。

伊君顯考,奕葉佐時④。入管機密,朝政以治。出臨朔岱⑤,庶績咸熙⑥。君以淑懿,繼此洪基。

既有令德,材技廣宣。強記洽聞⑦,幽贊微言⑧。文若春華,思

---

① 指王粲曾祖父王龔與祖父王暢,二人皆曾在東漢時封公。參看繆文傑(Roland C. Miao)《中世早期的中國詩:王粲生平和詩歌》(*Early Medieval Chinese Poetry: The Life and Verse of Wang Ts'an〔A. D. 177—217〕*),弗蘭茨·石泰出版社,1982年;頁42—61。王龔位至太尉,王暢則官至尚書。

② 參照《毛詩·小雅·蓼蕭》:"爲龍爲光。"

③ 這兩句出自《尚書》:"慎徽五典,五典克從。納於百揆,百揆時敘。"(《尚書注疏》卷三,頁2)關於"五典"最早的也是最可能與此處相關的解釋乃是:父義、母慈、兄友、弟恭、子孝。參看高本漢(Bernahrd Karlgren)《〈尚書〉注釋》(*Glosses on the Book Documents*),《遠東古文物博物館通報》20(1948),頁71。

④ 王粲的父親王謙,曾擔任有權勢的大將軍何進的長史。參看繆文傑書,頁42。

⑤ 關於王謙我們幾乎一無所知。這可能表明,王謙曾在某個時期離開朝廷,任職於朔、岱之間。"岱"是泰山的別名,因此一些學者假定岱是指今日之山東是比較合理的。參看趙幼文《曹植集校注》卷一,頁168;陳宏天、趙福海、陳復興等《昭明文選譯注》第六冊,吉林文史出版社,1998年,頁1768。然而他們將"朔"界定爲今日之河北是比較具有爭議的。

⑥ 此句引《尚書》,參看《尚書注疏》卷二,頁10。

⑦ 《孔叢子·嘉言》有云:"孔夫子……洽聞強記。"《漢魏叢書》本,頁331。

⑧ 王粲以其記憶力與才智聞名。《三國志》本傳云:"獻帝西遷,粲徙長安,左中郎將蔡邕見而奇之。時邕才學顯著,貴重朝廷,常車騎填巷,賓客盈坐。聞粲在門,倒屣迎之。粲至,年既幼弱,容狀短小,一坐盡驚。邕曰:'此王公孫也,有異才,吾不如也。吾家書籍文章,盡當與之。'"(陳壽《三國志》卷二一,頁597)又云:"初,粲與人共行,讀道邊碑,人問曰:'卿能闇誦乎?'曰:'能。'因使背而誦之,不失一字。觀人圍棋,局壞,粲爲覆之。棋者不信,以帊蓋局,使更以他局爲之。用相比校,不誤一道。其強記默識如此。"(陳壽《三國志》卷二一,頁599)

若湧泉。發言可詠,下筆成篇①。何道不洽?何藝不閑?綦局逞巧,博弈惟賢②。皇家不造,京室隕顛。宰臣專制,帝用西遷③。君乃羈旅,離此阻艱④。翕然鳳舉,遠竄荆蠻⑤。身窮志達,居鄙行鮮。振冠南嶽,濯纓清川⑥。潛處蓬室,不干勢權。

---

① 《王粲傳》:"善屬文,舉筆便成。"陳壽《三國志》卷二一,頁599。

② "弈"指的是今日因爲日本圍棋(碁、go)而世界聞名的遊戲。"博"則可能是早期一款受歡迎且附帶占卜能力的棋盤遊戲"六博"。許多文獻記錄了這個遊戲與棋盤的遊玩狀況,但我們始終無法完全地瞭解它。較爲有用的討論曾藍瑩(Lillian Lan-ying Tseng)"Diving from the Game Liubo: An Explanation of Han Wooden Slip Excavated at Yinwan",這篇未公開發表的論文是她先前探討同樣主題的中文論文的英文修訂本,中文論文參看曾藍瑩《尹灣漢墓博局占木板試解》,《文物》,1999年第8期,頁62—65。

③ 這四句指西元189年首都洛陽陷落於董卓以及隨之而來的事件。董卓甫一控制洛陽,便逼迫成爲遺孀的何太后廢除當時的幼主少帝,另立當時僅九歲、後來諡號爲獻帝的劉協爲帝。他並且殺死何太后與前任皇帝少帝,自命爲太尉。由於受敵對勢力的威脅,190年,董卓將皇帝挾持到帝國的前任首都長安,並且強迫巨大的洛陽城中的衆多人口遷徙。然後,他夷平了洛陽。參看范曄《後漢書》卷九,頁367、369—379,卷六九,頁2253,卷七二,頁2324、2327;陳壽《三國志》卷一,頁5、7;卷六,頁174。

④ 不清楚這兩句所指王粲的去向爲何。趙幼文似乎認爲,這是指王粲離開洛陽之後不得不去長安。參趙幼文《曹植集校注》卷一,頁169注。但陳宏天、趙福海、陳復興等《昭明文選譯注》則認爲,此處描寫王粲爲避亂而去投奔荆州牧劉表。陳宏天等人還認爲,曹植爲了押韻而顛倒了這幾句的邏輯順序。

⑤ 關於王粲移居荆州,可參看陳壽《三國志》卷二一,頁598。王粲也在他幾篇最著名的作品中提及此事。王粲於荆州的歲月可參看上引繆文傑書,頁65—81。

⑥ 南嶽指的是荆州境内的衡山。然而,王粲在荆州之時,主要待在更爲北邊的襄陽。"振冠"像"濯纓",都是指跳出世俗的世界。與這幾句相關的較早的作品是《楚辭·漁父》:"屈原曰:'吾聞之,新沐者必彈冠,新浴者必振衣;安能以身之察察,受物之汶汶者乎?……'漁父莞爾而笑,鼓枻而去,乃歌曰:'滄浪之水清兮,可以濯吾纓;滄浪之水濁兮,可以濯吾足。'"

我公奮鉞,耀威南楚①。荆人或違,陳戎講武。君乃義發,算我師旅。高尚霸功,投身帝宇。斯言既發,謀夫是與②。

　　是與伊何?響我明德。投戈編郢,稽顙漢北③。我公實嘉,表揚京國。金龜紫綬,以彰勛則④。

　　勛則伊何?勞謙靡已⑤。憂世忘家,殊略卓峙。乃署祭酒⑥,與君行止。算無遺策,畫無失理。

　　我王建國⑦,百司俊乂⑧。君以顯舉,秉機省闥⑨。戴蟬珥貂⑩,朱衣皓帶。入侍帷幄,出擁華蓋⑪。榮曜當世,芳風晻藹。

　　嗟彼東夷⑫,憑江阻湖。騷擾邊境,勞我師徒。光光戎路⑬,霆

---

① 此指曹操軍隊征討荆州的劉表。

② 劉表於曹操預備出軍之際死去,其子劉琮接任,而這六句述及王粲在説服劉琮不戰而降於曹操中所起的作用。參看陳壽《三國志》卷二一,頁598。亦可參看上引繆文傑書,頁79—81。

③ 編郢位於湖北宜城縣東南。漢北指漢水之北,此即襄陽。

④ 王粲因有功而被曹操賜爵關内侯。參看陳壽《三國志》卷二一,頁598。侯與其他爵位都能得到一個印鑑,龜鈕紫綬。

⑤ 參看《周易》第十五卦《謙卦》九三:"勞謙。君子有終。"

⑥ 此處指任命王粲爲軍謀祭酒。參看陳壽《三國志》卷二一,頁598。

⑦ 曹操於建安十三年(208)任宰相,建安十八年(213)封魏公,建安二十一年(216)封魏王。亦可參看柯睿(Paul W. Kroll)《曹操的肖像:關於其人其神話的文學研究》(*Portraits of Ts'ao Ts'ao: Literary Studies on the Man and the Myth*),密歇根大學博士學位論文,1976年,頁34。

⑧ 參看《尚書·皋陶謨》:"俊乂在官。"《尚書注疏》卷四,頁20。

⑨ 這幾句指魏國建立後,王粲官拜侍中。參看陳壽《三國志》卷二一,頁598。

⑩ 這幾件物品都是侍中服飾的一部分。參看趙幼文《曹植集校注》卷一,頁171—172。

⑪ 華蓋即是皇帝坐車上的頂篷。

⑫ 此是對與其敵對的割據政權東吴(222—280)的貶稱。

⑬ 《毛詩·大雅·江漢》:"武夫光光。""光光"指的是水是浩大的樣子。參看高本漢《〈尚書〉注釋》遠東古文物博物館,1964年,頁133。

駊風徂。君侍華轂①,輝輝王塗。

思榮懷附,望彼來威。如何不濟,運極命衰。寢疾彌留,吉往凶歸。嗚呼哀哉!

翩翩孤嗣,號慟崩摧。發軫北魏②,遠迄南淮③。經歷山河,泣涕如頹。哀風興感,行雲徘徊。游魚失浪,歸鳥忘棲。嗚呼哀哉!

吾與夫子,義貫丹青④。好和琴瑟,分過友生。庶幾遐年,攜手同征。如何奄忽,棄我夙零!

感昔宴會,志各高厲。予戲夫子,金石難弊。人命靡常,吉凶異制。此驩之人,孰先殞越?何寢夫子,果乃先逝!

又論死生,存亡數度⑤。子猶懷疑,求之明據。儻獨有靈,遊魂泰素。我將假翼,飄飄高舉。超登景雲,要子天路。

喪柩既臻,將反魏京。靈輴迴軌,白驥悲鳴。虛廊無見,藏景蔽形。孰雲仲宣,不聞其聲?延首歎息,雨泣交頸。嗟乎夫子!永安幽冥。人誰不沒?達士徇名。生榮死哀,亦孔之榮。嗚呼哀哉!

---

① 文獻中一般説"華轂"而非"華車"。重要人物有時使用車輪裝飾華麗的馬車,此處指曹操的坐車。西元216年,王粲隨曹操征吳,並在途中去世。參看陳壽《三國志》卷二十一,頁599。亦可參看上引繆文傑書,頁92。

② 這裏北魏可能指的是鄴城。

③ 趙幼文認爲南淮指的是曹操軍隊的駐地居巢。參看趙幼文《曹植集校注》卷一,頁171。亦可參看陳壽《三國志》卷一,頁49。方北辰認爲居巢應位於今安徽桐城縣東南,參看方北辰《三國志注釋》,陝西人民出版社,1995年,第1冊,頁63。

④ 李善注:"丹青二色,名言不渝也。"見蕭統《文選》卷五六,頁24。

⑤ 因爲"數"有另一個意思"命運",所以這句話也可翻爲:"existence and nonexistence and the laws of destiny."從下句王粲的"懷疑"來看,也有另一個可能性。或許我們應將"數度"讀作 shuò dù,可以理解爲多重跨度,從延長生命的角度來看,甚至可以理解爲多重越界。若是前者,我們會發現其與道家的長生實踐相聯繫;若是後者,晚出的解釋裏,則會意外地發現它與佛教的重生觀念有關連。而"滅度"則意味着"(重生輪回中的)熄滅與跨越(苦海以進入虛無)"。參看柏夷《早期道教經典》,頁201注(亦可參看頁398—399)但是請注意,"滅度"在一些語境中也可以指死亡。

《王仲宣誄》的序文一開始就以散體交待王粲去世的日期開始,進而接以四言隔句押韻的句子。序文即刻表現出曹植對於王粲殞折的哀傷,至於其生平事跡細節,則暫時被擱置。正文可分割爲若干節。① 從"遂作誄曰"到"揚聲秦漢",敘述家族遠源及其聲望。"會遭陽九"到"繼此洪基"則論及王粲直接的幾位祖先。這部分有相當多細節,可能反映了王粲家族位列高門,也反映出曹植對於王粲這麼一位與曹氏家族關係密切的傑出人物是相當熟悉的。從"既有令德"到"博弈爲賢",曹植描繪了王粲的學問與才能,並提及了他的寫作才能與著名的記憶力。而王粲避居荆州時期,在此情勢下創作了他最廣爲人知的作品,則是從"皇家不造"到"不幹勢權"的主旨。先前我們曾提及"尚實"在誄文中扮演十分重要的角色。有時候這却引起一些新的問題。例如,"潛處蓬室,不幹勢權"暗示王粲一生中避亂荆州那段隱居時期。但就我所知,這一點其他地方從未提到。"我公奮鉞"到"畫無失理",關注王粲與曹氏家族開始結緣。在這一節結尾,"勛則伊何?勞謙靡已。憂世忘家,殊略卓峙"四句在敘事中插入議論。從"我王建國"到"芳風唵藹"談到了王粲的官位。從"嗟彼東夷"到"嗚呼哀哉"諸句,誄文中王粲的傳記部分到此結束,主要聚焦在王粲參與征吳戰役,期間染上致命的瘟疫。因此,曹植花費了超過百句的篇幅,強調王氏家族對於漢朝的貢獻,以及王粲本身效力於曹操的經過。誄文剩餘的部分由王粲的死亡與喪禮兩個事件構成,其中也包含了曹植對其逝世的哀傷。尤其自"好和琴瑟"句以後,曹植動情地描寫了他和王粲之間的友誼,甚至記錄了他們曾經有過的關於生死的對話。然而在整段誄文中,却幾乎沒有一點提及喪葬儀式本身。

---

① 參看劉師培《誄碑篇口義》,頁82—86。

　　　　　　　武帝誄並序①

　於惟我王,承運之衰。神武震發,群雄殄夷②。拯民於下,登帝太微③。德美旦、奭④,功越彭、韋⑤。九德光備,萬國作師。寢疾不興,聖體長違。華夏飲淚,黎庶含悲。神翳功顯,身沈名飛。敢揚聖德,表之素旗。乃作誄曰:

　於穆我王,胄稷胤周⑥。賢聖是紹,元懿允休。

　先侯佐漢,實惟平陽⑦。功成績著,德昭二皇。民以寧一,興詠有章⑧。

　我王承統,天姿特生。年在志學,謀過老成。奮臂舊邦,翻身上京⑨。

　袁與我王,兵交若神。張陳背誓⑩,傲帝虐民。擁徒百萬,虎

---

① 這篇誄文文本見趙幼文《曹植集校注》卷一,頁198—206。
② "殄夷",參看趙幼文《曹植集校注》卷一,頁200。
③ 太微是一個星座,同時也是皇帝宫殿之一。參看康達維《文選》,頁116—118;薛愛華(Edward H. Schafer)《步虛:唐代對星辰的研究》(Pacing the Void: T'ang Approaches to the Stars),加利福尼亞大學出版社,1997年,頁52。
④ 這裏指周公旦與召公奭。
⑤ 此處指大彭和豕韋,皆爲商朝的封臣(商伯)。
⑥ 后稷,傳説爲周朝宗室的祖先。
⑦ 此處指漢朝開國名臣曹參。關於這個世系,請參看下文的討論。
⑧ 這首詩可參看班固《漢書》卷三九,頁2021。
⑨ 當時的首都爲洛陽。
⑩ 趙幼文認爲此處所指當爲張邈與陳宫,此二人最初曾和曹操交好,但後來却轉而反對他。由於這是插入在敘述曹操與袁紹關係的片段當中,趙幼文認爲從這角度來看此處可能有脱文。參看趙幼文《曹植集校注》卷一,頁201。傅亞庶則有不同看法,他認爲張陳並非指名道姓,而是指"擺列"和"陣",直譯爲"在與董卓對峙時却違背初期誓言。"參看傅亞庶《三曹詩文全集譯注》,吉林文史出版社,1997年,頁1038注、1040。

視朔濱。我王赫怒①,戎車列陳。武卒虓闞②,如雷如震③。攙槍北掃④,舉不浹辰。紹遂奔北,河朔是賓。

振旅京師,帝嘉厥庸。乃位丞相,總攝三公。進受上爵,臨君魏邦。九錫昭備,大路光龍。

玄鑒靈蔡,探幽洞微。下無偽情,奸不容非。

敦儉尚古,不玩珠玉。以身先下,民以純樸。聖性嚴毅,手修清一。惟善是嘉,靡疏靡昵。怒過雷電,喜踰春日。萬國肅虔,望風震慄。

既總庶政,兼覽儒林。躬著雅頌,被之瑟琴。

茫茫四海,我王康之。微微漢嗣,我王匡之。

群傑扇動,我王服之。喁喁黎庶,我王育之。

光有天下,萬國作君。虔奉本朝,德美周文。

以寬克衆,每征必舉。四夷賓服,功夷聖武。

翼帝王世,神武鷹揚⑤。左鉞右旄⑥,威淩伊呂⑦。

年踰耳順,體壯志肅。乾乾庶事,氣過方叔⑧。

---

① 《詩經·大雅·皇矣》:"王赫斯怒。"
② 《詩經·大雅·常武》:"闞如虓虎。"
③ 參看《詩經·大雅·常武》:"如雷如霆。"
④ 攙槍是對近日點(最接近太陽時)彗星的另一種稱法。薛愛華指出,這種彗星"是一種清除腐腐朽衰敗文明所使用的完美且最終手段,並且爲人間預備了一個嶄新而且更加純潔的秩序"。參看上引薛愛華書,頁107。亦可參看唐達維《文選》,卷1,頁254注。
⑤ 參照《詩經·大雅·大明》:"時維鷹揚。"高本漢《〈尚書〉注釋》,頁785。高本漢認同孫星衍等人説,認爲"揚"應作"鶯"。
⑥ 參看《尚書注疏》卷一一:"王左仗黃鉞,右秉白旄以麾。"(頁15)
⑦ 伊尹是商朝一位忠心的臣子,參看司馬遷《史記》卷三,頁93—99。呂尚,亦稱太公望,是周武王最主要的謀士之一。參看司馬遷《史記》卷三,頁1477。
⑧ 方叔爲西元前八世紀前期的周朝臣子,《詩經·采芑》便是一篇頌揚他的作品,並且指出他年事已高。

宜並南嶽①,君國無窮。如何不弔②,禍鍾聖躬。棄離臣子,背世長終。兆民號咷③,仰訴上穹。

既以約終,令節不衰。既即梓宮,躬禦綴衣④。

璽不存身,唯紱是荷。明器無飾,陶素是嘉。

既次西陵,幽閨啓路。群臣奉迎,我王安厝。

窈窕玄宇,三光不入。潛閨一扃。尊靈永蟄。聖上臨穴,哀號靡及。群臣陪臨,佇立以泣。

去此昭昭,於彼冥冥。永棄兆民,下君百靈。千代萬葉,曷時復形。

令人好奇的是,這篇《武帝誄》比爲王粲寫的那篇少了五十餘句。李善注《文選》時,曾注引兩句應當屬於這篇文章的佚文,可能文中有一些句子亡佚了。⑤《武帝誄》最早見於《藝文類聚》,其文本與其他現傳版本

---

① "南嶽"此處指"南山",在《詩經·天保》中,南山同時也是長壽的象徵。

② 本句中"不弔"的"弔"可能是有問題的,高本漢已注意到《詩經》中的相關用例。趙幼文與傅亞庶都將"不弔"理解爲"不幸"或"不順"。我比較傾向於高本漢的注釋,而非《詩經·節南山》鄭玄在中將"弔"注解爲"善"的解釋,鄭注是趙幼文與傅亞庶解說的基礎。參看高本漢《〈尚書〉注釋》,頁429;趙幼文《曹植集校注》卷一,頁204—205。傅亞庶《三曹詩文全集譯注》,頁1039注、頁1041。亦可參看《毛詩注疏》(《十三經注疏》本)卷一二,頁4。

③ 趙幼文認爲"兆民"一詞專指天子的臣民。他認爲曹植之所以使用這個詞,是因爲曹植撰文時漢朝已經被取代。參看趙幼文《曹植集校注》卷一,頁205注。但很可能曹植用此個詞並未有特別的言外之意。

④ 綴衣原指懸掛在統治者王座或牀邊的帷幔或帳子,可能用於統治者臨死前。參看《尚書注疏》卷一八,頁17。這裏似指兩片的"冒",沿側面打開,以繩帶束緊。參看《禮記正義》四五,頁4—5;趙幼文《曹植集校注》卷一,頁205注。但也可能指包裹屍體的葬衣。參看李如森《漢代喪葬禮俗》,瀋陽出版社,2003年,頁16—19。

⑤ 傅漢思《曹植作品中的真僞問題》(*The Problem of Aunthenticity in the Works of Ts'ao Chih*)頁184指出,曹植作品的版本無法追溯自宋朝以前。

十分相似。① 因此,《藝文類聚》可能是今天所見《武帝誄》最早之源頭。中古以來各式類書經常都僅摘録片段,這意味着我們至少得承認這篇誄文有殘缺的可能。

《武帝誄》的序文不同於《王仲宣誄》的序文。它確實表露出了哀傷,但却是更公開化、更一般化而較少個人化的哀傷。無庸置疑,那是因爲曹操的身份是曹植的父親,同時也是一位大將軍、魏王以及將被取代的漢朝皇帝的監護者。序文稱頌了他的權力與德行,也哀悼了他的死亡。

就如同寫給王仲宣的誄文一般,誄文本身也可以粗略地分作幾個段落。從"於穆我王"到"興詠有章",將曹操的世系上溯到了后稷以及西漢大臣曹參。據《三國志》,曹操是曹參之後。② 關於曹參世系與曹姓的起源,有一份記録追溯到陸終之子安。③ 傳説陸終出於顓頊,而顓頊則是黄帝子孫,夏朝開國者禹的祖先。④ 後來,周攻滅商朝,曹氏家族大多仍聚集在他們的采邑邾,直到戰國時期楚滅邾,曹氏家族才被迫分散。⑤ 在曹操的養父曹騰的碑文中,也提及曹氏起源於邾。⑥ 但是曹操本人在其作品中却開列了一份不同的家譜。他稱曹氏源於曹叔振鐸;振鐸本爲周武王的舅舅,因封邑在曹,遂以封邑爲姓。⑦ 曹植在這

---

① 參見歐陽詢《藝文類聚》卷一三,頁 241—242。
② 參看陳壽《三國志》卷一,頁 1。
③ 參看陳壽《三國志》卷一,頁 1 裴松之注引王沈《魏書》。亦參看鍾優民《曹植新探》,黄山書社,1984 年,頁 21。安的出生很神奇,其母親懷孕三年而孩子却未曾出世,人們只好剖開其左脅與右脅,各取出三個孩子。參看袁珂《中國神話傳説辭典》,上海辭書出版社,1985 年,頁 218。
④ 參看袁珂《中國神話傳説辭典》,頁 218。
⑤ 參看陳壽《三國志》卷一,頁 1,裴松之注引王沈《魏書》;鍾優民《曹植新探》,頁 21。
⑥ 參看陳壽《三國志》卷一四,頁 455 注;鍾優民《曹植新探》,頁 21。裴松之注引《曹騰碑》出自蔣濟《立郊議》。
⑦ 參看陳壽《三國志》卷一四,頁 455;裴松之注引曹操《家傳》,鍾優民《曹植新探》,頁 21。

篇誄文中似乎也同意了曹操這個說法。

從"我王承統"到"河朔是賓"中描述曹操在對抗董卓的戰爭中崛起掌權,與袁紹結盟破裂,最後擊敗袁紹,鞏固了自己的權力。從"振旅京師"到"我王匡之"則描述曹操的功勳和頭銜、曹操的聰穎和廉潔,以及他統治的卓有成效。此處也提到了他對詩歌與音樂的興趣,他作爲年輕的漢朝皇帝的保護者和身份。曹操努力擊敗敵人,統一北方,則是從"群傑扇動"到"威淩伊呂"的主旨。考慮到三世紀前二十年戰役頻仍,聯盟複雜,這一段的描述是過於簡潔的。同時,由於從"翼帝王世"到"威淩伊呂"諸句顯得孤立,此處可能有一些句子佚失。這一部分亦用力描繪曹操的軍事成就,略顯誇張。從"年踰耳順"到"仰訴上穹"關注了曹操的死亡;而從"既以約終"到"曷時復形",則是關於曹操的簡單而節儉的墓葬,以及皇帝和官員對他殞逝的悲悼。

文帝誄並序[1]
惟黃初七年[2],五月七日,大行皇帝崩。嗚呼哀哉!
於時天震地駭,崩山隕霜,陽精薄景,五緯錯行[3]。百姓吁嗟,

---

[1] 文本見趙幼文《曹植集校注》卷二,頁341—356。《三國志》裴松之注亦曾引用這篇誄文。《三國志》已有多種白話文譯本,但僅有一種包括裴松之注,即曹文柱《白話三國志》,中央民族學院出版社,1994年。不幸的是,有些地方被譯者刪棄,例如有關廢除漢朝最後一個皇帝以及曹丕登基魏王的文獻,以及這篇誄文。讀者可自行判斷其所謂刪去曹植誄文的理由:"以下是甄城侯曹植爲文帝曹丕之死所作的誄文,誄文是哀悼死者的文章,全文加標點符號共計約一千四百五十餘字。其內容意義不大,在此一併刪略不譯。"見頁99。

[2] 潘眉曾指出,後一"七"字前脫"十"字;參看盧弼《三國志集解》卷二引潘眉《三國志考證》,漢京文化事業有限公司,1981年,卷二,頁66。亦可參看趙幼文《曹植集校注》卷二,頁344注。

[3] 五緯,指五顆行星:木星、火星、土星、金星、水星。

萬國悲悼①。若喪考妣,恩過慕唐②。擗踊郊野,仰愬穹蒼③。僉曰何爲④,早世隕喪。嗚呼哀哉!

悲夫大行,忽焉光滅,永棄萬國,雲往雨絕。承問荒忽,怊憛哽咽。袖鋒抽刃,欲自僵斃,追慕三良,甘心同穴⑤。感惟南風⑥,惟以鬱滯。終於偕没,指景自誓⑦。

考諸先紀⑧,尋之哲言,生若浮寄,惟德可論。朝聞夕逝,孔志所存。皇雖殂没,天禄永延。何以述德?表之素旃⑨。何以詠功?宣之管弦。乃作誄曰:

皓皓太素,兩儀始分。中和産物,肇有人倫。爰暨三皇⑩,實秉道真。降逮五帝⑪,繼以懿純。三代製作,踵武立勛。季嗣不

---

① "悼"應作"傷",參看趙幼文《曹植集校注》卷二,頁345注。

② "唐"指唐堯,即是傳說中賢明的君主堯。《尚書·舜典》説當堯去世時:"百姓如喪考妣。"參看《尚書注疏》卷三,頁18。

③ "愬"應作"想",參看趙幼文《曹植集校注》卷二,頁345注。

④ "爲"應作"辜",參看趙幼文《曹植集校注》卷二,頁345。

⑤ 指秦穆公三位臣子於西元前620年自殺以殉葬秦穆公。

⑥ "惟"意謂"想",參看趙幼文《曹植集校注》卷二,頁345。此處指《詩經·凱風》,寫一位身處悲痛的母親。曹丕去世時,卞太后依然在世。

⑦ 王粲與潘岳都曾作過《寡婦賦》,賦中的寡婦本來意欲自殺,爲了孩子的緣故而打消了念頭,就如同曹植本欲自殺,却爲了其母親而打消念頭一樣。潘岳賦中也用到三良的典故,並提到對日自誓。

⑧ "紀"應作"記",參看趙幼文《曹植集校注》卷二,頁346注。

⑨ 旃指單色的絲製旗子,參看《周禮注疏》卷二七,頁16。鄭玄注認爲因這種旗子爲赤色,故適用於周朝,但看來它的主要特色乃在於顔色單一且不帶過多裝飾。

⑩ 三皇,傳說中西元前三千年的統治者,究竟指哪三位,衆說紛歧,參看羅竹風主編《漢語大詞典》,第1冊,頁216,康達維《文選》,第一冊,頁148—150注。

⑪ 五帝,傳說中西元前三千年的統治者,包括少昊(或稱黄帝)、顓頊、帝嚳、唐堯、虞舜,參看趙幼文《曹植集校注》,卷二,頁346注,康達維《文選》,第一冊,頁148—150。

維①,網漏於秦。崩樂滅學,儒坑禮焚。二世而殱,漢氏乃因。弗求古訓,嬴政是遵②。王綱帝典,閴爾無聞③。

末光幽昧④,道究運遷。乾坤回曆,簡聖授賢。乃眷大行,屬以黎元。龍飛踐祚⑤,合契上玄⑥。五行定紀,改號革年。明明赫赫⑦,受命於天。仁風偃物⑧,德以禮宣。

祥惟聖質⑨,嶷在幼齡。研幾六典,學不過庭⑩。潛心無罔,亢志青冥。才秀藻朗,如玉之瑩。聽察無響,瞻覩未形。其剛如金,其貞如瓊。如冰之潔,如砥之平。爵必無私⑪,戮違無輕。心鏡萬機,攬照下情。

思良股肱,嘉昔伊呂。搜揚側陋⑫,舉湯代禹⑬。拔才巖穴,取士蓬户。唯德是縈,弗拘禰祖。

宅土之中⑭,率民以漸。道義是圖,弗營厥險。六合是虞⑮,齊

---

① 維,維持。參《曹植集校注》卷二,頁346注。
② "嬴政"即嬴氏的政府。"嬴政"亦是秦始皇之名,但此處應指其政府。
③ 揚雄《劇秦美新》:"是以帝典闕而不補,王綱弛而不張。"
④ 此處指東漢末代皇帝劉協。
⑤ "踐",登上,參看歐陽詢《藝文類聚》卷一三,頁243。
⑥ "上玄"指天。
⑦ 《詩經·大雅·大明》:"明明在下,赫赫在上。"
⑧ 《論語·顏淵》第十九章。
⑨ "祥"應作"詳",參看趙幼文《曹植集校注》卷二,頁348注。
⑩ 此處指《論語·季氏》第十三章,孔子的兒子鯉過庭之際被孔子詢問學習狀況。"過庭"因而成爲受到父親教誨的隱喻。曹植此處或許試圖强調曹丕的夙慧。亦可參看趙幼文《曹植集校注》卷二,頁348。
⑪ "必"應作"功",參看歐陽詢《藝文類聚》卷一三,頁243。
⑫ 參照《尚書·堯典》:"(帝)曰:'明明揚側陋。'"
⑬ 湯與禹一般分別被視爲商朝與夏朝的開創者。
⑭ "中",參看趙幼文《曹植集校注》卷二,頁349注。"土中"指的是洛陽。
⑮ "六合"似乎指的是天、地、四方,意指國土。

契共檢①。導下以純,民由樸儉②。

　　恢折規矩,克紹前人。科條品制,襃貶以因。乘殷之輅,行夏之辰③。金根黃屋,翠葆龍鱗。緋冕崇麗,衡紞惟新。尊肅禮容,矙之若神。方牧妙舉,欽於恤民。虎將荷節④,鎮彼四鄰。朱旗所剿,九壤被震⑤。疇克不若,孰敢不臣?縣旌海表,萬裏無塵。虜備凶轍⑥,烏殪江岷。權若涸魚⑦,乾若脯鱗⑧。肅慎納貢,越裳效珍⑨。條支絶域,獻欵内賓⑩。

　　德儕先皇⑪,功侔太古。上靈降瑞,黃初叔祐。河龍洛龜,陵波游下⑫。平均應繩,神鸞翔舞。敷莢階除⑬,系風扇暑。皓獸素

---

①　"檢",參看趙幼文《曹植集校注》卷二,頁349注。

②　這兩句文本從趙幼文《曹植集校注》卷二(頁342),以歐陽詢《藝文類聚》卷一三(頁243)爲據。

③　參看《論語·衛靈公》:"顔淵問爲邦。子曰:'行夏之時,乘殷之輅。……'"就我所知,此典只是用來稱贊曹丕,實際上他並未施行夏曆。

④　"節"是一種權力的標志。

⑤　"九壤"義同"九土",皆指"九州",而"九州"則是現今中國的一個古老代稱。參看曹植《責躬》詩:"朱旗所拂,九土被壤。"參看趙幼文《曹植集校注》卷二,頁269。

⑥　"轍",參看趙幼文《曹植集校注》卷二,頁350注。此時,中國領土分裂爲三,曹氏所屬的魏國僅爲三國之一。其敵國還有位於四川地區的蜀漢以及東南的吳國,而劉備則是蜀漢的開創者。

⑦　"權",參看趙幼文《曹植集校注》卷二,頁350注。孫權是吳國的統治者。

⑧　此處文本據趙幼文《曹植集校注》卷二,頁342。

⑨　"肅慎"和"越裳"分別指中國東北與越南北部的非漢民族。

⑩　參看趙幼文《曹植集校注》卷二,頁351注。關於條支的定義可參看康達維《文選》,第一冊,頁114注。

⑪　先皇指曹操,其死後才被稱爲皇。

⑫　這個典故指河中出現祥瑞之兆。爲了要得到王位,曹丕在一篇令中提到,靈瑞未效,而靈瑞是他即位所需要的。參看陳壽《三國志》卷二,頁69。

⑬　"敷莢"又作"蓂莢"、"厤莢"。關於這種祥瑞的植物可參看康達維《文選》,頁300、302。這也是曹丕注意到的尚未出現的一個祥瑞。參看陳壽《三國志》卷二,頁69。

禽,飛走郊野。神鍾寶鼎,形自舊土①。雲英甘露,瀸途被宇。靈芝冒沼,朱華陰渚。回回凱風,祁祁甘雨。稼穡豐登,我稷我黍。家佩惠君,戶蒙慈父。

圖致太和,洽德全義。將登介山,先皇作儷②。鐫石紀勳,兼錄衆瑞。方隆封禪,歸功天地③。賓禮百靈,勳命視規。望祭四嶽④,燎封奉柴。肅於南郊,宗祀上帝。

三牲既供,夏禘秋嘗⑤。元侯佐祭,獻璧奉璋。鸞輿幽藹⑥,龍旂太常⑦。爰迄太廟,鐘鼓鍠鍠。頌德詠功,八佾鏘鏘。皇祖既饗,烈考來享⑧。"神具醉止"⑨,降兹福祥。

天地震蕩,大行康之。三辰暗昧,大行光之。皇紘惟絕,大行綱之。神器莫統⑩,大行當之。禮樂廢弛,大行張之。仁義陸沈,大行揚之。潛龍隱鳳,大行翔之。疏狄返康,大行匡之⑪。

在位七載,元功仍舉。將永大和,絕跡三五。宜作物師,長爲神主。壽終金石,等算東父⑫。如何奄忽,摧身后土。俾我煢煢,

---

① 此處"舊土"應指鄴城,同時也是曹丕稱帝之前曹氏的根據地。
② 漢武帝曾獻祭於介山,參看班固《漢書》卷六,頁200。
③ "封"泰山而"禪"梁甫,分別指祭祀天與地。
④ "望"是一種對於各式神秘地理的祭祀名稱,包括諸嶽。這個名稱可能來自於從遠方祭祀。四嶽是東嶽泰山、西嶽華山、南嶽衡山與北嶽恒山。
⑤ "三牲"指牛、羊、豬。而"禘"與"嘗"都是指對於先人的祭祀。
⑥ "鸞輿"指裝飾有各式動物造型鈴鐺的馬車。
⑦ "龍旂"指上有兩條龍交纏在一起的大旗。"太常"則是裝飾着日月星三辰的大旗。
⑧ "皇祖"指曹丕之祖曹嵩,"烈考"指曹操本人。
⑨ 見《毛詩·小雅·楚茨》。
⑩ "神器"指帝位。
⑪ 狄指儀狄,康指杜康,分別是著名的夏朝與周朝的釀酒師。曹操因爲糧食缺乏而厲行酒禁,曹丕似乎廢除了這一禁令。
⑫ 東父是一位與不死有關的神。參看魯惟一《通仙之路:中國人對長生的追求》(*Ways to Paradise: The Chinese Quest for Immortality*),喬治·愛倫和愛文出版社,1979年,頁121—126。

靡瞻靡顧。嗟嗟皇穹，胡寧忍務。嗚呼哀哉！

明監吉凶，體達存亡。深垂典制，申之嗣皇。聖上虔奉①，是順是將。乃啓玄宇②，基爲首陽。擬跡穀林③，追堯慕唐。合山同陵④，不樹不疆⑤。塗車芻靈，珠玉靡藏⑥。百神警待，來賓幽堂。耕禽田獸⑦，望魂之翔。

於是俟大隧之致功兮，練元辰之淑禎。潛華體於梓宫兮，憑正殿以居靈。顧望嗣之號咷兮，存臨者之悲聲。悼晏駕之既疾兮⑧，感容車之速征⑨。浮飛魂於輕霄兮，就黃壚以滅形⑩。背三光之昭晰兮，歸玄宅之冥冥。嗟一往之不反兮，痛潰闉之長扃。諮遠臣之眇眇兮，成凶諱以怛驚。心孤絶而靡告兮，紛流涕而交頸。思恩榮以橫奔兮，闕塞之嶢崢⑪。顧衰經以輕舉兮，迫關防之我嬰。欲高飛而遙憩兮，憚天網之遠經。遙投骨於山足兮⑫，報恩養於下庭。慨拊心而自悼兮，懼施重而命輕⑬。嗟微軀之是效兮，甘九死而忘生。幾司命之役籍兮，先黃髪而隕零。天蓋高而察卑兮，冀神

---

① 這兩句指曹叡。
② "啓"，據歐陽詢《藝文類聚》卷一三，頁244。
③ "穀林"傳爲唐堯埋葬之地。他的墓被設計爲更自然更接近周邊環境。
④ 歐陽詢《藝文類聚》作"阪"，卷一三，頁244。
⑤ 參看曹丕所作終制，見陳壽《三國志》卷二，頁81。
⑥ 此遵行曹丕的終制，參看陳壽《三國志》卷二，頁81—82。
⑦ 傳説大禹卒，有鳥來爲之耕，舜卒，則有大象爲之種。參看趙幼文《曹植集校注》卷二，頁354注。
⑧ "晏駕"是君王去世的婉轉用語。參看司馬遷《史記》卷一九，頁2414。"疾"，參照趙幼文《曹植集校注》卷二，頁354—355。
⑨ "容車"載死者衣冠。
⑩ "黃壚"或爲"黃爐"之訛，是"黃泉"的另一個稱法，即死者地下的住所。參看趙幼文《曹植集校注》卷二，頁355注。
⑪ "闕塞"是"伊闕"的別名，是一座位於洛陽南方的山。
⑫ 此處用班婕妤《自悼賦》典，參看班固《漢書》卷九七，頁3986。
⑬ 曹植《鸚鵡賦》中有句與此相似，參看趙幼文《曹植集校注》卷一，頁57。

明之我聽。獨鬱伊而莫訴兮，追顧景而憐形。奏斯文以寫思兮，結翰墨以敷誠。嗚呼哀哉！

《文帝誄》比爲王粲的那篇誄文多了八十餘句，更是曹操那篇的兩倍之多。我們可能會問爲什麽：是否因爲這是一篇作給皇帝的誄文？是否對曹丕有一種冷嘲熱諷的企圖，借此操控身爲其侄子同時也是曹丕之子以及皇位繼承者的曹叡的感情？① 亦或這是真實的情感渲瀉？是否其中有其他一些考慮在起作用？任何答案都注定是推測。

《文帝誄》開頭是一篇强有力的長篇序文，一開始就聲明曹丕之死對於宇宙和人類的影響，繼而轉爲曹植自身情感的抒發。然後他嘗試從過往時代的智慧中尋求安慰。從"皓皓太素"到"德以禮宣"，曹植敘述了曹丕受禪登基的背景。他一直追溯到宇宙的起源，繼而談論到傳説中的君王、周朝以及秦朝的興衰。他指出，正是由於漢朝的衰敗，導致了天命改變並使曹丕登上帝位。從"祥惟聖質"到"攬照下情"，曹植描述了曹丕勝任皇帝所具有的個人特質。"思良股肱"到"獻欸内賓"描繪作爲統治者的曹丕：他的求賢若渴；他的舉止、影響與外貌；他遍及海内的權威。"德侪天皇"到"户蒙慈父"列舉天降祥瑞，表示天意支持曹丕接受漢朝的禪讓，即位爲帝。"圖致太和"到"降兹福祥"則描寫曹丕舉行的封禪儀式及其效力。"天地震蕩"到"大行匡之"中使用了大膽的修辭方式，顯示曹丕對於一連串的時代弊病進行匡正。注意這一段與《武帝誄》中"我王匡之"到"我王育之"一段有些相似。但是《武帝誄》中明顯較短，並且押了兩個韻。從"在位七載"到"望魂之翔"，曹植哀悼曹丕的死亡，並且敘述了墓地和安葬準備的細節。整篇誄文中最不同一般的段落，是"俟大隧之致功兮"到"結翰墨以敷誠"一段，稍後再來細論。

---

① 回顧曹植的《求自試表》、《求通親親表》與《陳審舉表》皆是寫給曹叡，並且基本上皆是請求朝廷在政府事務中真正使用曹植。參看趙幼文《曹植集校注》卷三，頁368—379、436—454。

認爲《王仲宣誄》是曹植誄文最好的一篇，這種看法很常見。① 蕭統的觀點似亦如此，因爲這是《文選》所收錄的曹植的惟一一篇誄文。劉勰並未提及《王仲宣誄》，但他的確在總體上論及《文帝誄》與曹植的其他誄文。讓我們回顧一下劉勰在《誄碑》篇中的評論："陳思叨名，而體實繁緩，文皇誄末，旨言自陳，其乖甚矣。"② 我上文已提到曹植的誄文標志着這一文體的轉變。現在我願意指出，《文帝誄》的重要性還在於它顯示曹植身爲一名作家、至少是一名誄文作家的發展成熟。曹植爲王粲作誄時年約 25 歲，爲其父曹操作誄時約 28 歲，當他作《文帝誄》時約 34 歲。就如世界上其他領域的藝術家們，在他們的後期作品中展示新的才能以及自信一樣③；曹植的《文帝誄》也是如此。這篇誄文中含有曹植對於操縱這種形式信心日增的標志。尤其有兩個因素最爲突出，即他的用韻與節奏，以及藉由排比而作的修辭發揮。我們已經注意到從"天地震蕩"到"大行匡之"中所使用的排比反復，現在讓我們暫時來關注一下詩律學。

在第一篇中我們可以發現，《王仲宣誄》共 188 句，19 次換韻。其中最長的韻部共押了 13 韻。《武帝誄》134 句，至少 21 次換韻，最長的韻部共押了 9 韻。而《文帝誄》274 句，却僅 15 次換韻，其中最長的韻部押了 19 韻。曹植在這篇誄文中，也經常一韻連押 10 次以上。最後，曹植在《文帝誄》的最末一節加入了頗爲不同的寫法，將典型的四言形式轉換爲騷體，自然，騷體句式長篇聯結，更加適合表達悲傷的情感。④

《文帝誄》的總長、一韻連用、排比發揮的段落以及在文末句式的徹底地改變，所有這些表明作者在開發並嘗試這一文體的可能性之時，是

---

① 例如，參看傅亞庶《三曹詩文全集譯注》，頁 1035。
② 參看周振甫《文心雕龍注釋》卷一二，頁 219—220。
③ 例如可參看弗蘭克·凱慕德（Frank Kermode）《莎士比亞的語言》(*Shakespeare's Language*)，法勞·斯特勞斯和吉羅出版社，2000 年，頁 4—17、243—254。
④ 卓文君曾作其夫君司馬相如誄，亦爲騷體，但其可信度却非常有問題。參看嚴可均《全上古三代秦漢三國六朝文》第一册，頁 434；徐國榮《先唐誄文的職能變遷》，頁 17—18。

如何得心應手,胸有成竹。劉勰認爲此篇誄文有些非同尋常之處,就此而言,他的觀點是正確的。但他批評曹植這篇作品過多寫自己,則似乎有些不公正,不自相一致。劉勰的問題在他傾向於過高重視誄文的起源,那時的誄文的首要任務是反映死者的德行和行爲,而輕忽了它在後來新的發展,在新的發展中,抒發悲傷與個人情感變得那麽重要。① 事實迫使劉勰承認潘岳作爲發展期誄文作家的技巧;難以想像有比潘岳更個人化的誄文作家。正是悲痛的個人化,使得潘岳的誄文極度哀傷,在《文帝誄》的結尾部分,看到的也正是同一種修辭措施。

潘岳總是被死亡追蹤着。他目覩了好幾位家族成員早逝:父親、岳父、妻子、弟弟、妹妹、妻妹、妻兄、幼子與女兒。當然,最後,他本人也被處決,並被誅夷三族。② 雖然他創作過其他類型的作品,死亡在他最著名的作品中却最爲顯著地出現。儘管潘岳有其創作的十二種文體作品保留下來,但他最重要的篇章依然是詩、賦以及一些哀挽文類:包括九篇哀文、三篇祭文和十一篇誄文。③ 他爲人創作這些哀挽文章,過去的、現在的、地位尊貴的以及地位較低的④。其中最有力的作品是他爲一些至親好友寫的作品。在潘岳的作品中之所以存在着如此强烈哀傷的刺激,很可能是他始終沉浸於自己對過去的悲傷與執著之中。

對照前文所論其他誄文作品,潘岳《楊仲武誄》中一眼可見的突出特點,便是使用了相當長的散體序言。序中敘述楊經的家世背景。楊經是潘岳妻子的侄子,在其父楊譚於278年去世後,遭受了貧困的生活。雖然他十分有天賦、有道德並且受過教育,但對於潘岳而言最重要

---

① 徐國榮《先唐誄文的職能變遷》,頁17。
② 參看王增文《潘岳和他的詩賦哀誄》,《黃淮學刊(社會科學版)》第10卷第2期,頁76。
③ 參看王增文《潘岳和他的詩賦哀誄》。關於潘岳一些非誄文中描繪死亡的相關研究,可參看雷久密《潘岳作品中的悼亡藝術:論〈哀永逝文〉》(*The Art of Lamentaion in the Works of Pan Yue*:"*Mourning the Eternally Departed*"),《美國東文學會會刊》114.3,1994年7—9月,頁409—425。
④ 參看王增文《潘岳和他的詩賦哀誄》,頁80。

的,是楊經曾陪伴潘岳一同度過潘岳悼亡的歲月。另外值得注意的一點是,幾乎全篇都由八句一換韻的方式組成。換韻與主題變動同步,這是很常見的。

楊仲武誄

　　楊經①,字仲武,滎陽宛陵人也②。中領軍肅侯之曾孫③,荆州刺史戴侯之孫④,東武康侯之子也⑤。八歲喪父。其母鄭氏,光禄勳密陵成侯之元女⑥,操行甚高,恤養幼孤,以保乂夫家,而免諸艱難。戴侯康侯多所論著,又善草隸之藝。子以妙年之秀,固能綜覽義旨,而軌式模範矣。雖舅氏隆盛,而孤貧守約,心安陋巷,體服菲薄,余甚奇之。若乃清才俊茂,盛德日新⑦,吾見其進,未見其已也。既藉三葉世親之恩,而子之姑,余之伉儷焉。往歲卒於德宫裏。喪服同次,綢繆累月,苟人必有心,此亦款誠之至也。不幸短命,春秋二十九,元康(291—300)九年夏五月己亥卒⑧。嗚呼哀哉!乃作誄曰:

　　伊子之先,奕葉熙隆。惟祖惟曾,載揚休風。顯考康侯,無禄早終。名器雖光,勛業未融。

---

① 蕭統《文選》將他的名字寫作楊綏(卷五六,頁38)。但《文選》五臣注寫的則是楊經。參看《六臣注文選》卷五六,頁38。清人胡克家認爲"經"才是正確的名字,而"綏"的訛誤源出於尤袤刻本。參看胡克家《文選考異》卷一〇,頁7。
② 宛陵是滎陽郡屬縣,在今安徽宣城。
③ 此指楊暨,亦是潘岳岳父之父。
④ 此指潘岳的岳父楊肇(?—275),潘岳曾爲之撰《楊荆州誄》。參看蕭統《文選》卷五六,頁25。
⑤ 楊譚是潘岳妻兄。
⑥ 光禄勳密陵成侯即鄭默。
⑦ 參照《易經·繫辭傳》:"日新之爲盛德。"
⑧ 該年當爲西元300年,但該年五月無己亥日。清人梁章鉅《文選旁證》提出此觀點。參看陳宏天、趙福海、陳復興等《昭明文選譯注》第六册,頁1792注。

篤生吾子,誕茂淑姿。克岐克嶷①,知章知微。鈎深探賾,味道研機。匪直也人②,邦家之輝③。

　　子之遘閔④,曾未齔髫⑤。如彼危根,當此衝焱。德之休明,靡幽不喬⑥。弱冠流芳,俊聲清劭。

　　爾舅惟榮,爾宗惟瘁⑦。幼秉殊操,違豐安匱。撰録先訓,俾無隕墜。舊文新藝,罔不必肄。

　　潘楊之穆,有自來矣。矧乃今日,慎終如始。爾休爾戚,如實在己。視予猶父,不得猶子⑧。

　　敬亦既篤,愛亦既深。雖殊其年,實同厥心。日昃景西,望子朝陰。如何短折,背世湮沈。嗚呼哀哉!

　　寢疾彌留,守茲孝友。臨命忘身,顧戀慈母。哀哀慈母,痛心疾首。嗷嗷同生,淒淒諸舅。

　　春蘭擢莖,方茂其華。荆寶挺璞⑨,將剖於和。含芳委耀,燬璧摧柯。嗚呼仲武,痛哉奈何!

　　德宫之艱,同次外寢。惟我與爾,對筵接枕。自時迄今,曾未

---

① 此句出《詩經・大雅・生民》:"克禋克祀。"對於此處與其他的解釋,參看高本漢《〈尚書〉注釋》,頁62—63。高本漢指出了從《詩經》毛傳開始,這句話就被理解爲是談論洞察力和知識。亦可參看《六臣注文選》卷五六,頁40。

② 《詩經・鄘風・定之方中》:"匪直也人。"

③ 參照《詩經・小雅・南山有台》:"邦家之基……邦家之光。"

④ 這句指其父楊譚去世於西元278年。

⑤ "曾未齔髫",照字面應譯爲:"乳齒還未脱落。"齔指的是"乳齒脱落"。髫一般指的是小孩額前垂下的頭髮。但劉良則説:"髫,總髮也。"參看《六臣注文選》卷五〇,頁40b。注意還有一個同音異義字齠,意亦爲"乳齒脱落"。因爲我比較懷疑劉良對於髫的解釋,故將髫視爲同音異義字對待。

⑥ 參看《詩經・小雅・伐木》:"出自幽谷,遷於喬木。"

⑦ 在權力鬭爭中,楊氏失利,291年,晉朝朝廷被賈氏宗族控制,悲慘的結果隨之而來。

⑧ 參看《論語・先進》:"回也,視予猶父也,不得視猶子也。"

⑨ 此處用荆楚有璞,唯卞和能認識到其價值之典故。參看陳奇猷《韓非子集釋》卷四,河洛出版社,1974年,頁238。

盈稔。姑侄繼隕,何痛斯甚。嗚呼哀哉!

披帙散書,屢覯遺文。有造有寫,或草或真。執玩周復,想見其人。紙勞於手,涕沾於巾①。

龜筮既襲,埏隧既開。痛矣楊子!與世長乖。朝濟洛川,夕次山隈。歸鳥頡頏,行雲徘徊。臨穴永訣,撫櫬盡哀。遺形莫紹,增慟余懷。魂兮往矣,梁木實摧②。嗚呼哀哉!

《楊仲武誄》僅用了從"伊子之先"到"勛業未融"八句這極短的篇幅去描述楊經家族的起源及其近世背景。③"篤生吾子"到"邦家之輝"描述楊經的天賦和學問,"子之遘閔"到"罔不必肆"則談到他面對逆境時的堅韌不拔。"潘楊之穆,有自來矣"是全文的一個轉折,由此開始的這一部分一直要到"背世湮沈"一句為止,使本篇與曹植《王仲宣誄》及潘岳《楊武仲誄》區分開來。在那兩篇誄文中都是先敘述生死主題的,而本篇卻首先書寫了詩人與楊經之間的友誼。④"寢疾彌留"應當引用自《王仲宣誄》。"寢疾彌留"到"將剖於和"這個段落是潘岳善於勾起悲傷的文學才能的一個很好例證。注意在這幾句中,潘岳多少有點像觀察者。從"含芳委耀"到"何痛斯甚",由於談到了潘岳妻子的去世,使他的個人情感倍加翻騰,因此當他看到楊經的手跡時,心中的悲愴如同洪水一般澎湃,從"何痛斯甚"持續到誄文的最末。這種覩物思故人的能力,對於那些曾經遭受失去的人來說是心有戚戚焉的,並且被靈活地運用在潘岳最著名的《悼亡詩》的第一首:

---

① 此處"巾"可能指"巾箱"。最初是用來收藏手帕、頭巾的盒子,而後轉變為保藏書本、文件與其他物品。

② 這段源自於《禮記》:"歌曰:'泰山其頹乎,梁木其壞乎,哲人其萎乎。'"《禮記正義》卷七,頁 12a—b。

③ 參看劉師培《誄碑篇口義》,頁 85。

④ 參看劉師培《誄碑篇口義》,頁 85。

翰墨有餘跡，流芳未及歇，遺挂猶在壁。①

大多數中國文學專業的學者與學生的注意力，大體投放於對散文的各種形式和詩歌的最常見形式的研究。即使像是賦這種最不引人注目的形式，近幾十年來也吸引了越來越多人的興趣。然而這却造成一批較少爲人閱讀且乏人研究的文體：誄文便是其中之一。中古前期的誄文都較爲冗長，對於今天的讀者而言，在閱讀上都顯得吃力；然而，通過這些較少被人閱讀的作品，我們却能對於任何時代的文學習慣與歷史環境有更完整的理解。誄文的形式與功能有可能導致作品彼此類似，但是由於它們通常都由富有才能的作家們所創作，旨在紀念特定人物的生命與死亡，每一篇誄文都有其獨特性。即使如此，在這裏所討論的曹植和潘岳的作品却反映了更開闊的文學發展情形。在西元三世紀前期，文體的界限經常是模糊不清的，此外，在詩、樂府和賦等文體中，都能看到有一種日益強調抒情的顯著趨勢。② 曹植和潘岳以及其他作家們，恰好是造成這種文學現象的原因。在他們的誄文中，我們可以看到抒情性增長，已經超越了典型的詩歌的範疇，其結果是，本來是一種公開、正式的功能性文學，在這兩位技巧純熟的作家手上，轉變爲一種相當有價值的抒情文體。

（譯者單位："中央大學"中文系）

---

① 蕭統《文選》卷二三，頁 18a—b。
② 例如，可參看李寶均《曹氏父子與建安文學》，中華書局，1962 年，頁 5、8；余冠英《漢魏六朝詩》，河洛圖書出版社，1962 年；上引蔡宗齊書，頁 61—146；曹道衡《漢魏六朝辭賦》，上海古籍出版社，1989 年，頁 100、123。

《文選》的最後一篇：王僧達《祭顏光禄文》

[美]柏士隱　撰　許浩然　譯

中國的公案小説常常在剛開頭就泄露了結局。* 它的趣味是在過程而非最後的解決方案。這就好像讀者還不知道——《文選》的最後一篇是《祭顏光禄文》，即王僧達（423—458）爲他剛剛去世的年長老友顏延之（384—456）所寫的祭文。① 在好幾個月以前，當我考慮提交給康達維（David R. Knechtges）教授一篇獻禮文章的時候，我就想到了這個題目：《文選》的最後一篇。我想有了這個題目，就可以有幾年時間規避整個《文選》的權威翻譯和研究，這工作在他手裏一直被堅定不移地推進着。② 但是以前的同窗向我詳述了早於二十五年以前，他們在課堂上和老師本人細讀這一篇文章的情景，這將我推回到了現實中，他對《文選》最後一卷的翻譯其實已經是既成事實了。我也曾考慮過回到賦，特别是嵇康（用威妥碼拼音又寫作 Xi Kang；223—262）《琴賦》的研

---

* 我要感謝康達維多年來對我的慷慨訓導、指教和支持。
① 蕭統（501—531）編《文選》卷六〇，正中書局，1971 年，頁 25a—26b。
② 康達維譯《文選》(Selections of Refined Literature) 迄今爲止 3 卷，普林斯頓大學出版社，1982 年。

的各種關節進行：埋葬以前的服喪期間，在禮堂或者家中獻祭；靈柩被抬去墓地之時，在屋外獻祭；去墓地的途中，在各種紀念性的祭壇前獻祭；下葬的當天在墓旁獻祭（這樣的獻祭可以持續到逝者去世後的三個月，或許更長①）；下葬以後，在許多常規的間隔的祭祀期獻祭；重葬、遷葬或在紀念性的埋葬時獻祭；在逝者的年祭上獻祭；在遙遠之地、追思之時獻祭；或是在某人生活歷程的特殊關頭，對一位逝者舉行紀念活動時獻祭，不管他是否認識逝者。此外，根據祭文本身判斷，祭文的功用與持續多年的服喪以及紀念儀式之間似乎並不存在形式上的一致性，下這樣的判斷，是特別考慮到了文本慣例與真正行爲之間的鴻溝，以及官方文士的儀式慣例與多變的民間宗教習俗之間可能更深的的鴻溝。

中國中世紀的祭文在儀式方面的明確本質及其被劃定的功能如果存在過一致性，那麼這種一致性也似乎已經無法識別了，不過由葬禮儀式的描述和其他的資料來源，各種葬禮情節的跡象還是可以被推斷出來的。一般說來，大量的證據似乎指向了以下的典型特徵②：在真正獻

---

① 漢代個人死後在各種期限裏舉行葬禮的例子，以及漢代葬禮的其他方面的信息，包括後漢時在墓旁的祭祀，見楊樹達《漢代婚喪禮俗》，商務印書館，1933、1934年，尤其在頁132—144、287—287。

② 就算考慮到區域與區域，文化、種族、宗教群體與群體之間的重要不同，以及後來時代針對文獻中行爲的研究，還有人種學對於現代行爲的研究，這據説可以提供洞見來觀察早期行爲的殘存，中國的喪葬儀式和祭祀儀式還是經常被描述成具有跨越時間的極端保守性。但是，較早時期的證據空缺，我們只能推測。對於較後的時期，特別是自宋代以後，在禮儀和儀式行爲上尚有許多一致性可尋，這主要是歸功於吸引大衆和廣泛流傳的朱熹（1130—1200）《家禮》的各個版本。見伊沛霞（Patricia Buckley Ebrey）《朱熹的〈家禮〉：十二世紀冠禮、婚禮、葬禮、祭禮的手冊》（*Chu Hsi's Family Rituals: A Twelfth Century Mannal for the Performance of Cappings, Weddings, Funnerals, and Ancestral Rites*），普林斯頓大學出版社，1991年；另見伊沛霞《在〈家禮〉相續版本中祭祀祖先的禱告儀式》（*The Liturgies for Sacrifices to Ancestors in Successive Versions of the Family Rituals*），載姜士彬（David Johnson）編《中國民間宗教的葬禮和經文：五個研究》（*Ritual and Scipture in Chinese Popular Religion: Five Studies*），東亞研究所，加州大學出版社，1995年，尤其在頁129—132。但是，我尚未見到多少有關祭祀活動的特別材料關注中世紀早期的祭文。

祭的同時,通常在墳墓或靈位邊,人們大聲地宣讀祭文,祭文被用作假裝直接請逝者來享用祭品的邀請詞和對逝者的感謝詞,接着祭文被焚燒,寄給逝者的靈魂,如果這些發生在一次真正的葬禮中,祭文可能還要隨遺體一起入土(對於這一點,人們只能利用其他領域關於逝者的資料來推測)。以下幾個例子出自一些轉引的學術成果,它們會告訴我們潛在於祭文之下的獻祭儀式。

王伊同在他關於獻給逝者的各種挽歌的文學研究中論述道,祭文"料想是在墓旁被大聲宣讀的挽歌,並且在葬禮結束時立刻被燒成灰燼"①。這或許是很正確的,但我們希望王氏能提供他的信息來源。在伊沛霞令人興奮的著作《朱熹的〈家禮〉》中,她把祭文(也被注解爲"挽歌")定義爲是一種"向逝者致意並對弔唁的賓客宣讀的文章",並解釋説:根據評注者,祭文在宣讀完以後被弔唁者燒掉,要麼在真正葬禮的過程中,要麼在以後埋葬的時候。②

在十九世紀末,高延(J. J. M. De Groot)基於同時代人的行爲敘述道:在對剛剛去世者第一次的獻祭中,當遺體剛被抬出住所時,人們就要對逝者的靈魂宣讀一份檔案:"在'嗚呼哀哉'這種極其哀傷、拉長了聲調的語詞中,所有的哀悼者一下子都迸發出令人憐憫的哭泣……其中一位出席者焚燒了這篇禱文,通過火和煙把它傳遞給靈魂。"這份高延例舉的檔案可以被看作獻祭環境下和進程中的一種宣言,而並非祭文本身,但他後來繼續敘述説,在葬禮的尾聲,另一篇公式性的祭文將在墳墓旁邊誦讀,伴隨着祭品獻給逝者,然後被投進焚燒紙錢的火中隨

---

① 見他的《中國文學裏的挽歌:五篇作品翻譯》(*Elegies in Chinese Literature*: *Five Sample Works in Translation*),載周策縱編《文林》(二版)卷二,威斯康辛大學麥迪遜分校、東亞語言文學系、香港中文大學、N. T. T. 中國語言中心、中國研究院,2001年,頁82—83。

② 伊沛霞《朱熹的〈家禮〉》,214,100 n. 96,114n. 152。

逝者而去；這可能是一種現代的祭文。①

丁荷生（Kenneth Dean）在他關於葬禮的文章中，更爲新近地提到了祭文，這些葬禮是他1986至1987年在福建觀察到的。他寫道：在一次葬禮中，當靈柩被抬出禮堂，準備抬去墳場時，"起初哀悼者都聚在靈柩後面哭泣，但到後來，他們又依次走到祭壇前面獻祭、跪拜，與此同時一位老者宣讀祭文，即獻祭的檔案"。迪安並沒有跟隨這個特殊的隊伍去墓地，但在另一場合下他這樣做了："在墓地，禮生讓送葬者依次在靈柩前的獻祭處撒上奠酒，然後他宣讀祭文。"②

在逝者葬禮的慣例中，獻祭本身是基本而不可或缺的一部分，這一點貫穿了中華帝國的整個歷程。毫無疑問，在許多事例中，祭文發揮了獻祭逝者的作用，這些都被官方史書和其他文獻所記載和討論。除了知名人物的葬禮，還有一些爲無名陣亡者所獻祭和寫祭文的例子，其中一個例子是江淹（444—505）的《蕭驃騎祭石頭戰亡文》。③ 但是在歷朝的史書裏尋找證據，人們幾乎碰不到提及祭文的作用、功能和"宣讀"的材料能與真正葬禮和其他後續爲逝者舉行的紀念儀式聯繫起來，僅有的材料也是毫無例外地關注皇室。以下的例子，雖然不取自六朝，但顯示出祭文在官方葬禮功能中顯著的作用。或許值得注意的是這些例子

---

① 見他的《中國的宗教系統》（*The Religious System of China*）卷一，南天書局，1989年，頁149、224—225。

② 《福建葬禮》（*Funerals in Fujian*），《遠東記錄》（*Cahiers d' Extrême—Asie*），1988年第4期，頁34—35。

③ 見嚴可均（1762—1843）編《全上古三代秦漢三國六朝文·全梁文》卷三九，中華書局，1985年，頁9b。另一個例子是梁簡文帝（550—551在位）撰《祭戰亡者文》；見《全梁文》卷一四，頁6b。在8世紀80年代後期，當軍事長官劉昌（804?，64歲卒）收聚在西北戰場陣亡將士的骸骨時，他在夢中遇到鬼魂來訪。他將這件事上報給皇帝，皇帝被打動，並安排將士的正式葬禮。葬禮的銘誌和祭文由翰林學士所撰，骸骨被分作三十名大將和一百名將士，陳列在葬服和棺木中，並且被埋入兩座墳裏。劉昌以全套的軍禮和獻祭主持葬禮。見《舊唐書》卷一五二，頁4072。

沒有提及祭文在誦讀後被燒掉,我至今還沒有發現中世紀早期的文獻特別提起焚燒祭文。①

1022年,作爲北宋真宗皇帝葬禮的一部分,正式的祭文由一位主事的官員跪在宮殿裏的神座前宣讀;祭文並未被焚燒,直到這位官員回到自己的位置上,痛哭舉哀才開始。② 1187年,北方金國的弔祭使節弔唁剛剛駕崩的宋朝皇后,經過幾道程式以後,他們"詣神座前一拜。上香、奠茶、三奠酒畢,拜,興,讀祭文官跪讀祭文,一拜,興,殿上下皆哭"③。另一個例子發生在真宗朝,1012年當劉通的長女成爲皇妃的時候,劉通已經去世,六年後他被改葬於皇室之地。他的女兒,即皇后,親自去祭奠他,皇帝將御撰的祭文放置在靈坐右側。④

《遼史》詳細記載了聖宗皇帝的葬禮,他於1030年6月25日駕崩。宋都的使節幾月後到來致以正式的弔祭,他們於10月14日手捧祭文,進入宮殿,和殿上舉哀的群臣會面。祭文被弔唁的官員接受,他將祭文啓封並放在香案上,這時候哭聲停止。在其他一系列程式,包括上香和進奠酒以後,大使把祭文交給一位中書舍人,中書舍人大聲宣讀它,於此同時大使匍匐跪倒;讀完以後,再次痛哭舉哀。⑤ 幾十年後,遼代皇帝道宗駕崩於1101年2月12日,那年夏天宋朝再次派出使節去予以官方的弔祭。這一次,當使節進入宮殿,皇帝痛哭舉哀;使節匍匐跪倒

---

① 儘管這些例子有高度正式的和儀式化的官方背景,但至少祭文在葬禮執行中發揮了作用這一點很明顯。但是,敘述之語對於祭文的展示、宣讀和後來處置結果的描述是少見和不完整的,只讓觀察祭文功能的視野被限定在皇家或其他葬禮及紀念活動的背景中。我希望在另一個場合用更爲完整的方式展示我對中國中世紀祭文的研究。
② 見《宋史》卷一二四,頁2899—2900。
③ 見《宋史》卷一二四,頁2901。
④ 見《宋史》卷四六三,頁13548。
⑤ 見脱脱等撰《遼史》卷一八、卷五〇,中華書局,1983年,頁212、841。

在靈柩前,主持葬禮的官員宣讀祭文,然後皇帝再痛哭舉哀。① 在以上這些描述中,祭文宣讀之時,已在逝者去世後的幾個月,靈柩却仍放在靈堂裏,而且沒有提及祭文被焚燒。

在中世紀早期一個稀見的例子中,554年王僧辯(?—555)剛剛重任高官,梁元帝(552—555在位)賜予他的亡母死後的尊號,並用船將她的骸骨遷葬至都城建康。一個朝廷官員被指派去主持追思典禮並且在船舶停靠的碼頭進行祭祀。另外,根據皇帝的命令,魏太夫人的祭文由王褒(6世紀初至中葉)來寫。②

在六朝,無論祭文的潛在的儀式基礎和性質是什麼(即關於對祭文的宣讀以及最終的處置),祭文在本質上並且幾乎無一例外地和某個具體的事件相聯繫。它們普遍都有一個單獨的序來交代這個事件的地點,並且典型地在開頭詳述時間和事件,還常常提及獻祭中所置備的祭品。因此,看起來很大一部分祭文的寫作似乎是用來在某次真正的祭祀中,在真正葬禮或紀念活動中的某一時刻誦讀的。然而實際上,相當多祭文的寫作在時間或空間上,或在這兩方面上,都與之有距離。③ 普遍地,祭文被假當成在墓旁或紀念堂裏獻祭的一部分,其實許多祭文根本不在逝者面前宣讀。它或許是以一種文學樣式來充當一個指示,指示出這種樣式的習俗化;不過文本和祭祀之間的關係總還保留着規則,

---

① 《遼史》卷二七、卷五〇,頁318、842。

② 見姚思廉(557—637)撰《梁書》卷四五,中華書局,1957年,頁631,這篇祭文包含其中。這次追思之事,也載於李延壽(625 ?)撰《南史》卷六三(中華書局,1975年,頁1540—1541),但沒有提到祭文。在《梁書》中"褒"字被誤寫成"哀"字。嚴可均將這篇文章與王氏其他的作品放在一起,見《全後周文》卷七,頁9b—10a。

③ 我在這裏的評論主要關注六朝的祭文,儘管據說六朝以前的祭文可能大體上與之極其相似。然而,目前我只能說,祭文看上去並不是一種完全約定俗成的文體,要在任何我所描述的祭文的寫作傳統中找到一些例外並非難事。

這並非例外。① 雖説如此，千百年來中華帝國大量祭文的例子清晰地表明祭文文本真正關涉個人而非祭祀，而且這種寫作不僅僅是功利或抽象的——絶大多數祭文是歌頌性和文學性的。劉勰(465？—522？)在其大部頭的文學批評著作《文心雕龍》裏恰切地評論説：他那個時代的祭文不同於邀請神靈享受祭品的熱誠而樸實的祝文，那是因爲它們超越了儀式的祝告之詞：它們同樣謙恭而哀傷，但又融入了對逝者言行的贊美；鑒於祝文被認爲是誠摯且虔敬的，對逝者的祭文可能又被認爲是崇敬且哀傷的。② 這立刻就展現了許多被編入選集或是被標識出優點的祭文，在真實的情感（或者是看起來這樣）表露和極度的文辭藻飾下，亦顯示出激情和沉思之間敏感的衝突。

　　人們或許能夠想象，聲調和語法往往是很有條理的。在動聽而有節奏的祭文的寫作裏，四字一行兩聯對仗佔據了主導，它們易於押韻，使繁瑣的文飾及藴含典故的措辭貫通流暢。這裏面不變的有表示哀傷的慣用插入語（幾乎總是"嗚呼哀哉"），常常構成平行的、有節奏的部分，並以此結束全文。最終這四字也確實是《文選》最後一篇最後的話。因此，當讀者讀到《文選》的末尾，他們最後讀到的句子其實是"嗚呼哀哉"。我的兒子看完一本好書以後也説一模一樣的話，他爲不再有繼續

---

①　人們恐怕不能精確地找到慣例化過程中的文章，但是一個清楚的例子是這種過渡性的文章，即曹操(155—220)西元 202 年所作的《祀故太尉橋玄(109—183)文》。這篇祀文（祀文的題目有時會被當作祠文）肯定是這一文體的早期代表，儘管它缺乏許多後來祭文的典型性特徵，比如文本中某些形式的慣例以及贊美的部分，其中對逝者美德冗長的陳述是構成祭文文本完整所必須的部分。它明顯也缺乏祭文在題目上特殊的字眼，但是曹操的原文甚至可能並沒有一個題目。然而這篇祀文在文末却有懇請逝者靈魂來享用祭品的話，這種話在現存六朝的祭文裏沒有，但在自唐以後的祭文裏却隨處可見。需要備注的是，該文是在逝者去世將近二十年後作爲紀念性的祭奠而寫作的，它並非葬禮儀式的一部分。曹操的這篇祀文見陳壽(233—297)撰，裴松之(372—451)注《三國志》卷一，中華書局，1962 年，頁 23；另見范曄(398—446)撰《後漢書》卷五一，中華書局，1963 年，頁 1697。

②　見楊明照《文心雕龍校注·祝盟》，河洛圖書出版社，1976 年，頁 64—65。

閱讀該書的快樂而哀歎。

"嗚呼哀哉"作爲表示哀傷公式化的插入語在各式各樣的哀悼文中十分常見，特別是在誄中，這可以在本文集中高德耀（Robert Joe Cutter）的論文裏見到。《文選》中的另一種哀悼文體是弔文，賈誼（前200—前168）曾用它寫作《弔屈原文》。① 漢武帝（前141—前87在位）爲其去世的嬪妃寫作的悲歎之文《悼李夫人賦》裏，也用了這一插入語。② 而現存最早以"嗚呼哀哉"結束的四字一行的哀悼之文或許是揚雄（前53—8）的《元后誄》，這篇文章是遵照皇命在西元前13年爲漢哀帝的皇后所作的。如果現存這篇的題目是真的，那麼情況可能確實如此。③ 但是"嗚呼哀哉"這一插入語本身或許早在西元前479的夏天就被魯國年輕的國君首先用來痛哭孔子的去世了。④ 在更爲現代的時期，"嗚呼哀哉"已經被描述爲在獻祭中，"極其哀傷、拉長了聲調的表達"⑤。我想知道有時候它是否還有一個具體的作用，也就是說，是讓衆人痛哭的暗示。會不會是這樣：哀悼者在儀式當場伴隨着祭文一起

---

① 《文選》卷六〇，頁13b—15b。這篇作品還能在更早兩部著作中找到，在那裏它被稱作賦。見司馬遷（前145—前86?）撰《史記》卷八四，中華書局，1959年，頁2492—2495；班固（32—92）撰《漢書》卷四八，中華書局，1962年，頁2222—2225。另見康達維《有關屈原的兩篇漢賦：賈誼的〈弔屈原〉與揚雄的〈反離騷〉》(*Two Han Dynasty Fu on Ch'ü Yüan: Chia I's Tiao Ch'ü Yüan and Yang Hsiung's Fan—sao*) 修訂版，卷一，威斯康辛大學，遠東俄國研究所，1968年，頁5—43。

② 見《漢書》卷九七，頁3952—3955。這篇文章常常被冠以以上的題目；例如《古文辭類纂》卷七二，頁1320—1321。

③ 這篇文章的全文被收入鄭文撰《揚雄文集箋注》（巴蜀書社，2000年，頁251—253），主要依據宋代《古文苑》（《岱南閣叢書》本，卷九，頁9b—11b)中看似完整的版本。這篇文章以"嗚呼哀哉"結尾，並且在末尾的部分出現了另外兩次。在《漢書》（卷九八，頁4035）對該文四字句的摘錄中，該語未被收入。

④ 《左傳》哀公十六年，條三，見楊伯峻撰《春秋左傳注》，中華書局，1981年，頁1698。另一個版本見載於《禮記·檀弓上》，見孫希旦（1736—1784）撰《禮記集解》，中華書局，1998年，頁239。

⑤ 上引高延論文，頁149。

吟詠"嗚呼哀哉",這就好像同時代的猶太哀悼者集體在"Kaddish"的適當環節裏集體插入一句慣用語,"Kaddish"即爲逝者所作的禱告文。

如果這裏真有一個規則,那麼例外就幾乎是這個規則,用來贊頌且悲悼的文體,如誄、哀策文、墓誌等等,共同敘述了逝者的生平,稱頌了逝者的事跡和美德,往往再加上一些足夠分量的悲傷。① 它們通常是公開的或是官方的文章,通常是領命而作,並通常代表發號施令者;這些文章的要點是歌頌贊揚,雖然在其中常常也能找到一些儀式化和個人痛苦的表達,尤其是在哀策文中,它明顯是常爲非正常的死亡而作的。不過,有一些哀悼文章是代表親朋好友而作,而有一些是真正感人的,這些文章在稱頌逝者的過程中,動情地描繪了作者悲傷的情懷,有時還加入了對人類存在本質探索性的評論。② 雖然祭文在本質上有其被假定的儀式性,但它常常有可能包含個人傷感悲哀的表達,與此同時還夾雜了對逝者生平的描述,常常使一個個體的行爲方式公開化。(這裏不是要評論中國中世紀私人表達的公衆性質,只是要注解這種寫作儀式性的方面。)

祭文從其性質來說,或許不是純文學的創作,因爲它的寫作是逝者葬禮以及後續紀念活動的一部分,並且主要針對逝者有這樣一個目的,即假裝召喚逝者的靈魂來享用祭品;祭文通常也是獻祭者敬意和悲情的表達③。雖然如此,即便王僧達的祭文確實是寫給他的一位熟識之人的,但是《文選》裏還有兩篇祭文不是寫給親戚或熟人的,而是寫給久

---

① 關於誄,見高德耀在本文集中的論文。關於哀册文,見後藤秋正《哀辭考》,《日本中國學會報》,1989 年第 41 期,頁 17—31。關於墓誌,見褚斌傑《中國古代文體概論》,頁 416—429。

② 見雷久密的長篇文章《潘岳作品中的悼亡藝術:論〈哀永逝文〉》,《美國東方學會會刊》114.3,1994 年,頁 409—425。的確,許多文章的文學藝術性是很明顯的。霍克斯已經注意到《文選》中絶大多數具有哀傷基調的作品是由"南朝最有成就的挽歌體文學大師們所作。爲了向逝者致敬,這些文章以優雅的甚至裝飾性的風格寫成"。見《文選》卷一,頁 46。

③ 在正式請求允許祭祀他已逝父親的表文裏,曹植(192—232)明確地説明了他的理由:"臣實欲告敬,且欲復盡哀。"曹植的請求在其父曹操去世後不到半年就遞交。見《請祭先王表》,載趙幼文撰《曹植集校注》卷一,人民文學出版社,1984 年,頁 207。

逝之人的,它們互爲映襯。謝惠連(379—433)的《祭古冢文》是被要求寫給兩個無名之人的,他們的合葬墓穴因爲妨礙了公共工程而在430年10月16日被改遷。① 顏延之的《祭屈原文》是422年顏前去其放逐之所——廣西的遥遠蠻荒之地任職的時候,路過屈原自盡之處,代表一個官員寫的。② 而一篇歷來衆所周知的祭文是一篇關於自我形貌思考的頌辭,即陶潛(365—427)的《自祭文》,這是他在去世整兩個月前從容寫定的(人們推想是這樣)。③

王僧達和顏延之確實被説成是一類要好的同事,至少是在顏延之生命的最後十年。顏氏比王氏年長將近四十歲,當顏氏72歲(虚歲73)去世時,王氏剛剛33歲(虚歲34),比顏氏的一半年齡還要少許多。顏氏是一位年長的政治家,有深厚的閲歷,他經歷了許多世間的困苦。顏氏在文學上還是一位十分可敬的人,他和他的朋友謝靈運(385—433)同處於他們那個時代的頂峰。④ 但是他喜好杯中之酒,並且特立獨行。當皇帝問他在他的兒子們身上發現了自己哪些特點,顏回答説他的兒子竣得其書法藝術,測得其文學技能,㚟得其正直行爲,躍得其飲酒的嗜好。當他被另一位朝臣嘲笑追問時,他繼續説兒子們没有一

---

① 《文選》卷六〇,頁21a—24a。

② 《文選》卷六〇,頁24a—25a。

③ 見楊勇《陶淵明集校箋》,正文書局,1976年,頁310—311。另見戴偉士(A. R. Davis)譯《陶淵明:他的作品及其意義》(*T'ao Yüan—ming: His Works and Their Meaning*)卷一,劍橋大學出版社,1983年,頁240—243。

④ 關於顏延之(字延年)官方記載的傳記,見沈約(441—513)撰《宋書》卷七三,中華書局,1983年,頁1891—1904;另見《南史》卷三四,頁877—881。顏氏現存的著作包括三十八篇散文體作品和二十八篇詩體作品,這些收入《顏光禄集》,載張溥(1602—1641)編《漢魏六朝百三名家集》(重印,掃葉山房,1925年);嚴可均《全宋文》卷三六、卷三八,頁1a、6a;另見逯欽立編《先秦漢魏南北朝詩》"宋詩",中華書局,1983年,頁1225—1238。在英語中,對顏氏介紹最爲詳細的是康達維譯《文選》卷三,頁395—397。對顏氏生平和作品的詳細編年見繆鉞《顏延之年譜》,載其《讀史存稿》,生活·讀書·新知三聯書店,1963年;重印,1982年,頁127—160。除了其他地方已有説明外,我以下對於顏延之的描述都取自這一基礎研究。

個能比得過他的狂。① 在其他許多故事中，皇帝一旦要召顏延之入宮，人們總發現顏已經醉酒，裸身處於酒店中，唱着挽歌。

顏延之的文章以博學和辭藻華麗爲典型特徵。他長於寫駢文，這方面在他同時代人中間難覓對手，他的詩作也是如此；不過他其他的創作也被看重，包括賦、辯論文和書信。顏被尊崇的一個跡象是他有二十二篇作品收入《文選》。特別要注意的是，其中有他的新穎之作《三月三日曲水詩序》，這是爲紀念434年3月28日上巳節皇家慶典而奉命寫作的②；有打趣而諷刺的《五君詠》，贊頌了竹林七賢中未獲高位的五个人③；還有爲他的朋友陶潛寫的《陶徵士誄》④。顏延之是一位食素者，也是一位佛法辯論的參與者，不過他爲官剛愎、輕率、古怪，而且懶惰。然而，儘管他常常粗魯無禮，並且他的任期貫穿了他那個時代裏絕大多數持續不斷地相互殘殺的苦難日子，他還是得以壽終正寢。

王僧達則並非如此。⑤ 雖然有年齡上的差距，但是顏延之和王僧達明顯有密切的關係，在顏去世的前一年，二人還有詩作往來，他們之間的兩首詩被保存在《文選》中。⑥ 王的作品只有十二篇被保留下來，其中三篇在《文選》中，顯示出文學上華麗藻飾和高度錘煉的語言；或許馬瑞志能告訴我們是否王僧達之孫，即王融（467—493）繼承了他的一

---

① 見《南史》卷三四（頁879）及唐代許嵩撰《建康實錄》卷一四（中華書局，1986年，頁529）。《宋史》卷七五（頁1959）記載了同樣的答覆，只是缺少了對顏氏之狂的反問。王伊同所列的琅邪江都顏氏世系圖中，漏掉了顏延之的第四子躍；見王氏《五朝門第》卷二，中文大學出版社，1978年，圖47。

② 《文選》卷四六，頁5a—10a。

③ 《文選》卷二一，頁16a—19a。

④ 《文選》卷五七，頁15a—20a。

⑤ 關於王僧達官方記載的傳記，見《宋書》卷七五（頁1951—1958）及《南史》卷二一（頁572—575）。他的全集十卷被列在唐宋時期的目錄書中，但在元時亡佚。殘存的作品見嚴可均《全宋文》卷一九（頁8a—12b），另見逯欽立《先秦漢魏南北朝詩》（頁1239—1241）。琅邪臨沂王氏很有名，它的一張世系圖見於王伊同《五朝門第》卷二，圖1。

⑥ 《文選》卷二六，頁2a—3a、6b—7a。

些天賦。不過，王僧達在文學上没有達到顏延之的高度，在處世方面也無法與顏相比。他是一個有抱負但不機敏而且魯莽的人。作爲一支極有權勢的家族世系中的青年，他與皇族聯姻，皇帝將臨川王劉義慶（403—444）的女兒嫁給他爲妻，劉義慶作爲《世説新語》的編纂者特别爲人所記住。王僧達在十八歲的時候已經得到了一個官職，不久再被授官，很快又在許多職位上得到新任；一個例子是他曾在一年中得到過五個不同的官職。但在他的爲官生涯中，他始終不滿意。王僧達被描述成一個怨艾的機會主義者，喜好爭鬥，自以爲是，而且出語不謹。他曾一度數次拒絶一個將軍官職，因爲他自視甚高，覺得應當像他父親一樣位列公卿。他有一些成就，但大都是在官僚機構中的工作。他不是一個偉大的政治家，也没有好性情。在二十多歲的時候，王僧達任宣城太守，他在打獵之地處理公務；他曾和他一個俊美的族子放蕩流連，並計劃謀殺這個族子來阻止其離開本地，他的詭計差點得逞。

　　王僧達與顏延之，特别是與他很有權勢的兒子顏竣交好，但是他却嚴重冒犯了皇室。在匆匆度過的五年中，他歷任了另外七個官職，但在458年9月8日，即爲顏延之撰寫祭文剛剛兩年之後，以牽連於重大陰謀罪的藉口，王僧達在獄中被賜自盡。① 王僧達在死前控告顏竣構罪於他。顏竣當時逃脱了死刑，但在九個月後，也被賜自盡於獄中；不過，他的腳先已被砍。② 顏竣無論如何不是個好人，也不是個好兒子。其他一些軼事記載造成了這樣的説法，這些記載暗示顏延之的死是他這個兒子的粗暴舉動造成的。顏延之深愛一個妾：他很寵溺她，没有她，他寝食難安。但是有一次她使顏延之跌下牀受了傷，顏竣就殺了她。顏延之陷入痛苦，不停地在她的靈牌前哭訴説她是被顏竣殺死而不是被他殺死的。冬至之日（農曆十一月末，相當於12月22日）顏延之去

---

① 王僧達準確的死亡時間見載於《建康實録》卷一三（頁479）及司馬光（1019—1086）撰《資治通鑒》卷一二八（中華書局，1982年，頁4038）。

② 顏竣的腳被砍一事只見載於《資治通鑒》卷一二九，頁4046。

憑弔她，她的靈魂出現並想用屏風來壓擠他。顏氏在驚嚇中跌倒，因此染上重病。① 顏延之於456年八月去世②，但他的葬禮却直到次月的十九日才舉行，至少王僧達的祭文裏寫的是那個日子。

《文選》最後一篇的語言是有些許的莊嚴和程式化，這本來就是通常獻祭中，尤其是祭文中典型的紀念性的和表示尊敬的語調。除了介紹性的幾行字，整篇文章是四字一行，形成押韻的駢句，嵌上"嗚呼哀哉"的格式。在以下的翻譯裏，押韻的駢句兩節相對，因爲它們是流動連貫的，隨着韻脚的移動，很能和韻律的變化相適應。較大的韻律變化每隔一個章節（也就是每八行，除了17—32行才有一個章節變韻的少數情況）出現，在一些章節之間也存在較小的韻律變化（例如9—12行）。在這篇文章中的典故基本上不複雜，這就是説它們大都使用慣用語，重複着古典的修辭而並没有在字裏行間加入更深層次的含蓄意義或賦予細微的差别。因爲這個原因我没有在翻譯中加入只在於注明詞句語源的注解。

祭顏光禄文
王僧達

維宋孝建三年，九月癸丑朔十九日辛未，王君以山羞野酌，敬祭顏君之靈③。嗚呼哀哉！

夫德以道樹，禮以仁清。惟君之懿，早歲飛聲。義窮幾象，文蔽班楊④。性婞剛絜，志度淵英。

登朝光國，實宋之華。才通漢魏，譽浹龜沙。服爵帝典，棲志

---

① 這一未注日期且未經證實的軼事載於《南史》卷三四，頁881。緊接着這個故事提及了顏氏的去世年份和歲數，這就暗示了這次跌倒直接導致了他的死亡。事情恐怕就是這樣的，只是關涉冬季這一點不對（令人懷疑），還有一種不太可能的情況就是顏的病延續了一年或更長。

② 這個月份的根據是《建康實録》卷一三，頁477。

③ 在這篇文章和其它六朝文獻中，關於"君"似乎做第一人稱專門之用的説法，見錢鍾書《管錐編》册三，中華書局，1979年，頁1159—1161。

④ 班固和揚雄的文章受到普遍贊賞，被認爲是敘述作品的典範。

雲阿。

　　清交素友，比景共波。氣高叔夜，嚴方仲舉①。逸翮獨翔，孤風絶侶。

　　流連酒德，嘯歌琴緒。遊顧移年，契闊燕處。春風首時，爰談爰賦。

　　秋露未凝，歸神太素。明發晨駕，瞻廬望路。心淒目泫，情條雲互。

　　涼陰掩軒，娥月寢耀。微燈動光，几牘誰炤？

　　衾衽長塵，絲竹罷調。擊悲蘭宇，屑涕松嶠。古來共盡，牛山有淚②。

　　非獨昊天，殲我明懿。以此忍哀，敬陳奠饋。申酌長懷，顧望歔欷。

　　嗚呼哀哉！

（譯者單位：南京大學文學院）

---

　　①　嵇康的破壞偶像主義和個人主義是許多軼事的主題，他作爲特異團體即衆所周知的竹林七賢中的一員特別爲人稱道。見侯思孟《嵇康的生平與思想》(*La Vie et la Pensée de Hi K'ang* 〔223—262 *ap. J.—C.*〕)，布雷爾出版社，1957年。陳蕃(95?—168)以他模範的行爲、不屈的正直和堅毅的性格而知名；他擔任過很多重要的職位，但却被他的政治敵手殺害。見《後漢書》卷六六，頁2159—2171。

　　②　這個典故是個常被徵引的故事：齊景公(前547—前490在位)與晏子(晏嬰)同遊牛山，當想到死亡的時候，齊景公流下了眼淚。見吳則虞編《晏子春秋集釋》卷一，中華書局，1982年，頁63；許維遹編《韓詩外傳集釋》卷一〇，十一章，中華書局，1980年，頁350；楊伯峻編《列子集釋》卷六，中華書局，1985年，頁213。

《周易》"噬膚,滅鼻"考論

周葦風

《周易·噬嗑》卦六二:"噬膚,滅鼻,無咎。"其中"噬膚"一詞,王弼注云:"噬,齧也。膚者,柔脆之物也。"①關於"噬嗑"之義,《彖》曰:"頤中有物曰噬嗑。"王弼訓噬爲齧,顯然是承襲了《彖傳》的說法。《周易集解》引虞翻亦云:"噬,食也。艮爲膚爲鼻,鼻没水坎中,隱藏不見,故噬膚滅鼻。"②《伊川易傳》卷二:"噬,齧人之肌膚,爲易入也;滅,没也。深入至没其鼻也。"③《朱子語類》卷七一:"'噬膚滅鼻',膚,腹腴拖泥處;滅,浸没也。謂因噬膚而没其鼻於器中也。"④對於"噬"義,古今學者幾乎一致理解爲吞咬。《噬嗑》卦卦辭言"利用獄",《象傳》亦云:"雷電噬

---

① 《周易正義》卷三,阮元校刻《十三經注疏》本,中華書局,1980年,頁25。
② [唐]李鼎祚《周易集解》卷五,影印《文淵閣四庫全書》本,上海古籍出版社,1989年,頁78。
③ [宋]程頤《伊川易傳》卷二,影印《文淵閣四庫全書》本,上海古籍出版社,1989年,頁83。
④ [宋]黎靖德編,王星賢點校《朱子語類》,中華書局,1986年,頁1781。朱熹《周易本義》:"祭有膚鼎。蓋肉之柔脆,噬而易嗑者。六二中正,故其所治,如噬膚之易。然以柔乘剛,故雖甚易亦不免於傷滅其鼻。""噬膚滅鼻"之說與《朱子語類》不同。見朱熹《原本周易本義》卷一,影印《文淵閣四庫全書》本,上海古籍出版社,1987年,頁21。

嗑,先王以明罰敕法。""噬膚,滅鼻",王弼注:"噬者,刑克之謂也。"①若訓噬爲咬,則咬肉與懲罰有什麽關係呢?高亨先生謂:"奴隸越其分而吃肉,觸怒奴隸主而割其鼻。"②憑空臆想,羌無故實。《周易集解》引侯果:"居中履正,用刑者也。二互體艮,艮爲'鼻',又爲'黔喙','噬膚滅鼻'之象也。乘剛,噬必深。噬過其分,故'滅鼻'也。刑刻雖峻,得所疾也。雖則'滅鼻',而'无咎'矣。"③互體之説,穿鑿附會,絶不可信,顧炎武《日知録》卷一"互體"條已駁之矣。④ 至於"噬過其分",以至於"滅鼻"云云,更使人無法索解。金景芳、呂紹剛則承其説,謂:"膚是禽獸身上與骨頭不相聯繫的肉,如豬的下腈,這樣的肉柔脆易咬,甚至嘴巴能咬進肉裏,連鼻子也能没進去。'噬膚',是説用刑很容易就達到了使受刑人服罪的目的。'没鼻',是説用刑深嚴。"⑤對咬肉與懲罰之間關係的解釋亦殊牽強。對於"滅鼻",有不少學者認爲應該理解爲"没鼻",即鼻子被遮掩,隱藏不見。釋"滅鼻"爲"没鼻"也是不對的。《周易·噬嗑》卦初九"履校,滅趾",上九"何校,滅耳",《三國志·魏書·陳群傳》"《易》著劓、刖、滅趾之法"。"滅趾"爲古代刑罰,"滅鼻"、"滅耳"亦當是兩種肉刑,"滅鼻"就是史籍中常見的劓刑。《周易·噬嗑》卦六二:"噬膚,滅鼻,无咎。""噬膚"是原因,"滅鼻"是結果,"噬膚,滅鼻"是言因爲"噬膚"行爲而受到了"滅鼻"的處罰。

《周易·繫辭下》:"日中爲市,致天下之民,聚天下之貨,交易而退,各得其所,蓋取諸《噬嗑》。"王弼注亦云:"噬嗑,合也。市人之所聚,異方之所合。設法以合物,噬嗑之義也。"⑥可見《噬嗑》卦與早期貿易有關。《噬嗑》卦六三爻辭"噬腊肉,遇毒,小吝,无咎",《周易集解》引虞翻:"毒謂矢毒也。"⑦高亨亦云:"腊肉,乾肉。遇毒,如乾肉生蟲,含有

---

① 《周易正義》卷三,頁25。
② 高亨《周易大傳今注》,齊魯書社,1998年,頁166。
③ [唐]李鼎祚《周易集解》卷五,頁78。
④ 詳見顧炎武著,黄汝成集釋《日知録集釋》,岳麓書社,1994年,頁7—9。
⑤ 金景芳、吕紹剛《周易全解》(修訂本),上海古籍出版社,2005年,頁193。
⑥ 《周易正義》卷八,頁74。
⑦ [唐]李鼎祚《周易集解》卷五,頁78。

毒素等是。吝，難也。爻辭言：用齒嚼乾肉而遇毒，毒僅在口中，未咽入腹内，是有小小之艱難，未成災咎。"①釋"毒"為毒藥、毒素，望文生義，未得確解。"毒"有治理義，《彖傳》釋《師》卦卦辭云："剛中而應，行險而順，以此毒天下，而民從之。"《釋文》："毒，徒篤反，役也。馬（融）云：治也。"②《老子》第五十一章："長之育之，亭之毒之。"王弼云："亭，謂品其形；毒，謂成其質。"③"遇毒"實際指商人在集貿市場遇到政府管理。

"噬腊肉"中的"噬"又當作何解釋呢？除卦名和卦辭外，《噬嗑》卦有四條爻辭有"噬"字，它們是：六二爻辭"噬膚"，六三爻辭"噬腊肉"，九四爻辭"噬乾胏"，六五爻辭"噬乾肉"。"噬"，《詩·唐風·有杕之杜》："噬肯適我。《傳》："噬，逮也。"④《爾雅·釋言》："遏，遾，逮也。"⑤《方言》卷七："蠍、噬，逮也。東齊曰蠍，北燕曰噬。逮，通語也。"⑥"噬"為方言，"逮"為通語，據此可知《噬嗑》卦中的"噬"當時通行本作"逮"。《史記·仲尼弟子列傳》載，孔子傳《易》於魯人商瞿，瞿傳楚人馯臂子弘，弘傳江東人矯子庸疵，疵傳燕人周子家豎，豎傳淳于人光子乘羽，羽傳齊人田子莊何，何傳東武人王子中同，同傳菑川人楊何。何在元朔中以治《易》為漢中大夫。從《周易》的傳授過程來看，改通行本《噬嗑》卦中"逮"為"噬"的始作俑者可能就是燕人周子家豎。

"逮"，《說文》："及也。"《小爾雅》："屬，逮也。"《噬嗑》卦中"噬"若原通行本作"逮"，則四條爻辭中的"噬（逮）膚"、"噬（逮）腊肉"、"噬（逮）乾胏"、"噬（逮）乾肉"，無論釋"逮"為"屬"還是"及"，這些地方依然使人無

---

① 高亨《周易大傳今注》，頁168。
② 《周易正義·釋文》，頁87。
③ 劉孝標《辯命論》："生之無亭毒之心。"李善注："《老子》曰：'亭之毒之，蓋之覆之。'王弼曰：'亭，謂品其形；毒，謂成其質。'"見［南朝梁］蕭統編，［唐］李善注《文選》，上海古籍出版社，1986年，頁2346。
④ 《毛詩正義》卷六，阮元校刻《十三經注疏》本，中華書局，1980年，頁98。
⑤ 《爾雅注疏》，阮元校刻《十三經注疏》本，中華書局，1980年，頁15。
⑥ ［漢］揚雄撰，［晉］郭璞注《方言》，《四部叢刊》初編影印稿本，頁25。

法索解。《尚書·呂刑》"群后之逮在下"①,墨子所見古本《尚書》"逮"作"肆"②。據《說文》,逮從辵隶聲,肆從長亦隶聲③,古文長、辵形似,二字聲同形近易訛。肆,本義爲擺設、陳列。《詩·大雅·行葦》:"或肆之筵,或授之几。"《傳》:"肆,陳也。"④"肆"由陳列義引申爲集市貿易之處,如《論語·子張》言"百工居肆,以成其事"。既然《噬嗑》卦與早期貿易有關,有"噬"字的四條爻辭中的"膚"、"腊肉"、"乾胏"、"乾肉"當是陳列出售之物。據此筆者推測,《噬嗑》卦中的"噬"字最初可能是"肆"字,因與"逮"音近形似曾一度訛爲"逮",周子家豎在燕地傳授《周易》時則以方言"噬"代替通語"逮",隨後流播各地,以迄於今。若筆者推測不誤,《噬嗑》卦中的"噬"字最初爲"肆"字,"噬腊肉"指在市場上陳設腊肉以出售,則六三爻辭"噬腊肉,遇毒,小吝,无咎"的意思是在市場上擺設出售腊肉遇到了政府管理,雖然有點小麻煩,但問題不算太嚴重。

卦名"噬嗑",長沙馬王堆漢墓出土帛書《周易》缺損,同時出土的帛書《繫辭》作"筮蓋",鄧球柏先生認爲"蓋"古通"盍",故寫定爲"筮盍"⑤。"盍",《爾雅·釋詁》:"合也。"有聚集之義。盍加口爲嗑,或因"噬"從口所致。若"噬"本作"肆",肆爲陳列貨物,盍爲聚集貨物,則《噬嗑》卦主言市場之義益明。《噬嗑》卦九四"噬(肆)乾胏,得金矢"言賣掉乾胏換得金矢,六五"噬(肆)乾肉,得黃金"言賣掉乾肉換得黃金。九四和六五,或言"吉",或言"无咎",這是因爲九四和六五分別是賣掉乾胏換得金矢和賣掉乾肉換得黃金,對商人而言自然是吉而无咎。六三"噬(肆)腊肉,遇毒,小吝,无咎",在市場上陳設腊肉出售,雖則"无咎",却有"小吝"。六二"噬(肆)膚,滅鼻,无咎"。膚,切細的肉。《禮記·內

---

① 《尚書正義》卷一九,阮元校刻《十三經注疏》本,中華書局,1980年,頁136。
② 《墨子·尚賢中》:"群后之肆在下。""肆",畢沅注:"孔《書》作逮。"見《墨子》卷二,浙江書局輯刊《二十二子》本,上海古籍出版社,1986年,頁230。
③ 見[漢]許慎《說文解字》卷二下、卷九下,中華書局,1963年,頁40、196。
④ 《毛詩正義》卷一七,頁266。
⑤ 鄧球柏《帛書周易校釋》,湖南出版社,1987年,頁309。

則》:"麋膚,魚醢。"注云:"膚,切肉也。"①"噬(肆)膚,滅鼻"言因在市場上出售切細的肉而受到了"滅鼻"的懲罰。在市場上出售"切肉"何以要"滅鼻"呢?《禮記·王制》有"衣服飲食,不粥(鬻)於市"的規定,禁止"飲食"在市場上出售。《噬嗑》卦六三言"噬(肆)腊肉,遇毒,小吝,无咎",在市場上擺設腊肉出售遇到政府市場管理,雖則"无咎",卻有"小吝",原因就在於出售腊肉違背了"衣服飲食,不粥(鬻)於市"的禁令。六二"噬(肆)膚,滅鼻",講的則是在市場因擺設出售切肉而遭到了"滅鼻"的懲罰。其實,《噬嗑》卦中無論是"噬乾胏"、"噬乾肉"還是"噬腊肉"、"噬膚",講的都是商人在市場上出售"飲食",是違背禁令的不法行爲。只不過"噬乾胏"、"噬乾肉"未"遇毒",逃避了市場監管,一時僥倖罷了。

從《噬嗑》卦的記載來看,當時政府對市場的管理,手段不外乎"滅趾"、"滅鼻"、"滅耳"。《噬嗑》卦初九:"屨校,滅趾。"屨通屢,《史記·季布欒布列傳》"身屨典軍",《集解》引徐廣曰:"屨,一作屢。"②又"學"與"教"通用,《書·洛誥》"乃汝其悉自教工"③,《尚書大傳》卷四引"教"作"學"④。《禮記·學記》"善教者使人繼其志",《釋文》:"教,一本作學。"⑤《老子》四十二章"吾將以爲教父"⑥,"教"傅奕本及漢帛書甲本均作"學"⑦。"學"與"校"通,《漢書·韓延壽傳》"文學、校官、諸生",顏

———

① 《禮記正義》卷二七,阮元校刻《十三經注疏》本,中華書局,1980年,頁236。

② 《史記》卷一〇〇,百衲本《二十五史》(第一冊),浙江古籍出版社,1998年,頁240。

③ 《尚書正義》卷一五,頁102。

④ 《尚書大傳》卷四,《四部叢刊》初編影印稿本,頁52。

⑤ 《禮記正義》卷三六,頁295。

⑥ 《老子》下篇,浙江書局輯刊《二十二子》本,上海古籍出版社,1986年,頁5。

⑦ 馬王堆漢墓帛書整理小組編《馬王堆漢墓帛書老子》,文物出版社,1976年,頁67。

注:"校亦學也。"①故"校"與"教"亦通,《莊子·説劍》"王乃校劍士七日",《釋文》:"校,本或作教。"②"屨校"即"屨教"。《説文》:"教,上所施下所效也。從支從孝。"支,小擊也。可見"教"本身就帶有體罰性質。至於屨教不改,則必加大處罰力度,故初九言"屨(屨)校(教),滅趾",即削去腳趾。六二"噬膚,滅鼻",是針對在市場上出售"切肉"的不法行爲進行的懲罰。"滅趾"、"滅鼻"相對於薄施懲處的"教"自然嚴厲,但尚不至於危及生命,故初九、六二俱云"无咎"。"何校,滅耳"則要嚴重多了。"何"與"呵"通,《史記·秦始皇本紀》"陳利兵而誰何",《索隱》引崔浩云:"何或爲呵,何、呵字同。"③"呵"與"苛"通,《周禮·春官·世婦》"而苛罰之",《釋文》"苛"作"呵"④,《通典·禮三十九》引"苛"作"呵"⑤。故"何通"苛",《史記·袁盎晁錯列傳》"君能日飲,毋苛"⑥,《漢書·袁盎傳》"毋苛"作"亡何"⑦。"何校"即"苛教",也就是進行最嚴厲的處罰。《周禮·地官》言:"市刑:小刑憲罰,中刑徇罰,大刑扑罰,其附於刑者歸於士。"市場上的處罰分爲小刑、中刑和大刑,超出大刑的重罪交由"秋官"中的士師、鄉士和遂士之屬處理。又:"司虣:掌憲市之禁令,禁其鬥嚚者與其虣亂者、出入相陵犯者、以屬遊飲食於市者。若不可禁,則搏而戮之。"在市場上"屬遊飲食於市"是被嚴厲禁止的,若不可禁,司虣有權力"搏而戮之"。爲了從源頭上杜絕"屬遊飲食於市"的現象,勢必會加大對在市場出售"飲食"的商人的打擊力度。因此,商人在市場上出售"飲食",如果遇到"何(苛)校(教)",肯定會凶多吉少。"滅耳"即割去

---

① 《漢書》卷七六,百衲本《二十五史》(第一冊),頁527。
② 《莊子》卷一○,浙江書局輯刊《二十二子》,頁81。
③ 《史記》卷六,百衲本《二十五史》(第一冊),頁31。
④ [唐]陸德明《經典釋文》,《四部叢刊》初編影印稿本,第118頁。《周禮注疏》"苛罰之"引《釋文》"苛,譴也"。與《四部叢刊》初編影印稿本《經典釋文》異,未知孰是。見《周禮注疏》卷二一,阮元校刻《十三經注疏》本,中華書局,1980年,頁146。
⑤ [唐]杜佑《通典》卷七九,浙江古籍出版社,1998年,頁425。
⑥ 《史記》卷一○一,百衲本《二十五史》(第一冊),頁241。
⑦ 《漢書》卷四九,百衲本《二十五史》(第一冊),頁451。

耳朵。《説文》："聝，軍戰斷耳也。聝，或從首。"聝同馘。《詩·大雅·皇矣》"攸馘安安"，《傳》："馘，獲也。不服者殺而獻其左耳曰馘。"①"不服者殺而獻其左耳"，説明"滅耳"的處罰不但比"滅趾"、"滅鼻"嚴重，甚至還有生命之虞，所以上九爻辭説："何（苛）校（教），滅耳，凶。"

《晏子春秋·問上》："（宋）人有酤酒者，爲器甚潔清，置表甚長，而酒酸不售。"這是春秋時期的情形。《詩·小雅·伐木》"有酒湑我，無酒酤我"，馬瑞臣《通釋》："《説文》：'湑，茜酒也。'茜，古縮字。"縮酒，濾酒去渣。詩言招待客人，却無處市酒，只好以家釀濁酒娛賓。《詩大序》認爲《詩》有正變之分："至於王道衰，禮義廢，政教失，國異政，家殊俗，而變風變雅作矣。"鄭玄《詩譜序》按時代順序，將《小雅》中自《鹿鳴》至《菁菁者莪》定爲正雅，爲文、武、成、康時期盛世作品②，《伐木》即屬於成康之世的"正雅"。成康之世何以無處市酒？此與周公禁酒有關。《史記·殷本紀》言商紂王"以酒爲池，县肉爲林，使男女倮相逐其間，爲長夜之飲"。西周康王時《大盂鼎銘》記述了"殷邊侯甸與殷正百辟，率肆於酒，故喪師"的史實。對商王朝滅亡的歷史教訓，周公在《尚書·酒誥》一文中進行了總結："庶群自酒，腥聞在上，故天降喪於殷。"將商朝的滅亡歸結爲殷人酗酒亂德。爲了不重蹈商朝滅亡的覆轍，周公告誡周人"無彝酒"，即不要酗酒；規定"祀茲酒"、"飲惟祀"，只有在祭祀時才可用酒和飲酒。對官員實行"剛制於酒"的政策，强制禁酒。爲了真正做到"祀茲酒"、"飲惟祀"，周初實行"酒酤在官"制度。《漢書·食貨志》載羲和魯匡言："《詩》曰'無酒酤我'，而《論語》曰'酤酒不食'，二者非相反也。夫《詩》據承平之世，酒酤在官，和旨便人，可以相御也。《論語》孔子當周衰亂，酒酤在民，薄惡不誠，是以疑而弗食。"成康之世，"酒酤在官"，無處市酒，所以《伐木》有"無酒酤我"的詩句。

《禮記·禮運》云："飲食男女，人之大欲存焉。"飲食當中，酒肉爲

---

① 《毛詩正義》卷一六，頁254。
② 詳劉冬穎《〈詩經〉"風雅正變"考論》，中國社會科學出版社，2005年，頁33。

貴,"酒肉兩有"是爲福①,故"人之大欲存焉"。然美酒佳肴既能助興,亦能敗德,紂王即前車之鑒。爲了吸取商朝亡國的教訓,保證禁酒制度得到徹底貫徹執行,周公不但規定"酤酒在官",而且佐酒之物亦不得在市場出售。《禮記·王制》"衣服飲食,不粥(鬻)於市",其中"飲食"即兼指酒肉而言。《論語·鄉黨》有段專言飲食的文字:"食不厭精,膾不厭細。食饐而餲,魚餒而肉敗,不食。色惡,不食。臭惡,不食。失飪,不食。不時,不食。割不正,不食。不得其醬,不食。肉雖多,不使勝食氣。唯酒無量,不及亂。沽酒市脯,不食。"筆者以爲此段文字不可完全視同孔子日常飲食習慣。試想孔子一度惶惶如喪家之犬,飢不擇食,何來"食不厭精,膾不厭細"、"割不正,不食"等等諸般講究?即使孔子平日飲食遵循以上原則,"周監於二代,鬱鬱乎文哉!吾從周"(《論語·八佾》)。孔子的飲食原則必然在相當程度上折射和反映周公的禮樂制度。因此,這段話應該放在周公禮樂文化的背景之下進行考察,庶能得其本義。"沽酒市脯",反映了孔子時代不但"酒酤在民",佐酒之物亦已在市場公然出售。對此,孔子的態度是:不食。孔子"酤酒不食",是因爲"沽酒"破壞了"酒酤在官"的制度;"市脯"亦"不食",是因爲"市脯"違反了佐酒之物不得市買的規定。"沽酒市脯,不食"蘊含了孔子對周初兩項與禁酒有關的制度的態度,魯匡僅針對其中一方面進行闡發,且云孔子"酤酒不食"的原因是"當周衰亂,酒酤在民,薄惡不誠,是以疑而弗食",與"沽酒市脯,不食"一句的微言大義相去甚遠。魯匡雖知周初曾有"酒酤在官"這一規定,卻已不知這一規定與周公禁酒之間的關係,更不曉得佐酒之物在市場上曾經一度禁售。

市場禁售酒肉,目的是防止有人酗酒,尤其是聚飲縱酒。周公對"群飲"深惡痛絕,在《酒誥》中特別強調:"群飲,汝勿佚,盡執拘以歸於周,予其殺。"正是有了周公這句話,在《周禮》中"司虣"才被賦予了對"屬遊飲食於市者"擁有"搏而戮之"的權力。周初不但嚴厲打擊酗酒和

---

① "福"字甲金文從酉。《周禮·膳夫》:"凡祭祀之致福者,受而膳之。"注:"致福,謂諸臣祭祀,進其餘肉,歸胙於王。"孫詒讓《正義》云:"據彼文,則致福歸胙,酒肉兩有。"(孫詒讓《周禮正義》,中華書局,1987年,頁256。)

群飲者,爲從源頭杜絶這類現象的發生,還制定了對在市場出售"飲食"的不法行爲的制裁措施,這就是我們在《周易·噬嗑》卦中所見到的針對商人出售"飲食"所進行的"滅趾"、"滅鼻"、"滅耳"諸般懲罰。《周易》卦爻辭出自周初卜筮之官①,《周易·噬嗑》卦記載了周初社會生活的一個側面,"噬膚,滅鼻"體現了《禮記·王制》中"衣服飲食,不粥(鬻)於市"的立法精神,配合了"酤酒在官"政策的貫徹實施,是周公"剛制於酒"和打擊"群飲"思想的現實表達。《周易·噬嗑》卦記載了中國早期商業活動和政府對市場的管理辦法,從中可見周公禁酒的具體措施,尤其是針對出售佐酒之物的行爲進行打擊,豐富了周公禁酒思想的內容,是不可多得的歷史文獻。將《周易·噬嗑》卦與《酒誥》放在同一歷史背景下考察,其所承載的文化和學術意義是不言而喻的。

(作者單位:徐州師範大學文學院)

---

① 《周易》的成書年代一般認爲在殷末周初,漢儒以爲"文王演《周易》";唐孔穎達以爻辭中有"王用享於岐山"、"箕子之明夷"等文王以後事,認爲卦辭爲文王作,爻辭爲周公作;《周易》爲卜筮之書,顧頡剛先生認爲當出於卜筮之官。

至大曆五年冬即歿，應當是可能的。即"乳女"與"瘦夭"實際上並不違背。至於"王文"認爲杜甫年老體病不能生育"乳女"，既是無端地爲人擔慮，亦是無理地爲己申辯。杜詩明言"乳女"、"瘦夭"，足見杜甫晚年確實曾經生育一女。仇兆鰲《杜詩詳註》卷二三引王嗣奭曰："逃難而兼攜妻孥，尤見其苦，而以得兒爲幸。"施鴻保《讀杜詩説》卷二三："此云'猶乳女'，則公晚年又生一女也。後《風疾舟中》詩'瘦夭追潘岳'，或即此女早殤。潘岳詩，亦殤女也。"王、施兩家對於詩歌的解讀與生平的考察，應該是審慎而確鑿的。相反，"王文"寧可過信自己推斷，也不正視歷史事實，倒是有些强詞詭辯。

（三）杜甫《逃難》："五十頭白翁，南北逃世難。疏布纏枯骨，奔走苦不暖。已衰病方入，四海一塗炭。乾坤萬里内，莫見容身畔。妻孥復隨我，回首共悲歎。故國莽丘墟，鄰里各分散。歸路從此迷，涕盡湘江岸。""王文"："《逃難》詩，浦起龍《讀杜心解》繫於乾元二年自秦入蜀之際……但仇兆鰲不同意浦説，認爲詩末有'涕盡汀（湘）江岸'一句，'當是避藏玠之亂而作'。均信之不誣。若果爾，則此詩亦乃可證大曆五年楊氏未卒。……考杜集中載杜甫未至湖湘而述及其地之篇什者甚多，即如作於夔州的《暮春》、《雨》二詩便可爲證。……難道我們能以這兩首詩中的'瀟湘'、'洞庭'諸詞，就認爲屆時杜甫已在湖南嗎？另外，《逃難》中'五十白頭翁'之'五十'，與杜甫大曆五年時齡五十九歲相去甚遠。……詩中'奔走苦不暖'一句，又更與杜甫由潭入衡此行所寫諸詩的時令相悖。……以上三條理由，足以表明《逃難》詩決非湖南之作，而應以浦起龍所繫爲是。在杜甫的湖南詩作中既然尋找不出楊氏的蹤跡，那麽，其之卒於大曆三年冬入洞庭之前，當可論斷。"按，"王文"耗費這麽多文字來考辨《逃難》具體繫年，實際上是甚無必要的。因爲《逃難》惟見杜集陳浩然本、文苑英華本，其與杜甫生平頗相抵牾，亦與杜詩内涵甚多扞格，前已有人視其爲僞贗之作，諸如朱鶴齡《杜工部詩集輯注》集外詩云"全詩詞意凡淺，斷非真筆"、楊倫《杜詩鏡銓》卷二〇引邵長蘅云"凡淺，定是贗作"。據是，此詩具體作於何年似乎也就無關宏旨。退一步説，即使此詩並非誤收僞作，而且亦如"王文"所云作於乾元二年，但是，前已考證清楚楊氏大曆五年尚在，所以，僅僅根據杜甫湖湘詩什中間是否出現楊氏蹤跡來判斷楊氏或生或卒,是有欠嚴謹的。

(四)杜甫《秋日夔府詠懷奉寄鄭監李賓客一百韻》:"筋力妻孥問,菁華歲月遷。""王文":"杜甫出峽在大曆三年的春天,而是詩於題中點明爲'秋日',知乃作於大曆二年,此則可證其'妻'是年尚健在於夔州。但此'妻'是否爲楊氏,頗令人懷疑,因爲《孟倉曹步趾領新酒醬二物滿器見遺老夫》一詩也曾提及了其'妻',却一反前18首詩對楊氏稱呼之習慣(即指'老妻',如《自閬州領妻子欲赴蜀山行》'漂泊愧老妻'、《寄題江外草堂》'偶携老妻去'),云:'理生那免俗,方法報山妻。'按'山妻'者,可兩解之:一爲山人之妻;一謂妻子乃爲山裏人。考杜甫居夔三年,雖曾主管東屯公田百頃,並買得柑林四十畝,但其並非'山人',而且我們在現存杜甫的全部夔州詩作中,也找不出杜甫曾自稱'山人'的佐證,則此稱'山妻'者,當以第二種解釋爲是。又據前引元稹《杜君墓誌銘》,知楊氏之父乃爲司農少卿,品階爲四品,則楊氏與'山妻'毫無關聯可知。既然如此,'山妻'一詞在這裏就只能表明,杜甫在楊氏卒後又續弦再娶了一位'夔州籍'的女子爲妻。"按,杜詩所齒及的"老妻"、"山妻"除在文字上有小異外,在意涵上實無大異。所謂"山妻",既是一種謙稱,亦是一種曲筆。《孟倉曹步趾領新酒醬二物滿器見遺老夫》:"楚岸通秋屐,胡牀面夕畦。藉糟分汁滓,甕醬落提攜。飯糲添香味,朋來有醉泥。理生那免俗,方法報山妻。"據詩題及末句看,可知其爲當場紀事,亦即當着孟氏的面,詢問方法,酬酢詩歌,即浦起龍《讀杜心解》卷三云:"美其功用,以乞取製法作結。"故而杜甫在辭句中謙稱自己妻子爲"山妻"是既合情又合理的,亦如李白《贈范金卿》之一:"只應自索漠,留舌示山妻。"又,所謂曲筆乃指楊氏孤陋而言。陳貽焮《杜甫評傳》卷下譯文:"過日子哪能免俗?問清釀酒製醬的方法好告訴老伴兒也試試。"即如釀酒製醬這些事情尚不知曉,可見楊氏乏知寡聞。此以"山妻"稱之,意與"山人"雷同,極言其寡見聞。杜甫雖無"山人"之稱,却有"野人"之謂,其《贈李白》:"野人對羶腥,蔬食常不飽。"仇兆鰲注:"野人,公自謂也。"至於"老妻",見於杜甫《遣興》、《客夜》、《江村》、《寄題江外草堂》、《百憂集行》諸詩,按照類別,這些應該劃歸即時寫懷。是以,於內直呼"老妻",對外謙稱"山妻",兩者並無任何矛盾。"王文"太執著於"老妻"、"山妻"在文字上的差别,进而否定两者在意涵上的雷同,固穿鑿矣。

（五）杜甫《過客相尋》"呼兒間煮魚"、《九日五首》之四"爲客裁烏帽"。"王文"："杜甫只在詩中言及'兒'而不及楊氏'老妻'。……其所能告訴我們的,就是楊氏屆時已卒。……按理,楊氏當時若未卒,杜甫是不得'呼兒煮魚'待客的。……既然'兒'已爲之,則其事實的本身,也就只能證明是時楊氏已不在人世。……揆之情理,'裁'者乃爲針綫類活計,其主人自應爲楊氏,而詳詩意却爲杜甫,若當時楊氏未卒,此事亦不可理喻。"按,《過客相尋》亦爲五言排律,"掛壁移筐果,呼兒間煮魚"係以下句縮上句例。施鴻保《讀杜詩說》卷一九："今按黃生說,移筐果亦兒爲之,以下句縮上句,即'次第尋書札,呼兒檢贈詩'之例。此說當是,與前注間雜魚傍意合。"又,"煮"字爲動詞,此借用作狀語,即已煮熟的。陳貽焮《杜甫評傳》卷下譯文："又呼兒從掛在壁上的筐中取果,間雜地擺在烹熟的魚旁供客。"亦得之矣。而《九日五首》之四屬寫懷詩,其"爲客裁烏帽"句,"爲"字,如字,不宜破讀,"爲客",即言"作客",亦即杜甫自指,並非實有某位賓客。"裁烏帽"者,或謂用管寧典,或謂用孟嘉典,悉指獨居況味。仇兆鰲《杜詩詳注》卷二〇："裁烏帽,見獨居。兒具樽,見無客。"真解味矣。"王文"所言實在是執一漏萬而望文生義矣。

（六）杜甫《促織》："促織甚微細,哀音何動人。草根吟不穩,牀下意相親。久客得無淚,故妻難及晨。悲絲與急管,感激異天真。""王文"："對於楊氏之卒,杜甫在《促織》一詩中已有所披露,或者說這首詩乃爲杜甫替他死去的'老妻'所寫的一首較爲隱晦的悼亡詩。……浦起龍箋是詩云：'哀音,爲一詩之主。'王嗣奭則認爲：'故妻,已去之妻也。'此'已去之妻'爲誰? 杜甫爲何要在詩中借促織之'哀音'而爲'一詩之主'? 兩相參釋,知'哀音'乃爲'已去之妻'所發。而這位'已去之妻',勘之以上所舉的那些有悖常理之作,則知其非楊氏莫屬。這個結論,我們還可從'難及晨'三字窺知。詳詩意,知'難及晨'的主人便是杜甫,若這'已去之妻'不爲楊氏而爲他人,杜甫又何得爲之無法入眠而'難及晨'呢? 很顯然,因楊氏已卒,杜甫懷之甚殷,而加之秋月促織的'哀音'又是那樣令人悲傷,故爾杜甫才懷之一夜難盼天明。舊注將這詩編在乾元二年，乃是完全没有結合楊氏之卒進行考察而致誤，現當改繫於大曆元年前後的夔州詩中乃爲是。"按，《促織》爲五言律詩，"久客得無淚"與"故妻難及晨"對，亦即上句寫"久客"，客因聞促織音而"得無淚"，下句寫"故妻"，妻因聞促織音而"難及晨"。如據王嗣奭《杜臆》卷三所云"故妻，已去之妻也"，即如"王文"所言暗示楊氏已卒，那麼，已卒之人又何以會無所寐而難及晨耶？仇兆鰲《杜詩詳注》卷七引顧宸曰："故妻，指棄婦、孀婦言。"所謂"故妻難及晨"，可與古詩《爲焦仲卿妻作》"中有雙飛鳥，自名爲鴛鴦。仰頭相向鳴，夜夜達五更。行人駐足聽，寡婦起徬徨"數句對讀，即指棄婦或孀婦因夜聞促織哀淒啼鳴而失眠。楊倫《杜詩鏡銓》卷六："謂聽之而夜不能眠也。"浦起龍《讀杜心解》卷三："'哀音'爲一詩之主。……音在促織，哀在衷腸。以哀心聽之，便派與促織去。"所以，"故妻"之意當以顧宸注爲是，即棄婦或孀婦。且其中實無杜甫隱晦悼亡楊氏的任何跡象，而其繫年亦當從黃鶴注作乾元二年，不得改繫大曆元年前後。"王文"因望文生義而致附會牽強矣。

綜合以上考辨可知，"王文"有關楊氏卒於大曆元年左右的持論是有誤而不可信的。而"王文"之所以會否定楊氏卒於大曆五年，實是爲了提出杜甫續娶"卓女"新見。而此新見主要源自杜甫《奉酬薛十二丈判官見贈》，詩云：

忽忽峽中睡，悲風方一醒。西來有好鳥，爲我下青冥。羽毛淨白雪，慘澹飛雲汀。既蒙主人顧，舉翮唉孤亭。持以比佳士，及此慰揚舲。清文動哀玉，見道發新硎。欲學鴟夷子，待勒燕山銘。誰重斷蛇劍，致君君未聽。志在麒麟閣，無心雲母屏。卓氏近新寡，豪家朱門扃。相如才調逸，銀漢會雙星。客來洗粉黛，日暮拾流螢。不是無膏火，勸郎勤六經。老夫自汲澗，野水日泠泠。我歎黑頭白，君看銀印青。臥病識山鬼，爲農知地形。誰矜坐錦帳，苦厭食魚腥。東西兩岸坼，橫水注滄溟。碧色忽惆悵，風雷搜百靈。空中右白虎，赤節引婷婷。自云帝里女，噀雨鳳凰翎。襄王薄行跡，莫學令威丁。千秋一拭淚，夢覺有微馨。人生相感動，金石兩青熒。丈人但安坐，休辯渭與涇。龍蛇尚格鬥，灑血暗郊垧。吾聞聰明主,治國用輕刑。銷斤鑄農器,今古歲方寧。文王日儉德,俊乂始盈庭。榮華貴少壯,豈食楚江萍。

針對此詩"卓氏近新寡,豪家朱門扃。相如才調逸,銀漢會雙星。客來洗粉黛,日暮拾流螢。不是無膏火,勸郎勤六經"數句,陳貽焮《杜甫評傳》卷下譯作:"您才娶過來的夫人好似新寡的卓文君,她深處豪家朱門緊扃。只是您這司馬相如才調俊逸,因此上天河邊竟相會了牽牛、織女星。尊夫人同孟光一般的賢慧,有客來便洗掉粉黛下廚,天黑時爲您拾取流螢。倒不是無錢去買油點燈,只是勸勉您學囊螢的車胤勤讀六經。"亦即,陳貽焮《杜甫評傳》以"卓女"爲薛氏妻,此亦學術界的普遍看法。然而,"王文"對此不以爲然,不僅質疑舊說,而且提出新見,認爲"卓女"爲杜甫新娶之妻。其實,關於杜甫《奉酬薛十二丈判官見贈》,王嗣奭《杜臆》卷九引劉辰翁曰:"不知其何從來、何所指?蓋下語玄起,令人莫測。"浦起龍《讀杜心解》卷一:"一往奇詭飄忽,急切莫窺其所指。"極言杜詩太過晦澀。筆者以爲,杜詩所以"不可捕捉",實是因爲薛詩亡佚無從對勘而已。所以,在這種情況下,杜詩的詮釋空間是頗大的。那麼,"王文"提出自己的見解也是可以的。但是,所謂"詩無達詁",並非是說對於作品可以任意詮釋、隨性解讀。"王文"爲求支撐己說新見提了一些質疑,茲則條辨如次:

(一)"王文":"('卓女')是在與前夫離婚未久即與薛先生新近結婚的……然而,詩中却無隻字表明'卓女'與前夫離異後即與薛先生結婚的這一事實。……'郎',這是一個才華如司馬相如的'才子型'男人。……當這位'才子型'的男人一旦金榜題名後,即將賢慧的'卓女'拋棄了,於是,'卓女'也就因此而成爲了'新寡'。"按,"王文"認爲"相如"、"郎"悉指"卓女"前夫而言,此與杜詩所使典故抵牾。雖然卓文君確曾"新寡",但是司馬相如並非其人。而且,卓文君與司馬相如婚配以後,並無離異事實。故而杜詩"相如"、"郎"當指薛氏。杜詩既以"相如"比擬薛氏,則其與"卓女"必係伉儷無疑,也就沒有必要絮語明言之了。

(二)"王文":"太太既是'近新寡'的一位少婦,而又於近日與薛先生再婚並陪着她再婚後的新郎一同作客於杜甫家中,揆之常理,杜甫當時對這對新婚的伉儷應是説一些使對方喜歡的話的，他怎麽會在與薛先生'和'詩時當面揭對方的老底，一個勁説薛先生的太太是一位離異不久的寡婦呢？……杜甫曾自稱他的家庭是一個'奉儒守官'的家庭，表明他對儒家思想是具有很密切的關係的，既如是，他怎麽會在自己的家中當着一對新婚夫妻的面大談巫山神女與楚襄王幽會的故事呢？"按，"王文"認爲杜甫奉儒即不得面説襄王、神女故事，膠柱鼓瑟，不必論焉。況且，薛氏、"卓女"造訪杜甫這一情節實是陳貽焮《杜甫評傳》卷下所作構想，並非杜詩所實有者。

（三）"王文"："杜甫既在詩中稱薛先生爲'郎'，又在詩中稱薛先生爲'丈人'，難道唐代的'郎'與'丈人'是同義的嗎？"按，施鴻保《讀杜詩説》卷一九："今按詩中'卓女近新寡'、'榮華貴少壯'等句，則薛年必小於公，故又云'老夫自汲澗'，老夫，公自稱也，當是世交長輩，故題稱丈，詩亦云'丈人但安坐'，猶後《奉送蘇州李二十五長史丈之任》，題亦稱丈，詩有'克家何妙年'句，亦非年長也，題亦皆加奉字。"或可釋解"王文"關於"郎"與"丈"之間的疑惑吧。另外，"郎"字，將之視爲就"卓女"言，而非杜甫對於薛氏稱謂，亦通。

（四）"王文"："據'丈人但安坐，休辯渭與涇'十字，知薛先生當時在杜甫家中是十分氣憤的，以致作爲主人的杜甫不得不再三勸薛先生'休辯渭與涇'，那麽，這位薛先生因何而氣憤呢？杜甫勸薛先生'休辯'的'渭與涇'又具體指什麽呢？對此，馮班等人均未涉及，陳譯文亦然。"按，朱鶴齡《杜工部詩集輯注》卷一七引馮班曰："方欲學鴟夷伯越、勒銘燕然，惜利器如斷蛇之劍不爲時君所知，然志在立功，豈溺情於雲母屏之樂哉？疑薛有臨邛之遇，致詩於公以自明，故爲序其意如此。下遂言薛有相如之逸才，得卓女於豪家，方洗粉黛、拾流螢，相勉以勤學，非風流放誕者比也。又言我在峽中，辛苦爲農，猶不免結夢陽臺，有襄王之遇。蓋精靈感動，金石未開，人固能無情乎？特戲言以解之耳。末言薛不必苦辯清濁，但當乘時立功，自致榮華而已，相如之事，不足諱也。"或可涣釋"王文"質疑。

（五）"王文"："據詩題，薛先生當時乃爲'判官'，而其與那位'卓女'又是新近結婚，太太怎麽還在勉慰他的再婚丈夫勤讀六經而去參加科舉應試呢？且這位薛先生又被杜甫在詩中稱爲'丈人'。"按，"判官"薛氏之讀"六經"，不與修身有關，便與制舉相涉，固不足以異焉。

（六）杜甫《簡吴郎司法》"却爲姻婭過逢地"、《送高司直尋封閬州》"與子姻婭間"。"王文"："其中的'姻婭'，據《爾雅·釋親》，知兩婿相稱謂之'婭'。……這兩首詩皆爲杜甫寫於夔州，則杜甫與'吴郎'、'高司直'均爲'兩婿'關係殆無疑義。即是説，杜甫詩中的那位'山妻'與'吴郎'、'高司直'之妻，均爲姊妹或從姊妹關係之屬。"按，"婭"字，確有兩婿相稱意，如《左傳》昭公廿五年："爲父子、兄弟、姑姊、甥舅、婚媾、姻婭，以象天明。"杜預注："婿父曰姻，兩婿相謂曰婭。"但其與"姻"字構詞成爲"姻婭"，却是泛指具有姻親關係者，如庾亮《讓中書令表》："臣於陛下，后之兄也，姻婭之嫌，實與骨肉中表不同。"是以，杜詩所云"姻婭"未必是指連襟關係。又，施鴻保《讀杜詩説》卷二三："公先有二女，《北征》詩云'牀前兩嬌女'可證，計其年當已皆嫁，前説吴郎司法、王郎司直，疑即兩女之婿。"似亦可通。"王文"强將"姻婭"判作兩半，似有割裂詞意、混淆語境之嫌。

（七）吕陶《朝請郎潼川府路提點刑獄杜公墓誌銘》："甫初娶司農少卿楊怡之女。""王文"："既云'初娶'，則就必有'續娶'，且其又是被載入杜甫後人之'墓誌銘'的，則杜甫在婚姻上曾一生兩娶乃爲事實。……杜甫的再婚續娶之事實其後人乃是知曉的，否則，他們是絶不可能將没有之事記入吕陶的'杜公'墓誌銘中。"按，"王文"認爲杜甫一生兩娶事實已爲後人所知，那麽，吕陶《朝請郎潼川府路提點刑獄杜公墓誌銘》爲何没有直接記載杜甫繼室係何人呢？其實，"初"字，即當初意，多用於追述往事時，如《左傳》隱公元年："初，鄭武公娶於申。"《後漢書》卷八二《華佗傳》："初，軍吏李成苦欬，晝夜不寐。"茲録吕陶《朝請郎潼川府路提點刑獄杜公墓誌銘》涉杜甫者如次："閑生甫，字子美。肅宗時，以右拾遺論事忤旨，出爲華州司功。會關陝凶歉，棄官，流落劍南，嚴武待之甚厚，表爲節度參謀。久之，崔旰亂，甫往來二蜀。至大曆初，南下沅湘，卒於耒陽。甫初娶司農少卿楊怡女，生二子。及下江陵，留二子守成都。藉楊子琳之亂，避患奔眉之東山大埡，因家焉。"因爲前已言及杜甫"卒於耒陽"，故自"甫初娶司農少卿楊怡女"句始，以下皆追述語,是以插入"初"字,不可强將"初娶"斷爲一詞。況且,"初娶"在墓誌銘中多與"續娶"、"又娶"對舉,一般不會出現前有"初娶"而後無"續娶"例。"王文"没有考慮特殊語境句法,亦有曲解誤釋之嫌。

綜上所論,杜妻楊氏卒於大曆五年後説不誤,且杜甫實無亡妻續娶事。

(作者單位:重慶師範大學中文系)

精心修訂　求精求新

——簡評《韓非子校注》修訂本

薛正興

先秦諸子散文,是中國文學遺產中的瑰寶。從其創作特色來説,《孟子》的磅礴犀利,《莊子》的汪洋恣肆,《荀子》的謹嚴綿密,《韓非子》的峻刻奇峭,都獨具匠心,各擅其勝,學者得其一端,均可名家。從其思想内容來説,都是"百家爭鳴"的産物,可以由此探索先秦時期各種思想互相衝突又互相吸收的情況,是研究中國思想史的寶貴資料。《韓非子》一書,是先秦諸子中最後出現的一部重要典籍,其涉獵甚廣,包容甚富,不僅集先秦法家之"法、術、勢"思想之大成,而且批判和吸取了其他許多學派的觀點,記叙了眾多的歷史人物和歷史事件,彙集了大量的民間傳說和寓言故事,吸收和包容了春秋戰國時期的許多文化成果,對唯物主義哲學思想的發展作出了出色的貢獻。它對研究中國古代哲學、文學和史學等等,都有着重要的價值。

《韓非子校注》的初版本,寫定於1977年,出版於1982年。在當時,是新中國建國以來第一部用現代漢語行文,對《韓非子》全書進行校勘、注釋的簡化字横排本。一經出版,即受到學術界和廣大讀者的歡迎。事後出現的一些評論,普遍認爲該書水平頗高,深入淺出,雅俗共賞,校勘、注釋和各種附件都做得不錯。《韓非子》研究專家陳奇猷、張覺《韓非子導讀》一書,評述上世紀出版的《韓非子》各種讀本時説:"其中最值得稱道的,當然是《韓非子校注》。作者校勘時利用了國内各大圖書館珍藏的善本，取捨比較慎重，凡有校改，必列出校記。注釋雖也有不妥的地方，但大多數比較簡明精確，深入淺出。所以，該書也可以說是一種雅俗共賞的《韓非子》讀本。"

《韓非子校注》[修訂本]是在初版本的基礎上，經當年負責全書定稿的南京大學周勛初教授精心修訂，推出新版。新版保留了初版原有的特色和優點，同時又吸收了三十多年來很多新的研究成果。相對於初版本來說，修訂本又有了明顯的改進。

第一，文字使用規範化。初版本出版於1982年，爲了便利廣大讀者的閱讀，對《韓非子》全書進行校勘、注釋均用現代漢語行文，並採用簡化字橫排本的版式。但是，當時正是頒行所謂"二簡"方案之時，初版本也不可避免地出現了一些"二簡"字。就是"一簡"方案中以"迭、復、象"代替"叠、覆、像"字，在初版本中也比比皆是。這些，都是時代留下的烙痕。還有，由於對《簡化字總表》第三表應用第二表所列簡化字和簡化偏旁得出的簡化字，即類推簡化字，理解不深，認識不準，在該書初版本中出現了諸如"鉅、鉏、颮、闠、赀、频、诊、谨"等等自造簡體字。除此以外，還有編校中出現的一些錯別字。上述這些不規範的用字現象，在修訂本中都得到了校正。

第二，正確使用通假字。通假字與正字的紐帶是音同（或音近），若無此先決條件，則不成其爲通假字。例如，適音 shì，謂適合，符合，今簡化作"适"。而適音 dí，通"嫡"，又通"敵"；音 zhé，通"謫"。適讀上述二音者，就不能簡化作"适"（shì），其原因就是讀音不同。初版本中凡"適"字都簡化作"适"，就使通假字"適"的讀音與正字"嫡"、"敵"、"謫"的讀音不一致，也就難以成爲通假字了。修訂本對上述情況都作了必要的糾正。假如，《八經篇》："庶適不爭。"注釋："適，通'嫡'，正妻生的兒子。"（第536頁）《制分篇》："不用譽毋適。"注釋："適：通'敵'。"（第601頁）《解老篇》："而聖人強以其禍敗適之，則怨。"注釋："適：通'謫'（zhé 哲），責備。"（第156頁）這樣的注釋就符合科學性和準確性。

第三，增補和修訂校勘記。初版本的校勘工作做得精深，得到了專家們的贊揚。修訂本在原有的基礎上，對個別校記作了補充和修改。修訂本增補了初版本漏略的一條校記。《外儲説左上·説五》："昭侯曰：'非所學於子也。聽子之謁，敗子之道乎，亡其用子之謁乎？'申子辟舍請罪。"這是初版本的文字，"聽子之謁"與"用子之謁"同義，選擇問句的兩個選項一樣，這就不合乎邏輯，顯然文字有誤。修訂本作："昭侯曰：'非所學於子也。聽子之謁，敗子之道乎，亡其用子之術而廢子之謁？'申子辟舍請罪。"（第326頁）並增補了一條校記〔八十六〕："乾道本'用子'下無'之術而廢子'，據顧廣圻說補。《戰國策·韓策一》作'又亡其行子之術而廢子之謁乎'。"（第333頁）校記既引清代校勘大家顧廣圻之說爲據，又引《戰國策》異文爲證，確鑿不移。

第四，注釋求精求新。修訂本對初版本注釋中的漢語拼音、詞語詮釋等，都作了審慎的校正和修改，修訂本的注釋就更精確。例如，《五蠹篇》："則民奚遽治哉？"初版本注釋："奚：怎麼。遽（jù巨）：就。"修訂本注釋："奚遽（jù巨）：如何，怎麼。"（第552頁）"奚遽"是一個複音疑問詞，不能分訓。清代訓詁大家王念孫在《讀書雜志·漢書九》"何遽不若漢"條中說："遽，亦何也，連言何遽者，古人自有復語耳。"王念孫的觀點無疑是正確的。因此，修訂本將"奚遽"、"奚距"都作複音疑問詞處理。例如，《難二篇》："已得管仲之後，奚遽易哉？"注釋："奚遽（jù巨）：爲什麼，哪裏。"（第432頁）《難四篇》："燕噲雖舉所賢，而同於用所愛，衛奚距然哉？"注釋："奚距（jù巨）：哪裏，難道。"（第466頁）精確的詞義詮釋，就能幫助讀者更好地理解原文。修訂本對原文中的古地名，都依照最新的行政區劃，在注釋中標明現今位置。例如，《初見秦篇》："大破荆，襲郢。"初版本注："郢：楚國都城，位於今湖北省江陵市北。"修訂本注將"江陵市"改作"荆州市"（第4頁）。江陵，自解放以來，多次易名：江陵縣→沙市市→荆沙市→荆州市。現今定名爲荆州市。若再注釋作"江陵市"，則在近年出版的地圖上就找不到這一地名了。再如，《有度篇》："睢陽之事，荆軍老而走。"注釋："睢（suī 雖）陽：宋國地名，位於今河南省商丘市睢陽區。"（第36頁）《難有一篇》："靡笄之役。"注釋："靡笄（mí jī 迷鷄）：古代山名，在今山東省濟南市長清區內。"這樣的注釋，就能給予讀者最新的地理知識，使之能比較容易地找到古地名所對應的現今地名。

第五，增加了不少附件。修訂本增入了周勛初教授的兩篇文章：

《韓非子》一書的《導讀》和《瘋狂的年代，理性的思考——〈韓非子校注〉編寫始末》。前者用以幫助讀者擴大視野；後者用以存史，記錄了該書的編寫歷程和修訂經過，也記下了作爲該書初版定稿者和再版修訂者的心得體會。修訂本對初版本的附錄進行了校正和調整，例如，將《〈韓非子〉版本書影》八幅調至書首，將《〈韓非子〉人名索引》和《春秋時期形勢圖》、《戰國時期形勢圖》都調至書末，使之便利翻檢。《〈韓非子〉人名索引》，在書眉上印上人名首字的筆畫數，就更便於讀者查檢。

總之，《韓非子校注》修訂本的校勘、注釋質量屬於上乘，校勘取捨慎重，校必有據，注釋簡明精確，深入淺出，可以說是一種雅俗共賞的《韓非子》讀本。

（《韓非子校注》[修訂本]，《韓非子》校注組編寫，周勛初修訂，鳳凰出版社2009年8月出版，定價62.00元）

【附】

追思與紀念

周勛初

讀了薛正興的這篇遺作，感想很多，於此略抒一二。

薛正興是南京大學中文系1966屆的畢業生。其時已處"文化大革命"的前夕，"革命"聲浪響徹雲霄，激進的學生早已熱血沸騰，以讀書爲蠢事了。薛正興在班上似乎顯得有些"落後"，喜歡讀書，這在當時來說，可稱稀有品"種"。"文革"結束，這些喜歡讀書的"種"子立即回到高校與科研單位深造。中國步入改革開放之後，八十年代到九十年代興起過一陣學術高潮，就依仗着這些運動中殘留下來的讀書"種"子。

薛正興於1978年考回母校從洪誠先生攻讀碩士學位，1981年畢業後，分配到出版部門工作。這對他可能很合適。因爲他坐得住，辦事又認真，也有一定的工作能力，因此在不同崗位上都作出過成績，且升遷至江蘇古籍出版社社長。但他有些書呆子氣，個性太耿直，認真過頭，也不適合在官場周旋。假如他能處在一個更寬鬆的學術環境，潛心做學問，那麼定能取得更大成就。

他的碩士論文，即以研究王力教授主編的《古代漢語》爲題，評判其中的得失。《古代漢語》是集中了許多一流專家而編成的，一個碩士生要想從中發現問題，談何容易，於此亦可見到那時他已積累了很好的學識。後來我任《中國思想家評傳叢書》的副主編，提出應該增加段玉裁、王念孫二人的評傳，匡亞明校長就讓我物色二《傳》的作者。這時我才知道，中國學術界出頭露面的專家雖然很多很多，但要想請到合適的專家爲段玉裁、王念孫寫評傳，可也真不容易。這讓我深感困惑。經反復論證，最後才約薛正興寫《王念孫王引之評傳》。那時他已退休，然仍返聘在鳳凰出版社內任職，他利用業餘時間，花了幾年功夫，完成了60萬字的評傳。於此亦可見其執著，且可進窺他的學識之佳。

2008年時，鳳凰出版社約我爲"文化大革命"中集體編寫的《韓非子校注》作修訂。其時我患嚴重貧血，工作非常困難。薛正興主動請纓，擔任此書責任編輯，他爲老師洪誠教授投入了大量心血的這一集體項目作最後加工，也有學術傳承的意義。他盡心盡力，又把此書品質提高了一步。這對我來說，既減輕了負擔，又保證了品質，心中自是高興。

隨後他在2010年7月28日的《古籍新書報》上發表了一篇《精心修訂　求精求新——簡評〈韓非子校注〉修訂本》的書評，文中列舉了幾項在舊版上加以改進的內容，這些確是新版的優勝之處，值得讀者珍視。但我感到，這些地方好多是他的治學心得，而他又不明白標示，讀者不明底細，以爲是我修訂時加入的。我最不願意看到的是學界中人不講道德，侵佔他人成果，暗中將別人的研究心得據爲已有，因此我就打電話給他，讓他再寫一篇書評，介紹自己在工作過程中加入了哪些研究成果。他不肯，認爲責任編輯就應該隱姓埋名，後來經我力勸，他才答應重寫。只是天不假年，一兩個月之後竟因心臟病突發而遽爾辭世，結果還是沒有完成新稿，只是留下了上面這一篇略事增訂的舊稿。

薛正興提到有關通假字與異體字的處理，看似簡單，實則處理的人小學水準不夠，也無法措手，又如對"奚遽（jù巨）"等詞的解釋，如果在訓詁上沒有較高的修養，也無法提出。他的這些貢獻，自不應埋沒。按理說，一部舊書的重印，責任編輯可以自我放鬆，像他那樣一定要將古地名用新的行政區劃與新的地名標示，不是極爲認真的人，也是不肯下這番苦功夫的。

每一位學人，將他多年凝聚的心血交付出版，總希望能遇到一位認真負責的編輯。我很幸運，在中華書局出《唐語林校證》與《周勛初先生八十壽辰紀念文集》時，就遇到了柳憲；在上海古籍出版社出《九歌新考》時，遇到了鄧韶玉；出《唐鈔文選集注彙存》時，遇到了周小虹；在湖北教育出版社出《李白研究》時，遇到了漆詠德；如今在鳳凰出版社出《韓非子校注》時，又遇到了薛正興。只是世事難料，2008年他來參加我的八十壽辰慶典，當時他才六十多歲，想不到兩年之後就聽到了他去世的噩耗。人到老年，聽到學生一輩早逝的消息，更爲神傷。因思天道無常，人生苦短，均有其大限，只要他在世時努力過，也就可以説是不負此生。薛正興留下了好多成果，以及他在爲别人加工時注入的勞動，也已爲這個世界增添了光彩，人們自當用敬重的心情加以紀念。

"古典文獻與社會文化"專輯

徵稿啓事

• 《古典文獻研究》是南京大學古典文獻研究所主辦的學術集刊,每年出版一輯,由鳳凰出版社出版。本輯(第十五輯)徵稿自二〇一一年七月起至十二月底止。

• 本輯徵稿以"古典文獻與社會文化"爲主題,其宗旨是從社會文化的視角觀照文獻,以文獻的歷史過程闡述社會文化。舉凡:

中國古典文獻的形式與載體
中國古典文獻的歷史、社會與文化的總體審視
經典的形成、傳播與文化共同體的發展
史籍編纂、傳播與文化傳統
治亂交替中的文獻整理、恢復與文化傳承
印刷術與社會文化
商業化出版時代的書籍生產與社會文化
日用書籍的歷史與文化
漢籍東傳與東亞漢文化圈
近世以來的文獻整理、文化出版與學術發展

等等,均在重點探討之列。其它文獻與社會文化問題的考察,以及各個時期的文獻文化史資料的收集整理、典型實例的提供,並所歡迎。尤其期望提出新理論、實踐新方法、開闢新領域的各種專深研究。形式、內容、字數,均所不限。

• 本集刊設有編輯委員會,採用專家匿名審稿制度。來稿一經刊出,即付稿酬及樣刊。來稿一般不退,若稿件寄達後三個月內未接到本

刊採用通知,作者可自行處理。

- 來稿内容之著作權(如圖、表、照片、統計數字及長篇引文等)問題,由作者負責。如發生侵害第三者權利之事,概由投稿者承擔法律責任,與本集刊無關。

- 來稿請遵從本集刊格式規範(另見),並請注明真實姓名、服務機構、職稱、詳細通訊地址、電子郵箱、電話或傳真,以便聯繫。來稿若不符合格式要求,恕不受理。

- 來稿請寄:210093 中國南京 南京大學古典文獻研究所《古典文獻研究》編輯委員會;請同時將電子文本寄至電子郵箱:gdwxyj@yahoo.cn;垂詢請電:8625-83593390 或傳真至:8625-83597098

《古典文獻研究》稿件書寫格式

一、來稿請使用繁體字。除特殊論文外,異體字、俗字等請改用繁體正字。歡迎電子稿。

二、注釋請採用頁下注。注釋碼用阿拉伯數字①②③④……表示,其位置在標點符號前(引號除外)文字的右上角。當頁再次徵引,用"同注×,第××頁"的形式。

三、引用文獻,務請詳列出處。引用古籍,應標明著者時代、著者名、版本(新印古籍,標明出版社、出版年代及整理信息)、卷數、頁碼;引用專書,應標明著者(譯著,著者名前加注國别,用圓括號括起)、章(卷)數、譯者、出版者、出版年月、頁碼;引用期刊論文,應標明期刊名、年代及卷期數、頁碼;引用西文論著,依西文慣例,標明作者、論著名、出版地及出版者、出版年代、頁碼,著作名用斜體,論文名加引號;如: Kristofer. M. Schipper, The Taoist Body, Berkeley: University of California Press, 1993. pp. 21 Anna SEIDEL, "*Chronicle of Taoist Studies in the West 1950—1990*". Cahiers d'Extrême-Asie 5:223—347. 1989.

四、首次提及帝王年號,須加公元紀年;首次提及外國人名,須附原名。中國年號、古籍卷數用中文數字。其他如公曆年數、期刊卷期號、頁碼等,均使用阿拉伯數字。引用敦煌文獻,用縮略標號加阿拉伯數字形式。其他特殊文獻,依學界慣例。

五、文中若有插圖,請提供清晰照片或電腦文件,並在文中注明位置。